寿安镇志

（1911—2016）

寿安镇人民政府 编

方志出版社
Publishing House of Local Records

图书在版编目(CIP)数据

寿安镇志：1911—2016 / 寿安镇人民政府编. --
北京：方志出版社，2017.10
ISBN 978-7-5144-2642-7

Ⅰ. ①寿… Ⅱ. ①寿… Ⅲ. ①蒲江县－地方志 Ⅳ.
①K295.54

中国版本图书馆 CIP 数据核字 (2017) 第273604号

寿安镇志(1911—2016)

编　　者	寿安镇人民政府
责任编辑	张颢
承 办 人	翼祥德
出 版 者	方志出版社
	地址　北京市朝阳区潘家园东里9号(国家方志馆4层)
	邮编　100021
	网址　http://www.fzph.org
发　　行	方志出版社发行中心
	电话(010) 67110500
经　　销	各地新华书店
印　　刷	川印文化集团股份有限公司
开　　本	889×1194　　1/16
印　　张	23.125
字　　数	621千字
版　　次	2017年10月第1版　　2017年10月第1次印刷
印　　数	0001～1000册

ISBN 978-7-5144-2642-7　　定价：288.00元

寿安镇行政区划图

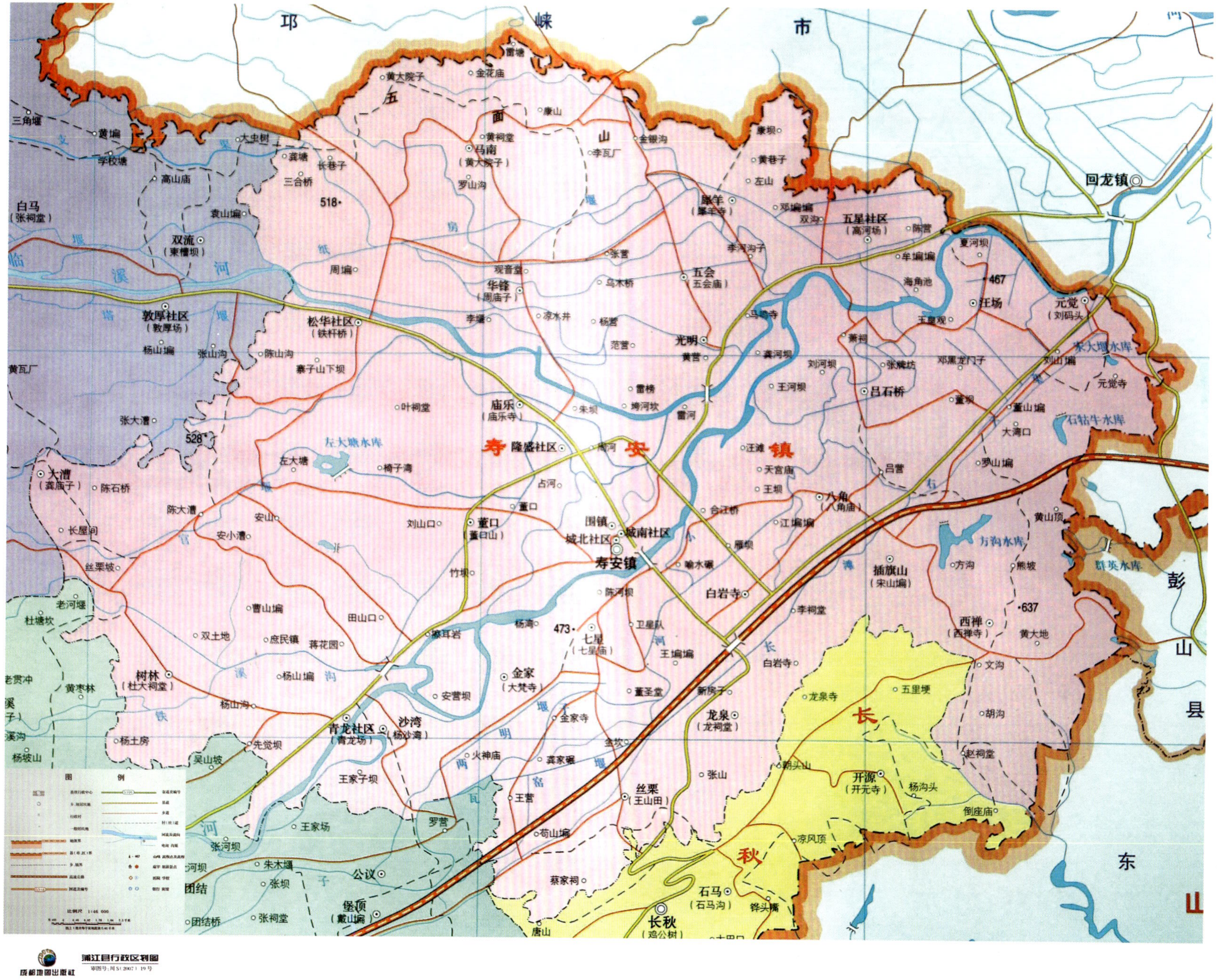

邛崃市
彭山县
东山
寿安镇
长秋
回龙镇
五面山
元觉
汪场
五星社区
吕石桥
八角
插旗山
西禅
白岩寺
龙泉
丝栗
开源
石马
长秋
堡顶
公议
青龙社区
沙湾
金家
七星
董口
庙乐
隆盛社区
城北社区
城南社区
围镇
光明
五会
廖羊
华锋
马南
松华社区
敦厚社区
双流
白马
大漕
树林
东大堰水库
石牯牛水库
方沟水库
群英水库
左大塘水库
浦江县行政区划图
成都地图出版社

河畔新城

20世纪90年代，时任省委副书记、省长宋宝瑞（前中）视察五星镇元觉村

2001年8月7日，时任省委常委、市委书记王荣轩（左二）在寿安镇插旗山村调研

2015年8月28日，副省长黄彦蓉（前中）一行在县长刘刚（前左二）陪同下调研合联产业园

2012年2月26日，时任市委副书记、市长葛红林（前左二）在县委书记施跃华（前左一）陪同下调研寿安新城

2016年12月13日，工信部中小企业局局长马向晖（左二）在市经信委主任施跃华（左一）、县委书记刘刚（左三）陪同下考察中德（成都）AHK职教培训中心

县委书记刘刚（中）在镇党委书记仲明礼（右）陪同下考察寿安镇（摄于2016年）

2016年，召开寿安镇党代表大会

2016年，召开寿安镇第三届人民代表大会第八次会议

2016年，寿安镇党委、政府领导班子，前排左起:余波（镇党委副书记、镇人武部部长）、赵言礼（镇党委委员、镇人大主席团主席）、仲明礼（镇党委书记）、熊胜（镇党委副书记、镇长）、张忠华（镇党委副书记、纪委书记），后排左起:王平（镇党委委员）、何勤（镇党委委员、副镇长）、杨海燕（镇党委委员、组织委员）、余伟（镇党委委员、副镇长）、廖蓓蕾（镇党委委员、副镇长）、孙杰（副镇长）

镇党委书记仲明礼（中）考察博盛科技有限公司（摄于2016年）

镇党委副书记、镇长熊胜（右二）考察农民新村建设（摄于2016年）

镇党委委员、人大主席团主席赵言礼（前中）考察吕石桥村（摄于2016年）

镇党委副书记、纪委书记张忠华（左一）考察白岩寺村“三务”公开情况（摄于2016年）

镇党委副书记、人武部部长余波（右三）考察城镇规划建设（摄于2016年）

镇党委委员、组织委员杨海燕（右二）组织学习党建知识（摄于2016年）

镇党委委员、副镇长余伟（右一）检查企业安全工作（摄于2016年）

镇党委委员、副镇长何勤（右二）考察光明村居民新区建设（摄于2016年）

镇党委委员、副镇长廖蓓蕾（右三）考察村级便民站（摄于2016年）

副镇长孙杰（右一）考察城北社区（摄于2016年）

《寿安镇志》编辑人员，右起:龙腾、王建华、罗远祥、胡志良、袁静

《寿安镇志》复审人员，左起：廖德（县史志办方志科科长）、王银华（县史志办原主任）、王义重（县史志办主任）、杜如德（县史志办副主任）、龙中华（县史志办工作人员）、王建华（《蒲江县志》副主编）

寿民乡华明电子厂生产车间（摄于2002年）

2011年3月28日，寿安工业集中发展区获批中国包装印刷产业基地称号

2011年11月，世界500强之一的博世集团入驻寿安工业园区，图为公司一角

寿安工业集中发展区获批成都现代印务基地称号

2015年6月2日，在寿安新城举行中德蒲江中小企业合作园项目集中开工暨集中签约仪式

2016年12月16日，博世电动工具蒲江新厂房开工仪式奠基培土

新丰纺织公司生产车间（摄于2016年）

豪洋印务公司（摄于2016年）

天星印务公司生产车间（摄于2016年）

博世包装生产车间（摄于2016年）

博世电动生产车间（摄于2016年）

丝涟床具公司生产车间（摄于2016年）

天龙油墨公司生产车间（摄于2016年）

川印印刷公司生产车间

宜人坊酒业公司储酒坛（摄于2016年）

佳享食品公司生产车间一角（摄于2016年）

世纪蜂业有限公司（摄于2016年）

汉诺威工业展寿安新城展厅（摄于2016年）

传统耕田（摄于20世纪70年代）

传统栽秧（摄于2015年）

割谷子（摄于2015年）

农民用打谷机收割水稻（摄于2015年）

晒谷子（摄于2016年）

标准化猕猴桃种植基地（摄于2016年）

收割小麦（摄于20世纪80年代）

收打油菜子（摄于2010年）

佳沃猕猴桃示范园落户寿安镇（摄于2014年）

大漕村养牛场（摄于2016年）

蔬菜外运（摄于2016年）

微耕农庄自行车道（摄于2015年）

冬枣采摘节开幕（摄于2014年）

加威有机农庄大门（摄于2016年）

微耕农庄亲子乐园（摄于2016年）

寿安镇彩莲船队参加县闹元宵表演展示“两化互动、产城一体”主题（摄于2013年）

秀郡住宅（摄于2015年）

寿安镇生态湿地河堤（摄于2016年）

夕照寿安新城（摄于2016年）

五会村农民集中居住小区一角（摄于2016年）

安澜大桥远眺（摄于2016年）

寿安镇多功能综合文化中心（摄于2016年）

寿安公立中心卫生院增挂蒲江县第二人民医院牌子仪式（摄于2016年）

四川省迎新春科技大场活动在寿安镇举行（摄于2008年）

2016年10月18日，全国大众创业万众创新活动暨蒲江县首届创新创业大赛决赛在寿安新城举行

镇举办老年人趣味运动会（摄于2015年）

镇举办廉政文化演出（摄于2013年）

镇举办劳动者之歌合唱比赛（摄于2016年）

镇彩莲船队参加县闹元宵民俗表演（摄于2012年）

寿安新城文艺队文艺表演（摄于2015年）

昔日的柴市已建为健身休闲广场（摄于2013年）

环境综合整治宣传（摄于2015年）

开展计划生育宣传活动，群众领取宣传资料（摄于2016年）

红红火火的百姓生活（摄于2016年）

马楠人家农家乐（2016年摄于马南村）

天堑变通途（摄于2015年）

花团锦簇新农村（2016年摄于松华社区）

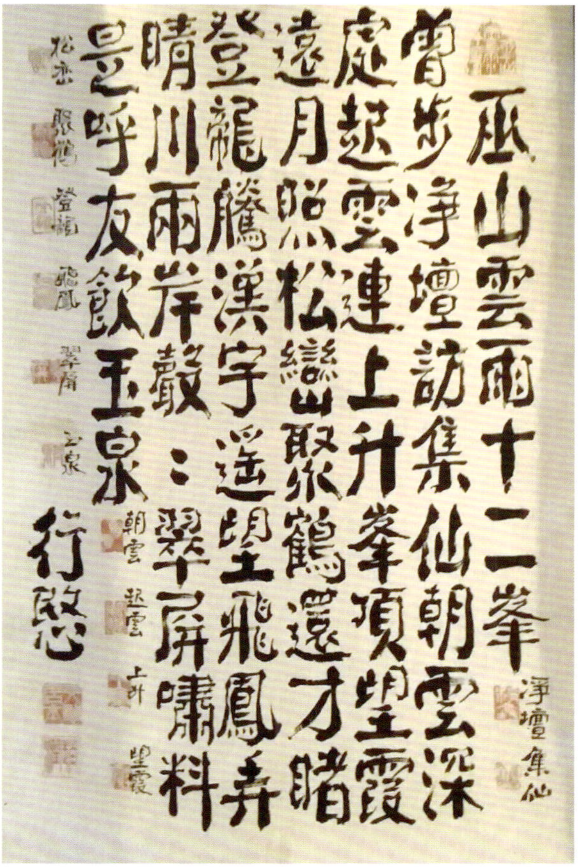

楷书　赵永康

松鹤　廖启清（戴其章供稿）

油画　覃志敏

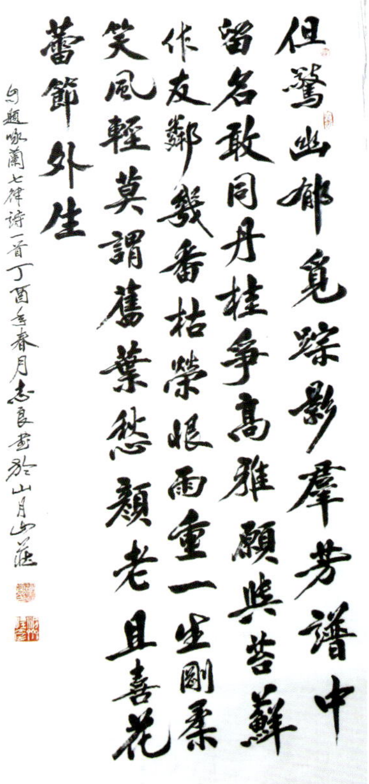

楷书　胡志良

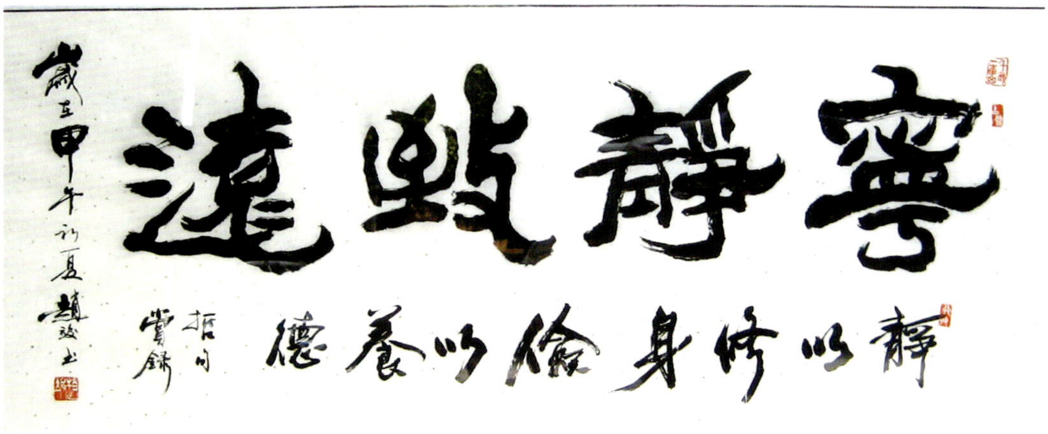

篆书　赵修全

紫藤　廖启清（戴其章供稿）

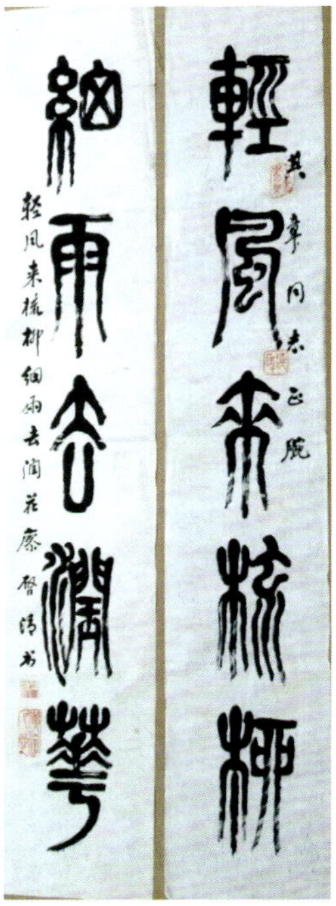

篆书　廖启清（戴其章供稿）

隶书　王建华

老街的记忆（2016年摄于寿安镇）

留住乡愁的水碾（2016年摄于华锋村）

河中的小鱼船（2016年摄于汪场村）

犁头、耙子和拌桶

风米机

龙头水车（扳车）

石磨

石水缸

石碓窝

老椅子、茶几和茶壶

油罐、坛子和沙罐

打鱼船

脚踩打谷机

民间镇邪泰山石

竹编簸箕

寿安镇总体规划图

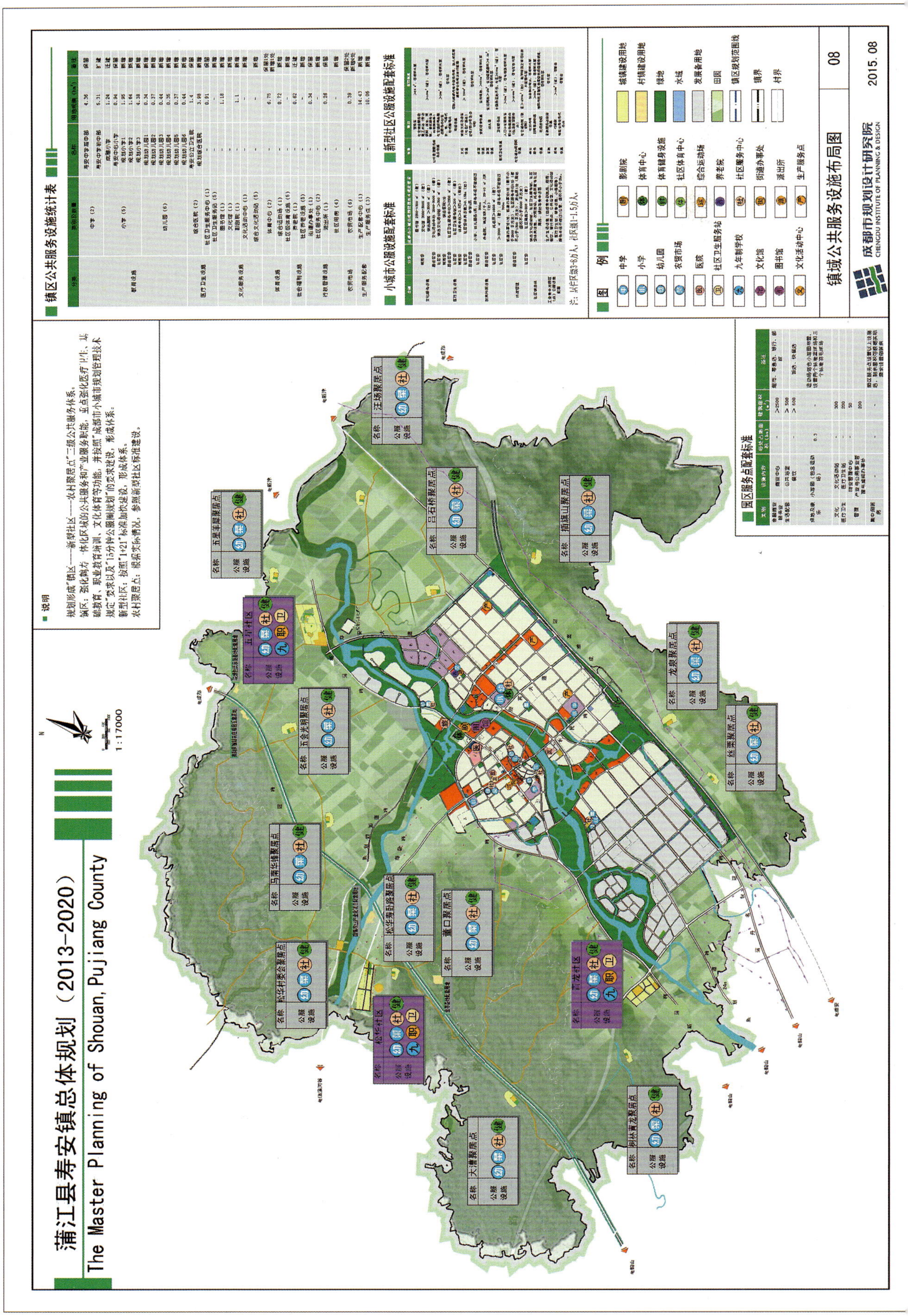
蒲江县寿安镇总体规划（2013-2020）
The Master Planning of Shouan, Pujiang County
1:17000
说明
镇区公共服务设施统计表
小城市公服设施配套标准
新型社区公服设施配套标准
园区服务点配套标准
图例
镇域公共服务设施布局图
08
成都市规划设计研究院
CHENGDU INSTITUTE OF PLANNING & DESIGN
2015.08

《寿安镇志（1911—2016）》编纂委员会

顾　　问：吴孟贤　仲明礼

主　　任：熊　胜

副 主 任：赵言礼　张忠华　余　波　杨海燕　余　伟

何　勤　廖蓓蕾　孙　杰

委　　员：罗远祥　袁　艺　王晓雪　杜华富　吕建军　袁　艺

罗　帅　曹　勇　安　强　宋江波　龚　斌　周世江

周　钦　郭亚川　骆　莹　赵秋霞　李　慧　贺其荣

李　婷

《寿安镇志（1911—2016）》编辑部

主　　编：罗远祥

副 主 编：王建华

编　　辑：胡志良　袁　静　龙　腾　王光先

摄　　影：罗远祥　张天一　王义重　李志军

《寿安镇志（1911—2016）》初审人员

仲明礼　熊　胜　赵言礼　张忠华　余　波　杨海燕
余　伟　何　勤　廖蓓蕾　孙　杰　袁　艺　王晓雪
周　钦　袁　艺　杜华富　吕建军　郭亚川　宋江波
李　慧　罗　帅　曹　勇　安　强　龚　斌　周世江
骆　莹　赵秋霞　贺其荣　李　婷

《寿安镇志（1911—2016）》复审人员

王义重　王银华　杜如德　杨晓杰　廖　德　熊艳琼
杨　嶟　龙中华　王建华

序

中共寿安镇党委书记　仲明礼

寿安镇人民政府镇长　熊　胜

六万寿安人民盼望已久的《寿安镇志（1911—2016）》出版了。《寿安镇志（1911—2016）》是蒲江县首部公开出版的乡镇志，是寿安镇政治、文化建设的丰硕成果，是“利在当代，功在千秋”的民生工程。“盛世修志”，使其发挥“存史、资政、教化”的经世致用功能。为此，我们深感欣慰。

寿安这片秀土，物产丰富、经济富庶、民风淳朴、人杰地灵、文化底蕴深厚，自北宋初年建镇以来，已有1100余年历史。寿安地处蒲江、邛崃、彭山、眉山四县交界之地，且水陆交通顺畅，成为商品集散中心和天府腹地商贸重镇。曾有“九街十八巷”的寿安集镇，商铺彩楼林立、街巷万人涌动、水运码头百舸争流、流通城乡百货、汇聚南北客商，蒲江首场，名播川西。

寿安这片壮土，具有光荣的革命传统，近代以来发生过许多重大事件。农民起义军在寿安插旗反清，夺取州县政权；乡民在寿安聚集武装抗捐抗税，震惊国民党省政府。1927年4月，中国共产党蒲江县第一个支部委员会在寿安镇成立，从此领导全县人民进行长期艰苦卓绝的革命斗争。1949年12月，在人民解放军第二野战军首长刘伯承、邓小平指挥下，所部于寿安、西来、复兴以及邛崃属地等处全歼国民党胡宗南部第五兵团，取得成都战役的决定性胜利，为巩固发展新中国红色政权做出贡献。波澜壮阔、可歌可泣的寿安革命斗争光荣传统，将永远彪炳史册！

寿安这片热土，由于其优越的地理条件和投资环境，成为国内外企业争相投资兴业的首选之地。党的十一届三中全会后，寿安人民抓住改革开放的战略机遇，以前所未有的气魄胆识和求实创新的拼搏精神，内引外联，真抓实干，在短短的时间里，再造一座寿安新城，掀开寿安发展史上崭新的一页。在占地7平方公里的工业园区，引进了世界500强企业，建设中德中小企业合作区和西部千亿级五金小镇，与国际经济接轨，形成现代工业格局。寿安镇实施城乡统筹“两化互动，产城一体”的战略，加快推进寿安镇城镇化建设，位列“全国重点镇”“四川省百镇建设行动示范镇”“成都市重点发展小城市”。

寿安这片净土，衔“三山”而襟“两河”，自古以来山川秀美，空气、水质、土壤无污染，在工业化程度发达的社会中，是少有的生态环境优美之地。社会主义新农村建设中，寿安镇22个村、6个社区，进行整体全面建设。完成了农业产业结构调整，以柑橘、猕猴桃等果品种植和水稻、油菜种植及特色农业为主导的产业，成为农民致富增收的重要途径。政府加大农村基础设施的投入，寿安城乡实现镇、村、组水泥路全覆盖，环境保洁无死角。60%的农户入住别墅型农民集中居住小区。所见之处，尽是“山清水秀、掩映如诗如画祥和庭院；人杰地灵、造就多彩多姿锦绣前程”的美丽景象，被住建部命名为“全国环境优美示范乡镇”。

寿安这片福土，人民群众幸福指数显著提高。镇域内幼儿园、中小学校，完全满足全镇教育需求；各级各类医疗机构，让老百姓小病不出村、大病不出镇。养老、医疗、社会保险使广大群众得到更多实惠。村图书阅览、文娱演出、健身活动日臻发展，两个文明建设初见成效。

细读《寿安镇志（1911—2016）》，掩卷而思：寿安镇翻天覆地的巨变，是数代人艰苦奋斗、薪火相传的结果。作为寿安镇党政主要领导人，我们深知“创业难，守业更难”的古训，深感任重而道远。须时刻不忘初心，继续前行；时刻坚定信念，为政清廉；时刻殚精竭虑，为民奉献；时刻以史为鉴，再谱新篇。

《寿安镇志（1911—2016）》，严格按照志书编纂规程而不拘泥条条框框束缚，浓墨重彩记述寿安“商贸重镇、工业新城”，成为《寿安镇志（1911—2016）》的鲜明特色。我们相信，《寿安镇志（1911—2016）》必将在寿安政治、社会、经济、文化、生态建设中发挥应有的巨大作用。

在《寿安镇志（1911—2016）》的编纂过程中，承蒙蒲江县史志办公室悉心指导和大力支持，寿安镇各村（社区）及有关部门积极配合供稿。编辑部克服人员少、资料缺失等诸多困难，深入基层，走访群众，保质保量，按期完成编纂任务。在此，谨向为编纂《寿安镇志（1911—2016）》作出贡献的单位和修志、审稿人员致以衷心的敬意和感谢！

中共寿安镇党委书记　仲明礼
寿安镇人民政府镇长　熊　胜

2017年6月

凡 例

一、本志以马克思列宁主义、毛泽东思想、邓小平理论、“三个代表”重要思想和科学发展观为指导，贯彻落实习近平总书记系列重要讲话精神和治国理政新理念、新思想、新战略，坚持辩证唯物主义和历史唯物主义的立场、观点和方法。全面、客观、系统记述本部镇志断限内镇域自然、政治、社会、经济、文化的历史与现状，力求做到思想性、科学性和资料性的统一，旨在存史、资政、教化和兴利。

二、本志断限时间为1911—2016年。根据需要，主体记述可作适当上溯。

三、本志采用章节体结构，除概述、大事记、附录不设章节外，主体部分设置章、节、目3个级次，节或目均可作记述单元，目以汉字“一、二、三……”形式标示。

四、坚持修志为用原则，着重体现时代特点和地方特色，主体记述详今略古、详近略远。

五、志书采用规范现代语体文和第三人称记述，语言表述力求准确、简明、朴实、流畅。

六、志书述、记、志、传、图、表、录等诸体并用，以志体为主。为反映事物的联系变化和全貌，在章下设无题序。为凸现某一事物的典型性和史料价值，在相关记述内容之后设置附记。除卷首图照外，随文附图照，以增强直观性和可读性。

七、遵循“生不立传”志规，对镇域内有较大影响的已故人物立传记述，对有一定影响或成就的人物以名录和以事系人的形式入志。

八、纪年、世纪、年代用阿拉伯数字书写。中华民国以前纪年用朝代纪年，并括注公元纪年。中华民国按民国纪年。中华人民共和国（简称：“新中国”）成立后纪年用公元纪年。“年代”均指20世纪的年代。

九、事物、单位、组织等名称首次出现时使用全称，规范并予以括注简称，以后出现时用简称。植物、动物、矿物使用标准学名，必要时括注俗名。地名采用县民政部门确定的标准地名。记述历史事件时采用历史地名，必要时括注现地名。人名除引文外不另加称呼，说明身份时在姓名前冠职衔。本志中的“党”除特别说明外，均指中国共产党。

十、本志中除特别说明外，“全镇”“寿安镇”“寿安地区”“镇域”等均指2004年后大寿安镇所管辖行政区域。

十一、本志数据以统计部门公布的法定数据为准，统计部门没有的，以主管部门数据为准。计量单位，重量使用公斤、吨，面积使用平方米、亩、平方公里，长度使用米、公里。

十二、文字、标点符号、表格数字、引文注释等按国家有关规定执行。译文以新华社译名为准，必要时括注外文名，外文字母用印刷体。

十三、本志资料主要由镇级部门、村（社区）等提供，同时参考县编志书、年鉴、文书档案、报刊和通过调查采访等形式收集资料，各种资料均已考证，文中不再注明出处。

目　录

概　述

大事记

第一章　政区和人口

第二章 环境和资源

第三章 城镇和村庄建设

第四章 交通、邮政、通信

第五章　农　业

第六章　水　利

第七章　工业和能源

第八章　商贸服务

第九章　政党　政权　社团组织

第十章 教育、卫生

第十一章　民政事务

第十二章 居民生活和社会保障

第十三章 文化和游艺

第十五章　祠堂、寺庙、古遗迹

第十六章 人 物

附　　录

索　　引

编纂始末

转折前行（摄于2015年）

概 述

一

四川省成都市蒲江县寿安镇位于蒲江县境东部，东接眉山市彭山区岐山乡、眉山市东坡区郑军乡及秦家镇郑山口社区，东北邻邛崃市回龙镇、战斗乡、新安乡，北接西来镇，西靠鹤山镇，南连长秋乡。镇政府驻场镇西口，距蒲江县城15公里、成都市城区60公里、雅安市城区79公里。寿安镇于唐咸通六年（865年）正式建镇，至2016年已有1151年历史。

1950年，寿安镇辖3个居民区和1个菜蔬队，幅员0.4平方公里，主要以商业贸易为主导产业。经过1952年、1958年、1985年、1992年、2004年5次行政区划大调整和撤乡并镇，五星、松华、插旗、寿民、隆盛5个乡镇先后并入寿安镇。至2016年，寿安镇幅员87.63平方公里，辖22个村、6个社区、311个村（居）民小组，2.47万户，总人口5.8万人，耕地面积4.42万亩，成为蒲江县第二大镇和副中心城镇。

寿安镇地形为六分平坝、四分丘陵。“三山”（长秋山和大、小五面山）“两河”（蒲江河、临溪河）纵横分布境内。平原地区为沙泥土，肥沃疏松，浅丘山地为中性黄土壤，宜种水稻、小麦、油菜等农作物和柑橘、桃李、葡萄等水果。森林面积3180亩，树种多为马尾松和杂木、竹林。镇境内气候属四川盆地中亚热带温润气候，全年无酷暑严寒，无霜期长，春夏日照足、秋冬云雾多。矿产资源主要有铁、盐、天然气。80年代起，进行产业结构调整，农业上以种植柑橘、猕猴桃、现代生态农业和发展生猪、蔬菜为主导产业；工业建立工业园区，引进国内外强优企业，着力建设中德合作园区、中国包装印务基地和千亿级五金小镇，重点发展精密机械、印务包装、机械电子、医药生物、食品加工等主导产业；第三产业以发展商业和服务业为主导经济格局，经济结构趋于合理，走上了快速发展的轨道。2016年，寿安镇地区生产总值 27.16亿元，人均4.85万元；其中，第一产业5.26亿元、第二产业13.39亿元、第三产业8.51亿元，三次产业结构为19.37：49.30：31.33。财政收入5900万元，固定资产投资总额181亿元。

二

寿安镇是蒲江县农业大镇，以种植粮食为主。民国时期，80%的土地都为地主、富农、官绅等占有，耕作则由雇工承担。1952年，实行土地改革，按农村人口平均分配土地。1954年起，农村普遍建立互动组、农业生产合作社、人民公社，实行土地集体所有制。1979年后，实行改革开放，土地实行联产责任制，土地承包到户，自主经营，明确了农村产权制度。

寿安地区的农业生产，一年两季划分。上半年大春以种植水稻、玉米为主，下半年小春以种植小麦、油菜为主。总面积90%的耕地种粮食，其余10%的耕地种杂粮和蔬菜。1964年前，水稻品种有：高杆的“铁杆粘”“水白条”“六月蓝”及“糯米谷”；小麦品种有：“黄花麦”“光头麦”“蓝麦”；油菜品种为“黄油菜”。由于水源不足、品种单一、种子基因严重退化和肥料不足等原因，水稻平均亩产175公斤，小麦平均亩产75公斤，油菜平均亩产50公斤。

1964年起，省、县政府采取了一系列稳粮增收的重大举措。一是大兴水利，修建了玉溪河引水灌溉工程和长滩水库、朝阳湖水库，整治河堰，新修沟渠山塘，基本实现自流灌溉，解决了“靠天吃饭”的问题。二是大力推广优良品种，水稻普遍种植杂交稻，小麦以繁六为当家品种，油菜以胜利油菜为主。三是推广使用以氮、磷、钾肥为主的化肥和使用农药，粮油作物产量显著提高。2000年，全镇水稻亩产425公斤、小麦亩产200公斤、油菜亩产175公斤。水稻总产量达到1700万公斤，比1964年提高一倍，农民的温饱问题得到彻底解决。

其后，寿安镇对3个社区、22个村全面进行产业结构调整，城南、城北两个商业街区和汪场村为粮食生产示范村，4万亩耕地改种粮为种柑橘。早期品种主要是脐橙、蜜橘、柚子。脐橙、蜜橘平均亩产2500公斤，柚子亩产4000公斤，亩平均产值5000～6000元，比种粮增加7倍，农民收入显著提高。随着市场变化和新品种的不断出现，农户进行二次、三次改种。2012年起，寿安镇着力发展特色农业，采用公司化运作模式，建立冬枣基地3个、猕猴桃基地4个、微耕农庄和节约化生态农业基地3个、葡萄基地6个，面积达到2200亩，成立养猪协会、渔业合作社等民间组织。节约化、工业化、商业化的产业模式，极大地提高土地的经济价值。2014年起，全镇各村（社区）建立起电商服务平台。农业公司和村民的水果、毛猪、鱼等农产品直接网上销售，减少销售环节的支出，为特色产品进入更大的市场拓宽了销路，农业生产到加工、销售，进入现代化的进程。2016年，全镇农村居民人均可支配收入1.83万元。

三

民国时期至70年代，寿安镇境内工业企业以作坊式手工艺为主，行业涉及酿酒、豆制品酿造、布料印染、铁器加工锻造、木器生产加工、竹器编织、衣物缝制等与农业生产和人民生活密切相关的手工艺业。设备落后，生产条件和工艺原始，工业产值不高。1980年，全镇工业产值占地区总产值的80%左右。80年代后，寿安镇的集体企业和民营企业像雨后春笋迅速发展起来。至2000年，规模以上重点企业有：希臣药业、杜蜂王药业、华高生物制品、蜀西生物制品、玉树科技5家医药生物制品企业，佳享、巨丰、蔚蓝3家食品加工企业，寿民纸厂、松华毛巾厂、塑料编织袋厂、松华塑料厂、寿民盛泰电子厂、寿安建材公司、泽华酒业、红旗酒厂、兰天建筑公司、寿安塑印厂等9家企业，另有个体经营企业寿安茶叶加工厂、和平水泥制品厂、华锋酒厂等小型企业13家，总计有企业30家。寿安镇工业产值占全镇地区总产值25%，比1980年上升17%，实现第二次跨越式发展。

2010年，寿安镇建成工业园区。园区核心区域25.43平方公里，由成都青蒲建设发展有限公司承担建设、招商和管理。至2016年，已投入资金30亿元，完成办公、厂房、餐饮住宿、商业住房、游乐等主体工程建设，完善交通、水、电、气、通信、绿化、河道整治等基础设施配套工程建设，建成“中德（蒲江）中小企业合作园区”和“中国包装印务产业园区”。有世界500强企业的德国博世包装技术（成都）有限公司、德国博世电动工具（成都）项目公司、成都南玉电力设备有限公司、成都博盛精密机械有限公司等13家精密机械工业公司和成都鑫林包装印务有限公司、四川川印包装印务有限公司等32家印务包装公司及医药、生物行业公司等62家企业入住工业园区。寿安镇乘胜前进，创建“千亿级智能五金小镇”和绿色低碳小镇。

四

寿安镇是蒲江县商业重镇。从汉代起，寿安地区治盐、冶铁工业大规模发展带动了商业的繁荣。寿安镇地处蒲江、邛崃、彭山、眉山四县交界之地，又是水陆交通枢纽，至民国时期已形成川西南地区货物集散中心和商贸重镇。寿安镇有“九街十八巷”集镇街区，商铺纵横、鳞次栉比，集镇面积0.4平方公里，个体经营户800余家，从业人员2000余人，主要经营项目有饮食业、农副产品交易、百货、五金、副食品、粮油、布疋、铁器生产加工、服装、理发、客栈、药房诊所、肉制品、水果蔬菜、木器竹编等。其时蒲江河道在通航，每天都有数十只木船竹筏往返，将寿安地区及周边近十个乡镇的粮油、农副产品及火把柴、㭎炭都集运到寿安码头，水运至新津、成都，再水运回绸缎、布匹、食盐和日用百货商品，供给寿安市场及周边场镇。寿安镇每逢三、七、十赶场，赶集人数有3万余人。

1986年，寿安镇常住人口5000人，有供销社门市38个、集体商贸单位42个、个体工商业586个，集市贸易主要商品有粮油、畜禽、水产、蔬菜、服装、五金交电、百货、竹编、木器等，年交易额3500万元。2005年，投入资金5.1亿元，扩建正街，修建利民路商业街和蒲和大桥以东至成雅高速出口商业大道，以及西北工业大道和3个集贸市场，修建四级客运站1个。集镇面积扩大到1.9平方公里，住户5840户，常住人口1.8万人。2010年起，在蒲江河东岸，实施“两化互动、产城一体”发展战略，建设寿安新城，集镇向城市化发展。各种超市、连锁店入驻寿安，商业流通渠道发达，9家果品购销公司年柑橘购销量占县柑橘总产量70%。2016年，全镇主要商品有粮油、禽畜、水产、蔬菜、水果、肉制品、药品、竹木和饮食业服务业等。城镇居民人均可支配收入3.12万元。

五

寿安镇是蒲江县文化名镇。大量的出土文物、文化遗址、摩崖造像、石刻及祠堂、庙宇证明，寿安地区从汉代开始，大规模开展治盐、冶铁工业，经历唐、宋、元、明、清、民国时期，经济繁荣、文化昌盛。民国时期，乡村遍设私塾，寿安镇在蒲江县最早办起保国民公立学校。镇域先后建有庙宇69座、祠堂94座。面积仅有0.4平方公里的寿安场镇就有祠堂、会馆、庙宇14座。寿安镇集上的“报本祠”，是社会名流贤达聚会之处，活动经费由乡人捐资。为崇尚儒学和推动教育发展，制定了考中秀才、举人、进士及辛亥革命后考取高职位学业、出国留学等不同的资金奖励办法，对报效国家立功捐躯者的嘉奖等。“江西馆”“湖广馆”等则由外省商人自建的商会会所，为推动寿安与外地的经济交流起到积极作用。寿安境内最活跃的文化娱乐活动是演川剧。大型寺庙、祠堂都建有戏台，有名的祇园寺、金家祠、大梵寺、关帝庙等，每逢春节、清明、端午、中秋及庙会都要演川剧，届时人山人海，十分热闹。其次是耍龙灯、烧火龙、耍牛儿灯、踩旱船等，民间文艺丰富多彩。寿安镇涌现出一批文学家和书法家，代表人物有清代举人王汉昭、秀才叶兰轩等。新时期作家有王建华、胡志良、李金祥等，书法家有廖启清、曹德培、赵永康等。2010年起，全镇22个村、6个社区全部建成村级文化站，有文化演出队31支，每年平均演出60多场文艺节目。2016年，建成“寿安文化艺术中心”，设有舞蹈、书画、民间博物馆、健身、琴棋、影像等多功能室。全镇有高中1所、初中1所、九年制学校3所、小学4所、幼儿园6所。在校高中学生1703人、初中学生1092人、小学生1745人，入学率100%。寿安镇有公立医院1个，社区卫生服务中心1个，村（社区）医疗站22个，基本实现大病不出镇、小病不出村的医疗条件。寿安镇有省级文物保护单位1个、市级文物保护单位1个、县级文物保护单位10个。

六

1911年至2016年，寿安镇经历了百年沧桑巨变。党的十一届三中全会以后，实行改革开放政策，寿安镇的各项事业发生深刻变化和快速发展。五乡一镇的大合并，形成特大型城镇格局。现代农业条件已经具备，产业结构调整收到预期效果，农民人均纯收入达到万元以上；工业园区顺利建成，精密机械工业、印务包装工业成集群态势；集市贸易与电商网销网购同步发展，商业交易额稳居全县乡镇之首；文教卫生呈蓬勃发展趋势；村（社区）全面完成政务活动中心升级改造，以农民集中居住区建设为主的新农村建设全面展开。寿安镇先后被列为省“百镇建设试点镇”、国家“中心城镇建设试点镇”、市“优先发展重点镇”，被工信部授予“中国包装印刷产业基地”称号，“中德（蒲江）中小企业合作园”挂牌，获批“四川省新型工业化重点培育基地”“千亿级智能五金小镇”“全国环境优美示范乡镇”和西南地区首个通过专家评审的“低碳绿色小镇”。

总结过去的辉煌，激励未来的奋进。寿安镇紧紧围绕2020年建成“千亿级五金小镇”目标，加快推进社会主义新农村建设和生态农业的发展，让农民增收致富，提高人民群众生活水平；坚持环境保护治理，提高环境质量；加强法制宣传教育和精神文明建设，构建和谐社会；同步推进文化、教育、卫生事业发展。全镇各项工作快速发展，千帆竞发、百舸争流，一个崭新、现代、文明、富饶的大寿安正在崛起。

河桥相融（摄于2015年）

大事记

民国时期

民国5年（1916年）11月　县人杨子元编写《蒲江乡土地理读本》，其中有《寿安镇记》。

同年（1916年）　寿安镇籍王尧钦等旅省学生30余人返蒲江，在寿安成立“学友互助会”传播先进革命思想。

民国6年（1917年）　重修合江桥。

民国11年（1922年）　华锋村人罗家龙出版《临溪集》二卷，马南村人黄仕杰出版《澄清初集》。民国时期蒲江县四大文豪为罗、黄、李（家学）、杜（龙骧），四人均是四川公立国家专门学校学生。

民国12年（1923年）　杨荩轩在沙湾村万祠堂开办私立荩轩学校。黄汝翼进入北京平民大学新闻学系，写有《新闻事业进化史》。

民国13年（1924年）2月　川军第一师师长李家钰、第六混成旅旅长罗泽洲、军需处长杨忠堂（杨荩轩）等捐银1万元，买田90余亩，年收租谷160石，在寿安镇三圣宫开办私立成平小学校，杨道南任校长。

民国16年（1927年）4月　中共成都特支委员会派石兆祥（宜宾人）到蒲江指导农民运动，在寿安镇发展王尧钦、龚仲卿、谢育生为中共党员，成立“中共蒲江县支部委员会”。同年夏，暴涨洪水，洪水淹寿安城乡三天三夜，米价陡涨至每石银元5元。

民国21年（1932年）　中共邛崃县特支书记宋其康（蒲江中兴乡人）到寿安镇发展党组织，争取地方武装，开展抗捐抗粮斗争。随员赵克荣（邛崃人）在青龙场杜山成立“中共寿安党支部”，杜任书记，分别在成平小学和乡团公所成立党小组。

民国22年（1933年）春　寿安党支部通过龙世骝联络亲友社，从邛崃观音院（牟场）筹备枪支100支，组建寿安抗捐军。同年6月，在上川南抗捐军总部领导下，寿安党支部率寿安抗捐军展开武装抗捐运动。同年8月25日，茂汶叠溪发生7.5级地震，寿安镇三圣宫（庙宇）正殿屋顶震塌。

民国23年（1934年）农历十月初七　中共党员、抗捐斗争骨干、成平小学教导主任杨荣安被叛徒出卖，遭新津县驻防军旅长李桂东逮捕，押送至高河场枪杀，时年22岁。

民国32年（1943年）　邛崃县王伯高（中共地下党员、成都十二桥烈士之一）通过寿安镇哥老会首领喻兴州支持，将蒲江县财务局局长杨绍清枪杀于寿安镇关帝庙戏台街口，民心大快。

民国33年（1944年）冬月　蒲江二区区长赵家彬勾结西来场匪首杨万和，指使心腹戴明渲将中共党员陈伯麒枪杀于寿安镇半边街茶馆。其弟陈德丰前去搀扶，亦被枪杀。

民国35年（1946年）夏　蒲江河暴涨洪水，横跨于寿安镇上场口侧蒲江河上、修建于清乾隆年间（1736—1795年）之木质仁寿桥被冲毁。

民国37年（1948年）　副乡长张连峰与正乡长刘海如竞选“国大代表”和乡长。第一保保民代表熊伯麒将投张的票改投刘，致使张以一票之差落选。张连峰怀恨在心，令其心腹李福安、黄安仪将熊伯麒枪杀于寿安镇场口祠堂附近王坟园边。

民国38年（1949年）3月14日　县警察中队长戴明渲与寿安乡乡长刘海如发生摩擦，在寿安镇进行一场枪战。枪战中伤无辜民众数人。

中华人民共和国时期

1949年

1949年12月24日至25日　中国人民解放军第二野战军第五兵团16军，在寿安、中兴（现属鹤山街道）、松华、西来（现为西来镇）、高桥（现属鹤山街道）等地带，围歼从新津突围西逃的国民党胡宗南部李文兵团第一军，经三天浴血奋战，毙、伤、俘敌16010人。

1950年

2月4日　国民党中央军校成都分校游击干部训练班主任王旭夫、指导员周临溪（松华乡人），在邛崃县观音乡迎祥寺召开邛崃、蒲江、新津3县匪特叛乱会议，成立"川康挺进军第三路军"，王旭夫任司令、周临溪任副司令。

2月15日　县征粮工作队在寿安检查征粮情况，邛崃匪首乔子均袭击工作队。队长、解放军178师政治部民运干事王志诚在战斗中牺牲。

3月　寿安、松华、高河、青龙乡成立农民协会。

3月15日　驻寿安镇的中国人民解放军539团夜袭盘踞于西来乡五面山之"川康挺进军"第三路军第二纵队杨万和部，击毙纵队长戴明渲，捣毁匪部巢穴，毙敌124人、俘虏289人，匪首杨万和脱逃。

3月下旬至4月底　中国人民解放军转战西来、寿安、长秋山及大、小五面山，激战百余次，歼灭县境内大股土匪。捕捉匪首周临溪（松华乡人）、卢联三（成佳乡人）、任子良（彭山县将军乡人）、国民党新编第二师师长田志成、国民党特务钱英（西来乡人）。残匪600余人缴械投降。

9月10日　寿安、松华乡成立农民协会。

11月　松华、高河、青龙、寿安乡政府分别建立。

同年　成立蒲江县工商联合会筹备委员会，寿安镇汪明跃参会。

1951年

7月　寿安、松华、高河、青龙4乡镇近100名青年报名参加中国人民志愿军，赴朝鲜参战。

12月　第二区所属寿安、青龙、高河、松华、敦厚5乡开展土地改革，次年2月结束，分别建立乡人民政府。

1952年

4月　从眉山县晋凤乡划出三合桥、邹沟并入寿安乡。

5月　寿安乡陈河坝渡口因木船翻沉被洪水淹死47人，船工熊绍明、杨步清分别判处有期徒刑三年。

5月底　寿安乡金坎（现属丝栗村）全县第一个建立农业生产互助组，名为“苟文贵互助组”，苟文贵任组长。

12月21日　寿安乡划出所辖的蒲江河以南地区，设置仁寿乡、合江乡。

1953年

10月　寿安乡划出场镇地区新置寿安镇，下辖3个村。

1954年

1月18日　寿安镇域各乡镇选举乡长、副乡长和镇长、副镇长。

2月24日　县委派出工作组，在寿安镇试办“红星”“星光”两个初级农业生产合作社。

10月　县第一届工商业联合会成立，寿安镇汪明跃当选为执委会副主任。

同月　寿安镇工商业联合会成立，张树清任主任，汪明跃任副主任。

1955年

7月23日　寿安镇召开镇压反革命分子大会，处决周临溪、李象贤、廖重民、王国宾等首恶分子40多名。

1956年

2月1日　青龙乡并入寿安乡，合江乡并入仁寿乡，敦厚乡并入松华乡。

5月上旬　松华乡改名为友爱乡，仁寿乡改名为和平乡。

6月　以和平乡为重点，进行血吸虫病普查和灭钉螺工作。

同年　邛崃县回龙乡划出1个生产队（夏河坝）并入高河乡。

1957年

11月　寿安镇域各乡组织民工参加名山县百丈水库建设。

1958年

9月7日　寿安镇建立县内第一个人民公社—东风人民公社（后改名为寿安公社）。该公社以寿安镇为中心，纵横30余里，包括原寿安、和平、友爱、高河4个乡和寿安镇。全公社有97个农业社、525个生产队、44个手工业社和合营合作店、组，入社农户10216户43378人。

1959年

7月　寿安地区发生“钩端螺旋体”传染病，断绝交通数日。

8月11日　寿安境内发生特大暴雨，农田被淹上千亩。

10月14日至24日　邛崃县委召开扩大干部会议，开展反右倾斗争。寿安、高河、和平、松华公社多名干部被罚跪斗争。和平公社干部胡世远写信到省委反映实情，受到打击。

1960年

冬　在临溪河左岸的松华、五星乡境内扩建纸房堰工程。

1961年

5月　撤销寿安人民公社，成立红星、青龙、和平、高河、友爱、长丘（从和平公社划出3个大队、中兴公社划出1个大队新建）6个人民公社。

9月　高河人民公社更名为五星人民公社。

11月　从友爱人民公社析出原敦厚乡所属地区，成立敦厚人民公社。

1963年

2月26日　红星人民公社划出场镇地区，复置寿安镇，管辖3个居民区、1个蔬菜队。

2月起　寿安地区遭遇春旱，延续2月余。

3月18日　县委派工作组到和平公社开展社会主义教育运动（简称："社教"）试点工作。选出贫下中农代表，大揭阶级斗争盖子，重新划出社员自留地。"社教"于10月14日结束。

10月16日　第一期"社教"运动在五星、友爱等7个公社展开。

1965年

年内　撤销长丘人民公社建制，所辖地区分别还属和平公社、中兴公社（现鹤山街道办天华社区）。

1966年

10月　省交通厅公路工程局潜水员刘贵全，到和平公社方沟水库堵塞放水管漏洞，被吸入漏水洞牺牲。县举行追悼会，将其遗体葬于烈士陵园，并将方沟水库命名为"全胜水库"。

1968年

10月　寿安、五星、友爱、和平、青龙公社成立革命委员会，从上至下成立斗、批、改领导小组和对敌斗争清查小组。

1969年

10月　寿安地区各公社组织民工到邛崃县镇西山，参加四川省玉溪河引水灌溉工程和干渠修建。

同年　五星公社九大队（现汪场村）修建装机容量为103千瓦水电站1座。

1972年

冬起　和平公社发扬自力更生精神，自筹资金36万元（国家补贴9万元），修建石拱大桥蒲和大桥。

1974年

5月　蒲和大桥建成通车。

8月　蒲新公路铺设黑色路面。

11月　五星公社等组织民工参加邛崃回龙大桥修建。

1975年

7月29日　连续24小时大暴雨，寿安镇境内蒲江河、临溪河两岸水深1米，受灾稻田2万余亩。

1976年

6月　省政府、温江地区预报地震信息，寿安镇城乡群众在院坝、田间搭棚住宿生活。

1979年

1月　从和平、中兴公社析出部分大队，复置长丘公社。

4月　实行农业联产计酬责任制，适当扩大社员自留地，发展多种农副业，发展集市贸易，寿安镇将原逢单赶场改为10天赶3场。

1980年

6月27日起　寿安地区连续3天暴雨，水稻受灾。

12月　全部撤销各公社所属生产大队的序数编号，分别冠以地名。

1981年

3月1日　青龙公社改名为寿民公社，红星公社改名为隆盛公社，和平公社改名为合江公社，友爱公社改名为松华公社。

7月19日夜　临溪河、蒲江河上游雨量200毫米，寿安地区农田被淹。

9月28日　龙泉村河沙寺被县政府公布为文物保护单位。

1983年

6月10日　撤销各乡贫下中农协会。

7月5日　各人民公社改称为乡，生产大队改称为村。

12月26日　隆盛乡更名为临江乡，合江乡更名为插旗乡。长丘乡更名为长秋乡。

1984年

10月24日　撤销临江乡建制，所属区域划归寿安镇管辖。

1986年

11月18日　寿安地区普及初等教育验收合格。

12月31日　乡镇进行第十一届人大代表换届选举工作。

1987年

6月24日至26日　发生特大暴雨，26日集中降雨量132毫米，寿安地区受灾严重。

1988年

8月10日　23时至12日8时，普降暴雨，寿安片区稻田受灾严重。

1989年

10月20日　成都市教育局对寿安、五星、松华、插旗、寿民乡镇初等教育进行复查，验收合格。

12月31日　乡镇进行第十二届人大代表换届选举工作。

1990年

5月9日　晚至凌晨1时，寿安地区遭受冰雹、大风、暴雨灾害，雨量达110毫米，农田损失严重。

1991年

5月　天旱严重，1至5月总降雨量仅137毫米，严重影响水稻种植，地处大、小五面山及长秋山脉的农户饮水困难。

7月22日　五星乡4、5、9、10等4个防洪险区村社有限广播线路架通。

1992年

4月1日　中外合资泉源堂制药有限公司成立，主要生产“舒尔阴”洗液。

10月22日　全县进行区划调整，五星、松华、插旗、长秋乡并入寿安镇。寿民乡并入天华镇。

1993年

8月　成都泉源堂制药有限公司生产的“舒尔阴”洗液，获“93国际保健品展销活动会”“首届大西南新技术高新产品展销会”“首届军队院校科技开发成果展览会”三项金奖。

8月21日　市委副书记、副市长王荣轩视察泉源堂制药有限公司、蒲江丝绸厂。

1994年

1月　全县进行区划调整，五星、松华、插旗、长秋乡改设办事处，属寿安镇管辖。寿民乡设办事处，属天华镇管辖。

3月10日　寿安镇被四川省政府列为全省首批“百镇小集镇建设试点镇”。

7月22日至23日　县境内发生特大暴风雨袭击，降雨量达299.2毫米。寿安镇街道水深3尺可行船，五星乡乡下一片泽国。省、市派直升飞机救援疏散群众，市、县领导深入灾区指挥抗灾。

是年　成都市民营企业家周成元捐资50万元，在插旗乡新建插旗中学。

1995年

4月17日　寿安蜂业公司董事长杜国平捐资10万元成立“国平奖学基金”，奖励品学兼优的贫困学生和教育工作成绩突出的教职工。

5月28日　寿安至眉山晋凤段公路7.5公里竣工验收达优良标准。

8月10日起　县境内连降暴雨，中心地区在寿安镇，降雨量125毫米。水稻淹没2万亩，冲走成鱼5万公斤，房屋倒塌4间，雷电击毙1人，河堤冲垮3000米。

8月14、16日　县内首次出让位于五星办事处元觉村两宗国有土地使用权，面积6.8亩，年限50年，用于商业、服务业。

9月3日　凌晨1时30分，寿民乡纸厂草料场自燃起火，至5点火被扑灭。上午9时，3堆草料又复燃，县成立灭火指挥部，调集公安、消防、驻蒲部队近2000人灭火，至5日深夜将大火扑灭。火灾经济损失25万元。

11月15日　原五星、松华、寿民、长秋办事处改设为五星镇、松华乡、寿民乡、长秋乡，插旗办事处并入寿安镇。

11月27日　新津希望饲料集团在总部举行捐赠仪式，总裁刘永好向松华小学捐赠35万元建“希望小学”。

12月10日　“四川废旧金属市场川西市场”在松华乡建成投入使用。

12月27日　全镇装机容量最大的提灌工程——松华张山沟提灌站通过验收。该工程投资57.8万元，解决松华、敦厚、五星3个乡镇6800亩土地灌溉和4000多人饮用水。

1996年

1月1日　由寿民乡树林村群众集资和有关单位、个人捐资15.8万元，在该村五社铁溪河上修建的庶宁桥正式通车。

7月27日　县境内普降暴雨，五星镇监测洪峰流量5550立方米/秒。

8月28日　由成都民营企业家周成元捐资修建的插旗中学举行奠基仪式，省、市、县有关领导出席。

9月5日　寿安镇七星村6组村民杨明月，抢救1名落水妇女牺牲，时年38岁。县见义勇为基金会给予2000元奖励。

11月　经成都市普及九年制义务教育（简称：“普九”）检查组检查验收，寿安镇“普九”全面达标。

同年　寿安镇投入资金63万元新建河滨公园。次年建成使用。

同年　投资1731.4万元，新建寿安中学综合大楼和教师宿舍，建筑面积3474平方米。投资108万元，新建和改造寿安小学教学楼和教师宿舍，建筑面积3000平方米。

1997年

3月15日　成都市银都发展有限公司捐赠10万元，修建银都希望小学（原插旗乡西禅小学）。

8月20日　龙泉村河沙寺大殿明代天顺年间彩绘壁画、龙泉寺摩崖造像被市政府公布为文物保护单位。

1998年

9月4日　寿安镇党委、政府对七星村村民刘兴春、刘文明、刘文良、刘伟4人跳水救人行为进行通报表扬。

是年　成都希臣药业有限公司生产的六味木香胶囊，获中国新技术新产品交易博览会银奖。

12月31日　乡镇进行人大代表换届选举工作。

1999年

7月9日　五星镇河中发掘1口汉代大型盐铁盆，口径1.31米，重500公斤，盆内铸有“廿五石”（容量）字样，为国内古代制盐业罕见文化遗存，存于蒲江县博物馆。

12月28日　成雅高速公路建成通车，在寿安镇白岩寺村和龙泉村交接处设出入口，为全县3个出入口之一。

2000年

1月　成都希臣药业有限公司被市政府授予“成都市私营企业50强”称号。

4月20日　五星镇文化活动中心建成投用，其占地3亩，总投资20余万元。

是年　五星镇元觉村被评为成都市“十佳文明村”。

2001年

1月17日至3月26日　寿安地区春旱少雨，降雨量仅有15.6毫米。

9月　成都希臣药业有限公司“希臣”商标获四川省、成都市著名商标称号。

12月31日　乡镇进行人大代表换届选举工作。

2002年

2月3日　蒲江县老年大学寿安分校成立。

12月27日　龙泉村河沙寺明代大雄宝殿被省政府公布为文物保护单位。

2003年

5月13日　寿安巨丰食品公司捐赠20吨冷冻分割肉送往北京，支援抗击非典型性肺炎（简称："非典"）。

2004年

3月6日　西禅村文沟发现大佛岩唐代摩崖造像。

9月10日　撤销松华、五星、寿民3个乡镇建制，其区域并入寿安镇。

2005年

2月27日　设置蒲江县寿安镇管理执法中队。

8月30日　成都兴蒲投资有限公司成立，注册资金5500万元，经营投资与资产管理。主要包括工业集中发展区内寿安镇及县政府确定的基础设施建设的融资和投资。

9月22日　市人大常委会主任骆隆森率队到寿安调研重点镇建设工作。

12月7日　6名大学生调寿安镇任村长助理。

2006年

6月5日　成都巨丰食品有限公司、成都佳享食品有限公司、成都市蔚蓝食品有限公司被评为成都市重点农业产业化经营龙头企业。

7月10日　佳享公司"佳享"牌被评为"四川省农产品知名品牌"。

10月　寿安镇土地整理项目通过省国土资源厅立项审批。

11月2日　成都市佳享食品有限公司投资5000万元的佳享系列肉制品加工二期工程扩建项目破土动工，是西南地区最大的肉制品生产基地，年产肉制品1.5万吨。

11月25日　举行镇人民代表换届选举。

2007年

1月4日　寿安镇部分土地整理项目通过省、市国土资源部门统一验收。

3月15日　寿安镇强震监测台全自动监测设备安装完毕，并运行。

3月26日　寿安镇汪场村朱濠渡口大桥工程开工建设，从此渡口不复存在。

6月18日　市人大常委会主任骆隆森到寿安镇，检查指导市级优先发展重点镇工作。

6月29日　严钜源向寿安镇可口可乐希望小学捐赠20万元成立"文彬教育基金"。

8月18日　举行庙乐现代农业产业园项目投资签约仪式。该项目落户寿安镇庙乐村，涉及土地面积5000亩。

12月25日　寿安镇插旗山村被省环保局命为“生态村”。

2008年

4月26日　成都华高生物科技有限公司1000吨植物提取项目奠基。

4月29日　寿安镇被国家环保局命名为“环境优美乡村”。

5月12日14时28分　汶川县发生8特级大地震，寿安地区震感强烈。

7月11日　寿安镇元觉村、七星村被市环保局命名为“生态村”。

2009年

1月16日　“巨丰”“佳享”品牌入选成都市民最喜欢“成都造”品牌。

2月26日　市委副书记唐川平到寿安工业园区，调研成都现代化印务基地建设工作。

4月22日　市委副书记唐川平，市委常委、宣传部部长何华章一行到寿安镇调研成都现代化印务基地建设情况。

4月26日　中国包装联合会副会长、秘书长葛江河一行到寿安，考察成都现代化印务基地建设情况。

5月20日　国家发改委经贸司副司长耿书海到寿安考察中央直属猪肉储备冷冻库项目建设情况。

7月22日　9时11至14分，镇境内发生日全食现象，持续5分钟。

2010年

1月28日　四川蒲江中央直属储备肉冷冻库在寿安落成。该项目于2009年5月动工修建，占地60余亩，总投资近1亿元，建有单体单层冷冻库两座，低温冷藏能力1万吨，高温冷藏能力5000吨。市政府副市长刘家强出席竣工典礼。

3月22日　寿安中学举行香港佛教联合会大慈教学楼竣工典礼仪式。该教学楼由香港佛教联合会捐资250万元修建。

4月22日　在青羊绿舟产业园举行寿安工业建设及产业发展项目集中签约仪式，总投资达50亿元的寿安镇工业区建设及产业发展、成都兴东兴管业塑业包装、成都市菱彩印务等6个项目落户寿安。

7月12日　举行蒲江县与成都青蒲建设发展有限公司联手打造寿安工业新城项目合作开发建设项目签约仪式。该项目占地面积6000亩，按照“一年打基础、二年有形象、五年出规模、八年全部建成”的计划逐步推进，预计2018年年底全部完成。

8月19日　零时起，县境内普降大暴雨并伴雷电，蒲江河、临溪河遭遇60年一遇洪水，两河汇流处最大洪峰量达到每秒2650立方米，寿安镇光明村、汪场村、吕石桥村等一片汪洋。省委书记、省人大常委会主任刘奇葆赶赴寿安镇，看望慰问受灾群众，指导抗洪抢险。驻蓉部队和武警官兵出动冲锋舟、橡皮艇、直升飞机，解救安置受灾群众。

9月8日　举行寿安工业新城招商中心奠基仪式。

2011年

2月17日　市委副书记唐川平到蒲江查看寿安新城“产城一体”项目情况。

3月10日　《寿安镇总体规划修编（2010—2020年）》，通过市城乡规划专业委员会审议，于7月26日获市政府批准。

4月21日　召开2011年“青蒲对流”工作座谈会，就加快寿安新城建设、干部交流等达成共识。

5月17日　市委常委刘超率市规划局、市经信委、市建委等相关部门负责人到寿安，调研寿安新城“产城一体”建设。

5月28日　成都佳享食品有限公司“佳享JIAXNC及图”被国家工商行政管理总局商标局认定为驰名商标。

6月10日　寿安镇举行湖北楚园春酒业原酒基地投产庆典仪式。

6月14日　寿安镇插旗山村获全省“环境优美示范村庄”称号。

8月12日　成都佳享食品有限公司被省委、省政府授予农业产业化经营“两个带动先进单位”称号。

9月　五会村8社46户农户用80亩土地承包经营权，及4户农户用现金入股，组建并登记注册“蒲江县五会土地股份（粮油）合作社”。合作社以每0.01亩为1股、每100元为1股，合计股权9300股，每年每亩以450公斤黄谷折价（当年市场价）分红。

10月17日　新疆维吾尔自治区考察团考察寿安“产城一体”建设项目。

10月　寿安110千伏变电站建成投入使用。

11月4日　世界500强博世集团包装机械生产基地项目落户寿安新城。

2012年

1月5日　成都市信访工作会议代表参观寿安“产城一体”建设。

2月28日　全市2012年重点镇建设工作会在寿安召开，寿安镇作交流发言。

5月22日　《寿安新城绿色低碳专项规划（2012—2017）》通过由住建部、同济大学等7个单位组成的专家组评审。

7月13日　乐山市马边彝族自治区党政考察团到寿安考察学习寿安新城“两化互动、产城一体”发展模式。

7月14日　寿安镇生态河堤建设受到财政部中小河流治理财政专项资金试点项目考评组好评。

7月24日　寿安镇马南村渔业专业合作社等3家企业获评四川省无公害水产品基地。

7月26日　省“两化”互动、统筹城乡发展战略工作会议筹备工作总结会与会人员调研寿安工业区博世包装（成都）项目、成都合联产业园、御品轩瓷业有限公司等企业。

9月16日　成都合联新型产业园项目启动暨客户签约仪式在寿安镇举行，成都品鑫酒业包装有限公司、成都川信精密五金制造有限公司等与合联公司签订入驻协议。

9月18日　寿安镇2012年实施的土地整理项目通过市级验收。

9月29日　在寿安新城举行博世电动工具入驻暨第三季度集中签约仪式，共签约博世集团亚太地区研发中心等10个项目，总投资额56.8亿元。

12月17日　寿安镇3宗国有土地158.9亩，以每亩87万元的竞拍价成交，总成交金额1.38亿元。

2013年

1月21日　眉山市党政考察团一行在市委常委、常务副市长孙平，副市长傅勇林陪同下考察寿安新“城产城一体、统筹城乡”工作情况。

3月12日　德国博世集团董事长陆德一行到寿安考察电动工具项目。

3月17日　人民日报新农村周刊主编张毅等一行到寿安考察，对“产城一体”工作给予充分肯定。

7月24日　中国最大的水性油墨商广东天龙油墨集团股份有限公司全资子公司—成都天龙油墨有限公司在寿安工业园区投产。该公司占地24.5亩，总投资5000万元，设计年产2.4万吨水性油墨、2400吨溶剂油墨，预计年产值1亿元。

8月25日　开通寿安客运站往长秋乡至眉山市东坡区客运班车，每日5班。

8月30日　全市中、小河流治理工作会议在蒲江县召开，与会人员实地参观寿安镇防洪堤工程。

9月3日　博世包装技术中国研发中心项目在寿安工业园挂牌运营。

9月10日　蒲江县开通首条公交化模式运行的农村客运线路—寿安镇至西来镇线路，每天运行36班次。

12月12日　寿安中学学生卢星宇被授予2012年成都市“美德少年”称号。

2014年

2月28日　举行中德中小企业合作项目启动暨蒲江县第一季度“开门红”工业项目集中签约仪式。共签约“中德中小企业合作园”等9个项目，协议投资36亿元；生物医药产业项目5个，协议投资9.6亿元。

2月　寿安镇插旗山村被国家计划生育协会授予“第四批全国计划生育基层群众自治示范村”称号。

3月21日　召开青蒲对流工作会议，相关部门签订泡桐树小学领办寿安小学、青蒲科技创新服务平台建设等项目促建协议。

7月9日　成都合联新型产业园被省经信委、省财政厅授予“省级小企业创业示范基地”。

8月28日　县医院与寿安镇公立中心卫生院签订《县区域医疗联合体合作协议》，以寿安镇作为试点，构建市、县、镇（乡）三级医疗网络。

10月22日　《寿安镇总体规划（2013—2020）》通过市级审议。

2015年

1月14日　蒲江县与中国银行四川分行签订合作协议。中国银行四川分行将在3年内向以中德（蒲江）中小企业合作园内为主的企业及园区基础设施，提供不低于10亿元的授信支持。

3月19日　蒲江县寿安镇马南村、华锋村等5个建设用地增减挂钩项目通过省国土资源厅验收。

6月2日　在寿安新城举行中德（蒲江）中小企业合作园项目开工暨集中签约仪式。

6月11日　中德小企业产业园获第四批“省级小企业创业示范基地”称号。

7月17日至19日　中科院金属研究所专家到蒲江考察指导“中德（蒲江）中小企业合作园”及“五金小镇”建设。

8月3日　全省产业园区工作会议暨产业园区规划经验交流会议在蒲江召开。与会代表前往中德（蒲江）中小企业合作园、博世电动工具蒲江生产基地等，了解寿安工业区建设情况，并就园区规划经验展开交流对接。

8月28日　副省长黄彦蓉率全省“百镇建设行动”现场会参会代表到蒲江参观考察，实地察看寿安新城综合服务中心、生态河堤及合联新型产业园。

10月13日　广东省揭阳市考察团到蒲江考察中德（蒲江）中小企业合作园建设情况。

10月19日至21日　蒲江县在上海举行中德（蒲江）中小企业合作园暨“五金小镇”推介会。推介会对成都市和蒲江县投资环境、中德（蒲江）中小企业合作园、“五金小镇”规划建设及入驻的世界500强企业博世电动工具等项目进行介绍。

2016年

1月11日　县委常委、组织部部长霍忠生到寿安镇调研工作。

1月26日　县委副书记、县长刘刚到寿安镇调研。

3月1日　中央、省、市主流媒体参观团莅临寿安镇考察参观。

3月3日　省农业厅副厅长涂建华到寿安镇调研春耕生产等农业工作。

4月22日　省政府督查室主任田俐到寿安镇督查地质灾害、防火避险搬迁安置工作。

5月20日　县委书记、县长刘刚到寿安镇调研换届及“两学一做”学习教育工作。

6月21日　县委书记、县长刘刚到寿安镇吕石桥村党支部讲党课。

6月28日　省人大副主任曾省权莅临寿安镇看望慰问老党员。

6月30日　县委书记、县长刘刚到寿安镇看望慰问老党员。

7月4日　省政协副主席、党组副书记高烽莅临寿安镇调研。

8月22日　县委书记、县长刘刚到寿安镇调研网格化服务管理工作。

8月26日　市委副书记李仲彬莅临寿安镇调研。

9月1日　副县长、代县长王凯到寿安镇调研工业园区。

9月7日　县政协党组书记杨亚群到寿安镇加威农庄、成都瑞和致远包装有限公司考察工作，走访慰问县政协委员吴加威和朱烽，察看他们履职情况和企业生产发展现状。

9月18日　县人大党组书记安建东到寿安镇调研工业企业。

9月22日至28日　寿安镇举办第四届邻里文化节。

11月27日　寿安镇举行县第十八届和镇第四届人大代表换届选举，选举县人大代表35名、镇人大代表75名。

12月16日　博世电动工具蒲江新厂房开工仪式在中德（蒲江）中小企业合作区举行。博世集团中国区总裁陈玉东，博世电动工具新兴市场董事会总裁DE VET Lennart，博世电动工具新兴市场董事会运营副总裁TAN CheeKiang，博世电动工具新兴市场董事会商务副总裁Reis Andre，博世电动工具中国有限公司许刚，博世包装技术（成都）有限公司总经理VON GLINOWIECKI Carsten，博世汽车部件（成都）有限公司副总经理胡文晓，博世电动工具成都工厂厂长杨启明，以及中国五金制品协会理事长石僧兰，中国五金制品协会执行理事长张东立，中国五金制品协会副理事长兼秘书长金立新，中国五金制品协会副理事长吕基英，中国五金制品协会副理事长柳润峰，中国五金制品协会副理事长孟凡波出席开工仪式。县委书记刘刚出席开工仪式并致辞。

第一章　政区和人口

寿安镇是蒲江县之东大门，地跨蒲江河、临溪河流域和大、小五面山及长秋山，自唐代咸通年间（860—874年）建镇，至2016年已有一千余年的历史。寿安镇地处邛州、雅州、眉州交会处，自古为川西重要商埠，历朝历代政府十分重视其建制设置。在一千余年间，其政区历经数次归并、几度分合、不断调整、由小到大，最终形成幅员87.63平方公里，辖22个村、6个社区、311个村（居）民小组，2.47万户5.8万人的县域副中心城镇，和成都市优先发展重点镇、省级重点小集镇建设试点镇、全国重点镇。

第一节　区位和政区设置

一、区　位

寿安镇位于县境东部，镇域地跨蒲江河、临溪河平坝和大、小五面山及长秋山浅丘、山地。东接眉山市彭山区岐山乡、眉山市东坡区郑军乡，东北临邛崃市回龙镇、战斗乡、新安乡，西靠鹤山镇街道，南连长秋乡，北接西来镇。镇政府驻寿安集镇西口，距县城15公里、成都市区60公里、雅安市区79公里。寿安镇地处蒲江、彭山、眉山东坡区、邛崃、新津等五县交会处，自古为川西农贸物资集散地。寿安场镇紧靠蒲江河，船筏顺水直通成都、乐山等地，过去水路运输十分方便。有民谚："蒲江河水滩连滩，篙杆一撑下川南。"90年代起，京昆高速成雅段、成新蒲快速通道、蒲新路及寿卧路等穿镇而过，形成四通八达的交通网络，寿安镇属成都市一小时经济圈内。

二、建置沿革

唐代咸通六年（865年）寿安镇已形成集镇。1986年，寿安镇一砖石墓出土的北宋景祐四年（1037年）"向正壙买地券"文曰："依政县归义乡寿安里"，这是"寿安"二字在历史上发现最早的确切记载，时属蒲江县善何、蒲江乡及依政县归义乡。北宋神宗元丰三年（1080年）王存主编的《元丰九域志》记载"邛州"地区："依政县，州东南五十里，一十乡，寿安、固驿二镇，有意悚山、蒲江。"因此，可以确定寿安当时已发展为重要集镇。元至元二十一年（1284年），蒲江与依政并入邛州，镇属邛州。明初复置蒲江县，划属县化仙及蒲江两乡。清雍正时属县寿宁、安仁两乡。清宣统二年（1910年），实行自治区制，蒲江全县划为12个自治区，寿安为东二区。关于镇名来历，清人认为寿安镇民皆为寿宁、安仁两乡的乡民，古人故而将其取名"寿安"。清乾隆时《蒲江县志》记载："寿安镇，县东三十里，上省大道。"

民国3年（1914年），撤销自治区团制，设行政区建制，蒲江县设10个行政区，寿安为东二区所辖。民国13年（1924年），撤销区团制，改为乡团制，蒲江县划为10个乡团，始置寿安乡团，辖寿安、插旗、长秋、高河乡域。民国24年（1935年），各县分区设置，实行保、甲、联保制，寿安与高河、松华联保。民国29年（1940年），改联保制为乡、镇制，第二区设寿安镇、高河乡、松华乡3个乡镇。民国36年（1947年）12月，蒲江县编制保甲户口调查，寿安镇属7保、177甲，青龙乡属7保、71甲，高河乡属10保、103甲，松华乡属7保、73甲，寿安地区共计41保、434甲。

1952年，成立区、乡、镇人民政府，改保为村、改甲为组。二区设寿安镇、高河乡、松华乡、青龙乡、仁寿乡、合江乡6个乡镇。同年4月，从眉山县晋凤乡划入三合桥、邹沟等地域。1953年10月，析出场区，新置寿安镇，辖3个村。1956年2月，敦厚乡并入松华乡，改名为友爱乡；青龙乡并入寿安乡；合江乡并入仁寿乡，改名为和平乡。1958年9月，寿安镇与寿安、高河、和平、友爱一镇四乡组建东风人民公社（寿安人民公社），辖4个管理区、66个生产大队、1188个生产队。1961年5月，撤销寿安人民公社，原寿安镇、寿安乡（不含青龙乡）地区建置红星公社。1963年2月析出场区，复置寿安镇，镇辖3个居民区、1个菜蔬队。

三、镇域调整

1981年3月，青龙公社更名为寿民公社、和平公社更名为合江公社、红星公社更名为隆盛公社、友爱公社更名为松华公社。1983年7月，隆盛公社改为隆盛乡。同年12月，隆盛乡更名为临江乡。1984年10月，临江乡并入寿安镇。镇辖第一、第二、第三3个居民区，1个菜蔬队和石鱼沱、隆盛、桐口、董口、妙乐、围镇6个村，幅员11.39平方公里。

1992年10月22日，五星、松华、插旗、长秋乡并入寿安镇，全镇幅员91.42平方公里。镇辖一、二、三3个居民区，1个菜蔬队和石鱼沱、隆盛、桐口、董口、妙乐、围镇、丝栗、邱冲口、金家、七星、白岩寺、八角、插旗山、西禅、龙泉、五会、金橙、光明、吕石桥、董山、元觉、高河、犀羊、汪场、顺江、松花、寨子、建华、红光、马南、华锋、新建、高韩、古福、三合、石马、开元37个村。1995年11月1日，五星、松华、长秋乡析出为单设镇（乡），原插旗乡仍并入寿安镇，全镇幅员31.96平方公里。镇辖一、二、三3个居民区，1个菜蔬队和石鱼沱、隆盛、桐口、董口、庙乐（原妙乐村）、围镇、丝栗、邱冲口、金家、七星、白岩寺、八角、插旗山、西禅、龙泉15个村。

2004年，五星镇、松华乡、寿民乡并入寿安镇。2005年7月11日，寿安镇对村社进行调整。石鱼沱村并入围镇村，桐口村并入隆盛村，邱冲口村并入丝栗村，建华村并入庙乐村，红光村并入马南村，金橙村并入五会村，顺江村并入吕石桥村，董山村并入元觉村，寿民村并入树林村，有余村并入大漕村，松花村、寨子村并入松华社区，高河村并入五星社区，先觉村并入青龙社区，菜蔬队并入城南社区。原有的38个村缩减为23个村和5个社区、311个村（居）民小组，幅员87.63平方公里。后隆盛村改设为隆盛社区。2016年，镇辖城南、城北、隆盛、五星、松华、青龙6个社区，董口、庙乐、围镇、丝栗、金家、七星、白岩寺、八角、插旗山、西禅、龙泉、马南、华锋、五会、光明、吕石桥、元觉、犀羊、汪场、沙湾、树林、大漕22个村，311个村（居）民小组，幅员87.63平方公里。

第二节　村（社区）概况

一、董口村

董口村地处五面山地带，东部与庙乐村连界，南面与隆盛村接壤，西部与大漕村相邻，北部紧靠

董口村左大塘水库（摄于2016年）

庙乐村。村域地貌为浅丘，3条小溪流入蒲江河。东西长2公里、南北宽2.1公里，幅员4.7平方公里，距寿安镇场镇1.5公里。2016年，全村农用地4560亩，其中，耕地2280亩、果园用地1930亩、林地50亩、其他用地300亩。全村辖10个组，479户1723人，其中，男843人、女880人。党小组7个，党员50人。

董口村在民国初年属东二区。民国24年（1935年）设寿安联保，董口村为第四保。1949年12月26日，中国人民解放军第二野战军第十六军四十六、四十七师及十八军一部进入寿安境内，在董口村同国民党胡宗南残部展开激烈交战，歼敌1个团，此役被称为“董口山之战”。新中国成立后，为寿安镇四村。1958年9月，成立寿安东风人民公社，下设9个管区，董口村为一管区四大队。1961年，设置红星公社。1981年3月1日，红星公社更名隆盛公社，后改为临江乡。1984年10月，临江乡并入寿安镇，四大队更名为董口村。

董口村传统农业以种植水稻、小麦、油菜、红苕为主。1957年，建成左大塘小型水库，库容量达22万立方米，能灌溉本村田地2000余亩，使“望天田”成为自流灌溉田。2000年起进行产业结构调整，90%的耕地改种柑橘等水果。2016年，全村水果种植面积4560亩，主要种植杂柑、柚子，水果总产量1.14万吨。农村居民人均可支配收入1.27万元。

2004年，改造村政务活动中心，同时修建文化活动室、体育健身场地、图书室、老年活动娱乐场所。2014年3月，董口村成立了柑橘生产合作社，引导农民向生态有机柑橘方向发展，为农民持续增收做出贡献。2016年年底，实现三横两纵水泥路交通网络，村、组及各农户都通水泥路。董口村有农家乐2家、柑橘加工场2处。全村光纤电视用户350户。

二、庙乐村

庙乐村位于寿安镇西南部，东邻围镇村，西接松华社区，南靠董口村，北连临溪河、华锋村，距寿安镇场镇2公里，幅员3.58平方公里。2016年，全村农用地2370亩，其中，耕地1717亩、其他农用地653亩。辖10个组，727户1986人，其中，男1020人、女966人。

民国时期，庙乐村为寿安镇联保所辖。新中国成立后，为寿安镇五村。1958年9月，成立东风人民公社时，为一管区五大队。1961年设置红星公社，1981年红星公社更名为隆盛公社，后隆盛公社更名为临江乡。1984年10月临江乡并入寿安

庙乐村大道（摄于2016年）

镇，庙乐村一直为五大队。后因村境内有妙乐寺，改名为妙乐村。1995年，改名为庙乐村。2005年，松华乡建华村并入庙乐村。

庙乐村传统农业以种水稻、小麦、油菜为主。2000年起，实行产业结构调整，改种粮食作物为果树。从2011年起至2015年，庙乐村引进4家现代农业项目：冬枣基地130亩、金枣基地140亩、家威农庄100亩、碧香家庭葡萄园60亩，解决土地流转后农民就业。2016年，全村果树面积2000亩，主要品种有杂柑、柚子、冬枣、葡萄等。农村居民人均可支配收入1.01万元。

2000年，庙乐村建成农民集中居住区“建华小区”，有40户135人入住。水泥路实现社社通。2011年，建成政务活动中心，有便民服务机构，文化活动和体育健身场所。2016年，全村天然气用户407户，光纤电视用户680户。

庙乐村古迹原有叶氏大祠堂、妙乐寺，均在50年代拆毁。

三、围镇村

围镇村位于寿安镇周围，东邻光明村，南接剑桥小镇，西连庙乐村，北靠临溪河。村域东西长2.5公里、南北宽1.2公里，幅员2.1平方公里。民国时期，围镇村属寿安镇直辖。1958年，为寿安人民公社十管区。1961年，改为红星公社六大队。1982年，改为围镇村。2006年，原石渔沱村5个生产队划入围镇村。2016年，全村农业用地1250亩，其中，耕地470亩、河边林地380亩、其他用地400亩。全村辖11个组，758户2278人，其中，男1118人、女1160人。

围镇村党群活动服务中心（摄于2016年）

围镇村传统产业为种植业和养殖业。2005年开始，进行产业结构调整，改种果业生产。2013年，全村果树面积650亩以琯溪柚子为主。2015年进行品种改良，发展新品种不知火、春见、丑柑等300亩。2016年，农村居民人均纯收入1.2万元。

2010年，成都市青蒲建设发展有限公司入住寿安镇。征用围镇村6个社共计500余亩土地，在村招聘务工人员500余人。2016年，全村有200多户农民入住新型小区。全村天然气用户470户，光纤电视用户758户。全村村道覆盖率达100%，村修建有文化娱乐场所400平方米，老年活动室200平方米，为老人提供日间照料服务。

四、丝栗村

丝栗村地处寿安镇南部，东邻龙泉村，西接鹤山镇堡顶村，北与金家村连界，南靠长秋乡石马村、高韩村，距寿安场镇4公里。村域东西长1.5公里、南北宽2.2公里，幅员3.3平方公里。2016年，全村农用地3147亩，其中，耕地900亩、果园2183亩、林地14亩、其他农用地50亩。辖15个组，592户1955人，其中，男975人、女980人。

丝栗村宋代属蒲江县蒲川乡，清雍正四年（1726年）属安仁乡，宣统二年（1910年）属蒲江县东

丝栗村党群活动服务中心（摄于2016年）

二区，民国24年（1935年）属寿安联保第十五保。1952年属合江乡，1961年5月为和平公社一大队。1983年7月改为合江乡丝栗大队，后改为插旗乡丝栗村。1992年插旗乡并入寿安镇，丝栗村属寿安镇管辖。2005年9月，邱冲口村并入丝栗村

丝栗村传统农业以种植水稻、小麦、玉米为主。1999年，实行产业结构调整，改种粮食作物为水果种植。2016年，全村水果种植面积3047亩，其中，柚子898亩、柑橘“春见”920亩、“不知火”1050亩、其他水果179亩，水果总产量4302吨。农村居民人均可支配收入1.13万元。

全村实现社社通水泥路，水、电、通信基础设施基本完善。建成村政务活动中心、文化活动室、图书室、健身活动场所。

1949年解放战争中，丝栗村有10人参加游击队，龙正海、董华轩在剿匪中牺牲，追认为革命烈士。丝栗村原有柴良祠、王祠堂、观音堂等古迹，20世纪中期逐渐毁灭。

五、金家村

金家村位于寿安镇西南面，东临七星村，南临丝栗村，西接沙湾村，北连隆盛村，距寿安场镇2公里，天（华）插（旗）路贯穿全村，幅员2.79平方公里。2016年，全村农业用地2660亩，其中，柚子2160亩、杂柑200亩、葡萄200亩、粮食100亩。辖12个组，738户2328人，其中，男1114人、女1214人。全村劳动力1352人。

民国24年（1935年），金家村属寿安镇联保第十六保。1952年属合江乡。1958年5月为和平公社三大队。1983年7月，改为合江乡金家大队，后改为插旗乡金家村。1992年，插旗乡并入寿安镇，金家村归寿安镇管辖。村地貌特征为“两河平坝”，蒲江大河、小溪穿流平坝。平坝面积1.95平方公里，占村总面积70%。2003年，改建村政务活动中心、文化活动场所和体育健身场地。2013年起，进行两横两纵公路扩宽和水泥路建筑。至2016年，社社、户户通水泥路。建起图书室、电子商务室，形成多功能标准化活动阵地。全村天然气用户110户，光纤电视用户690户。

金家村党群活动服务中心（摄于2016年）

村传统农业以种植水稻、小麦为主。1955年起，金家村连年实施河道沟渠整治，改变了“靠天吃饭”的历史困境。1999年起，进行产业结构调整，改种粮食作物为果

业生产。2016年，金家村果园面积2560亩，主要种植柚子、杂柑、葡萄，水果年产量6400吨。农村居民人均可支配收入8000元。

民国时期，金家村有7人参加抗日战争。七组安和璧毕业于黄埔军校，曾任少校团长，1952年转业回乡，被选为蒲江县政协委员。村里有天主教堂，始建于清光绪年间（1875—1908年），有100余名信教徒每周末聚集在教堂诵经做礼拜。古寺大梵寺始建于唐代，1967年“破四旧”被拆除，2002年群众捐资重建，为县级文物保护单位。

六、七星村

七星村位于寿安镇南部，以村内七星庙命名。东邻白岩寺村，南接龙泉村和丝栗村，西与金家村、隆盛村接壤，北靠寿安镇旧城区，幅员2.28平方公里，耕地2500亩。2016年，辖8个组，670户、2000人，其中，男953人、女1047人。劳动力1476人。村党支部下设5个党小组，共有党员50人。

七星村陈河坝老街（摄于2016年）

民国时期，为寿安联保第十保。1950年至1988年，七星村几度成为合江乡、和平公社、插旗乡政府所在地。村办、乡办集体企业和个体企业较多，有机砖厂、纸厂、黄连加工厂、竹编厂、农机修理厂，集体和个人经济收入较为富裕。至2000年，所有集体企业或转制、或停办，转型从事水果种植或经商、从事服务业。

村主导产业以农业为主，种植水稻、小麦、油菜、蔬菜。2000年起，调整产业结构，全部耕地改种柑橘。2016年，全村种植柚子2200亩、杂柑300亩。农村居民人均可支配收入9900元。

民国时期，村域内陈河坝街区（现七星村五组）长约1公里，虽是一条独街，但茶房、酒肆、烟馆、旅店俱全。遇蒲江河涨洪水，人们不能过河到寿安集镇，便在陈河坝摆摊交易，因此陈河坝有“小寿安”之称。陈河坝有数百年古树黄桷树，树干上坐土地神庙，香火不断。村内民居四合院、三间两头转青瓦房居多。2000年后，村民对住房普遍进行改造，近30%的农户建起楼房。2005年，修建村委会，设置政务活动中心、法治讲堂、图书室、文娱活动室和健身场所。2007年，村建成集中居住小区七星新村。2016年，七星新村入住130户350人。全村实现水、电、路三通，村道、社道、农户实现水泥路直通。全村天然气用户417户，光纤电视用户670户。

七、白岩寺村

白岩寺村地处寿安镇东南，以村内白岩寺命名。西接寿安旧城，北连八角村，东与插旗山村、长秋乡接壤，南与龙泉村、七星村相连，幅员3.85平方公里。2016年，全村耕地面积414亩。辖11个组，612户2300人，其中，男1180人、女1120人。

民国时期，白岩寺村为合江乡所辖。新中国成立后，为合江乡新民村、新民高级农业合作社。1958年，改为和平公社五大队。1983年7月，改为合江乡五大队。后改为插旗乡白岩寺村。1992年，改为寿安镇白岩寺村。

白岩寺村健身广场（摄于2016年）

21世纪初，白岩寺村被规划为“寿安新城工业发展区”。2005年起至2015年年底，有6个组土地全部被征用。被征用土地的农户，全部拆迁安置到小区居住，16岁以上农民以土地换社保，作为失地农民基本生活保障。1200人转为城镇人口后，或务工，或经商，大部分从事第三产业。余下的5个组、1100人，经营414亩耕地，主要种植水果、蔬菜、有部分水稻、油菜。2016年，村里有政务活动中心，村务设置齐备、交通、水电气设施完善。全村天然气用户510户，光纤电视用户612户。农村居民人均可支配收入1.54万元。

村里名人辈出，乡贤众多。袁文卓，20世纪初曾任江安县县长，是抗日名将李家钰的老师。王明焕，1943年参加远征军赴缅甸抗日作战，勇立战功。詹德安，30年代赴延安抗大学习，后派至香港，任新华社香港分社社长，后参加抗日战争。詹德俊，詹德安之弟，同为延安抗大学员，参加抗日战争和解放战争。新中国成立后，詹德俊任四川省水利厅领导。

白岩寺村二组半山腰，建有白岩寺庙宇。寺庙旁的悬崖上有建于唐宪宗元和五年（810年）的大佛造像，为县级文物保护单位。

八、八角村

八角村以本村内有“八角庙”而得名。地处寿安镇北面，东接插旗山村，南连寿安镇场镇，西邻蒲江河，北接吕石桥村。村域东西长1.6公里、南北宽2公里，幅员3.2平方公里。2016年，全村耕地面积1721亩。辖11个组，680户2049人，其中，男996人、女1053人。

民国时期，八角村属寿安联保第六保。1951年，属合江乡。1959年，为和平公社六大队。1983年7月，改为合江乡六大队，后改为插旗乡八角村。1992年10月，插旗乡并入寿安镇，八角村属寿安镇管辖。

八角村村委会（摄于2016年）

八角村传统农业以种植水稻、小麦、玉米、荞麦为主。2000年起，调整产业结构，改种果树。2007年至2015年，寿安新城工业园区规划，共征用八角村土地1100余亩。被征用土地的农户都要安置到小区居住，并以土地换社保。2016年，全村果树1080亩，主要品种为柑橘，其余1100余亩为征用面积。农村居民人均可支配收入1.39万元。

2013年，建成集中居住小区“兴城花园”，87户179人入住。小区内环境优美，基础设施齐备。2016年，村委会政务活动中心迁往剑桥小镇，党政服务办公、图书阅览、文化活动、健身等功能完善。全村天然气用户350户，光纤电视用户680户。

村内八角庙为县级文物保护单位。原庙于1986年拆毁，现庙为重建。庙内收集有古庙照片、石刻、雕塑、书法作品及廖怀信塑像。廖怀信，天地会领袖，1855年起义于双流县黄水河，驻插旗山村真武观。在八角庙击败清军，杀知县韩一松。后攻克蒲江、邛崃、大邑、崇州多县场镇，震动全川。四川总都督调集重兵围歼，廖被俘遭酷刑，被凌迟、挖心、斩首。其案卷归《农民起义》，现存北京故宫中国第一历史档案馆，其事迹载入《四川近代史》。

九、插旗山村

插旗山村南部是长秋山脉之插旗山，海拔689米；北部为蒲江河南岸八角村平坝，海拔480米。东邻元觉村，西接西禅村和白岩寺村，距寿安镇场镇4公里、县城19公里。村域东西长2公里、南北宽1.6公里，幅员1.8平方公里。村域地貌为"半山半坝四小溪"。浅丘面积0.8平方公里，占总面积41%；平坝面积1平方公里，占56%。2016年，全村农业用地1570亩，其中，耕地430亩、园地520亩、林地500亩、其他农用地120亩。辖9个组，369户1192人，其中，男597人、女595人。

插旗山村入口牌坊（摄于2016年）

插旗山村南北朝西魏时期属依政县归义乡，宋代属蒲江县蒲川乡。清雍正四年（1726年）属安仁乡。宣统二年（1910年）属蒲江县东二区。民国24年（1935年）属寿安镇联保第八保。1952年属合江乡。1961年5月，为和平公社七大队。1983年7月，改为合江乡插旗山大队。同年12月，改名为插旗山村。1992年，插旗乡并入寿安镇，插旗山村属寿安镇管辖。

村传统农业以种植水稻、小麦、玉米为主。2000年起，实行产业结构调整，改种粮作物为果业生产。2016年，全村果树面积1680亩，主要种植柑橘、柚子。水果总产量1900吨。农村居民人均可支配收入1.56万元。

1964年，该村联合八角、吕营、董山村修建库容66万立方米的方沟水库，结束"靠天吃饭"的历史。2001年，建成日产100立方米的自来水深井。2004年，改造建成村政务活动中心、文化活动场所、体育健身场地、图书室。2016年，实现"三纵两横"的交通网络，水泥路通达各家各户。全村天然气用户180户，光纤电视用户350户。

插旗山村人杰地灵，抗日战争时期，有25人参加抗击倭寇。董宋珩曾任国民革命军第22集团军中将副总司令，1949年率7个师起义，受到毛泽东、周恩来、朱德接见。2002年，市委、市政府授予该村"农村思想政治工作先进集体"称号。2004年，四川省爱国卫生委员会授予"四川省卫生村"称号。2007年2月，四川省环境保护局授予"省级生态村"称号。2010年10月，省委，省政府授予"四川省文明村"称号。2011年12月，中央精神文明建设指导委员会授予插旗山村"全国文明村"称号。

村内古迹有仙佛岩残存3龛、11尊唐代摩崖造像，明代真武观，清代土地庙。1952年建合江乡政府遗址。

西禅村运动场（摄于2016年）

十、西禅村

西禅村位于寿安镇东部，东邻眉山市海珠村、彭山县岐山村，西接插旗山村，南连邛崃市五员村，北部与长秋乡石马村接壤，距寿安镇场镇6公里。村域东西长4公里、南北宽3.5公里，幅员5.3平方公里。2016年，全村土地面积4021亩，其中，林地1996亩、退耕还林1781亩、公益林215亩。辖8个组，312户881人，其中，男420人、女461人。

村域地处长秋山脉，传统农业以种植水稻、小麦、玉米、油菜为主，兼种胡豆、巴山、红豆、海椒等杂粮和经济作物。1999年起，实行产业结构调整，改种粮为种果。2016年，全村果树面积4200亩，其中，柚子3100亩、杂柑800亩，其他水果300亩。水果年产量3806吨。农村居民人均可支配收入1.26万元。

2004年，改造村委会，建成政务活动中心、便民服务室、文化活动场所、体育健身场地、篮球场、图书室、老年活动中心。2016年，实现水泥路社社通、户户通。全村天然气用户55户，光纤电视用户279户。

西禅村境内有观音寺、大佛岩、千手观音摩崖造像和东汉崖墓，为县级文物保护单位。

十一、龙泉村

龙泉村位于寿安镇南部，东与插旗山村相邻，西连丝栗村，南靠长秋山乡，北接白岩寺村，距寿安镇场镇2公里。村域长2.5公里、宽3公里，幅员3.4平方公里。2016年，全村农业用地1562亩，其中，耕地1288亩、林地274亩。辖8个组，557户1382人，其中，男698人、女684人。

龙泉村属半山半坝地区。传统农业，平坝地区种植水稻、小麦、油菜；山区则种植玉米、红苕及豆类旱地作物。农民生活水平较为贫困。2000年起，实行产业结构调整，以柑橘为主导产业，柑橘种植面积占总耕地面积的95%。2016年，农村居民人均可支配收入1.15万元。

龙泉村文物古迹较多，有汉代开凿的龙泉洞、九龙洞、悬珠洞。龙泉寺为市级文物保护单位，内有唐代凿造的摩崖造像183尊，最大的弥勒佛像高4.2米，经历1000多年风雨，仍栩栩如生，色彩鲜艳。河沙寺始建于宋孝宗淳熙十六年（1189

龙泉村高速路出口绿化区（摄于2016年）

年），屋檐属斗拱结构的大雄宝殿内壁画完好，古碑尚存，为省级文物保护单位，每年农历五月十三日庙会有数万人朝拜。

十二、马南村

马南村位于寿安镇东北部，东与五会村相连，南与华锋村、松华社区接壤，西与邛崃市固驿镇龙庵村相邻，北与邛崃市牟礼镇小塘村连界。村域属小五面山浅丘地域，东西长3.5公里、南北宽1.5公里，呈长带形，幅员8.7平方公里。2016年，辖16个组，710户2130人，其中，男1030人、女1100人。全村耕地面积5950亩。

马南村、华锋村党群活动服务中心（摄于2016年）

明嘉靖三年（1524年），湖广黄、李、康、杨、双、龚等姓先民从湖北麻城迁入，已有400余年历史。浅山中一条沟渠流经此地，村人筑堰囤水，两岸有如骏马山包，此堰故名为“马儿堰”。堰成后，渠面增宽，下游再筑南江堰，村民集“马”“南”二字叫“马南村”。

民国时期，马南村属蒲江县松华乡。新中国成立后，为松华乡五村，后为友爱公社五大队。1983年，为松华乡马南村。2004年，松华乡并入寿安镇，红光村并入马南村。

马南村传统产业为小麦、油菜、玉米、红苕等旱地作物为主。60年代后，玉溪河灌溉工程完工，右干渠贯通马南村全境，浅丘山地实现自流灌溉，80%的耕地种植水稻。1998年起，全村实行产业调整，水果种植、鱼业形成主导产业。2016年，种植柑橘3000亩、猕猴桃1000亩、鱼塘700亩。农村居民人均可支配收入1.1万元。

2013年，马南村和华锋村共同修建成农民集中居住小区“南锋鑫居”，马南村农户315户、1070人入住。村委会在小区内，建有两村共有办公大楼。各设政务活动中心、会议室、接待室、村民议事会办公室。办公大楼和园区内进行文化打造，建有文化活动和健身场所。

21世纪初，马南村先后成立了3个合作社、5个家庭农场。马南渔业专业合作社被评为省级示范合作社。2016年，全村实现社社通水泥路，95%农户通水泥路。全村天然气用户314户，光纤电视用户680户。

马南村黄氏为大家族。民国时期黄大院子名播乡里，黄氏宗祠规模很大，20世纪后期被毁。21世纪初，黄氏后人捐资在旧址重修黄氏宗祠，为每年清明祭祖之地。

十三、华锋村

华锋村地处寿安镇东北面，东与五会村接壤，南与庙乐村隔河相望，西与松华社区相连，北与马南村相邻，幅员3.1平方公里。2016年，全村耕地面积2271.7亩，辖18个组，736户2352人，其中，男1150人、女1202人。

民国时期，华锋村隶属于松华乡，为第六保。新中国成立后，先后为松华乡第六村、友爱公社六大队。1983年，改为松华乡华锋村。2004年，松华乡并入寿安镇，华锋村属寿安镇管辖。

南锋鑫居（摄于2016年）

民国时期，华锋村传统产业为农业。种植水稻、小麦、油菜和蔬菜，年亩产粮食400公斤（黄谷250公斤、小麦150公斤）。新中国成立后，仍以粮食种植为主要产业，农民基本生活有了保障。党的十一届三中全会后，村经济有较快发展，涌现了蔬菜专业户、废品收购专业大户、鹅毛收购专业大户，以及私营酒厂、建筑、菜油加工厂等，涌现年收入10万元、30万元的致富带头人。劳务输出收入也成为一般家庭的主要经济收入。2000年后，进行产业结构调整，停粮种果。2016年，全村有柑橘苗圃180亩、猕猴桃160亩、冬枣318亩、柑橘500亩、蔬菜110亩。农村居民人均可支配收入1.03万元。

2013年，华锋村与马南村在成新蒲快速通道路旁合建占地169亩的小区“南锋鑫居”，华锋村入住居民142户。小区内有两个村委政务活动中心、图书室、医务室、老年协会、超市、健身广场，村成立有文艺表演队。村内水、电基础设施完善，水泥道路通村、通社、通户达95%。沟渠标准化建设1.8万米，自筹资金修建石桥4座。2016年，全村天然气用户388户，光纤电视用户711户。

民国时期，村域内有祠堂庙宇4座、水碾8座、廊桥1座。尤以陈观音堂声名远播，为清乾隆年间（1736—1795年）修建皇帝钦赐御匾一道，有僧尼近百人，香火旺盛。陈观音堂在1952年、1959年被陆续拆除，1988年民众捐资重修。在三组河边，有一棵晚唐时期的挂牌保护古树黄桷树，有1100年树龄，仍枝繁叶茂，如巨伞遮天盖地，每年夏秋季节，人群常聚集树下乘凉。

十四、五会村

五会村地处寿安镇西北部，以村内五会祠命名。东与五星社区连界，南接光明村、西连华锋村、北靠马南村，是成（都）新（津）蒲（江）快速通道蒲江段首站处，幅员3.74平方公里。2016年，全村有耕地3956亩。辖17个组，890户、3050人，其中，男1610人、女1440人。

五会村党群活动服务中心外景（摄于2016年）

明代嘉靖年间（1522—1566年），湖广省麻城县龚、陈、李、杨、左五姓先民迁徙于此地落户，并合建祠堂以供奉先贤，祠堂取名为“五会祠”。祠堂为四合院建筑，大门按牌坊型斗角建造。正房大三间为正殿、副殿，供奉孔子塑像，名“文昌殿”，副殿供奉先师圣贤及五姓族祖。正房街沿竖清代石碑，完整记录修祠盛举及祭祀盛况。两厢房室为配套耳房，整个祠堂木制结构，极具川西民居特色。五会祠经清代、民国时期、新中国时期几经修葺，至今保存完好，是川西农村不可多见的古建筑，对民俗文化的研究有较高的艺术价值。

民国时期，五会村属高河乡第一保，新中国成立后，为高河乡一村。1961年为五星公社一大队。1983年改为五星镇五会村。1992年，五星镇并入寿安镇，金橙村并入五会村，属寿安镇管辖。

五会村传统产业以种植水稻、小麦、油菜为主。1989年起，调整产业结构，改种粮为水果。2016年，种植柑橘3000亩、猕猴桃600亩、粮油300亩。五会村以成新蒲快速通道现代农业示范带为发展契机，与联想佳沃、储橙集团和金润果业、微耕农庄合作，实现传统农业向现代农业的转变，推动一、二、三产业的融合发展。2016年，农村居民人均可支配收入1.25万元。

2010年至2015年，五会村建成干支斗渠8条、农毛渠300米、提灌站3处、蓄水塘3口、石河堰4处、蓄水池14处，完全解决农田用水。2015年，建成“五会新村”农民集中居住小区，323户1122人入住。同期建成村政务活动中心，配置会议室、图书室、村史馆、书画室、老年活动中心和健身场所。2016年，组组、户户通水泥路，水、电、气、电信、通信基础设施基本完善。村内五会祠为县级文物保护单位。

十五、光明村

光明村位于寿安镇东北面，西、北与华锋村、五会村接壤，南隔临溪河与围镇村相邻，东隔蒲江河与吕石桥村相望，北与五星社区相连，幅员2.73平方公里。2016年，全村耕地面积2375.8亩。辖10个组，665户2186人，其中，男1107人、女1079人，少数民族3人。党小组9个，党员75人。

民国前期，光明村属寿安乡团。民国24年（1935年），属蒲江县高河联保第五、六保。新中国成立初期，为高河乡五、六村。1955年，与六村合并为光明农业合作社主社。1961年，为五星人民公社三大队。1983年7月，改为五星镇光明村。1992年10月，五星镇并入寿安镇，光明村属寿安镇管辖。

光明村传统产业为种植水稻、小麦、油菜等粮油作物。2000年起，实行产业结构调整，实行多元业态发展，种植柑橘、水稻、油菜、蔬菜等，开展水果加工及生猪养殖。2010年，开始土地流转，流转土地400余亩。2016年，全村种植水稻520亩、蔬菜180亩、柚子885亩、杂柑420亩、猕猴桃45亩、枇杷和梨40亩。农村居民人均可支配收入8700元。

1984年，全村实现家家通电。1998年，光明村试点农业集中居住中心村建设。从雷河桥至金马桥，沿公路两侧集中修建一批新住宅，安装上路灯。进入21世纪，光明村加快基础设施建设。重修李石桥、金马桥，修建水泥路17条，总长16.5公里，村、组、户基本实现水泥路畅通。2011年，全村安装自来水管，村民用上自来水。2012年，全村开通电信网络，宽带主干网已进入各社，农户可以在家上网，全村用上自来水。村建立政务服务中心、老年人文化服务中心、文艺队、健身场地。全村光纤电视用户538户。

光明村的名人乡贤，比较著名的有雷凌云、雷鸣昭父子。雷凌云，清乾隆年间（1736—1795年）

光明村油菜花（摄于2016年）

在科考中名列第三十四名举人。雷鸣昭，雷凌云之子，原寿安镇关帝庙正门“日午中天”、侧门“光明”“正大”八字，皆系他书写，字体庄重，笔法严谨浑厚。

村境内文物古迹有马鸣寺、雷庙子、黄祠堂、范祠堂等。还有位于八组保存完好的古代水利工程“冲水洞”，始建于明朝，重建于光绪十八年（1892年），现仍发挥灌溉作用。

吕石桥村柑橘包装外运（摄于2016年）

十六、吕石桥村

吕石桥村位于寿安镇东部，东连汪场村，西南与八角村接壤，北与五星社区相邻。民国时期属高河乡七保。新中国成立后，为高河乡四村。1958年，为寿安公社四大队。1961年，为五星公社十大队。1983年7月，分为吕石桥村、顺江村。2005年，吕石桥村与顺江村合并名为吕石桥村，全村幅员2.87平方公里。2016年，辖13个组，770户2465人，其中，男1256人、女1209人。村党支部有党员91人。

吕石桥村地貌特征属平坝地貌，土地平整肥沃。地处蒲江河下游，两条蒲江河支流贯穿全村，水源充足。吕石桥村为农业村，以种植水稻、小麦、油菜、蔬菜为主，家庭养殖业兴旺。2000年起，进行产业结构调整。寿安镇各村（社区）都全面种植柑橘水果，吕石桥村坚持种粮为主，是全镇唯一的种粮村。2008年起，吕石桥村土地开始规模流转，村民就近参加农业劳动，或发展养殖业，或外出务工，增加家庭收入。2015年10月，成立蒲江县众鑫柑柚合作社和蒲江县广济劳务合作社，合作社柑橘基地1000亩，占全村土地面积的44%。2016年，吕石桥村有耕地2512亩，粮食总产量90万公斤，油菜子35万公斤，出栏生猪6020头，销售家禽3万只。农村居民人均可支配收入8150元。全村光纤电视用户600户。

吕石桥村已建成村政务活动中心、党群活动中心、便民服务中心、广播室、会议室、调解室、图书室、健身保健场地。村内有明代末年建造的龙凤寺，清康熙年间失火重建，1958年拆毁，1992年村民捐资重修。

元觉村元觉湖（摄于2016年）

十七、元觉村

元觉村位于寿安镇东部，东邻邛崃市回龙镇五员村，南靠眉山市将军乡岐山村，西接插旗山村，北连汪场村、吕石桥村，距寿安场镇7公里，幅员4.5平方公里。元觉村地貌为山多坝少。浅丘面积3平方公里，占总面积的82%；平坝面积1.5平方公里，占总面积的18%。村内有7条小沟流入蒲江河。2016年，辖12个组，718户2346人，其中，男1132人、女1214人。有党小组8个，共产党员84人。全村农业用地3600亩，其中，耕地2700亩、园地200亩、林地500亩、其他农用地200亩。

村境内有数百年历史的圆觉寺，为县级文物保护单位，元觉村因寺而得名。民国时期，元觉村为高河乡大六管区。新中国成立后，为五星乡第六村。1983年，为五星镇六大队。2004年，五星镇并入寿安镇，元觉村属寿安镇管辖。2005年6月，董山村并入元觉村。

元觉村传统农业以种植水稻、小麦、玉米、油菜为主。1993年起，实行产业结构调整，改种粮食作物为农业生产。2016年，全村果树面积2250亩，主要品种为柑橘、柚子，水果总产量2600吨。2016年，农村居民人均可支配收入1.76万元。元觉村民营企业较为集中，有宜人坊酒业、寿安建材厂、成都养元天威酒厂、广泽酒厂、塑料厂、加气站、玉树公司、久兴砖厂、机械加工厂9家中小企业。

1974年，元觉村与汪场、董山、吕石桥村联合修建库容50万立方米的石牯牛水库、库容60万立方米的宋大堰水库，实现自流灌溉。2004年，建村图书室。2011年，建成日产100立方米自来水深井2口。2015年，改造建成文化活动和健身活动场所、政务活动中心设施齐备。2016年，“三纵两横”交通网络水泥路通社、通户。全村天然气用户230户，光纤电视用户672户。

元觉村紧靠蒲江河，民国年间水运繁盛时期，有著名的“刘码头”，承担着蒲江、邛崃、彭山、眉山4县货物集散转运业务，规模仅次于寿安码头。有川西南特色民居院落“邓黑龙门子”。码头寺庙、院落均已拆除。21世纪初起，群众不断捐资重修元觉寺，每逢庙会有上万人朝拜。元觉村有4人参加过抗日战争，2人参加过对越自卫还击战。2010年，四川省政府授予元觉村“四川省文明村”称号。

十八、犀羊村

犀羊村位于寿安镇东部。东与邛崃县回龙镇相接，西与五会村毗邻，南与五星社区接壤，北临邛崃牟礼镇。村域东西长1.2公里、南北长1.4公里，幅员1.63平方公里。距寿安镇场镇5公里。2016年，全村农业用地1806亩，其中，耕地120.7亩、园地1585.3亩、林地20亩、其他用地80亩。辖8个组，363户1304人，其中，男623人、女681人。

犀羊村以本村明代古寺“犀羼寺”而得名。民国时期，犀羼村属寿安镇联保第二保。1949年，属高河乡。1959年2月，属寿安公社五管区。1962年11月，属五星公社八大队。1983年改为五星镇犀羼村。1992年，五星镇并入寿安镇，犀羼村属寿安镇管辖。2014年，将“犀羼村”更名为犀羊村。

犀羊村传统农业以种植水稻、小麦、油菜、玉米为主。2000年起，进行产业结构调整，以种植猕猴桃、柑橘和发展生猪、家禽饲养为主导产业，以土地流转承包为经营模式。2015年，联想佳沃公司流转1015.34亩、沃德农场流转265亩，加上家庭农场流转土地共1300亩。2016年，全村有柑橘320亩、猕猴桃1200亩、产蛋鸡3.1万只、出栏生猪2500头。农村居民人均可支配收入9800元。

犀羊村猕猴桃种植基地（摄于2016年）

1997年，全村筑成3条主道水泥路，是全县率先建成的村道水泥路。1997年，新建村办公室、政务活动中心。2013年，建成文化活动

汪场村民居（摄于2016年）

中心，总投资13.84万元，有演出舞台、篮球场、乒乓球台、文化广场等。2016年，全村光纤电视用户360户，天然气用户120户。

十九、汪场村

汪场村位于寿安镇东部，东靠元觉村，南接吕石桥村，西与五星社区一河之隔，北邻邛崃市回龙镇平桥村，幅员1.67平方公里。2016年，全村耕地面积2367亩。辖7个组，467户1507人，其中，男742人、女765人。汪场村主导产业以粮油作物种植为主，家庭养殖业为农户的重要经济收入，是寿安镇在农村产业调整后唯一保持种植粮油的村。全村水稻、小麦粮食作物面积1996亩，油菜种植面积1132亩，蔬菜种植180亩。年出栏生猪1.2万头，鸡、鸭、鹅家禽养殖2万余只。农村居民人均可支配收入1.08万元。

明末清初，自然村落聚居汪姓人家，曾在聚居处兴起场期，逢农历五、十赶场，取名汪场，汪场村名由此而来。汪场村地势低洼，两条小河贯通村域。1973年，村内建成五星水电站，有两台机组共150千瓦，属五星公社所有。1982年，修建砖砌拱桥汪场桥。2000年，水电站转制由邛崃县回龙镇李长安经营。2004年，将汪场桥改建为混凝土浇筑，桥面升高至3.5米、加宽至2米、加长至6米。2005年，废除清代设置的木船渡口朱濠渡口，由市、县交通局出资，修建长150米、宽8米、高10米的朱濠大桥，打通南北交通。2016年，村内实现村、组、户通水泥路，完成政务活动中心改造升级。有老年服务队、农业科技服务队、文化娱乐设施等。全村光纤电视用户382户。

二十、沙湾村

沙湾村位于寿安南部，东北靠金家村，南连青龙社区，西邻鹤山镇公议村，距寿安镇场镇3公里，距蒲江县城10公里。沙湾村东西长2.2公里、南北宽1公里，幅员2.2平方公里。2016年，全村耕地面积1400亩。辖6个组，555户1378人，其中，男695人、女683人。村党支部下设6个党小组，有党员53人。

沙湾村服务中心（摄于2016年）

沙湾村紧靠蒲江河，蒲江河流经青龙地界，河床弯曲，形成三面环水的沙滩，沙滩上居民杨姓居多。民国时期交通主要走水路，过往客商大都经过此地，将此地称为“杨沙湾”。新中国成立后，改名为胜利村。1982年改名为沙湾村。

民国时期，沙湾村农民以种植水稻，小麦、油菜、甘蔗为主业，兼以撑船筏、编草席竹器、捕鱼为副业。新中国成立后，粮食生产成为主导产业。1982年起，以制种杂交水稻为主要产业。2005年起，实行产业结构调整，全面发展柑橘种植。2015年，完成村委会升级改造。2016年，种植优质晚熟柑橘800亩、红心柚200亩。出栏生猪1200头。农村居民人均可支配收入1.53万元。沙湾村打造为县级模范村。

二十一、树林村

树林村位于寿安镇西南部，东与青龙社区相邻，南接青龙社区、鹤山镇白塔村，西连鹤山镇铁溪村，北邻大漕村，距寿安镇场镇5公里。村东西长3.2公里、南北宽1.4公里，幅员4.4平方公里。村域地貌为“半山半坝两支流”，浅丘面积2平方公里，占总面积的45%；平坝面积23平方公里，占总面积的55%。2016年，全村有农用地4000亩，其中，耕地2980亩、其他用地1020亩。辖12个组，670户1988人，其中，男996人、女992人。

树林村党群活动服务中心（摄于2016年）

树林村是“庶宁”镇所在地，树林村名由“庶宁”演变而来。民国时期，为青龙联保第四保。1955年，为初级社十三、十四社。1958年，为青龙公社三大队、六大队。1983年，改为寿民乡寿民村、树林村。1992年10月，属天华镇管辖。1995年12月，划归寿民乡管辖。2004年5月，寿民乡并入寿安镇，寿民村和树林村合并为树林村，属寿安镇管辖。

村传统农业以种植水稻、小麦、油菜、玉米为主。2000年起，调整产业结构，改种果树，主要品种为优质杂柑和蜜柚。2016年，全村果树种植面积4000亩，年产水果近6000吨。农村居民人均可支配收入1.68万元。

2011年，树林村实施土地整理，硬化所有沟渠，修建村、组、户通水泥路。2015年，实施村级活动场地提档升级工程，建成建筑面积320平方米的党群活动服务中心和300平方米的文化、健身活动广场。2012年，市委、市政府授予树林村“成都市文明村”称号。

二十二、大漕村

大漕村位于寿安镇西部，属大五面山浅丘地带，幅员776平方公里。民国时期，大漕村其村组分别由中兴乡、青龙乡、敦厚乡、松华乡管辖。新中国成立后，划归青龙乡管辖。1992年12月，并入天华镇，1995年12月27日，划归寿民乡管辖。2004年12月，寿民乡并入寿安镇，大漕村与有余村合并，属寿安镇管辖。2016年，全村有耕地5800亩。辖16个组，777户2201人，其中，男1086人、女1115人。

1997年以前，村传统产业种植水稻、小麦、油菜、玉米、红苕、海椒、黄豆等粮食经济作物。1998年起，调整产业结构，柑橘种植成为主导产业。至2016年，全村柑橘种植面积5400亩，生猪存栏8000头。农村居民人均可支配收入1.28万元。

2006年，建农民集中居住小区。至2016年，小区入住300户950人。大漕新区环境优美整洁，水、电、气三通，水泥路村、组、户三通。进行村委会办公场所改造，建成村政务活动中心、便民服务中心、图书室、文艺活动室、健身场地。组织大漕村文艺演出队，成立老年协会。

大漕村乡贤名人，有民主爱国人士、蒲江县第一届政协委员杜伯龙，哈尔滨工业大学教授陈国福、张春云等。村内有古迹遗址“龚庙子”，民国时期庙宇宏大，香火兴盛，每年庙会皆有数千人朝拜，“文化大革命”时期“破四旧”时损毁，2002年村民捐资重修。一组境内有一古深井，名“冒水洞”，传说深井内地下水来自邛崃市南河。八组境内有“广坑山”，为千年前炼铁打造兵器之地，现有部分残洞犹存，深近20米，尚有铁沙余料遗存。

大漕村农民集中居住小区远景（摄于2016年）

二十三、城南社区

城南社区东连接围镇村，南与七星村、白岩寺村、龙泉村接壤，西邻隆盛社区，北接城北社区，幅员1.3平方公里。2016年，辖5个组，1683户2683人，其中，男1313人、女1370人。主导产业为商业贸易和服务业。城镇居民人均可支配收入1.5万元，农村居民人均可支配收入1.32万元。

寿安建镇始于宋代初，时属蒲川及依政县归义乡。元初属邛州。明初属化仙、蒲江两乡。寿安镇原址在今集镇以东1.5公里处的石渔沱一带。清代初年，遭特大火灾，场镇大部分焚毁，场镇居民迁居重建寿安镇。清雍正时属寿宁、安仁两乡。清末及民国初年属东二区。民国13年（1924年），置为寿安乡团。民国24年（1935年），改为寿安联保。民国29年（1940年），改为寿安乡。新中国成立后，新置寿安镇。1958年9月，组建为东风人民公社。1963年2月，复置寿安镇，辖3个居民区、1个蔬菜队。2001年11月，寿安集镇以正街中轴线为准进行区域划分，上自政府街、下至关帝庙街，北为城北社区、南为城南社区。

民国时期，寿安集镇已发展成“九街十八巷”的规模。正街（双号）、辛街、半边街、东升街、五老祠街，以及东升巷、仁寿桥巷、周万成巷、水巷子、五老祠巷、关帝庙巷、煤炭巷、熊巷子，和江西馆、韩公祠、二仙宫、报本祠、关帝庙属城南社区范围。以上街巷及古建筑有的年久失修破损，大部分在1994年前后旧城改造时拆除。

城南社区利民路中段（摄于2016年）

民国时期，陈河坝街和半边街相对应的蒲江河两岸，因竹筏船运兴盛而建立起十多家规模较大的水运码头。除了作为蒲江至新津往来筏运船只的中转站外，主要将寿安地区及周边的眉山、彭山、邛崃、蒲江等县出产的粮食、油料、木柴、木炭运往新津、成都。又将成都及外地的食盐、布疋绸缎、五金百货运回寿安销售。寿安成为川西南重要的商贸重镇和货物集散中心。寿安的服务业十分兴旺，茶坊、酒店、烟馆、商店、旅馆有500多家。周万成京果铺、胡兴发酒庄、龚吉忠茶铺、张建成烧腊肉、杜家肥肠、汪明耀酱油、陈家大染坊、杨小楼烟馆、杨家屠户等名食名店各具特色，名播四方。

新中国成立后，人民政府实行“一化三改造”（逐步实现社会主义工业化，逐步实现对农业、手工业和资本主义工商业的社会主义改造），组建集体所有制经营单位，商业进入规范化经营。随着陆地交通的发展，水运逐步消失，水运码头也不复存在。

80年代，政府放开商业经营政策，寿安镇商业贸易又重新活跃繁荣。在传统商贸基础上，新增家用电器、手机、自行车、摩托车、汽车等销售与维修，以及百货超市、时装店、理发美容店、酒店、茶楼等。

2016年，城南社区有商业、服务业380余家，从业人数2280人。社区辖区内有银行1家、附属幼儿园1所、小学1所、初中1所、公立医院1所、文化站1个、文艺表演队1支、老年体育协会1个、老年协会1个。社区办公场所设置在二条街，政务服务设置齐备。全社区天然气用户1315户，光纤电视用户1665户。

二十四、城北社区

城北社区东接围镇村，西邻隆盛社区，北接庙乐村，南连城南社区，幅员3.2平方公里。2016年，辖4个组。常住人口2315户5590人，其中，男2710人、女2880人。

城北社区是寿安镇政府所在地，是千年商贸重镇的主要商贸街区。寿安与邛崃、眉山、新津、彭山四县交界、水陆直通成都，成为名贯川西的商贸集散中心。寿安镇街巷纵横，街区宽阔，有九街十八巷：正街、二条街、河坝街、辛街、五老祠街、半边街、东升街、天华街、柜子市街、铁板墙巷、胆水巷、茶叶巷、周万成巷、易烧房巷、汪烧房巷、菜米子巷、青石桥巷、龚巷子、水巷子、五老祠巷、关帝庙巷、煤炭巷、熊巷子、猪市巷、东升巷、天华巷、长寿桥巷。部分街巷属城南社区管辖。有夜间安全防护的14道栅子门，另有韩公祠、江西馆、湖广馆、二仙宫、报本祠、关帝庙等名建筑。商铺链接，商贸繁荣。1949年前，还有水运码头，以竹筏为主，辅以木船，将粮食、油料、木炭、木柴运往新津、成都，又将食盐、布匹绸缎、百货商品运回寿安。每逢农历三、七、十场期，赶场人数达两三万人，从早上开市至深夜，热闹非凡。

2005年，社区集镇投资1.5亿元，进行旧城改造，将正街街房、街道彻底新建。新建集贸市场、街灯、绿化，铺设彩砖，地下水、电、气网管、排污等设施全面完善。建成日供自来水1500吨水站1座、天然气供气站1座、35千伏变电站1座，建有移动、联通、电信机站。修建5.7公里环镇路，实现适应物流大循环的交通条件。2006年，经营户916户、规模企业8家，从业

二条街原寿安乡公所现为城北社区居委会办公地点（摄于2016年）

人员5188人，实现工业、商业总产值4.34亿元，出口创汇5100万元。2016年，有经营户1100余家，规模企业18家，从业人员3000余人。城镇居民人均可支配收入4万元。

社区内有银行3家、高中1所、幼儿园1所、社区医院1所、文化站1个、文艺表演队1支、老年大学学员1100人。

二十五、隆盛社区

隆盛社区是寿安集镇西北部的郊区社区，东临围镇村，西接董口村，南连七星村、金家村，西邻庙乐村，幅员6.9平方公里。2016年，全社区耕地面积2476亩。辖16个组，812户2760人，其中，男1328人、女1432人。社区主导产业为果品，种植面积2291亩，品种有柚子、晚熟杂柑、青见、不知火、春见等。农村居民人均可支配收入1.1万元。

隆盛社区绿化区（摄于2016年）

60年代，隆盛社区为红星公社二大队，辖8个生产队、1个菜蔬队。1960年，为蒲江县试点大核算单位。1980年，蒲江县在红星二大队（一、二、三、四组）小地名龙圣坝搞杂交水稻示范片种植，1984年，更名为隆盛村，全村489户居民，人口1682人，幅员3.6平方公里。2005年9月，与桐口村合并，辖16个小组，安营坝居住九、十、十四组，田山口居住十一、十六组，黄山口居住十二、十五组，周幺店子居住七、八、六组，国平路口居住四、五组，一、二、三组邻寿安场镇。2011年1月，更名为隆盛社区。

隆盛社区是寿安镇2000年早期规划的农民集中居住区。2006年，建成首期集中居住小区隆盛小区。小区占地150亩，楼房39栋、92单元、822套。商铺286间，建筑面积11.1万平方米。水、电、气、路、广场等配套设施完善。隆盛小区一、二、三期40栋楼，92个单元，822户住户，居住人口2600人。入住农户除隆盛社区外，镇域内其他村社的农户入住占50%以上。2014年起，隆盛小区二期工程“兴城花园”开工建设。占地53亩，总面积3.5万平方米，建筑面积5.3万平方米，建楼房11栋，可入住435户、容纳1500人。配套有综合贸易市场12.5亩，商铺132间。社区党群活动中心、文化活动中心、幼儿园、派出所、司法所等。全社区天然气用户480户，光纤电视用户810户。

二十六、五星社区

五星社区东与邛崃回龙镇相连，西靠寿安镇光明村，南临蒲江河，北与寿安镇犀羊村接壤，距寿安镇场镇4公里，幅员3.2平方公里。2016年，辖10个组，554户1982人，其中，男1020人、女962人。全村耕地面积1950.33亩，其中退耕还林面积201.5亩。

民国时期，五星社区为高河场。1949年冬蒲江县解放后，更名为高河乡。1958年，为寿安东风人民公社第五管区。1961年，撤销寿安东风人民公社，建高河公社，为高河公社七大队。1983年，设置为五星镇。1992年10月22日，五星镇并入寿安镇。2004年，对原有村社进行部分撤并，五星场镇及部分周边村社调整为五星社区。

五星社区集镇（摄于2016年）

民国时期至20世纪末，五星社区主要以粮食种植为主，以及高河场镇商业铺面。21世纪初，社区进行产业结构调整，改种粮食为水果。2016年，五星社区种植猕猴桃240亩、柑柚1320亩。五星场镇商业店铺80余家，商贸和服务业是场镇居民的主要收入。农村居民人均可支配收入8100元。五星社区境内道路通畅，水泥路直通农户。社区内有九年制学校1所、幼儿园1所、卫生院1所，有老年大学五星分校和文艺演出队。村委会设置便民服务中心、图书室，购置健身器材，定期开展文化活动。

五星社区内三圣祠为县级文物保护单位，系明代末年由湖广麻城县詹、梁、陈三姓移民所建，取名“三圣祠”，后毁。1991年，重建三圣祠。每年正月初一、初八、五月十三、冬月初八为朝奉日期。三圣祠也是双姓人的清明会址。社区有百年珍稀黄桷树3棵，位于五星社区一组蒲江河与临溪河交汇处左岸，80年代挂牌为珍稀保护古树。古树逾百年仍枝繁叶茂。

二十七、松华社区

松华社区地处临溪河两岸，东临华锋村、庙乐村，西与西来镇敦厚社区、双流村相连，南与大漕村、董口村相接，北邻西来镇马福村、邛崃县固驿镇龙庵村、寿安镇马南村，距寿安镇场镇3公里。村域东西长3公里、南北宽4公里，幅员5.98平方公里。2016年，农村用地面积6682.56亩，其中，水稻1512.56亩、果园4670亩、林地300亩、其他用地200亩。辖22个组，1214户3368人，其中，男1710人、女1658人。

松华社区清雍正时属华庆乡，清末属北三区。民国初年属北一区。民国13年（1924年）置为松华乡团。民国24年（1935年）改为松华联保。民国29年（1940年）3月，改为松华乡。新中国成立初仍为松华乡。1956年5月，改为友爱乡，1958年9月，友爱乡属寿安公社三、四管区。1981年3月，改为松华公社。1983年7月，改为松华乡。2004年，松华乡并入寿安镇，将原松花村与寨子村合并，为松华社区。

松华社区党群活动服务中心（摄于2016年）

松华社区传统农业为水稻、小麦、油菜子种植。2005年起，实行产业结构调整，种植柑橘、猕猴桃4670亩，占耕地面积三分之二。其余1512.6亩耕地种水稻、油菜子，占耕地面积三分之一。2016年，柑橘3500亩，产量75万公斤，产值450

万元；猕猴桃800亩，产量20万公斤，产值180万元；出栏生猪3万头，产值4800万元。农村居民人均可支配收入1.5万元。

2012年，社区建成农民集中居住小区2个，272户、853人入住。交通条件实现村、组、农户直通水泥路，水、电、气等基本设施完善。2016年，社区内有九年制学校1所、社区卫生院1所、社区老年协会和文艺演出队1支。社区政务中心、便民服务类齐全，机构完善。全社区天然气用户630户，光纤电视用户1113户。

松华社区历史悠久，文化底蕴深厚。有集佛教、道教、儒教为一体的县级文物保护单位祇园寺。寺庙占地500亩，大小殿宇20多座，繁盛时期僧侣上百人，规模居川西南之首，1949年后拆毁。有清末建成的铁索桥名冠五县，1974年拆除，改建成石拱大桥。

松华社区名人主要有周鼎铭。民国9年（1920年），周鼎铭考入宜宾军官养成所。1932年，任李家钰部参谋副官。1937年，周鼎铭奉命驻成都做军需补充和联络工作，结识中共四川省委书记车耀先。1939年，李家钰晋升为36集团军总司令，周鼎铭任少将副官长。1944年在河南省陕县秦家坡抗日阵亡，时年43岁。1986年1月17日，民政部批准其为革命烈士。社区内和尚山尚有500余年树龄的古桢楠树3株、大榕树4株，为挂牌保护古树。

二十八、青龙社区

青龙社区地处寿安镇南部，是蒲江县城至寿安镇的第二个场镇。东邻隆盛社区，南处蒲江河沿岸，西接鹤山镇白塔村，北与大漕村、树林村相连。东西长2公里、南北宽0.5公里，幅员1.2平方公里。2016年，农业用地1731亩，其中，耕地1404亩、园地21亩。辖6个组，377户、1138人，其中，男570人、女568人。

清代末期，青龙社区属东二区。民国初年，青龙社区属东一区，民国13年（1924年），属中兴乡团。民国24年（1935年），分置为青龙联保。民国29年（1940年）3月，改为青龙乡。同年8月，青龙乡并入中兴乡，称为中青乡。民国31年（1942年）1月，分置为青龙乡。新中国成立后，仍为青龙乡（三村）。1956年2月，并入寿安乡。1958年9月，属寿安公社二管区。1961年，复置青龙公社，时为二大队。1983年7月，青龙公社改为青龙乡，二大队改为二村，后改为先觉村。1992年10月，先觉村并入天华镇。1995年，划归青龙乡。1998年5月，青龙乡改为寿民乡。2004年，寿民乡并入寿安镇，设置青龙社区。社区传统农业以种植水稻、小麦、油菜为主。2000年起，实行产业结构调整，改种粮食为水果，主要品种有柑橘、柚子、梨等。原有的丝绸厂、化工厂、复合肥厂，2010年后关、停转产。2016年，全社区果树面积970亩，水果总产量2400吨。农村居民人均可支配收入9600元。

2006年，建成社区政务活动中心，有图书室、文化活动及体育运动场所。2012年，青龙场镇公路安装路灯52盏，家家饮上自来水。2014年，3个组农户用上天然气，水泥路通达各组。2016年，社区有商业户42户，街道和商业铺面得到改造。日用百货、副食品、农资商品都有经销。全社区天然气用户210户，光纤电视用户350户。

青龙社区便民服务中心（摄于2016年）

2016年寿安镇村（社区）基本情况表

表1-1

村（社区）名称	幅员（平方公里）	所辖组数（个）	居民户数（户）	人口（人）			耕地面积（亩）	农村居民人均可支配收入（万元）
				总数	男	女		
董口村	4.70	10	479	1723	843	880	2280	1.27
庙乐村	3.58	10	727	1986	1020	966	1717	1.01
围镇村	2.10	11	758	2278	1118	1160	470	1.20
丝栗村	3.30	15	592	1955	975	980	900	1.83
金家村	2.79	12	738	2328	1114	1214	2660	0.80
七星村	2.28	8	670	2000	953	1047	2500	0.99
白岩寺村	3.85	11	612	2300	1180	1120	414	1.54
八角村	3.20	11	680	2049	996	1053	1721	1.39
插旗山村	1.80	9	396	1192	597	595	1156	1.56
西禅村	5.30	8	312	881	420	461	4021	1.26
龙泉村	3.40	8	557	1382	698	684	1288	1.15
马南村	8.70	16	710	2130	1030	1100	5950	1.10
华锋村	3.14	18	736	2352	1150	1202	2271	1.03
五会村	3.74	17	890	3050	1610	1440	3956	1.25
光明村	2.73	10	665	2186	1107	1079	2375	0.87
吕石桥村	2.87	13	770	2465	1256	1209	2512	0.82
元觉村	4.50	12	718	2346	1132	1214	2700	1.76
犀羊村	1.63	8	363	1304	623	681	1806	1.26
汪场村	1.67	7	467	1507	742	765	2367	1.08
沙湾村	2.20	6	555	1378	695	683	1400	1.53
树林村	4.40	12	670	1988	996	992	2980	1.68
大漕村	7.76	16	777	2201	1211	990	5800	1.26
城南社区	1.30	5	1683	2683	1313	1370	—	1.32
城北社区	3.20	4	2315	5590	2710	2880	—	—
隆盛社区	6.90	16	812	2760	1328	1432	2476	1.10
五星社区	3.20	10	554	1982	1020	962	1950	0.81
松华社区	5.98	22	1214	3368	1710	1658	6682	1.50
青龙社区	1.20	6	377	1138	570	568	1404	0.96
合计	101.42	311	20797	60502	30117	30385	65756	—

说明：表中数据为各村（社区）年报数据

第三节 人 口

一、人口总量

清光绪三十四年（1908年），寿安镇总人口6693户、24851人。其中，寿安镇场镇3990户、16008人，高河场1750户、4750人，松华镇953户、4093人。

民国27年（1908年），蒲江县第二区辖寿安、高河、西来、松华、敦厚5个联保，总户数5950户，人口40311人。

1950年，寿安镇场镇人口为1190人。

1981年，寿安镇域总人口50843人，其中农业人口48167人。其中，寿安镇3居1队（菜蔬队）2099人，农业人口256人；隆盛公社6个生产大队7237人，农业人口7094人；寿民公社6个生产大队6410人，农业人口6282人；五星公社10个生产大队13374人，农业人口13181人；合江公社9个生产大队13187人，农业人口12997人；松华公社6个生产大队8536人，农业人口8357人。

1983年，寿安镇域总人口51002人。其中，寿安镇3居1队（菜蔬队）2112人（男975人、女1137人），临江乡7192人（男3484人、女3708人），寿民乡6499人（男3240人、女3259人），松华乡8526人（男4224人、女4302人），五星乡13405人（6608人、女6797人），插旗乡13268人（男6472人、女6796人）。

1984年，寿安镇域总11893户、50922人。其中，寿安镇3居7村2359户、9262人，寿民乡1507户、6513人，松华乡1971户、8491人，五星乡3111户、13416人，插旗乡2945户、13240人。

1985年，寿安镇域总12255户、51414人。其中，寿安镇3居7村2501户、9350人，寿民乡1540户、6564人，松华乡1983户、8535人，五星乡3191户、13616人，插旗乡3040户、13349人。

1992年，全镇总人口50750人，其中，男25562人、女25188人。农业人口47942人。人口密度为每平方公里555人。

1995年，全镇总人口23785人，其中，男11924人、女11861人。农业人口21276人，城镇居民2509人。人口密度为每平方公里744人。

2001年，全镇总人口24099人，其中，男12081人、女12018人。农业人口21296人，镇域居民9824人。人口密度为每平方公里754人。

2003年，寿安镇域总16763户、53341人。其中，寿安镇7390户、24082人，五星镇4811户、14087人，寿民乡1989户、6674人，松华乡2573户、8498人。

2004年，寿安镇18058户、53343人。

2016年，寿安镇24786户、55970人，其中，男27015人、女28955人。

2004—2016年寿安镇户数及人口情况表

表1-2

年度	总户数（户）	人口（人）		
		合计	男	女
2004	18058	53343	26435	26908
2005	17314	53585	26791	26794
2006	17736	54085	26827	27258

续表1-2

年度	总户数（户）	人口（人）		
		合计	男	女
2007	18395	53643	26661	26982
2008	20332	53840	26508	27332
2009	21918	54067	26612	27455
2010	22621	54116	26651	27465
2011	23368	54137	26538	27599
2012	24123	54287	26791	27496
2013	24320	54614	27186	27428
2014	24657	55097	27169	27928
2015	24830	55467	27554	27913
2016	24786	55970	27015	28955

二、人口变动

元代，寿安镇只有余姓、芶姓、龙姓等姓在镇境定居。元末明初，战乱频繁，人口锐减，有杨、熊、方、龚、韩、胥、姚、吕、唐、张、邓、董、陈、杜、彭、王、赵、戴、安、曹、潘、雷、徐、宋、喻、刘、马、朱等氏族，分别从徽州、严州、漳州、建业、湖广，以及江西临江府、山西洪洞县等地，陆续移居入寿安。明末清初，连年战乱，加之灾荒，人口流亡。清顺治末年，清廷为恢复与发展经济，增收赋税，施行奖励垦殖政策，自省外移民入川。陈、吕、谢、王、沈、罗、袁、杨、李等姓氏从湖广迁入寿安。清道光十八年（1838年）蒲江大旱，民食野草树皮，饿毙道旁者众。清咸丰十年（1860年），清军镇压入境之蓝大顺、李永和起义军，杀戮乡民无计，寿安镇人口大减。

民国5年（1916年），疫病流行，缺医少药，病死者众。民国15年（1926年），镇境内霍乱病流行，仅寿安、松华两乡一个多月死亡620人。民国26年（1937年），麻疹病蔓延，仅松华乡即死亡257人。全镇出生率为24.35‰，死亡率为33.25‰，人口自然增长率为-7.9‰。民国27年（1938年），因吸血虫病长期肆虐，寿安镇古佛村（现长秋乡）、龙泉村，先后死亡197人，27户死绝。民国时期，因天花、痢疾、疟疾、肺结核等病灾，致使全镇人口死亡率高，人口增长缓慢。

新中国成立后，社会安定，人民生活水平逐年提高，医疗卫生条件明显改善，呈现出历史上前所未有的高出生、低死亡、高增长趋势。全镇人口变动经历五个阶段：第一阶段为人口增长阶段。1950年至1958年，人口增长率为22.57‰。第二阶段为人口减少阶段。1959年至1962年国民经济困难时期，严重缺粮，大范围出现水肿病，导致人口锐减，4年期间人口增长比率为-6.3‰、-98‰、-44.37‰、-21.5‰。第三阶段为人口回升阶段。1963年，国民经济好转，人口逐渐回升。此期间人口年自然增长率，最低为1963年18.7‰、最高为1964年43.3‰。第四阶段为人口剧增阶段。“文化大革命”期间的1966年至1970年，人口急剧增长，此期间年自然增长率最低年为1967年34.94‰、最高年为1970年39.33‰。第五阶段为人口控制阶段。1974年起，提倡“晚、稀、少”。后实行计划生育，“提倡一对夫妇只生育一个孩子”。1980年，镇人口自然增长率为2.79‰。1986年，镇人口出生率为20‰。其后，严格执行计划生育政策，人口出生率逐渐保持平稳态势。2002年起，镇人口自然增长率出现负增长。2016年，镇人口自然增长率为1.8‰，符合政策生育率96‰。

在新中国成立后的60多年间，因知识青年上山下乡与回城、升学、招工、应征入伍、婚姻关系等形成人口迁出迁入情况，也有部分川北、川东地区移民安置迁入。

1982年寿安镇域第三次人口普查情况表

表1-3

乡镇	总人口数（人）			占百分比（%）		性别比例	文化程度（人）				
	合计	男	女	男	女	女=100	合计	大学	高中	初中	小学
寿安镇	2130	983	1147	46.15	53.85	85.70	1645	7	194	644	800
临江乡	7246	3527	3719	48.68	51.32	94.84	5227	14	240	1538	3435
寿民乡	6443	3206	3237	49.76	50.24	99.04	4567	1	226	1235	3105
松华乡	8497	4181	4316	49.21	50.79	96.87	6032	2	242	1576	4212
五星乡	13349	6559	6790	49.13	50.87	96.60	9509	2	415	2935	6157
插旗乡	13243	6493	6750	49.03	50.97	96.19	8879	—	405	2474	6000
合计	50908	24949	25959	49.01	50.99	96.11	35859	26	1722	10402	23709

三、姓氏和族谱

寿安镇姓氏，宋代17个、明代84个、清代87个、民国27年（1938年）116个（5293户、26774人）。2016年，寿安镇前20位大姓为：王（1143户、3493人）、李（1084户、3441人）、陈（1101户、3432人）、杨（1117户、3228人）、刘（911户、2767人）、黄（893户、2704人）、张（903户、2126人）、左（684户、1638人）、周（501户、1489人）、罗（515户、1385人）、杜（481户、1292人）、吕（411户、1117人）、安（333户、968人）、龚（351户、951人）、汪（349户、826人）、徐（319户、768人）、熊（300户、703人）、雷（271户、658人）、邓（211户、601人）、双（229户、570人）。

寿安镇姓氏分布，同姓人较为集中居住。由于千百年间的延续，无论是土生土长的本地人还是迁入的外来移民，一旦定居下来，便一代代繁衍，一代代分家，在本族附近造房立户，随着年代的推移，形成同姓氏族群居村落或院群。在这些群落中，也有因亲朋、工匠等散居其中，但人数极少。有些以姓氏命名的地名也因此而流传，形成地域性很强的姓氏文化，在寿安地区就有很多这样的地方。如：董口村的左大塘、左山，八角村的吕营、严坎、王圈坑儿子，插旗山村的罗山堬、宋山堬，西禅村的方沟、文沟，龙泉村的范埂子、龙山堬、张山堬、李山堬，丝栗村的邱冲口、金坎、陈坎，华锋村的罗营，马兰村的黄大院子、黄石梯子，金家村的刘石桥、余堬，七星村的王大石桥、王幺店子、王堬堬、熊水碾、向瓦厂、陈河坝，白岩寺村的罗河坝、喻水碾、詹山堬，吕石桥村的刘河坝、吕石桥，沙湾村的杨沙湾，树林村的杜山，光明村的雷河桥等，都是某个姓氏比较集中的地方。

寿安镇乡村中，一些人口众多且有文化名人的望族，为数很少地保留着本姓氏祖上传下来的族谱，清代9部、民国4部。21世纪后，国家通过立法，确定清明节为假日，各姓氏民众追根溯源，编修族谱。至2016年，大多姓氏编写了族谱，如：松华社区的杜氏族谱、七星村的王氏族谱、龙泉村的龙氏族谱等。编写族谱有特定的格式和内容，通过查找收集资料或走访，追根溯源，写清楚本氏族姓氏源于何时、氏祖姓名，延续过程、分支情况，逐代写出姓名及配偶。有的族谱还将人名的出生年月写上，氏族历代文武官员、文化名人、任职较高干部、各类拔尖人物也列入其中，以示光宗耀祖。族谱上有祖上传下来的族训，字数少而精，形同格言，内容多为立德、修身、爱国敬业、诚信做人之类。有的族谱对尽孝、守纪、婚配、道德规范等作了具体规定，相当于乡规民约。排行是氏族起名时，遵循使用的字，确定在本姓氏中辈分。排行从祖上一代代传下来，一旦使用完了，又继续编排。排行一般为诗句形式，四言四句、五言四句或七言四句。排行的每字不能重复，重复则易乱辈分。排行的字句还要求吉祥、励志。如插旗山村胡氏族谱排行字辈："文之未海玉，仁洪正三庭，五世承恩远，福禄德长安"；陈氏族谱排行字辈："贤国如洪廷，文光远肇时，金志尚恒之，天亮登大福"；龙泉村龙氏族谱排行字辈："世济中国，克显恩光，体元长瑞，志寿永昌"。民国以前的族谱都是手抄本，每个宗族仅有一本，存于宗族祠堂或由族长保管。进入21世纪，新编写的族谱印刷成书，发给族人，每户一册。有的大姓人家还编写家谱，以记载祖先来源、世系分支、现存人丁姓名、房系等。

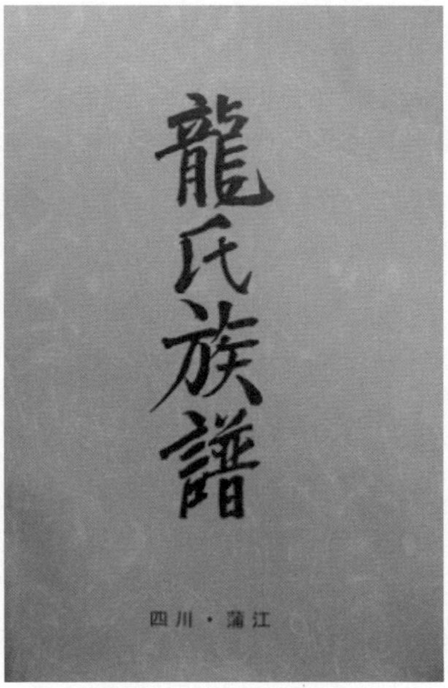

龙氏族谱（摄于2016年）

寿安镇族谱编纂情况表

表1–4

编纂时间	部数	编纂情况
清　代	8部	清嘉庆二十五年（1820年）《罗氏族谱》罗睿临原本，清道光元年（1821年）李钟蒲撰松华干河子《李氏族谱》，道光十年（1830）安绣云纂《安氏族谱》，嘉庆十二年（1807年）杨永祥纂《杨氏族谱》，同治八年（1869年）纂《龙氏族谱》，嘉庆十七年（1812年）杨明辉修先觉坝《杨氏族谱》，光绪中期袁文卓等纂《袁氏族谱》，宣统三年（1911年）李建书纂龙泉村《李氏族谱》
民国时期	4部	民国5年（1916年）杨毓中续修《杨氏族谱》，民国12年（1923年）戴志铨等编纂《戴氏族谱》，民国36年（1947年）吕祯祥主编《吕氏宗谱》，民国松华《陈氏族谱》
新中国时期	22部	1980年雷尚阳编犀羊《雷氏族谱》，1982年叶洪范编《叶氏族谱》，1985年王兆富编丝栗村《王氏族谱》，1990年王光先编纂七星村《王氏族谱》，1993年龙世思重修《龙氏族谱》，1997年黄国昌修纂松华马南村《黄氏族谱》，1997年周仁骥修纂松华《周氏族谱》，1999年安家兴修纂《安氏续谱》，1999年范学华主修龙泉村范埂子、开元村范山《范氏族谱》，1999年杨洪骏续修先觉坝《杨氏族谱》，2000年袁炳均等编《袁氏族谱》，2003年王有奎等修纂《天华寿民王氏家谱》，2004年张万鹏修《松华张氏族谱》，2007年杜国荣等编定《杜国族谱》 2011年杜朝军主编《松华杜氏族谱》，2012年龙中华主编《龙氏族谱》，2012年曹乃良主编《曹氏族谱》，2012年鲁熙撰《鲁氏族谱》，2012年黄朝洲撰《黄氏族谱》，2015年雷尚明重修《雷氏宗支谱》，2016年吕中元主编《吕氏宗谱》（蒲江、新津宗系），2016年万平凡主编《万氏族谱》

第二章　环境和资源

寿安镇地处四川盆地成都平原西南边缘，属于从平原到浅丘和山地的过渡地带。蒲江河、临溪河及大、小五面山和长秋山从西南向东北呈放射状排列于镇境内，形成“三山夹两河”的地貌态势，镇域有山、有水、有平坝，植被优良，自然环境十分优越。得天独厚的自然条件，形成较为丰富的土地资源和森林资源。寿安镇气候温和，无酷暑严寒。因地处“两河流域”，水资源较为丰富，偶有洪灾、旱灾和风灾，无其他较大的自然灾害。

第一节　自然环境

一、地形地貌

寿安镇地貌属四川盆地成都平原地区。蒲江河、临溪河自西向东流过镇境，在寿安镇光明村雷河汇合流向新津和岷江。大、小五面山和长秋山东西走向呈放射状排列于镇境内，寿安镇地处三山两河之扇面边缘，因此形成“三山夹两河”的地貌态势，平均海拔高度507～600米。寿安镇地形分为平坝、丘陵、山地三种类型。平坝面积63.1平方公里，占70%；丘陵面积19.5平方公里，占25%；山地面积5.03平方公里，占5%。镇域东西与南北差距不大，成西南窄、东北宽之不规则椭圆形。

二、气　候

寿安镇属四川盆地亚热带季风湿润气候区，全年皆温和，夏无酷暑、冬无严寒，寿安地区为全县夏季最长地区。年最高温度36.6℃、最低温度-4.4℃，年平均气温16.3℃。寿安地区水温比气温高2℃，耕作层5～20厘米处，年平均地温在17.9～18.2℃之间。日照时数，春夏足而秋冬短，年平均日照时数1047.6小时。年平均无霜期176天，降雪少，年平均降雨量1196.8毫米。年平均相对湿度为85%，除5月最低为79%外，其余月份均在80%以上。风向以东北风、西南风为主，年平均东北风风向频率8%、西南风风向频率6%，年平均风速0.8米/秒。

三、土　壤

镇境内沉积物为第四系全新统近代河流冲积物。紫色冲积物分布于蒲江河平坝，发育成紫潮土。土质肥沃，土层深厚，分布在成雅高速公路以南的村社面积。黄色冲积物分布于临溪河平坝，发育成黄潮土。土质较之浅丘黄泥土，质地明显偏低，pH值升高、肥力增强。第四系中更新统冰水、冰渍沉积物，广泛分布于大、小五面山和长秋山二台浅丘，发育成酸性黄泥土。土质缺磷、钾。风化物为白垩系泥岩、砂岩、砾岩风化物。有残积、坡积、冲积等类型。灌口组岩层风化物，分布于长秋山支脉深丘和小五面山浅丘地区，发育成石灰性紫色土，pH值8.0～8.5。

平坝土壤分布为“两河”冲积平坝。按垂直于河流方向，由低至高分序为：沙泥田→泥田→白鳝泥田→下湿田→烂田。大、小五面山，从丘顶至漕冲依序为：铁杆黄泥土→豆面土→白鳝泥土→漕石田→烂潮田→冷浸田。土属中，淹育型潮土田分布于两河平坝，占农业土壤面积20.75%，为粮油高产稳产田。紫色土类占农业土壤面积3.59%，系由白垩系、侏罗系岩层风化物，经旱耕熟化成土。紫色土类风化度、熟化度较低，土色近乎母质，养分含量高。寿安土地土壤，适宜种粮种果种蔬。

四、植　被

寿安镇“三山夹两河”的地形，造就了植被的特殊性。面积占70%的平坝地区平畴沃野，以粮油生产为主，水稻、小麦、油菜、柑橘等农作物生长茂盛，原野一片葱茏，沟边路旁生长麻柳、杨柳、桤蒿、杨树、梧桐、大叶榕、李树等树木。面积占25%的丘陵地区和面积占5%的山地，生长亚热带常绿阔叶林与温带落叶阔叶林、针叶林之树木。这些树木是板料、木条、㭎炭、火把柴等建筑和生活用材的主要来源。民国时期及以前，大、小五面山和长秋山林木密蔽，大都为原始森林植被。山林时有野兽、野禽出没，溪涧林泉丰茂，“两河”碧水常流。50年代初，森林覆盖率达43.6%。50年代末至70年代中期，森林遭到破坏，原始森林植被逐渐演化为次生森林植被，大、小五面山以马尾松、油茶、柑橘为主，长秋山植被逐渐被少量马尾松和大片的桉树、柑橘替代。20世纪后期起，以良种柑橘为主之果园发展甚速，几乎遍及山野。再加上植树造林，镇域森林覆盖率回升到40%以上。

第二节　自然资源

一、土地资源

寿安镇三分之二镇域地处蒲江河、临溪河冲积平原，土地资源较为丰富。新中国成立初期，人均耕地2.79亩。其后，由于修路、建房、发展工业等原因，土地面积逐年减少。

1981年，寿安镇域耕地总面积64906亩，其中，田55837亩、地9069亩。隆盛公社8175亩，其中，田7077亩、地1098亩；寿民公社9761亩，其中，田7673亩、地2088亩；松华公社11655亩，其中，田10198亩、地1457亩；五星公社18135亩，其中，田16024亩、地2111亩；合江公社17180亩，其中，田14865亩、地2315亩。总人口50843人，人平耕地1.28亩。

1985年，寿安镇域耕地62315亩。其中，寿安镇7753亩、寿民乡9195亩、五星乡17318亩、插旗乡16659亩、松华乡11390亩。总人口51459人，人平耕地1.21亩。

2003年，寿安镇域耕地48610 亩，其中，田45458亩、地3152亩。寿安镇18070亩，其中，田17358亩、地712亩；寿民乡8702亩，其中，田7036亩、地1666亩；五星镇12579亩，其中，田12354亩、地225亩；松华乡9259亩，其中，田8710亩、地549亩。

2004—2016年寿安镇耕地情况表

表2-1　　单位：亩

年　度	年初面积	年内增减	年末面积		
			合　计	田	地
2004	48610	-668	47942	45440	2502
2005	47942	-566	47376	44984	2392
2006	47376	1934	49310	45321	3989
2007	49310	-400	48910	45121	3789
2008	48910	-740	48170	44652	3518
2009	48170	1007	48897	45023	3874
2010	48897	1374	47523	43829	3694
2011	47523	-1810	45713	42651	3062
2012	45713	714	46427	41507	4920
2013	46427	728	47155	41289	5866
2014	47155	-1971	45184	39318	5866
2015	45184	-2800	42384	37012	5372
2016	42384	1800	44184	38812	5372

二、水资源

寿安镇水资源由3个部分组成。一是蒲江河。蒲江河属岷江水系，发源于总岗山—丹棱王场土地坳之杨山。流入蒲江后称蒲江河。河流经（鹤山街道天华社区）、寿民（寿安镇寿民社区）经寿安场镇流入新津。蒲江河在寿安镇境内，灌溉了寿安镇以南12个村社之农田。二是临溪河。临溪河又名铁溪河，属岷江水系。上游段为百丈河，发源于名山县万古乡锦凤山之石桥河。流至郭河坝入蒲江县境后称临溪河。县境内穿越大、小五面山，于五星社区上场口汇入蒲江河，全流程76.7公里。临溪河流经寿安镇域，灌溉了松华社区、庙乐村、华锋村、五会村、犀羊村之农田。三是玉溪河工程左干渠、右干渠。70年代，两支人工干渠建成后，大、小五面山的田地得到自流灌溉。

三、动物资源

民国时期，镇域大、小五面山和长秋山森林茂密参天，各类野生动物繁衍其间。兽类有：虎、豹、豺、狼、獐子、狐狸、松鼠、貉、豪猪、野猪、野兔、黄鼠狼、短尾猴等。鸟类有：赤麻鸭（野鸭）、苍鹭（青庄）、斑鸠、杜鹃、喜鹊、乌鸦、老鹰、画眉、红嘴相思鸟、山雀、麻雀、白头翁、野鸡、燕子、白鹤、黑哥等。50年代末期，森林遭受严重毁损，野生动物几近灭绝。2016年，野生兽类仅有野兔、黄鼠狼。野生鸟类随着自然生态变好，繁衍较多。老鹰、乌鸦、喜鹊等大鸟仍无踪迹，各类小鸟恢复常态。其他动物还有横斑锦蛇、菜花蛇、乌梢蛇、乌龟、鳖、青蛙、蟾蜍及牛角蜂、狗屎蜂、蝴蝶、蝉、蜈蚣、土鳖虫等昆虫类动物。“两河”流水水质较好，特别是临溪河水质优良，水产鱼类丰富。在蒲江河、临溪河、塘、堰、沟渠、农田中，野生鱼主要品种有：鲤鱼、鲫鱼、鲢鱼、草鱼、花鲢、白鲢、鳝鱼。珍稀鱼类有：土凤、桃花鱼、青波、石爬子、石岗鳅、乌鱼、黄巴郎、黄辣丁、石针子、青鳝等。

四、植物资源

镇域内树种有马尾松、杉木、火炬松、雪松、水杉、柳杉、香樟、银杏、楠木、红豆木、麻柳、桤木、丝栗、川楝、枫香、合欢、皂角、垂柳、梧桐、香椿、桂花、冬青、水冬瓜、黄葛兰、榕树、大叶榕、千丈树、巨桉、天竺葵、油桐、油茶、桑树、构树、棕树、花椒、茶树、桃、李、杏、梨、柿、梅、枇杷、樱桃、石榴、花红、葡萄、柑橘、酸枣、板栗、核桃等。竹类有慈竹、水竹、斑竹、苦竹，引进有雷竹、楠竹。灌木类有映山红、马桑、栀子、蔷薇、金弹子、六月雪等。藤本类有野葡萄、金银花、葛藤、鸡血藤、八月瓜、爬山虎等。野生菌有三塔菌、斗鸡公、红秋碗、麻雀菌、青杠串、阳雀菌等。古树名木有：楠木树5株；厚朴树1株，生长于吕石桥村5社，树龄150年，树高27米；罗汉松1株，原生长于大兴镇三和村5社，2004年移植于寿民乡内县林业局树苗基地；柏木树1株；大榕树16株。

五、矿物资源

镇境内的小五面山地区，铁矿石储量较丰富。1958年，寿安公社在陈大漕建小高炉1座炼铁，因质量差而停炼。盐卤开采历史悠久，寿安有“小王井”遗址，五星场蒲江河中曾出土炼盐铁盆。天然气在邱冲口（丝栗村）有储藏。芒硝在镇属长秋山麓有储藏，基本未开采。

第三节　自然灾害

一、水　灾

寿安镇地处蒲江河、临溪河流域，“两河”如涨洪水，寿安必受灾，因此历史上水灾较多。民国16年（1927年）夏，暴涨洪水，洪水淹寿安城乡三天三夜，米价陡涨至每石银圆5元。民国35年（1946年）夏，蒲江河暴涨洪水，冲毁横跨于寿安镇上场口侧蒲江河上、修建于清乾隆年间（1736—1795年）之木质仁寿桥。民国37年（1948年）7月11日至18日，山洪进犯寿安一带，场镇灰窑街被淹。

2010年8月19日，蒲江河洪水淹没集镇利民路

新中国成立后，在“两河”上游修建水库、堰堤、引水渠，洪水有所减少，但也时有发生。1972年7月19日晚至22日夜，蒲江河暴涨洪水，五星公社十大队（顺江村）粮仓被冲毁，冲走稻谷750公斤。1982年7月和9月，两次暴雨致“两河”沿岸禾稼被毁。2002年7月31日，全县普降大雨，两河沿岸淹没农田3.99万亩，五星镇马鸣寺洪峰流量每秒2500立方米。2010年8月19日 零时起，县境内普降大暴雨并伴雷电，蒲江河、临溪河遭遇60年一遇洪水，“两河”汇流处最大洪峰量达到每秒2650立方米，寿安镇光明村、汪场

村、吕石桥村等处一片汪洋。省委书记、省人大常委会主任刘奇葆赶赴寿安镇，看望慰问受灾群众，指导抗洪抢险。驻蓉部队和武警官兵出动1000多人，冲锋舟、橡皮艇85只，直升飞机2架，解救安置受灾群众8776人。

1991年，春至夏严重干旱，五星镇董山村稻田干裂

二、旱　灾

寿安镇旱灾少于水灾，但也时有发生。民国21年（1932年），镇域春夏皆旱，五面山直至8月方雨。1991年5月，镇域夏旱严重，1—5月总降雨量仅137毫米。5月2—24日持续高温不雨，水稻严重受灾，人畜饮用水困难，五星镇董山村（现属元觉村）等稻田干裂。

三、冰　雹

镇境之松华（友爱）、五星（高河）乡一带，雹灾较多。民国18年（1929年）和民国30年（1941年），高河场至寿安镇一带，连遭冰雹袭击，毁禾稼。

1975年8月22日21时30分至40分，五星公社六大队（现元觉村四组）一带冰雹大者如鸡蛋、小者如拇指。打坏水稻10亩，收成减半；红苕、玉米、烟叶毁伤殆尽。1977年6月24日20时，10级大风伴随暴雨、冰雹，由友爱公社一带侵入，分两股进犯：一股沿临溪河西进，由友爱公社而至西来，灾情较轻；另一股经五星公社，沿河西南进犯，逼近长秋山被阻，灾情特重。冰雹大者如拳头，小者如拇指，密集如雨，持续12分钟，狂风暴雨持续30分钟。1982年5月27日20时，松华公社一、五、六大队（红光、松花、马南、华锋村）与五星公社二大队（金橙村）遭遇冰雹和大雨袭击，冰雹大如拇指，持续20分钟。冰雹打坏玉米200亩、烟叶20亩。大风吹翻、刮坏房屋，刮倒输电线路电杆9根，触电伤1人，经济损失3万元。

蓝天之下（摄于2015年）

第三章 城镇和村庄建设

寿安场镇是蒲江县除县城以外最大的场镇，民国时期有九街、十八巷，每逢场期，有蒲江、邛崃、新津、彭山、眉山等县的农、工、商界民众万余人参加交易。新中国成立后，逐步对场镇进行改造。80年代起，对寿安镇进行总体规划。寿安镇先后列为全省“百镇小集镇建设试点镇”、全国1887个重点镇之一、成都市14个优先发展重点镇之一。90年代起，按照寿安镇总体规划，分步实施场镇和乡村建设。寿安镇充分利用优先发展重点镇的资源优势，积极推进体制机制的创新与突破，探索“政企合作、市场化运作”模式，利用社会资金开发建设寿安新城，探索“产城一体”的现代田园城市建设模式。至2016年，对集镇街道进行整治和扩建、新建，对街房进行改建新建，市政设施基本完善，城乡环境得到综合整治，以寿安工业园、剑桥小镇、河滨商业街为代表的寿安新城和美丽新村建设雏形呈现，寿安场镇建成区面积达到4.9平方公里。

第一节 城乡规划

一、镇域总体规划

寿安镇是蒲江县东大门，为周边县、市和镇乡物资交换集散地，商贸兴旺，市场繁荣。为充分发挥其地理优势和区位功能，1986年，编制《寿安镇总体规划》，通过成都市人民政府批准。其后，多次对规划进行修编。1997年，规划调整后，原38个村有5个村归聚于镇，建制消失。村镇体系为1个一级中心镇、3个二级中心村、30个基层村。中心村沿镇域主要道路分布，以中心镇为中心构成“三足鼎立”之势，确保以点带面，带动周边基层村经济发展。规划区范围：北以临溪河为界，南至长秋山，西抵金家村，包括场镇及外围的围镇、白岩寺、七星、石鱼沱、隆盛5个村，总面积7平方公里。

2002年12月，《寿安镇总体规划修编》经市建委批准实施。规划确定：近期2002—2005年，人口1.6万人，用地1.3平方公里；中期2005—2010年，人口2.5万人，用地2平方公里；远期2010—2020年，人口3.6万人，用地3平方公里。远景2050年，城镇规模为人口7万人，用地1050亩，人均用地100平方米。规划控制范围：东至白岩寺村大石桥，南至新蒲快速通道，西至隆盛村水井沟，北至寿卧路老鹰窝。

2010年4月22日，蒲江县人民政府与青羊区人民政府共同组建青蒲建设发展有限公司，计划通过5年至8年时间，按照“产城一体，融合发展”的路子，将寿安镇建设成西部一流的绿色印务包装产业基地，打造为成都市现代田园城市样板，实现“发展一个产业，建设一座城市”的目标。规划把产业基地作为新城的一部分，将城市服务功能渗入产业园区内，使生产区与生活区融合、生产区与公共游憩区融合、生产区与配套服务区融合，打破工业区功能单一的状态。规划亮点：一中心两轴三区，在老城区建设地标性行政商业文化中心，历史人文轴线和城市形象轴线穿过中心，并划分出活力老城区、绿色产业区、田园新城区三大区域；规划350亩生态湿地防洪蓄水，改善自然环境，打造为旅游景点。强化临溪河、蒲江河、长秋山沿线旅游功能，建成乡村旅游精华区。街区改造建筑风貌以融合中西特征的红、灰砖式简欧风貌为主。规划描绘出寿安新城生态园林与科技产业共存发展，人文与商业同步繁荣，居民社区与企业公寓和谐映衬的美好蓝图。

2011年7月26日，《寿安镇总体规划修编（2010—2020年）》，通过市城乡规划专业委员会审议，获市政府批准。2013年10月22日，《寿安镇总体规划（2013—2020）》通过市级审议。2012年12月，结合统筹成城乡发展和优化城镇体系规划导则要求，完成寿安镇示范小城镇规划编制方案，报市规划局审查。2013年，寿安镇深化“两化互动、产城一体”建设，实现产业、城镇和生态同步规划、同步实施和融合发展。完成省级开发区总面积 7 .06平方公里的1：500地形图基础测绘和个人建房规划核实51户工作。2015年，寿安镇总体规划：按照全域成都城乡规划的小城市功能定位，扩大城镇规模，优化功能区布局，完善基础设施建设，升华产城一体理念，将寿安镇打造为蒲江县副中心。

二、低碳生态专项规划

寿安镇整合优先发展重点镇的优质资源，推进体质机制的创新与突破、推动“政企合作、市场化运作”模式，利用社会资金，实施“产城一体”，实施寿安新城低碳生态专项规划。2012年5月22日，县政府在寿安新城招商中心召开寿安新城绿色低碳生态田园城镇专项规划专家评审会。建设部、同济大学、中国市政西南研究总院、省建筑设计院、省建科院、西南交大和成都市建委7个单位的专家组成评审组，评审并一致通过寿安镇规划，寿安新城为西南地区首个通过专家评审的“绿色小镇”。同年8月，该规划通过县政府审批。县政府成立由1名副县长为组长、相关单位为成员的蒲江县寿安镇国家绿色重点小城镇工作领导小组。完成《寿安新城低碳生态专项规划（2012—2017）》《寿安新城低碳生态专项规划诊断研究报告》《蒲江县寿安镇国家绿色低碳重点小城镇申报材料（现状自评材料汇总）》和《蒲江县寿安镇国家绿色低碳重点小城镇申报材料（实施方案）》汇编，县政府将逐级向市、省、中央进行申报。同年，《寿安新城绿色低碳生态专项规划（2012—2017）》顺利通过住建部评审，这是西南地区首个以城镇为单位的绿色低碳规划项目，为“产城一体、生态和谐”的寿安新城建设提供本体。按照寿安新城“以现代印务、绿色食品为主导，集生态宜居、休闲旅游、历史文化等功能于一体的现代工贸型城镇”发展定位，加快推进寿安新城绿色低碳生态田园城镇建设力度。

三、农村聚居点规划

民国时期，寿安镇域居民大多以姓氏家族聚居建房，无统一规划，基本处于无政府状态。80年代起，寿安镇域农房建设得到一定控制和规划。农村居民改变“为建房而建房”的传统观念，要求建住宅与新村庄连在一起的聚居新村。至2005年，寿安镇村庄规划并通过批准实施的有插旗山、马南、庙乐、董口、元觉、光明、华锋、龙泉、金家、丝栗等10个村。

四、乡村院落整治试点规划

2012年5月，寿安镇启动“庙乐新农家”乡村院落整治试点规划工作，着力构造户连、路畅、水清、地绿、管理有序和文化生活多样的农村生产生活环境。同年6月，完成华锋村和马南村新型社区规划编制方案。按照乡村文态、产业生态、田园化的居住形态、自然和谐村间生态“四态合一”的规划理念，打造新农村院落建设典范，推动文化旅游等一、三产业互动发展，塑造农村自然院落风貌，让散居农户共享城乡统筹发展成果。

第二节　集镇建设

一、街道建设

民国时期，寿安场镇有“九街十八巷”，为川西南地区商贸重镇。每逢三、七、十场期，方圆数十里乡村数以万计的人从关帝庙路口（下场口）、牛市河坝（上场口）陈河坝渡口、鸡市桥路口（小拐拐）等路口鱼贯而入，挤满大街小巷，十分热闹。但街道狭窄，正街、二条街等主要街道仅宽丈余，其余小街宽不过3米，小巷宽3尺以内，而且全都是简易沙石石灰砍成的“三合土”路面和石板路，无排水管道。

寿安集镇灰窑街（摄于2016年）

新中国成立后，政府逐步对寿安镇主要街道进行过整治，铺设混凝土路面。1979年起，拓宽了正街，修建了河坝街。1986年，寿安集镇面积仅有0.4平方公里，常住人口5000人。

80年代，进行街道与旧城改造、新建街房。至1992年，寿安集镇扩建街道2条、新建街道2条。1994年，将正街街道由5米宽扩建为16米宽，彻底改变了原来逢场拥挤和房屋铺面破烂不堪的旧貌。集镇铺筑混凝土路面950米，铺建下水管道1990米，正街和利民路安装路灯35盏，总投资96.8万元。1995年，改扩建农贸市场面积7000平方米。新建河边公园，总面积达到1万平方米。1997年，全镇自来水管道达5000米。1999年，建成日供4万立方米天然气配气站1座，铺设输气管道2300米，满足了集镇工业企业和居民生活用气。

2001年，新建农贸市场1个，面积8600平方米。总投入28万元，改扩建仁寿路，修筑水泥路面250米。总投入150万元，改建河滨公园。至2005年，铺筑混凝土街道2068米，街道总长达1万米。新建成日供水1500立方米自来水厂1座，日供水能力总共达到3300立方米，铺设自来水管道1万余米，镇内和周围5个村全部通自来水。建设道路面积11.7平方米，新建桥梁2座，集镇面积达到1.9平方公里。至2006年，先后投入5.1亿元进行全面基础设施建设。扩建正街、修建利民路商业街、和平大桥以东至成雅高速公路寿安出口商业大道、西北工业大道和3个集贸市场。镇上街道铺设2068米长的水泥路面。投入31.8万元，在街道和公路沿线安装路灯180盏。寿安全镇（含原五星、松华、寿民、插旗等乡镇）铺筑混凝土路面5170米，安装路灯258盏，铺设下水管道7990米。其后，对街道不断改造、扩宽和完善设施，街道全部铺设为水泥路面，使其适应重点镇发展和商贸发展之需要。2016年，寿安场镇建成区面积达到4.5平方公里。

二、街房建设

民国时期，寿安镇的街房极具川西民居特色，七大寺庙、戏台、公馆，风貌各异，构筑精良。上场口的水口庐，跨正街而立，楼阁巍然；下场口的关帝庙，庙门为白色大屏墙，高10米，宽20余米，

寿安镇二条街老街（摄于2016年）

大门上方竖排“日午中天”4个楷书大字，左右分别排列“光明”“正大”楷书大字。屏墙描龙绣凤，做工精细、气势恢宏，内为大殿厢房。关帝庙前是一宽阔场地，可容纳上千人。对面是戏台，戏台古香古色，楠柏珍贵木材修建，台柱雄浑，台面宽敞。正街的二仙宫和江西馆、二条街的韩公祠和报本祠，有的为川西民居风格，有的为徽派江南风貌。富商乡绅的府邸公馆，统一为传统楼阁建筑。二条街的戴公馆临街十余间铺面，均为木架裙板装修，庭院中建独立楼阁，为待客、品茗、书房之用。庭内两棵百年桢楠遮天蔽日，显现大家府邸豪宅之格局。二条街喻公馆建有走马转角楼，庭院森森、富丽堂皇。其余富商，各有特色。二条街富人居多，房屋整体优良。尤其两边街房前都留有近2米阶沿，并有沿柱排列，街沿贯通全街，供人行走时遮阳避雨。寿安场镇普通居民住房，一律是青瓦平方、木板铺面。整个寿安街房，充分体现出千年古镇风貌。

新中国成立后，寿安场镇街房发生很大变化。关帝庙被改作为寿安粮站，山门被拆，作为粮油门市。正街二仙宫改建为粮油经营部，正街江西馆改为寿安派出所。关帝庙戏台、上场水口泸被拆除，二条街戴公馆作为寿安区政府，喻公馆改成农业银行寿安支行。1959—1961年，街房破损严重被拆除。至80年代，大部分街房成为危房。

1986年，寿安镇集镇实施新建扩建街道、房屋。建设实行“统规自建”的政策。由政府统一规划，统一设计，各住房户在限定时间内自筹资金，自请施工人员修建。房屋式样统一为连体型，二楼一底。第一期旧房改造，正街上场口从镇政府至下场口关帝庙、利民路从蒲和大桥至加油站十字路口，形成丁字形两条新街。至1992年，全镇新建房屋1.49万平方米，改建房屋8746平方米。1998—2001年，全镇改扩建房屋8.5万平方米，城镇人均住房面积32平方米。2005年，集镇房屋建筑面积9753万平方米。

至2016年，寿安镇集镇建设继续扩容新建改造街房。利民路以南从蒲和大桥延伸至成雅高速公路出口，建1500米长新街1条，其间有公立医院、蔚蓝食品公司、成雅小学等单位。利民路以北从十字路延伸至隆盛桥，新建长1000米街道1条，其间有寿安镇中心医院、加油站等单位。从十字路口向东延伸400米、向西延伸800米，建成工业大道新街，全长1200米，其间有佳享食品公司、巨丰食品公司、泽华酒业、寿安法庭等企业单位。原河坝街南

改建后的寿安镇正街（摄于2016年）

自拐角大楼、北至小拐拐，完成改造新建街房。寿安镇共新建街房4.38万平方米，改建房屋2.04万平方米，初步形成大集镇格局。

松华镇老街（摄于2016年）

松华场镇座北向南，北高南低，不足1里一条独街，北面场口连接川西名刹祗园寺，因此场小名大。祗园寺占地500亩，原有僧侣300余人，是佛、道、儒三教合一寺庙。寺庙山门在松华场南面下场口。下场口的山门拱门白墙，门前左右有镇山大石狮一对。山门外有一大屏墙，上书直径1米的“福果祗园”4个大字，3里路远以外都能看清。山门外有一大坝子，并有戏台，每逢春节、端午、中秋和庙会，都有上万人前往朝山拜佛，共庆佳节。届时便有各地商家赶来交易，数家戏班到此会演，唱对台戏。百余家街房，一律青瓦平房，唯乡公所是走马转角楼的大建筑。场镇虽小，街道全为石板路，是黄、罗、周、叶四大家族绅粮及袍哥舵爷聚会之处。1989年，松华乡政府迁至友爱大桥寿卧路段。至2010年，建成长2000米新街1条，其间有乡政府、乡卫生院和川西废旧金属回收市场。

高河场（五星社区）、青龙场（青龙社区）两场民国时期有少量居民聚居，成蒲路穿过以路带街形成场镇。两场属小场，地当交通要冲，有二三十家住户，大多以农业为主，兼营商业，集市贸易比较繁荣。70年代，扩建成蒲路，高河场改造扩宽，居民在路两边逐渐修建楼房。至1992年，在五星镇拓宽街道一条，长500米，铺设下水管道608米，建日供水能力2000立方米自来水厂3座。成蒲路改道从青龙场背后穿过，新路两边逐渐修建楼房，形成新的街道，旧街也相应进行房屋新建和改造。松华、高河、青龙3个场镇共新建房屋1.01万平方米，改建房屋4865平方米。

青龙场老街（摄于2016年）

三、寿安新城建设

寿安新城位于寿安镇偏南方向，北邻蒲江河，南界成雅高速公路，远景向西发展。新城由寿安工业园区和剑桥小镇两大部分组成，规划面积7平方公里。计划投资45亿元、通过5—8年时间，将寿安镇建设成西部一流的绿色印务包装产业基地，打造为成都市远郊现代田园城镇样板镇。90年代，按照“三规合一”的要求，开展产业发展规划、控制性详细规划编制以及环境影响评估、土地集约利用条件评估、社会稳定风险评估等工作。通过规划的控制与刚性执行，最终形成西与县城园区为核心，东以寿安园区为核心的“双核”带动效应，打造蒲江县工业发展走廊。

2010年7月12日，蒲江县与成都青蒲建设发展有限公司联手打造“寿安工业新城”项目合作开发实施协议正式签约，该项目占地总面积约6000亩，按照“一年打基础、两年有形象、五年出规模、八年全部建成”的计划逐步实施建设。同年9月8日，寿安工业新城招商中心奠基。至年底，寿安招商中心和

寿安生态田园城镇远眺（摄于2016年）

工业区景观大道的建设全面完工，480亩标准化厂房建设顺利进行，总投资达到4.7亿元。与成都蒲东工业投资、成都豪洋印务等9家企业签订总投资16亿元的印务包装等项目合作协议。

2011年11月4日，世界500强企业德国博世集团正式入驻寿安新城，标志着寿安新城绿色印务包装产业由此迈向国际舞台。至2012年，开发建设寿安新城已投入资金30.48亿元。成都青蒲建设发展有限公司投资寿安剑桥小镇一、二期项目建设，建筑面积7.06万平方米，市政道路配套设施项目建设3237平方米。企业投资新建厂房6.94万平方米，镇政府投入资金4.13亿元，实施新城基础设施项目建设。按照寿安新城“以现代印务、绿色食品为主导，集生态宜居、休闲旅游、历史文化等功能于一体的现代工贸型城镇”发展定位，加快推进寿安新城绿色低碳生态田园城镇建设力度。

2013年，寿安新城已聚集包括世界500强企业博世集团在内的高端生态环保企业26家。剑桥小镇二期工程完成投资1.5亿元。至2014年，寿安新城剩余规划面积3.4平方公里，完成投资4.6亿元，形成较为完善的供水、供电、供气和污水垃圾处理等基础设施和公共服务配套设施。成功创建“中国包装印刷产业基地”，为住建部在西南地区的首个“绿色低碳小城镇”，合联新型产业园获批“成都市中小企业产业基地”。建成全长200米的安澜桥、600米的香蒲路，樱花岛公园建成并对外开放。完成拆迁面积约400亩，完成场平1800亩。寿安新城成功引进占地2965亩的置信独资新项目，协议总投资100亿元。引进青岛日之容、四川恒大塑业、四川岷之窗装饰等标准化厂房企业，洽谈约60亩的成都科创控股集团拟建的综合医院，拟开办12个班幼儿园的澳洲阳光儿童家园。同年11月20日，“中德（蒲江）中小企业合作园”被工信部中小企业发展促进中心、中国中小企业国际合作协会授牌，成功引进世界500强企业德国博世包装、博世电动工具、博世包装技术（中国）研发中心、凯佩斯等重大项目，共聚集企业48家，其中，规模以上企业17家，入住标准厂房22家。加快剑桥小镇三期商品房建设进度，项目建筑面积8.6万平方米，完成投资1.5亿元。

2015年，投资3.8亿元，启动剑桥小镇三期商品房项目建设，建筑面积8.6万平方米，年底高层主体工程竣工验收。同年，寿安园区获“中国包装印刷产业基地”“全省两化互动示范区”“全省新型工业化重点培育基地”等称号。2016年，寿安新城规模以上企业主营业务收入18.95亿元，实现利税1.35亿元，寿安新城已初具规模。

寿安新城招商中心外景（摄于2016年）

附记：寿安新城简介（沙盘解说词）

一、寿安新城区位、环境、交通、面积

寿安新城位于成都市西南，距离成都市区55公里，距离蒲江县城12公里。这里环境优美，山水相依，拥有“两河”（临溪河、蒲江河）、“两山”（五面山、长秋山）的优越自然条件。寿安新城交通非常便利，1条高速公路、2条铁路、2条快速通道通达。南侧有成雅高速公路、新蒲大件路、成康铁路规划线和地铁10号线规划延长线，北侧有成新蒲快速通道和成蒲快铁。寿安新城规划总面积30平方公里，2020年前的建设面积为9.45平方公里，已建成区面积约3平方公里。

二、寿安新城推进“两化互动、产城一体”的主要做法

自2010年9月8日启动建设以来，寿安新城一直积极探索“两化互动、产城一体”发展模式，逐渐归纳出新型城镇化建设的四个亮点。

第一个亮点，有一个产城融合的规划。我们将30平方公里的寿安镇作为有机整体，统筹产业、城市和生态功能，规划形成分工明确、高度融合的“一心两轴三区”功能区。“一心”是指商业文化中心；“两轴”是指历史人文轴和城市形象轴；“三区”分别是指以智能五金、精密机械为主的绿色产业区，以寿安老场镇为核心的活力老城区，以生活服务业为主的田园新城区。同时，按照“独立成市”的建设标准，规划二甲医院、职教学校、文化馆等民生工程，引入泡桐树小学等城市配套，让老百姓充分享受新城建设所带来的实惠。

第二个亮点，建立“政企合作，市场化运作”的推进机制。由青蒲公司负责土地整理、市政设施及公建配套的投资建设，改善发展环境，吸引企业入驻。政府则当好城市与产业发展的定位者，资源的配置者和市场主体的服务者，形成了政企分工合作、同心协力共发展的长效运营机制。

第三个亮点，走一条绿色发展之路。公司充分利用蒲江河、临溪河水体资源，构建“一心两带多节点”绿化系统，建设“三公园”，占地350亩的湿地公园，200亩的河滨公园，150亩的河心公园，规划绿道全长10.4公里。

第四个亮点，在新型工业化发展路径上，坚持“高端取向、招大引强”。紧紧围绕以智能五金和精密机械制造为主导的绿色产业定位，着力引进科技含量高、经济效益好、资源消耗低、环境污染少的产业高端和产业链高端项目，由土地招商转变为厂房招商、由园区招商转变为载体服务招商。

三、寿安新城取得的初步成效

青蒲公司已完成总投资23亿元，实施征地拆迁2600余亩，建成20条市政道路12.52公里、综合服务中心1.4万平米、农民安置房5.6万平米、运动基地100亩以及市政公园300亩，完成蒲江河治理改造工程2.4公里，剑桥小镇一、二、三期和滨河商业街计30万平米高品质商品房已基本完成。由于科学的规划，良好的投资环境，吸引世界500强企业入驻。德国博世集团旗下博世包装机械、博世电动工具、博世集团包装亚太研发中心顺利入驻。寿安新城成功引进美国丝涟、合联产业园、蒲东创业园等50余家工业企业，协议总投资约62.3亿元，其中投产35家，年产值超过30亿元。

2014年11月，“中德（蒲江）中小企业合作园”在寿安新城正式授牌，蓉德AHK“双元制”培训中心落户试点，成为全国第二、西部首家“中德中小企业合作园”。

2015年7月，蒲江县编制《蒲江“五金小镇”发展规划（2015—2025年）》，明确重点发展电动工具、智能厨电、智能锁具和高端炊餐具产业的方向，打造千亿级“五金小镇”。

2016年，为顺应和落实国家“一带一路”发展战略，成都市以中德、中韩、中法三个国别产业合作园作为产业转移的主要载体。蒲江县积极响应并首次提出“工业强县”发展战略，打造“一镇一园三中心”的产业功能格局。“一镇”：五金小镇；“一园”：中德（蒲江）中小企业合作园；“三中心”：五金展示交易中心，五金研发和创业孵化中心，AHK双元制职教培训中心。

预计未来三年，新城累计完成固定资产投资100 亿元，工业园区建成区面积达到5平方公里，入驻外资企业25 户以上，核心配套企业60 户以上；力争到2020年，工业年产值超过150亿元，年税收达到15亿元，人口达到8万人。远期建成聚集千亿五金产业的新兴产业之城、山水田园之城、人居和谐之城，形成“东有太仓、西有蒲江”的发展格局。

四、滨河商业街建设

2013年，滨河商业一期完成投资7000万元，新建酒店宾馆会所15家，新发展餐饮、汽车销售、物流快递等商业企业10家。2014年，滨河商业一期一批次、二批次（酒店、商业街及配套设施）项目建设完成投资7200万元，建筑面积2.5万平方米。具有欧式风情的英澜河畔酒店，拥有四星级标准配客房63间，设有会议室、棋牌室、自助早餐厅、自助烧烤区、儿童游玩区，采用4万平方米地下水源热泵技术，能较大幅度减少能源消耗。

滨河商业二期建筑（摄于2016年）

第三节　村庄建设

一、民宅院落

民国时期，寿安镇境内的民宅院落，主要以姓氏宗族为主体的聚居院落。松华的黄家大院、周大院子、叶祠堂、张营、罗营，高河的张营、邓黑龙门子，寿安的陈河坝，青龙的杨沙湾、陈大漕，合江的龙山扁、王大石桥等，都是各大姓氏的聚居院落。散居的单门独户很少，仅占全部民宅的5%。

民国时期的民宅房屋构建，因贫富而悬殊差别很大。松华的叶祠堂（现庙乐村九组），族长叶南轩为清末举人，民国初年蒲江县参议员。其子是宜宾兵工厂军械处处长，权势显赫，富甲一方。其祠堂、房宅经10年修造，富丽堂皇。连排3座大院，门前有1条小溪，上架石雕金水桥。第一大院为叶民祠堂，为三进式庭院，正堂为祠堂祖宗牌位，两边厢房为议事、会客、品茗雅室。院中石阶、石板地面、石缸及珍贵花木错落有致，匾联字画满壁生辉。第二大院为叶南轩住宅，亦为三进式庭院，一进四合院主要功能为会客、配书房、烟床、棋牌娱乐设施；二进为主人及家眷生活起居住宿，走马转角楼古建筑，十分雅致；三进为吃斋念佛之地，清静肃穆。整个建筑为木结构，木柱多为柏木，门窗、家具多为楠木，精雕细刻，做工极其考究。第三大院为军械处处长叶玉高的房宅，大院为西式建筑风格，全火砖墙壁。室内布局也较新颖时尚，叶家祠堂大院在寿安境内颇具代表性。其他少部分富裕家庭的房宅，一种是“三间两头缘”（正方三间，两头加缘角作厨房或猪圈房）的青瓦房；另一种是“四合院”，这些房屋都是泥砖木料结构。大多数贫民的住房，则是土坯房茅屋，农民的住房条件普遍简陋。

插旗山村修建于民国时期的传统民宅院落（摄于2014年）

新中国成立后，国家实行土地改革政策。没收地主房产，分配给无房或缺房的农民，实现“人人有土地，人人有房住”的平等社会。1958年至1962年，“人民公社化”“大跃进”和三年国家经济困难时期，乱砍滥伐森林，乱拆民房用以“熏土”“大炼钢铁”，农村民宅院落遭到极大损坏。“文化大革命”中，祠堂庙宇大多被拆除，民宅院落中的雕梁画栋、雕花门窗及花床、桌椅等工艺家具均被砸毁，使传承在民间的许多艺术瑰宝毁于一旦。

1979年，党的十一届三中全会后，农村实行生产承包责任制，农民经济富裕起来，掀起了第一次改建、新建住房的潮流。逐渐废止了泥砖、土坯墙，改用火砖、木架结构。全部废止了稻草盖房，使用青瓦盖房。部分先富起来的农民还建筑了混合结构、钢筋混凝土结构的各式楼房。有的农户居处，粉墙玻璃、庭院园圃；有的院宅还实现了绿化、美化。至1985年，新建、改建、扩建住房的农户占25.25%，其中修建楼房的占2.69%。平均每户使用房屋6.9间，人平使用房屋面积26.7平方米。农房建设的普遍发展，使农民有了较为整洁、舒适的生活环境。

进入21世纪，农民生活水平大幅度提高，新农村建设加快进行。寿安镇域内乡村又再次掀起第二次改建、新建住房的潮流，许多农民选择沿公路两旁和场镇修建楼房。至2016年，除了搬进集中居住小区的农户外，其余在寿安、五星、青龙、松华场镇新建楼房者众多，使原场镇住房扩大数倍。松华的铁杆桥地段，原只有两户人家，现有楼房、平房计215户，形成一个新集镇。沿寿卧路、新蒲路、寿眉路及乡镇道路两旁的楼房、住房有6400多家，占全镇农村民宅总数的38%。镇内各村（社区）的民宅院落进行了环境风貌整治。政府出资，对越境公路两旁的民宅院墙粉刷一新，拆除违章搭建的棚户。农民将自家院墙贴上瓷砖壁画，安装了防盗铁门。在院内种植银杏、桂花、罗汉松等珍贵树木，摆放三角梅、金弹子、兰花等盆景。庭院绿化美化、环境卫生都有明显改变。全镇农民住房面积205.2万平方米，人平均居住面积38平方米。

农民新居（2016年摄于插旗山村）

二、农民集中居住区

松花农民集中居住小区（摄于2016年）

1994年，国家提出农民建房要与新村庄连在一起的聚居新村要求。1999年，在寿安镇董山、元觉村进行中心村建设试点工作，建成占地13.21万平方米、住宅建筑面积5.4万平方米的农村聚居点。2007年起，在庙乐、隆盛等村（社区）陆续修建农民集中居住小区。至2016年，全镇建农民集中居住区11个，占地面积1019亩，入住农户2840户9714人。在建农民集中居住区10个，占地面积372.74亩，计划入住户数1621户4755人。

2016年寿安镇建成农民集中居住区情况表

表3-1

村（社区）	居住区名称	占地面积（亩）	建筑面积（万平方米）	建成时间	入住户数（户）	入住人数（人）
大漕村	大漕聚居点	11	0.18	2007年	21	65
庙乐村	建华聚居点	15	0.29	2007年	29	100
隆盛社区	安营小区	42	0.55	2007年	42	195
七星村	七星小区	60	1.50	2007年	70	240
白岩寺村	育才小区	98	2.10	2008年	120	400
隆盛社区	隆盛小区	164	15.50	2012年	1254	4120
松华社区	松花新村	180	2.06	2012年	186	586
松华社区	寨子山公寓	70	0.95	2012年	86	267
马南村、华锋村	南锋鑫居	179	6.75	2013年	462	1616
五会村	五会小区	110	4.56	2014年	293	1212
大漕村	大漕新村	90	3.50	2016年	277	913
合　计	—	1019	37.94	—	2840	9714

2016年寿安镇在建农民集中居住区情况表

表3-2

村（社区）	居住区占地面积（亩）	入住户数（户）	入住人口（人）
犀羊村	71.65	242	697
插旗山村、西禅村	60.20	230	682
董口村	56.80	236	642
金家村、沙湾村	30.69	121	359

续表3-2

村（社区）	居住区占地面积（亩）	入住户数（户）	入住人口（人）
丝栗村	33.80	132	410
吕石桥村	5.10	219	613
青龙社区、树林村	47.50	165	528
庙乐村	9.80	24	78
元觉村、汪场村	31.20	156	458
五会村、光明村	26	96	288
合　计	372.74	1621	4755

三、移民安置

2003年10月，县政府下达给寿安镇接收安置建瀑布沟水电站外迁汉源县大树镇中坝村移民100人的安置建设任务。镇成立移民工作小组，按照“以农为主、以土为本、相应对等”的原则和“搬得出、安得稳、能发展”的目标，规划移民安置点。2005年5月至10月，省移民工作组和雅安市、汉源县移民代表分别对安置点进行考察。确定在沙湾村六组和树林村十组、十二组建立移民安置点3处，划出耕地108亩、宅基地15亩。同年11月，按照移民委托建房协议，3个安置点陆续动工。次年10月，3个安置点竣工，投入移民安置经费311万元。基础设施建设，树林村23.9万元、沙湾13.18万元。耕作征地，树林村79.5万元、沙湾55.5万元。建房用地，树林村9万元、沙湾6.45万元。修建移民安置房29套，建筑面积3800平方米。沙湾村安置点安置14户42人，树林村安置点15户60人。全镇共安置29户102人。

第四节　市政建设

一、雨污分流工程

民国时期，寿安镇及高河场（五星社区）、松华场（松华社区）、青龙场（青龙社区）一镇三场，均无雨污工程设施。场镇居民的粪便积于粪坑，由附近农户、菜农早晚挑运回去作菜粮种植肥料，生活残渣、潲水，亦由农户运回作猪饲料。洗衣等脏水、废水，则倒进阴沟流出场外。夏秋雨季，常因街道积水、阴沟不畅，造成雨污漫街，环境污染。

新中国成立后，随着街道改造和修建，寿安集镇逐渐铺设下水管道，实施城镇雨污分流工程建设和城镇风貌整治，城镇功能不断完善。2004年，寿安镇被建设部列为中心城镇试点镇，寿安镇铺筑混凝土街道同期，新建自来水厂1座，铺设自来水管道1万余米；投资1080万元，完成全镇污水网管主体管道铺设，并建成污水处理厂1座。2006年，修建下水道5600米。2009年，继续完善集镇道路、雨污分流工程等基础设施建设，建成污水处理厂并投入运行。继续实施农村卫生水工程建设，4个社区和9个村居民饮用自来水。2012年，完成工业区4线市政道路二期工程、商住区7线市政道路一期工程及农迁房4期市政道路、地下管网建设。至2013年，投资1100万元完成集镇利民路中段雨污管网建设和改造。至2016年，寿安场实现雨污分流工程完全达标。松华、五星、青龙社区及14个农民集中居住小区雨污分流工程全部完善。22个村的1.73万户家庭，85%的家庭厕所改造成水冲式便坑，卫生条件得到基本改变。

二、路　灯

民国时期，寿安镇无路灯，仅在关帝庙、二条街各有一座灯杆。灯杆为柏木、杉木材质，细而笔直，高8米左右。顶上设一个斗型灯座，灯座内放置一个较大的灯盏，盛满菜油，用白棉细绳作捻子，亮灯时点燃捻子即可。灯杆只是在节日的晚上才会亮灯，而且灯光相对微弱，仅是装饰而已。

新中国成立后，随着电力供应的不断增加，寿安场镇逐渐开始安装路灯。1994年，在正街和利民路安装路灯35盏。到1999年，寿安镇在旧城改造时，安装路灯258盏。正街、二条街、利民路、工业大道等主要街道都安装了路灯。至2006年，投入31.8万元，在街道和公路沿线安装路灯180盏。至2010年，寿安镇东、南、西、北城郊公路都安装了路灯，寿安新城、工业园区也安装了路灯。每晚8点至次日凌晨，灯光辉煌，光带交织，装点着寿安缤纷的夜景。松华、五星、青龙3个场镇和14个农民集中居住小区都安装了造型多样、别致的路灯。2014年，维修、安装路灯240盏。至2016年，寿安镇城乡共安装路灯3400盏，成为夜晚一道亮丽的风景线。

三、环卫设施

民国时期，寿安镇城乡完全没有环境卫生设施。寿安、高河、松华、青龙4个场镇环境卫生，基本是“各扫门前雪”，居民、商家各自清扫自家住房和相对街道的路面。垃圾送到河边、沟边，等待流水和洪水冲走，乡村也是如此。稻、麦、油菜秸秆，除留作盖房、柴禾之外，全部焚烧，其灰用作肥料。

自20世纪末期起，寿安镇开始进行城镇环境卫生设施建设和乡村环卫改造。1994年，城镇管理实行“门前三包”（包卫生、绿化、社会秩序）、“六归”（坐商归店、农贸归市、摊点归区、广告归栏、停车归点、建筑归线）等措施。购置垃圾车1辆，设置垃圾桶120个、果屑箱28个，建设各类净化池6个，配有城镇环卫工人25人。清扫面积4.1万平方米，保洁面积0.85万平方米，整治填埋垃圾2.3万吨。2010年，寿安镇在庙乐村境内建万吨垃圾处理场1座，集中处理全城乡垃圾。购置洒水车1台、建水冲式公厕2座。至2016年，寿安镇城乡共有环卫清洁工、河道清洁工250人，设置垃圾收集点185处、垃圾桶630个、果屑箱280个，日处理清运垃圾25吨。购置封闭式垃圾车1辆，做到清运率100%。

四、消　防

2009年11月，成立寿安消防中队。为保障灭火抢险救援的顺利进行，寿安中队配备8类、56种、719件器材，其中特种器材18种、275件；三类执勤消防车辆5辆：东风水罐消防车1台、大五十铃水罐消防车3台、小五十铃泡沫水罐消防车1台，车载27.3吨水、0.3吨泡沫灭火剂。消防部队坚决贯彻“预防为主，消防结合”的方针，严格消防监督管理，预防火灾发生。在监督检查的同时，寿安消防中队在“11·9”消防宣传日、“安全生产月”等重大安全节日期间，深入社区街道，重点单位对其进行消防宣传培训150余次，发放宣传资料1.5万余份。

寿安消防队演练（摄于2015年）

至2016年，接警1470次，其中，火灾267起、抢险救援229起、社会救助614起、其他360起。出动车辆2202辆次，出动警力1.24万人次，抢救被困人员338人，疏散被困人员955人，抢救财产价值5000多万元。参战人员无一伤亡。对辖区企事业单位进行消防安全检查3600余次，排除安全隐患180个，直接减少财产损失300余万元。消防中队有消防员25人，包括干部4人、队员21人，党员6人、团员19人、班长3人、副班长2人、驾驶员5人、火场文书1人、制图员1人。

第五节　景观打造

一、樱花岛主题公园

2013年4月，启动樱花岛主题公园建设，同年10月1日竣工投入使用。樱花岛主题公园位于寿安新城产业园区与剑桥小镇生活社区之间，项目总投资约3000万元，占地面积12万平方米，呈东西走向狭长形。樱花岛是一座集娱乐、休闲、品茗、垂钓、餐饮为一体的多功能东南亚风情会所及商业中心，拥有固定的产业园区和本地消费群体，日接待客人可达到上万人次，是寿安镇打造田园城镇样板的标志性生态公园。2013年10月12日，“2013・樱花岛啤酒音乐节”系列活动在寿安新城樱花岛拉开序幕，这标志着剑桥小镇浪漫樱花岛主题公园正式对外开放。

如诗如画樱花岛（摄于2016年）

二、成新蒲都市现代农业示范带建设

寿安镇以成新蒲沿线统筹发展为契机，引进现代农业项目，推进基础设施建设，成新蒲寿安段都市现代农业初具规模。在成新蒲沿线两侧500米范围内的华锋、庙乐、松华、五会等村（社区）实施插花补齐项目，全部栽种优质柑橘，面积230余亩；大漕、华锋、庙乐、松华、五会等村（社区）实施绿道建设，新建绿道5.6公里，改建绿道9.6公里，农业产业园、农村传统院落和农民新型社区实现互联互通。同

成新蒲都市现代农业示范带蒲江寿安枣庄自行车驿站（摄于2015年）

时，在微耕农庄和蒲江枣庄各建自行车驿站1处，为游客休闲骑行、游玩住宿提供便捷服务；分别在寿安镇与邛崃市交界处、电厂沟处和庙乐村红绿灯路口，征用和租用土地共6亩多，完成3个成新蒲绿道节点打造， 为游客观光休憩提供场地。依托金枣农业科技有限公司、加威生态农庄、国锦农业、佰祥农业和爽购网、联想佳沃猕猴桃示范园、蒲江枣庄等产业，着力构建以褚橙、柳桃为代表的高端农产品种植业，以佳享食品为代表的农产品深加工业和以金枣风情园、蒲江枣庄为代表的现代农业观光体验园3个现代农业体系。

三、生态河堤整治

蒲江河寿安场镇段防洪堤工程，按照建设“成都远郊最美生态田园城镇样板”要求，结合寿安新城规划，新建防洪堤2444米，清淤及平整河床1300米。工程总投资2505.08万元，其中，中央补助资金864万元，地方自筹资金1641.08万元。另外，防洪堤景观工程概算5000万元，由企业自筹。同时，为进一步推动蒲江县中、小河流治理并与寿安镇防洪堤形成更为完善的防洪体系，推进寿安场镇段防洪治理续建工程，计划上段新建堤防2000米，下段新建堤防3000米，综合治理河道1000米，预计静态总投资5080.63万元，其中，建筑工程总投资3998.57万元，环保部门总投资1082.06万元。防洪堤堤防结构采用碾压砂卵石斜坡式生态堤，马道以下边坡1：1.5，采用C20混凝土面板护坡衬砌厚度0.3米；马道以上边坡系数1：2，采用浆砌卵石面板护坡，衬砌厚度0.2米，再加覆土进行景观园林施工；背水坡以1：2的临时边坡与现状地面连接，采用草皮护坡。2011年11月，一期工程动工。2012年5月，完成主体工程建设。2012年，完成景观园林建设。工程建成后，工程河段防洪标准达到20年一遇的洪水，保护工业园区内人民生命财产不再受洪水威胁。防洪堤建设坚持“以人为本、人水和谐”的理念，把握“生态的花园、自然的庭院、人与自然亲密接触”的主体思想，使蒲江河真正成为安澜之河、惠民之河、兴业之河、生态之河”，创建良好的社会效益和经济效益。

寿安镇生态河堤（摄于2016年）

第六节　环境综合治理

一、环境质量

民国时期，寿安镇及高河、松华、青龙场镇无环境保护专管机构，更无管理制度。场镇的污染物主要有粪便、食物潲水和垃圾三大类。粪便由菜农或较近农户早晚用粪桶挑走，作为蔬菜、庄稼施肥，食物潲水也由农户挑回喂猪。污水则倒入阴沟流出场镇，菜皮、骨头、地灰等垃圾提到河边或场口空

新建的污水处理厂（摄于2016年）

地，任其日晒雨淋腐化，用作肥土种菜，或被洪水冲走。其时，没有化学物品、玻璃废品和塑料白色污染物，乡村中基本无污染。乡镇商户居民以井水为食用水，街道卫生商户"各自打扫门前雪"。乡绅及富裕家庭，雇有长工、丫环、杂工的，院坝、室内卫生都做得很好，家具、衣物存放规整，庭园还配置有花草。祠堂、庙宇有专门财产、专人打扫，环境卫生优美。大多数贫民家庭，由于劳作艰苦，衣食难以为继，加之房屋简陋破败，所以卫生条件比较差。衣物、农具、家具也存放无序、杂乱无章，便桶放在卧室内成普遍现象。鸡、鸭、鹅、小猪在院坝内敞放，粪便处处可见。但田间地头河沟则基本无污染，保持原生态状态，90%农户都在河沟挑水食用。河沟、稻田里，各种鱼类较多、繁殖生长较快。

新中国成立后，寿安镇及周边场镇对街道卫生进行统一管理，规定垃圾堆放区域，落实街道卫生责任制度，街道卫生有明显变化。70年代，农村开始使用化肥、农药，对鱼类、青蛙有极大的杀伤力，河沟、稻田的鱼类自然生长存量较1911年减少90%。80年代起，寿安地区有了造纸厂和各类使用化工原料的企业，排放有害污水， 使流经寿安地区的河沟水质变黑变臭，成严重的水污染源。1988年起，全县对污染进行全面治理。寿安镇域关闭了青龙场纸厂及7座机砖厂，对污染严重又难以治理的项目不予审批，污染源达到有效控制。水污染源、空气污染及土地污染得到有效治理，环境质量有显著提高。

二、面源污染控制

党的十一届三中全会后，寿安镇政府把环境保护工作列入议事日程，贯彻执行加强城镇卫生管理、植树造林、江河管理和加强珍贵树木、花、草、鸟类资源保护等条例、规定，使环境保护有法可依。1985年，通过"污染源"调查，寿安镇域的污染主要为水污染和空气污染两大类。水源污染物是：生化需氧量（PODs）、化学耗氧量（COD）、硫化物、悬浮物、石油类，主要来自食品厂、纸厂、酒厂、植物油厂和医院。大气污染物是：二氧化硫（SO_2）、烟尘、氮氧化物（NO），主要来自纸厂、酒厂、植物油厂、机砖厂排出的煤烟、粉尘和生产中排放的废气。

1991年起，政府将环境保护纳入一级目标管理，签订环保目标责任书。1992年，对排污企业征收排污费。1993年，关闭严重污染企业五星董山村造纸厂。1998年至2005年，关闭五会村、马南村、树林村、庙乐村、元觉村、七星村和五星社区机砖厂，对轻度排污企业进行排污技术整改，改善了水质和空气质量。2009年，继续完善集镇道路、雨污分流工程等基础设施建设，建成污水处理厂并投入运行。对松华、插旗、寿民等村社的生猪养殖场进行污水净化整治，逐年连续严格禁止秸秆焚烧。这些措施对寿安镇境内的空气、水环境的污染控制起到明显作用，空气质量达国家一级标准，水厂的地下水源水质良好。

三、环卫保洁

民国时期，对环卫保洁无专管部门，从未采取措施。新中国成立后，政府将环卫保洁工作列入议

村环卫工人清扫路面（摄于2015年）

事日程。1984年，寿安镇成立市镇清管所，负责环卫保洁工作。2010年起，寿安镇城乡环卫配备专职保洁员20人，对街道、车站、道路实行分片区负责制，从早上8点至晚上7点、不间断清扫垃圾。各商铺也签订“门前三包”责任书，专群结合，确保街道卫生整洁。主要街道划定停车位，并规定停车方向，城管、交警执法人员站岗或巡逻检查，使街容街貌和交通秩序进一步规范。除寿安集镇外，乡村环卫同样进入常态管理。22个村、6个社区各配备3～5名保洁工。对本村（社区）内得所有水泥路面及两旁杂物垃圾负责清扫，对辖区内的沟、渠，负责打捞清理冲击物，确保水面清洁干净。社区、村保洁工、每人每月补助600～800元。全镇有环卫保洁工123人。2015年起，环卫保洁管理实行公司化运作。镇政府将本镇范围内一年的保洁任务和保洁人员工资、保洁机具配置维修等费用，发包给保洁公司，由环卫保洁公司全责完成城乡环卫任务。政府及各村、组只负责检查监督。寿安镇环卫管理所每周进行抽查一次、每月普查一次，并将结果评级打分，记录在案，年终对环卫保洁公司兑现奖惩。

四、垃圾清运处理

1984年，寿安镇采用手扶拖拉机、人力翻斗车和架车搬运垃圾，垃圾通过填埋、焚烧进行处理。2005年，寿安镇在场镇社区和各村（社区）配置垃圾桶285个，平均各村（社区）9个；垃圾分类集中点84处，平均各村（社区）2处。配备垃圾清运汽车2台。每天场镇乡村的保洁工，将收集得垃圾倒进垃圾桶或垃圾分类集中点，再由垃圾清运汽车清装上车，拉到垃圾处理场作无害化处理。当年，寿安镇在庙乐村袁河坝建成垃圾处理场1座。垃圾处理场地处临溪河下段河畔，原为河滩，后经多次开采河石，形成大坑，面积约1.5万平方米，距离人户700米，有碎石路直达。处理场投入使用后，垃圾清运车将垃圾倾倒场内，再由工人喷洒杀虫杀菌消毒药剂，作无害化处理。2013年，新增及改建垃圾中转房27个，新购垃圾桶420个，配备三轮车20辆、大小垃圾清运车各4辆，推进垃圾“不落地”运转。2014年，新建烂柑橘填埋点1处，设置规范的烂果蔬填埋点2处，新增及改建垃圾中转房45个。至2016年，全镇垃圾规范化清运处理实现全覆盖。

五、美丽乡村建设

2010年起，寿安镇着力进行美丽乡村建设。主要进行三个方面的建设：一是集中居住小区的建设。各小区的户型、外观、建设，都由专业公司精心设计建筑。小区内都有园林面积，花草树木配套种植，有的小区内还留有住户的小菜园面积。还有的小区建有水沟，增加生态元素；二是乡村文化建设。各村（社区）的文化活动中心在集中居住小区或村（社区）办公所在地。各村（社区）建有文化广场、图书室、娱乐室，广场有健身器材。村（社区）有文艺演出队，每年都要排演10~20个节目，参加村（社区）和镇、县演出。插旗山村、五会村、马南村、华锋村建起文化廊、民俗廊。在小区绿化带摆放石头，刻写上社会主义核心价值观等内容。组织名家书画进社区活动，举办以身边好人好事为题材的故

寿安新城后花园——插旗山村自然村落民居（摄于2016年）

事会，丰富村民的文化生活，提升村民的道德素质；三是乡村环境风貌打造。对乡村中乱拆乱建进行集中整治，对影响村容村貌的破房、烂棚进行拆除整改，对无审批手续违章乱建的棚、房建筑坚决予以拆除。对越境公路、乡村道路两旁农户的墙壁统一粉刷，并用颜料画上梁柱图案，展现川西民居风貌。环境卫生有专职保洁工打扫，各村（社区）环境条件有显著改善。随着人们生活水平的提高，庭院美化逐步推开。至2016年，寿安镇已建成农民集中居住小区11个，入住2840户9714人；在建集中居住小区10个，计划入住1621户4755人。30%家庭庭院种植了花卉、珍贵树木，主要品种有兰花、君子兰、杜鹃、栀子、金弹子、腊梅、茶花、苏铁、牡丹、桂花、银杏、红梅、雷竹、金橘、罗汉松、天竺葵、桢楠、香樟、黄桷兰等。有少数家庭养殖金鱼和观赏鱼，挂上名家字画。风尚新美、环境秀美、生活富美的“三美”新村雏形基本显现。

一桥飞架（摄于2015年）

第四章　交通、邮政、通信

寿安镇自古为县内重要商埠，民国时期，货物运输主要靠人力和船筏走水路。虽然交通和通信不发达，但镇境内大路小路也可称四通八达。因横跨“两河”流域，寿安镇境内木桥、铁桥、石桥和翻水桥较多，便于“三州五县”民众和客商往来。新中国成立后，政府加大对交通和邮电建设的投入，逐渐完善交通网络，新建改建桥梁，“要得富，先修路”成为政府和老百姓的口头禅。2016年，以蒲新路、成雅高速公路、成新蒲快速通道、寿卧路、蒲眉路等交通干线和村、组、户互联互通的水泥路构建起四通八达的交通网络，客货运输完全转为走高等级的公路，既方便又快捷。邮政通讯网络全覆盖，移动通讯和宽带进入千家万户，寿安镇步入互联网时代。

第一节　道　路

一、出行道路

民国时期，寿安镇乡村道路都是窄小的泥路，也有大路、小路之分。连接村、镇的路叫“大路”。大路宽3～4尺，来往行人可“擦肩而过”，可以推鸡公车。村内户与户和到田间的路叫“小路”，或叫“田坎路”，路面仅宽2尺左右，仅供单人行走，对面行人交错都很困难。泥路最大的缺陷是雨天路滑，泥泞难行，行人常常摔跤，裤腿溅满泥土，苦不堪言。寿安地区有4条主要的大路：第一条是从寿安镇起，经合江桥、严石桥、八角庙、上熊坡直达彭山县将军庙，通彭山县城，寿安境内20公里；第二条是从寿安镇起，经陈河坝、王大石桥，登张山凉风顶、到马桥，通眉山县多悦镇，境内7公里；第三条是从寿安镇起，经妙乐寺、雷水碾、铁杆桥、李水碾，至敦厚达西来镇，寿安境内6公里；第四条从寿安镇起，经仁寿桥、陈河坝、大梵寺，登长秋山、过晋凤乡、盘鳌乡，到秦家镇通眉山县城，境内路长10公里。民国17年（1928年），时任蒲江公路局局长的青龙乡人杨茂轩，组织募捐资金购置石板1.3万块，铺设中兴场至寿安镇一段石板路面。新中国成立后，第一条大路逐渐改建扩宽，成为蒲江与彭山之间的县际通道。第二条大路和第四条大路逐渐合并，1981年，从寿安镇修至长秋乡（寿长路）。其后，再逐渐修到晋凤乡、盘鳌乡、秦家镇、眉山市（寿眉路），成为乡镇和县际公路。

1951年冬，第三条大路沿线之寿安、松华、敦厚、西来、复兴等乡镇在各辖区地段，修筑相连的泥土路。1958年，将土路加宽至4米。1980年至1981年，路基加宽至7.5米。1985年，铺筑成黑色沥青路面。从寿安镇起，经松华乡友爱桥头、敦厚场、西来场、复兴场至半边街（卧龙），与川藏公路连接，全程24公里，寿安镇境内长7公里。1996年至1998年，建成二级公路，寿（安）卧（龙）路系新中国成立后新建的公路。

1985年寿安镇域乡村公路情况表

表4-1

名　称	起止地点	建造时间	里程（公里）	宽度（米）	路面状况
寿插路	寿安集镇至插旗乡政府	1974年	1.0	14.0	碎石
友爱路	寿卧路4公里处至松华乡政府	1974年	1.0	8.5	黑色
寿长路	寿安集镇至长秋乡政府	1981年	10.5	8.5	碎石
天插路	天华乡至插旗乡政府	1984—1985年	10.0	7.5	碎石
松五路	松华乡至五星乡	1984—1985年	6.0	6.5	碎石
松新路	松华乡至邛崃新安乡	1984—1985年	6.0	6.5	碎石
寿高路	寿民乡至高桥乡	1984—1985年	13.0	7.5	碎石
插方路	插旗乡政府至方沟水库	1984—1985年	4.0	7.5	碎石

二、过境干道

蒲新路　民国时期，寿安镇域仅有蒲（江）新（津）路1条过境干道，镇境内长10公里。初为泥路，后改建成石板小道。民国21年（1932年）9月至民国23年（1934年）年底，四川边防军李家钰部将小道修筑成碎石路面公路，长44公里，路基宽3～5米。此路建成后，仅军阀罗泽洲乘小轿车通行过一次。后因未加养护，破烂不堪。1952年冬，政府组织群众将寿安镇至高河场之间的黄坟园段2.5公里路线改道，将雷河桥修建成石墩木面桥。1953年，将全线道路加宽至6米，改弯取直铺筑成碎石路面。1973年，将路面加宽至8米。并将中兴金斗堰至青龙场和寿安周幺店子至红星公社二大队（隆盛社区）办公室路线，改道3.3公里，达到三级公路标准。1974年至1977年，将公路铺筑成黑色沥青路面。1984年9月至1985年5月，路面加宽至12米，达到二级公路标准。1987年，改建该路寿安绕镇段1.7公里。2005年，经成都市经委批准，对新蒲路蒲江段进行改造建设。寿安经石鱼沱绕镇段5.24公里、路基宽15.6米、车行道宽14米，新建寿安大桥1座。

新蒲快速通道　1992年，蒲江县立项修建新（津）蒲（江）快速通道，该路起自寿安镇元觉村，止于鹤山镇梁江村，全长21.57公里，寿安境内长8公里，属二级公路，路基宽16米、路面宽15米。1995年，寿安镇元觉村至插旗山村段5.5公里竣工通车。1996年，第一期工程建设的寿安镇境路基供成雅高速公路占用13公里。

成雅高速公路　1992年，动工修建国道108线成（都）雅（安）段高速公路，该路起于成都、止于雅安，全长135公里，路经寿安镇域8公里，在寿安设进出站口。1999年12月28日，全线竣工通车。高速路设计为4车道，复合式沥青混凝土路面，荷载为汽车-超20级，挂车-120级标准全封闭，全立交。路面宽25

成雅高速公路寿安镇出口（摄于2016年）

米，行车时速120公里，每公里投入资金2418万元。

成新蒲快速通道　2009年9月，正式动工修建成（都）新（津）蒲（江）快速通道。成新蒲快速通道是成都市“三轨九路”重点交通建设项目之一，起于成都市草金立交，途经双流县、新津县、邛崃市羊安、蒲江县寿安镇（五会、马南、华锋、庙乐、大漕等村）至蒲塘路。全长63.7公里，县境段长18.89公里，寿安镇境内长8公里。路面为6车道，设计时速80公里。2012年5月，在沿线区、市、县中率先工实现县境内完工通车。同年9月，全线建成通车。

成新蒲快速通道寿安镇境段（摄于2015年）

三、村组道路

民国时期，村落之间多为泥泞田埂路，少数铺鹅卵石或石板。

新中国成立后，耕作条件逐渐改变，为适应手扶拖拉机、大型拖拉机、机电提灌设备等农机具的运输运行，各村、组对道路普遍进行扩宽修建，铺筑碎石，称为“机耕道”，机耕道路宽一般为2～3米。1958年至1980年，寿安镇境修建机耕道53条，总长48公里。1986年至1998年，有乡村机耕道66条，总长106公里。进入21世纪，寿安镇各村、组、加快修建乡村水泥路。村与村连接的村道、社与社连接的社道，以及通到各家各户的水泥路逐渐铺就，形成四通八达的交通网路，实现“雨天出门不粘泥”的景况。修建村社水泥路，一般有两种做法，一是对原有的碎石机耕道作加宽改造，修筑水泥路；二是新勘测路线修筑。村社水泥路面宽3～4米，混凝土厚度20厘米。村道、社道的修路资金由国家、县财政拨款，入户水泥路由农户集资解决部分。2013年，18个村（社区）道路实现互联互通。至2016年，全镇所有村（社区）水泥道路实现互联互通。全镇有村、社水泥路485.6公里，结束了千百年来泥路难行的历史，开创了“轿车开进农家院”的新时代。

四通八达的村组道路（2016年摄于犀羊村）

第二节　渡　口

蒲江河、临溪河两大河流流经寿安镇域，隔离临溪河南北、蒲江河东西两岸地区的交通。民国时期，由于财力、物力、人力及技术水平所限，在两河上不能修建桥梁，只能设置渡口，以木船摆渡。镇域内有5个较有名的渡口：青龙渡、仁寿渡、合江渡、高河渡、朱濠渡。

一、青龙渡

青龙渡位于青龙场（现寿民社区）上场口蒲江河段，此处河宽水深，不能建桥。清代，有人设渡，收费高昂，行人叫苦不迭。后由邑人杨辉向乡里募捐，设渡口名“知义渡”。除购置渡船外，还购置田产4亩出租，租金用于船体维修和船工工资。过往行人上船，一律免费。新中国成立后，渡口收归公产，由县财政科管理。20世纪末，青龙踏水桥建成后，渡口废除。

二、仁寿渡

仁寿渡位于寿安镇半边街出场口至陈河坝的蒲江河段。1946年7月，仁寿大桥冲毁后所设渡口。初用竹筏摆渡，后改用木船。1951年9月27日，发生翻船事故，淹死47人。1974年，蒲和大桥建成后，仁寿渡废止。

仁寿渡旧址（摄于2016年）

三、合江渡

合江渡位于今蒲和大桥下游500米处，原有清光绪四年（1878年）修建的木桥“合江桥”。民国25年（1936年），木桥被冲毁。乡人募捐集资，在八角庙附近购置田产24.35亩，加上八角庙庙产水田1.7亩，以其所有租金用于渡口开支。1974年，蒲和大桥建成通车后，合江渡废止。

四、高河渡

高河渡位于高河场（现五星社区）上场口蒲江河段，是高河场与邓河坝、刘河坝、汪场乃至彭山县将军庙等地行人往来之要冲。渡口历史悠久，为一“义渡”。民国时期，即有募捐购置的田产十余亩，年收租谷十余石，租金用于渡口开支。新中国成立后，由县财政部门管理，船只由乡政府更换购置。船工1人，除集体补助工分外，国家每年补助120元。1974年，渡口交由县工交局管理，船工每月工资24元。1983年，船工每月工资增至33元。1985年，五星大桥建成后渡口废止。

五、朱濠渡

朱濠渡口（摄于90年代）

朱濠渡在原五星乡高河村四组与汪场村三组之左河坝间的蒲江河上，因位于邛、蒲两县交界处朱濠附近，故名。民国时期，此渡为常年性“义渡”，每天来往行人数百人次。田产年收租谷10石，用于船工工资和修缮费用。新中国成立后，朱濠渡由五星乡政府管理。1974年起，交县工交局管理，每月补助船工工资10元，1985年增至40元。2007年，建成朱濠大桥，渡口废止。

第二节　桥　梁

一、铁杆桥

临溪河自西向东，从松华乡平坝中心地带流过，把全乡分为隔为南北两岸。河面宽处上百米，窄处60余米。每年夏、秋季洪水暴涨，交通受阻。明代，地方官府在距今友爱大桥上游200米处设一渡口，名为“松义渡”。以船渡来往行人和货物，分文不取。艄公薪酬，由官府划拨的公田租谷支付。松义渡处河面较窄，又接近松华场镇，适宜建桥。但河床较深，水流湍急，旧时受技术和财力限制，难建筑桥墩。

清代初年，修建铁索桥。建成的铁索桥，由7根直径60毫米连环铁索组成，牢固地稳扎在河两边桥头的巨型石墩上。铁索上铺设木板为桥面，桥面两边高两三尺处有竹绳作为行人扶手。南北桥头有桥头堡，形如阁楼，十分壮观。堡侧有巨石雕刻的青狮、白象，相传为镇河之神。还塑有大石碑，记录建桥始末与乐捐者和建桥工匠姓名。铁索桥建造优美和独特，工艺难度大，在蒲江县独一无二，民间称其为“铁杆桥”。铁杆桥建成后，年年都要整修，改换木板桥面。清代中叶，又将连环铁索改换为7根熟铁条。当时，在河岸垒起红炉铸造7根长56米、直径3厘米粗大的铁条实属不易。

铁索桥长度大，稳定性差，行人走在上面上下摆动、左右摇晃很厉害，常有人因惧怕而爬行。清光绪年间（1875—1908年），铁索桥会首周明轩在百姓要求下，雇工增加了两个木架桥墩，人行桥才较为平稳。民国7年（1918年），士绅黄忠堂组织人力财力，从邛崃马湖运回条石，准备修建石桥墩。民国34年（1945年），士绅黄立山组织民工修建石桥墩两个。但因技术问题，靠北岸的石桥墩当年就被冲毁，改为木架桥墩。

新中国成立前夕，桥头堡垮塌，青狮、白象搬运到松华场口。1956年，人民政府拨款，改木桥墩为钢架桥墩。1976年，铁杆桥被拆除。

友爱大桥（摄于2016年）

二、友爱大桥

1974年年初，友爱公社党委书记刘庆钰，召集干部和群众代表共商修建友爱大桥，得到拥护支持，在原铁索桥以东200米处选址定位。同年8月23日，制定工程预算方案，上报批准后，得到国家7.3万元资助。修建友爱大桥的钱粮，大部分由群众、集体筹集。当时全公社总人口7652人，每人负担粮食（大米）3.5公斤、现金1.5元。共筹集资金11478元、大米26782公斤。每人负担20个义务工，共投入标准工15.3万个，大桥总造价27.9万元。12月，开始备料。所需条石994立方米，全部从长秋山白岩寺山体开采。1975年12月1日，大桥动工修建，500多名干部群众参加建桥劳动。1976年9月底，大桥全面竣工。新建的友爱大桥按照名扬中外的赵州桥设计，为空腹式石拱桥，桥长68米、3孔，每孔净跨度18米，每孔之间交接处又有3孔，桥面净宽5.9米，桥高12.4米。桥面两边设条石护栏。1976年10月1日，值新中国成立27周年之际，举行“友爱大桥竣工通车典礼”。是日，晴空万里，20辆拖拉机鱼贯过桥，两岸上万群众欢呼雀跃，场面壮观。友爱大桥建成后，方便临溪河两岸群众生产、生活和出行，至今仍发挥着重要交通作用。

三、仁寿桥

寿安仁寿大桥原名万寿桥，原址在今寿安镇蒲和大桥上游约200米处。系清乾隆年间（1736—1795年），寿安镇七星村庠生王一谦主持募捐修建。清嘉庆十八年（1813年）重修，取《论语》“智者乐，仁者寿”名句，易名“仁寿桥”。该桥曾由民众捐资购置桥公田约40亩作维修之用。

桥为全木质结构，长170米、宽4米、18个桥孔。每个桥桩称为年圈，与桥梁均为长10米、直径0.3米的圆木，桥面铺青棡木板。桥面架有48个排列连成的柏木屋架，两旁连接碗口粗的木栏杆，屋顶盖稻草，形成桥楼，整个桥体所用木材达470立方米。桥的中部建有小楼，供奉观音菩萨。在桥的上游四五米处有7根木柱，曰“堵水桩”，阻挡洪水冲下的巨物以保护桥梁。桥两头建条石砌成的桥楼，十分壮观。此桥造型别致，结构新颖，成为川西地区一座名桥。由于桥墩为全木质结构，长期浸泡水中，实难久固。民国35年（1946年）7月，一场洪水将桥冲毁无存，仁寿桥仅存33年。仁寿桥被冲毁后，改设置木船渡口，以济行人。

1951年9月27日，雨后水位高涨，寿安镇逢场，来自蒲江河东南面的赶场群众争先恐后拥挤上船。上船人数156人，严重超载，加上携带的货物，渡船难以承受，离岸四五米便翻船。经抢救打捞后，结果被淹死47人，船工熊绍明、杨发清被判刑。

寿安仁寿桥历经沧桑，人们颇有感慨，民间传诵一首歌谣：“寿安仁寿桥，始于乾隆间。庠生王一谦，主建行募捐。桥头砌石头，石板铺上边。桥面铺木板，两旁立栏杆。桥墩支木架，形状如栅栏。桥顶盖稻草，麻雀往内钻。鸟巢筑得多，娃儿常取蛋。桥长百余米，横达丈余宽。桥头供土地，两旁缺对联。老师王汉昭，请来提笔撰。瞬间即挥就，墨迹金光闪闪：‘大小是官员，多少通神验。’建桥百余载，远通眉彭丹。一九四六年，洪水被冲烂。来往要过河，只有撑渡船。一九五一年，赶场翻了船。遇难四十几，谁来了沉冤。”

四、蒲和大桥

蒲和大桥（摄于2008年）

蒲江河寿安段河宽水急，民国末期仁寿桥被冲毁后，起用渡船作交通工具，一撑就是几十年，远不能适应社会发展需求。1970年，和平公社党委决定，在原仁寿大桥下游200米处修建石拱桥。图纸、方案经县交通局和省设计院审核批准，1971年4月开始施工。公社将采石任务落实到各大队、生产队，组织130多人打造石料。1974年5月，大桥建成竣工通车，取名为“蒲和大桥”。桥为3墩、4孔，空腹式圆弧条石拱桥，每孔跨径30米，全长154米、宽6.3米，设计负荷为汽-13、拖-60。建桥技术上，继承了古代石拱桥工艺，并有创新，将尖形拱改为坦圆拱，用块石、片石代替条石砌筑，所用石料1.1万立方米。除去群众投工外，整个工程耗资45万元，其中温江地区交通局补助9万元，其余资金全靠筹集。2010年3月，为适应寿安新城发展之需要，对桥进行加宽改造，9月完工投用。改造后桥面宽12米，两边各设高一台2米宽人行道，总投资577万元。民间歌谣曰：“天堑变通途，一桥通两岸；千群齐努力，功德千古传。”

五、雷河大桥

雷河大桥位于寿安境内蒲新公路23.7公里处，临溪河与蒲江河交汇之地。1952年，蒲新公路改道从此通过，由清华大学毕业著名土木工程师、寿安镇人詹汉文设计，修建成石墩木制桥面。1966年，此桥改建为钢筋混凝土桥面桥梁，雷河大桥为3墩、4孔，每孔跨越12.5米，全长65.5米，宽4.50米。设计负荷为汽-13、拖-60。1991年11月，采用新技术加宽桥面2米。1992年8月31日，雷河大桥竣工通车。

六、回龙大桥

雷河大桥（摄于2016年）

回龙大桥位于邛崃县回龙镇上场口400米处，是蒲新公路上重要的桥梁之一。建桥之前，蒲新公路从桥下游两河口通过，以船渡车辆和行人，群众称之为“汽车坐船”。1974年，省、地区拨款，由邛蒲两县修建回龙大桥。邛崃县承担工程量的55%，承担桥的主体工程；蒲江县承担工程量的45%，承担修建引道。同年11月，回龙大桥动工修建。蒲江县组织寿安、五星、插旗、长秋4个乡镇2300名群众投入劳动。1976年2月，回龙大桥建成通

新建成的寿安大桥（摄于2016年）

车。大桥长144米、宽7.5米，引道长3545.5米、宽7.5米。

七、寿安大桥

清光绪十一年（1885年），乡绅、百姓募捐，在寿安镇下场口蒲和大桥下游500米处修建木桥，名“合江桥”。民国25年（1936年），桥被洪水冲毁改设渡口。夏秋季洪水期间，以渡船载人过河。枯水季节，则以堤坝供人行走过河。渡口连接眉山、彭山、邛崃和蒲江的诸多乡，人流量很大，渡口给行人带来不便。新中国成立后，用木船连接成浮桥，缓和拥挤状况。2004年，由县交通局勘测设计、国家拨款2400万元，修建寿安大桥。同时，修建通场镇公路3703万元。该桥为钢筋混凝土结构，沥青路面。跨径组合5×25米，每孔跨25米，桥墩5孔。大桥全长132.4米、宽15米。2005年11月，寿安大桥开始施工。2006年，寿安大桥建成通车。

加固改造后的青龙桥（摄于2016年）

八、青龙桥

青龙桥跨于寿民社区（原青龙场）下场口0.5公里处之铁溪河上，几度易名。清末，铁溪河尾有一鹅卵石砌成的3孔拱桥，名曰“石灰桥”。民国时期被洪水冲毁，曾三毁三兴。民国32年（1943年），复建后改名“铁溪桥”。新中国成立后，几度维修，铁溪桥始能通行汽车。1961年，于铁溪桥上游20米处新建钢筋混凝土桥，以取代旧桥，改名为“青龙桥”。1965年，建成通车。桥为1墩2孔，每孔跨越10米，全长25.7米，设计负荷为汽-13、拖-60。2014年，对桥面进行加固改造。

五星大桥（摄于2016年）

九、五星大桥

蒲江、临溪两河交汇处的五星场，地势低洼，经常遭受洪涝灾害。被隔在蒲江河右岸的元觉、汪场、吕石桥等5个村的村民，往来必须过河。80年代初，五星乡集资建起一座翻水桥，暂时缓解了矛盾。但是，一遇狂风暴雨，洪水泛滥，翻水桥被淹没在浊浪之下，过往非常危险，先后有13个人从翻水桥上被冲走。2011年，县交通局设计人员实地勘查，现场选址修建五星大桥。2012年11月，五星大桥开工。2013年12月，全长180米、宽7.5米、引道600米的五星大桥落成通行，总投资930万元。

十、朱濠大桥

寿安镇辖内的朱濠渡口，是蒲江河右岸与五星社区之间的重要通道，汪场村和元觉村5000多人和300多名学生往来两岸，大都从朱濠渡口摆渡。2006年，省交通厅提出“消灭渡口，改渡为桥”工作目标，县交通局在全市率先提出修建朱濠大桥申请，第一个被列入省上的计划，并且争取到了建桥资金。2007年3月26日，启动朱濠大桥的修建工作。同年12月底，朱濠大桥剪彩通车。朱濠大桥全长160米、宽8米，为预应力钢筋混凝土空心板桥，总投资110万元。朱濠大桥的落成，标志着蒲江县险象环生的渡口时代彻底结束。

朱濠大桥（摄于2016年）

十一、青龙大桥

青龙大桥位于青龙场镇下场口，原为翻水桥，平时桥面裸露，可供人通行，造价低廉的翻水桥，曾经为人们的生产、生活提供了一定的交通便利。但是，一旦水位上涨，桥面被没入水中，河水从桥面倾泻而下，涉水过河经常发生事故。2010年，“8·19”洪水将翻水桥冲毁。2013年，启动修建青龙大桥设计立项工作。2014年，动工修建。2015年，4墩、5孔、单跨20米的预应力空心板车行桥青龙大桥建成通车。

青龙大桥（摄于2016年）

十二、其他桥梁

寿安镇境内除蒲江河和临溪河两条主要河流外，流入两河的支流较多，支流上还有一些桥梁。成新蒲快速通道上有位于松华社区、庙乐村和华锋村之间的临溪河大桥，2012年建成，为预应力空心桥。蒲新公路寿安段有两座小桥：一是吕石桥，1988年8月建成，全长28米，宽12米；二是金马桥，1987年10月建成，全长14米，宽12米。七星村有建于清代的全石梁桥王大石桥，金家村有建于60年代的石拱桥刘石桥，五会村有金马桥等。

临溪河大桥（摄于2016年）

第三节　运　输

一、客　运

清代至民国时期，寿安镇域内的客运，主要以抬轿子、滑竿运送行人，也有用鸡公车运送行人的。人力运输量小、运距短、强度大、效率低。从事人力运输者，多为穷苦人民，被称为“脚夫”“轿夫”。

1962年12月，四川省运输公司在县城设立汽车站，每天开蒲江至成都客车2班，途经寿安，在寿安设点，方便寿安至蒲江、寿安至成都的旅客。1985年，县客运公司有大客车16辆、省运司调至蒲江客站大客车8辆，计24辆大客车，每天从蒲江至成都往返客车18辆次。经过寿安的客车，每1.5小时即有一班车过境，缓解了乘车难的困境。乡村群众出行主要靠自行车和摩托车。

1993年，乡村个体客运车辆开始运营，寿安镇有乡村客运车26辆，主要开通寿安场镇至松华、敦厚、西来，和寿安场镇至五星、长秋3条路线。2005年9月，按四级客运站标准建设寿安客运站。该站占地1.19万平方米，建筑面积1150平方米，停车面积5000平方米，绿化面积2200平方米。2006年5月，寿安客运站竣工投入使用。随着农村经济的快速发展，农村购买小汽车、摩托车的家庭逐年剧增，城乡客运车辆逐步减少。至2016年，全镇有乡村客运小面包车13辆。

二、货　运

水　运　清代，蒲江县用吃水浅的斑竹筏从蒲江河运输大宗物资。清雍正八年（1730年），全县竹筏数量56张，其中寿安镇有竹筏18张，占全县近三分之一。每张运载食盐50包，每包75公斤，共3750公斤。清末，水运量增大。光绪二十四年（1898年），从水路运输出县的稻米、㭎炭、茶叶及输入县内的食盐、棉纱、烟叶、煤油、食油、蔗糖等物资进出量达550万公斤，寿安镇筏运年出入量约190万公斤。民国20年（1931年），斑竹竹筏改为楠竹竹筏，而且加大了竹筏的宽度和长度。运输出境的货物有粮食、食油、㭎炭、火把柴、生猪、蓝靛、耐火石等。运输入境的货物有食盐、药材、棉纱、布匹、百货、烟叶等。民国37年（1948年），寿安镇有竹筏26张，从业人员400余人，货物运载重360万公斤。新中国成立后，蒲江县成立竹筏运输队。1958年3月，改为跃进竹筏运输社，社址从县城东门外望江楼迁至寿安镇屠场街“交通茶社”。1958年起，陆路运输兴起。1965年，水路运输完全被陆路运输取代，从业人员也转至陆路运输行业。至此，盛极数百年的重要水路货运消失。

陆路运输　清代，寿安镇陆路运输主要以人力肩挑、背负运输货物和抬轿子、滑竿运送行人。亦有用鸡公车运送货物和行人的。新中国成立后，大力修建公路、陆路运输快速发展，形成货运的主力。1957年，寿安镇成立“搬运社”，有职工30余人，多为寿安镇青壮年居民。运输工具为架架车（板车），从事短途运输。运输路线较长远的，是寿安镇至蒲江县城、蒲江至邛崃县城、蒲江县城至西来镇，近处即在寿安镇内或各乡场。搬运社同时承接装卸业务，装卸量较大的是在粮站装卸黄

新建成的寿安客运站（摄于2014年）

谷、大米，每年装车、卸车量均在3000吨以上。20世纪六七十年代，寿安地区乡村集体购进大型拖拉机和手扶拖拉机，作为耕作和运输机具，取代人力肩挑背负运输。随着农村经济的改革，乡村有了运输专业户。20世纪末，个体运输专业户购买货车进行运输。至2016年，寿安镇乡村、城镇和企业共有货车280辆。另外有外来大货车来寿安装运柑橘水果，年货运量5.96万吨。

三、运输工具

千百年来，寿安镇农村中最古老、传统的运输工具有背篼、箩篼、背架子等。21世纪后，随着交通运输的发展，这些工具逐渐失去主要作用，仅有少数农户家庭尚在使用。

背　篼　亦称背篼。有“稀眼背”和“夹背子”两种，用竹篾条编成。稀眼背编成大眼，用于装运柴禾秸秆等粗大物品。夹背子则用细篾丝编外层，薄篾片编内层，用于装米、豆等细粮。满背细粮可装30～40公斤。夹背子是人们赶场、交往中常用的运载工具。

箩　篼　亦称箩篼。有“粗箩”“细箩”之分，常为男人挑粮运物之用。箩篼圆口一般直径60厘米，高50～60厘米，底穿棕绳，用扁担挑于肩上。一担两只箩篼可装黄谷、大米100公斤。

背架子　用木条做成“井”字形加横担的工具。是山区民众用于装运火把柴、㭎炭、短木柴在崎岖山路行走专用的工具，货物载于头部上面。这种工具省力，便于起肩和卸物，可负重100余公斤。

鸡公车　鸡公车车轮弧拱，造型如鸡头，故名“鸡公车”，也称“独轮车”。其结构为两根木质长杠上装横条，脚架作为车架，车架中间装一套有铁圆圈的木轮。鸡公车是寿安镇境内早期运输工具，可运物，亦可载人。鸡公车不择路面，适合乡间小道通行，可载物200~300公斤。推鸡公车不但要有好的体力，更讲求技巧，民谚云：“推车不用巧，屁股甩得好”，就是讲要掌握进行中的平衡要领，才会避免翻车。20世纪中晚期起，鸡公车逐渐被现代运输工具取代，成为民间文物和收藏品。

轿　子　清代和民国时期，镇内客运主要工具为轿子。轿子主体为竹木制的方形轿箱，乘者坐于轿箱内。轿箱上有弧形顶盖，下有底板，左右两边有活动窗口，后设壁，前设门挂帘。轿箱两侧各穿一根竹杠，竹杠两端各有一横木。轿子又称舆轿、肩舆，有官轿、民间轿、花轿数种。官轿为官员乘坐的实顶大轿，4人抬行。寿安没有官轿，旧时只在七品以上官员到寿安时才能看到。民间轿为一般人乘坐的船篷顶小轿，两人抬行。虽为民间小轿，也只有乡镇官吏、富商乡绅、袍哥舵爷才会乘坐。花轿为婚嫁时新娘乘坐的装饰华丽的大轿，4人抬行，行进时配有器乐伴奏。1949年后，花轿逐渐减少。至2016年，只有婚庆公司作为传统礼仪在使用。

滑　竿　滑竿是轿子出现之后才有的客运工具。用两根竹竿作抬杠，中间架着用绳索竹片绑成的躺椅，有的用竹椅代躺椅。乘者坐或躺其上，两人抬行。滑竿轻巧，结构简单，制作容易，运价低于轿子，乘坐者较多。

板　车　板车是40年代出现的运输工具，长2米余，宽约1米。结构为车架上装平面木板，两边各安装一个橡胶车轮。板车载重量1.5～2吨，由3~5人拉动。20世纪中期前是主要的运输工具，70年代后逐渐被淘汰。

自行车　60年代，寿安镇域出现自行车，主要有“飞鸽”“永久”“凤凰”三大品牌。自行车有轻便型和加重型两种。

成为收藏品的鸡公车（摄于2016年）

轻便型自行车“飞鸽”牌较多，供一人乘骑，也可以搭乘一人；加重型自行车“永久”“凤凰”牌较多，可搭载货物100～150公斤。70年代中期前，商品计划供应，自行车数量极少，需凭票购买。寿安镇有专业自行车修理门市，生意红火。进入21世纪，自行车品牌越来越多，质量和功能也有显著提高，价格也不断攀升。有轻便车、骑游车、电动车等，价格数百元至数千元不等。自行车的功能逐渐从出行工具转为健身器材。

摩托车 80年代，镇域内有了摩托车。初为档次较低的“嘉陵50”牌，因颜色为红色，形状像鸡公，俗称“红鸡公”。继之有“嘉陵70”“五羊125”“嘉陵250”“五羊250”等品牌，骑摩托车者大多为做生意的人。21世纪以后，摩托车在农村仍然比较普遍，骑摩托车者大都为年轻人。其后，出现大量的电瓶车，成为城乡人出行的主要交通工具。

拖拉机 60年代，寿安镇域原各公社、大队、生产队集体购买大型拖拉机、手扶拖拉机。各公社都成立了农机管理站，负责计划供应柴油和农机维修。直至80年代，拖拉机成为农村主要的耕作和运输工具。其后，拖拉机的运输功能被汽车取代，仅承担耕作功能。至2016年，随着农村产业调整，80%以上耕地建起果园，粮食种植面积缩小，拖拉机数量也随之减少。

汽　车 1985年，寿安镇境内有了个体户购买的货车。至20世纪末，镇上的商户及各村都有货车。有数十家个体运输专业户，承揽镇内外各类货物运输，汽车取代了拖拉机运输功能。1990年，全镇货运汽车400多辆。21世纪初，寿安镇的三大食品企业有自己的冷藏车，电器商家也有送货车，柑橘果品销售，大都是省外来的加长型货车，货车已进入专业户时代，社会个体运输也逐渐减少。同时，城镇居民和乡村个人购买小汽车。初期，大多数人购买价格在5万元左右的“奥拓”轿车和“长安”面包车。以后，买车的档次逐步提高，一般在10万元左右的轿车，有的买20万元至50万元的高档轿车。2016年，寿安镇有各类货车1200余部、轿车11880余辆。

第四节　邮　政

一、邮政网点

民国时期，蒲江至新津支县邮路设寿安镇代办所。民国22年（1933年），设高河场、青龙场、松华镇信柜。1956年，寿安镇代办所改为寿安邮电所。寿安镇域设五星、松华、和平、青龙4个代办所。1963年，寿安邮电所升级为邮电支局，局址在寿安镇二条街。1980年，邮电支局迁往河坝街蒲新公路旁边新建楼房。1995年，在新蒲新路旁新建邮电大楼投入使用，自动通信设施齐全，移动电话、传呼通信开始启动并迅速发展。镇设邮电支局1个、报刊投递站2个。2001年，报刊投递站增加到15个。2016年，报刊投递站28个。

二、邮件投递

民国前期，寿安镇设有邮政投递点，承接往来公文、信件及邮件，由专职信差步行邮递。民国23年（1934年），寿安镇域初设邮路，配信差2人，传递公文及信件。蒲江至新津邮路，途经青龙场、庶宁镇、松华镇、寿安镇、高河场，步行，实行间日班，单程历时两日。民国35年（1946年），调整邮路。设新津至蒲江支线，经高河场→寿安镇→青龙场，步行逐日班，单程历时一日。新中国成立后，随着交通运输的发展，邮路多次调整。1951年，新津至蒲江经高河场、寿安镇、青龙场，实行逐日班；

松华镇划入邛崃至蒲江邮路，间日班。1955年起，实行农业社投递员制度。60年代起，寿安镇集镇邮件邮局直接邮递。寿安镇域设五星、松华、和平、青龙4个代办所，代办所设专职邮政员，邮件可投递到生产队。代办所专职邮递员按半脱产干部配备，工资由县邮政局支付。每个乡专职邮递员配专门定制的邮政自行车1辆。信件、包裹，由发件人直接或委托他人到邮局、代办所投递。信件、邮件的邮递，除了专职邮递员送交外，大量邮件则通过利用到乡镇政府开会的干部发送，或交在校中小学生义务发送。1986年，寿安邮电支局开办邮政快件业务。1997年7月，停办邮政快件业务，新开办特快专递业务。2014年，撤乡并镇后，撤销邮政代办所和专职邮递员，由寿安邮政分局聘用专职邮递员分片区送到报刊投递站，包裹、快件则直接到分局办理。2016年，寿安镇特快专递501件，函件包件1.8万件，邮政汇兑业务16万笔，邮政储蓄8015万元。

三、报刊订阅

民国时期，邮局不发行报刊。1951年至1958年，报纸杂志发行量很少，仅有镇乡政府、学校、医院、供销社等机关单位公费订阅《人民日报》《四川日报》《经济日报》《参考消息》《中国青年报》《红领巾》和《红旗》《人民教育》《人民文学》等杂志。1958年，寿安境内报刊发行量为9885份。1980年起，寿安境内逐渐增订了《求是》《四川科技报》《法治周刊》《法制日报》《经济日报》《中国消费报》《华西日报》《成都商报》《支部生活》等报刊，并大量出现个人自费订阅报纸杂志。2016年，寿安镇报刊发行量2.1万份。

第五节　通　信

一、声音和口信

声　音　声音是人们从古至今面对面交换思想，交流、协商事情最直接的通信方式。声音的大小、强弱与缓急，表达出发音者的感情。古时的私塾、学堂、书院，先生带领学子对诗词的诵读，体现出优美华章的韵味。

口　信　口信是人们对不能面谈、又必须让对方知晓，通过第三者带传信息的通信方式。例如：需要亲戚、朋友帮忙办什么事，请别人专程或顺道找到对方说明来意；家里有红白喜事，社会各界要相互知会，派人专程去通知报信，也叫口信。口信传递信息是原始的通信方式，有距离遥远、浪费人力、表达不完整甚至表达错误等弊端。进入21世纪后，都采用手机传递信息，口信方式已很少运用了。

二、书信和电报

书　信　民国23年（1934年），寿安镇设立邮路投递点。本镇区官方、民间可将书信送到投递点，付上邮资，贴上邮票，便可邮寄到目的地。民国24年（1935年）11月，平信每封邮资就地为银币1分、省外为4分。民国37年（1948年）4月，就地、省外同是法币5000元。1949年起，不分省内外，每封平信收旧币800元，折新币8分；挂号信每封收新币2角。省内信件2～3日可送达，省外信件5～10日可送达。1949年，寿安镇域书信往来量200余封；1956年至1985年，每年8000余封；1985年至2006年，每年1.2万余封。2016年，书信往来量降至1000封左右。

电　报　1966年下半年起，寿安镇邮电所使用人工振荡器抄收拍发电报。1972年，安装ZB302单路载波机1端。1978年，终端设备改为BD055型电传打字机抄收拍发，通报制式实行单工制。电路复用设备，电源为市内交流电及自备直流干电池。民用电报以数字计算收费，电文须精练准确。进入21世纪，普及电脑，文件，资料、图片、信件都通过电子文档发送，电报几近消失。

三、固定电话

1950年，寿安镇安装10门交换机1部。1953年，寿安镇及五星、松华、合江、青龙乡镇政府安装手摇固定电话机，实行免费使用。1959年，寿安邮电支局安装30门交换机1部。1963年1月，全省统一经营，全面收费。1971年，寿安镇邮电支局改装为50门交换机。1978年1月，改为计时收费。1965年起，医院、供销社、学校等单位陆续安装固定电话。1980年，全镇有固定电话20余部。1985年，寿安镇邮电支局改装为100门交换机。1997年，全镇有固定电话380部，比1992年的87部增长3.4倍。进入21世纪，各企业、商店陆续安装电话。2001年，寿安镇安装IC电话亭6个、公用电话12部。全镇固定电话2980部，比1992年增长6.8倍。之后，电话安装费从6000元/部，降至150元/部，家庭电话剧增。2006年，10000门程控电话安装完备。2008年，程控电话容量1.5万门。2009年，实现村村通电话。2010年，全镇有固定电话3900部。其后，随着移动电话的普及，固定电话锐减。2016年，寿安镇有固定电话860部。

四、移动电话

无线寻呼　1993年5月，寿安镇域部分工作人员和百姓开始使用寻呼机。1997年，使用寻呼机客户达到高峰。寻呼机收费廉价，使用方便，在听到呼叫后，机上即有来电显示，接到信号后，可在就近固定电话上通话。其后，无线移动电话普及。至2000年，无线寻呼业务退出市场。

手　机　1997年11月，寿安镇建电信移动电话C网基站。1999年，成都智能网平台建成并投入使用，推出“神州行”等品牌。同年7月22日零时，全球通数字移动电话号码由原来的10位升至11位。2000年，寿安镇进行扩容。启用了“138”“137”“136”网号。2003年，寿安镇建立移动营业厅，启用了“135”“134”网号。2009年，建立联通营业厅，全镇实现移动通信全覆盖。2016年，电信、移动、联通公司在寿安设立服务网点289个，全镇有手机用户3.5万户。

五、宽带信息网

2000年年初，中国电信宽带网络进入寿安，其后，中国移动蒲江分公司，中国联通蒲江分公司，广电蒲江公司网络先后进入寿安。投资5200余万元，建成覆盖全镇的4G无线网络。2016年，全镇宽带网络用户1.13万户，光纤电视用户2.12万户，全镇28个村（社区）、311个村（居）民小组都开通光纤和宽带网络，寿安宽带信息网络走向一个新时代。

电信公司寿安营业厅（摄于2016年）

第五章　农　业

寿安镇地处蒲江河、临溪河中下游冲积平原，平畴绿野，土壤肥沃，适宜各种农作物生长，盛产以稻谷、小麦等为主的粮食作物，所以寿安镇成为川西粮仓和商贸重镇。寿安镇在1000多年的历史中，农业经历了土地私人占有制和土地集体所有制时期。新中国成立以后，变革了农业生产关系，大大解放生产力。党的十一届三种全会后，逐步实行和完善以家庭联产承包责任制为主的农村经济体制改革，不断调整产业结构。同时，加强基本农田建设和农业综合开发，推广先进的生产技术，实行科学种养殖。粮食作物逐渐被以柑橘为主的经济作物所代替，一个传统农业镇逐步转变为粮经结构更为合理、现代生态农业全面发展的重点镇、示范镇。

第一节　土地制度

一、土地占有制

民国时期，寿安镇农业生产关系，承袭封建时代土地私人占有制。占全镇总人口8.30%的地主、富农，占有耕地面积的三分之一。地主阶级占全镇总人口不到5%，而占有的耕地面积却为全镇总耕地面积的近四分之一。占全镇总人口63.9%的贫农、雇农占有的耕地面积不到全镇总耕地面积的三分之一。雇农占有的面积仅为总耕地面积0. 3%，人均耕地只有0.5亩。贫农、雇农缺少耕地面积或无耕地，不得不受高租重押的盘剥，向地主和富农租佃田地耕种以谋生。贫农、雇农除遭受地主、富农的高租剥削外，还出卖廉价劳动力，受其雇工剥削。地主、富农雇工分长工、短工、临时工3种形式。长工每年工钱为黄谷3石，供给粗劣伙食；农忙则雇短工，按天计酬，仅能维持最低生活；如遇婚丧嫁娶或逢年过节，则雇临时工。每年农忙时，不少卖短工的农民带上劳动工具聚集于场头场尾，廉价出劳动。这种封建土地占有制形成的租佃关系，严重地阻碍生产力的发展。

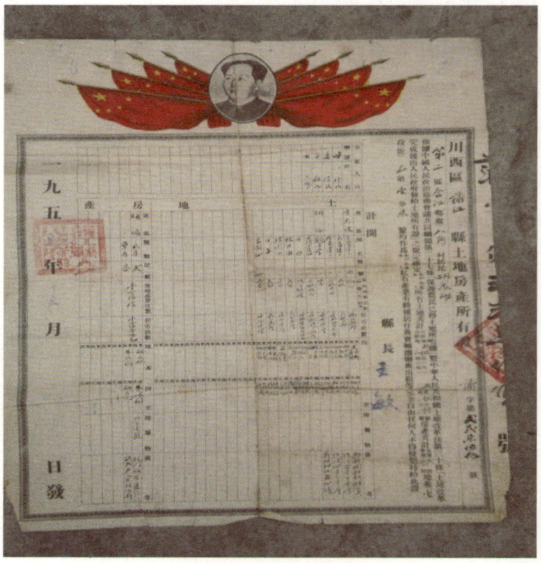
土改后政府向农民颁发的土地使用证（摄于2014年）

二、土地改革

新中国成立以后，为废除地主阶级封建剥削的土地所有制，变革农业生产关系，解放生产力，寿安镇开展“减租退押”工作。1950年10月，顺利完成“减租退押”任务。为开展土地改革创造了条件。1951年至1952年，坚决贯彻党和政府“依靠贫农、雇农，巩固地团结中农，中立富农，有步骤、有分别地消灭封建剥削制度，发展农业生产”的路线方针，全镇分期、分批地进行“土地改革”，没收地主的土地，征收富农多余的土地，分配给无地或少地的农民，实现了“耕者有其田”。经过土地改革，农村生产力得到解放。1953年全镇农业总产值和粮食产量逐年上升，有力地促进了国民经济恢复和发展，人民生活开始得到改善。

三、农业集体化

新中国成立后，中共中央提出过渡时期的总路线：“要在一个相当长的时期内，逐步实现国家的社会主义工业化，并逐步实现国家对农业、对手工业和对资本主义工商业的社会主义改造。”对个体农户搞自愿互利、典型示范和国家帮助的原则，创造了从临时互助组和常年互助组，发展到半社会主义性质的初级农业生产合作社，再发展到社会主义性质的高级农业生产合作社的过渡形成。1952年5月，寿安镇金坎（今属丝栗村四组）成立蒲江县第一个互助组——苟文贵互助组。互助组把分散经营的个体农民组织起来，耕牛、农具、劳动力进行调剂，互助互利，发展生产力。1954年2月，在寿安乡董口村试办全县第一个农业生产合作社——红星农业生产合作社。其后，又试办星光农业生产合作社。同年7月，第一批初级建社工作在全镇展开，实行土地入股、统一经营，划给自留地，耕牛和大型农具折价入社，统一使用。秋收后按“劳六土四”原则分配。1955年2月，全镇第二批建社。同年11月，全镇第三批建社。年底，实现了农业合作化。

1957年春，按照“一面发展，一面巩固，发展一批，巩固一批”的方针，在建立初级农业生产合作社的基础上，将初级社分期分批地转为社会主义集体所有制的高级农业生产合作社，取消土地报酬，实行“按劳分配，多劳多得”的社会主义分配原则。全镇顺利实现国家对农业的社会主义改造，完成了全镇发展国民经济第一个五年计划。1958年9月，寿安镇建立了“一大二公”、政社合一的人民公社——东风人民公社。举凡土地耕作、劳动力使用、资金调拨，全部由公社管理调度，统一指挥。在劳动力分配上，不讲生产效率，以“大兵团作战”方式，游动作业；劳动报酬上，实行半供给、半工资制，分配按全劳、半劳、副劳发月工资；实行在公共食堂集体开伙，取消社员自留地和集市贸易，大搞“一平二调”，大刮“共产风”，全镇粮食大幅度减产，农民生活发生极大困难。

1961年起，贯彻中共中央《农村人民公社工作条例（草案）》，实行以生产队为基本核算单位的三级所有制，尊重生产队的生产经营自主权，纠正“一平二调”、瞎指挥、窝工耗时的“大兵团作战”等错误做法。取消供给制，实行按劳记分，按分计酬。撤销公共食堂，允许社员使用自留地，经营家庭副业。生产上实行产量、工分、投资“三包”，超奖短赔。粮食上实行产、购、销“三定”，农业生产得到迅速恢复和发展。1969年起，全镇贯彻“以粮为纲，深入开展基本路线教育”方针，把多种经营、家庭副业和泥、木、石、铁、篾“五匠”，认定为“资本主义的尾巴”而加以批判取缔。同时放弃劳动定额管理，实行好坏一个样、多少一个样的“大寨式”工分制，农村经济一度徘徊不前。

附记：蒲江县第一个农业生产互助组——苟文贵互助组

苟文贵是金坎（今属寿安镇丝栗村二组）人，新中国成立后，他积极参加减租、退押、清匪、反霸运动，加入了中国共产党。1952年3月，苟文贵参加川西区生产动员大会。会议期间，他学习了劳动模范冷月英、张玉山互助组的生产经验，参观了成都市青羊宫生产展览和川大农业试验场，见到了拖拉机、收割机等现代化农业机具。同年5月底，他领头建立蒲江县第一个农业生产互助组——苟文贵互助组。该互助组吸纳6户人参加，其中，中农1户、贫农5户。总人口22人，其中，男13人、女9人；全劳力男6人、女5人，半劳力男3人、女2人。互助组共有田36.1亩、地1.04亩，水牛3头、生猪7头。互助组制订了合理的生产计划，解决了缺乏劳力、耕牛、农具等困难，改进了插秧、施肥等技术，组织全组男女适时播种和管理。1952年秋收后，全组粮食产量73.03石，比上年的57.47石增产27%。苟文贵互助组的组建和成功，有力地带动了寿安地区和全县互助合作化运动快速发展。

附记：蒲江县第一个农业生产合作社——红星农业生产合作社

1954年2月22日，寿安镇董口村群众积极响应党的号召，走社会主义道路，建立蒲江县第一个农业生产合作社——红星农业生产合作社。该社由周富荣、何从宽、左明辉3个基础稳固的常年互助组为主体，共43户177人。其中16岁以上社员115人（男53人、女62人），全劳力88人，半劳力18人，附带劳力9人。中共党员5人，团员3人（内兼职为乡、村干部的6人）。全社共有田337.8亩、地44.96亩。社内有耕牛15头、猪62头，农具较全。红星农业生产合作社改进了生产管理，土地统一经营，生产展示出先进示范作用。当年一个43户人的农业生产合作社就向国家交售黄谷2万余公斤，全社43户都增收。全县各区、乡组织干部去红星农业生产合作社观摩学习，进行合作化优越性的现场教育，消除了许多人的顾虑。董口村的红星农业生产合作社在当时为全县起到了示范带头作用。

四、家庭联产承包责任制

1979年1月，中共中央发布《关于加快农业发展若干问题的决定》《农村人民公社工作条例》等文件，全面认真地纠正农村工作长期存在的“左”倾错误。同年4月，又提出对整个国民经济实行“调整、改革、整顿、提高”的方针。寿安镇在农业上推行各种形式的联产计酬责任制。农业生产由长期统一经营，改变为大田包产到组责任制，联产计酬。同时，恢复并适当扩大自留地，恢复农村集市贸易，发展多种经营和工副业，开始走上农、林、牧、副、渔、工、商全面发展的道路。

1982年起，全镇农村在包产到组的基础上，实行分工分业，专业承包。果园等大型项目从大田中分离出来，由专业组、专业户承包。专业户、重点户大量涌现，有的人均产值超千元、户平产值超万元。实行农村生产责任制后，把生产者的责、权、利结合起来，解决了农业生产中长期存在的吃“大锅饭”问题，极大地调动了农民的积极性，促进了农业生产的发展。1983年，进一步完善联产承包责任制，第一轮土地承包期为15年。积极扶持专业户、重点户，全镇全部实行家庭联产承包责任制（大包干）、涌现出众多勤劳致富、科学致富的专业户、重点户。1987年，寿安镇进一步完善“统分结合”的双层经营体制，稳定家庭联产承包责任制，大力发展专业户，农业生产持续稳定地发展，提前完成了国家第六个五年计划规定的农业生产指标。1998年，农村第二轮土地承包期延长至30年，按照“明确所有权、稳定承包权、搞活使用权”和依法、自愿、有偿原则，推行土地经营权有偿流转。

2006年8月，镇成立农村土地流转服务中心，开展土地流转中介服务，促进土地有序流转。创新土地流转经营机制，加强农村新型经营主体培育，建立“公司+农户”的经营体制，促进土地适度规模经营。建立健全农村土地承包经营权变更登记的常态化管理机制，健全农村产权登记管理服务体系，推进农村产权登记常态化、信息化管理，探索推进农村土地承包经营权抵押融资。2011年，实行土地股份合作社制度，组织农户对分户经营的土地实行集中生产、统一经营、责任管理。至2016年，建成蒲江县寿康蜂业专业合作社、蒲江县多彩红柚专业合作社、蒲江县皓月食用菌专业合作社、蒲江县天晨农业专业合作社和蒲江县兴华农业专业合作社等专业合作社23个，带动全镇85%的农户发展生产增加收入。

附记：蒲江县寿安镇五会土地股份合作社

寿安镇五会村充分运用农村产权制度改革成果，努力推动生产要素在城乡之间自由流动。2011年9

月，由五会村八组46户农户自愿用80亩土地的承包经营权及4户农户以现金入股的方式，组建成立蒲江县五会土地股份合作社。合作社建立社员大会、理事会、监事会“三会”制度及财务管理等制度。合作社实行理事长负责制，日常的生产经营管理由理事长全权负责，重大决策则由全体社员实行票决制，理事长必须保证每年每亩的效益最少有450公斤黄谷按当年市场价折算的价值，不足部分由理事长负责全部赔偿，超产部分的50%奖励理事长，由理事长支配，25%由合作社按股分红，25%作为积累基金量化分配到每个成员账户，以壮大发展合作社。合作社明确规定生产经营的范围为大春种优质稻并确保粮食生产的安全，小春种蔬菜等。合作社在小春种植40亩白玉春萝卜，40亩食用菌（大田双孢菇），充分发挥了合作社的土地最大利益化。同时，吸纳剩余劳动力，小春一季解决200多个剩余劳动力的就业问题，增加了农民收入。合作社围绕寿安新城建设，采取村企对结模式，为企业提供方便，解决了生产的粮菜销售渠道问题，使合作社没有后顾之忧。

五会土地股份合作社挂牌（摄于2011年）

第二节 农田建设

一、实施“三三工程”

改造“三低” 1983年，寿安镇进行下湿田、旱片死角田、非自然因素造成的低产田“三低”改造。全镇有下湿田2.3万亩，占水田面积21%；瘦薄土4.2万亩，占旱地总面积的81%；死角旱片田2.8万亩，占总耕地面积的25.4%。至1992年，省、市、县财政投入资金35万元，农民投工48.47万个，改造“三低”田面积4.47万亩，新增粮食30万公斤、油料10.3万公斤，纯收入达100.3万元。

建设“三田” 1990年起，全镇实施吨粮田、粮经双千田、种养共生丰产田“三田”建设。至1993年，累计建设“三田”5.2万亩，其中稻鱼共生丰产田4.13万亩，达标面积90.1%。1994—1996年，共建“三田”3.91万亩，其中稻鱼共生丰产3.03万亩，达标面积93%。1998—1999年，全镇共建设吨粮田4.73万亩，达标面积占80.3%。粮经双千干田3.8万亩，达标面积占88.4%。建设种养共生丰产田2.7万亩，达标面积89.1%。“三田”生产技术的推广，提高了农业生产水平。

开发“三荒” 1993—1998年，寿安镇在元觉村、松华社区累计投入资金25万元，其中国家财政资金15万元，开发荒山、荒坡、荒滩“三荒”。开发荒山荒坡和废地3800亩，建优质果园1000亩，建经济林1000亩，补充耕地1800亩。1999—2003年，国家财政投资83.5万元，在庙乐村、光明村河滩开发耕地400亩，补充耕地400亩。至2016年，全镇共投入资金150万元，对5处机砖厂废地370亩进行整治，复垦补充耕地350亩。投资240万元，在26个村（社区）开发荒山、荒坡54处，补充耕地5100亩。至

2016年，寿安镇开发“三荒”累计整理、复垦、开发补充耕地2.41万亩，有效提高了土地利用率。

二、农业综合开发

1993年起，寿安镇实施国家二级农业综合开发项目。1994年，工程建设改聘请建筑公司施工为以村组组织施工。至1995年，累计投入103.4万元，对中、低产田进行山、水、田、林、路综合治理。镇及以上财政投入47%的资金，农民投物、投劳折资占53% ，改造中、低产田土1.2万亩，开发区农民人均增收405元。同年，农业综合开发项目经国家农业开发技术组验收合格。1996年，各级财政加大投入，改造中、低产田投资也逐年加大。1999年起，农业综合开发进行结构调整，中央财政投资比例增大，各级财政无偿投资比例由1993年的50%增加到85%。2003年起，工程项目实行公开招标、监理承包和政府采购物资制度，保证工程建设质量。2004年起，中央和地方财政投资全部为无偿。全镇实施4期农业综合开发项目，累计投入1043万元。其中，农民投物投劳折资340万元，改造中低产田土1.84万亩。实施税率设施增加蓄水池5.8万立方米，增加灌面积1.1万亩，排涝除湿8800亩。实施农业改良改土1.3万亩，建良种基地8400亩，实施林业措施防护林1.54万亩。配套农机具82台件，购置植保机具54台。修筑机耕道路28条25公里，修建沥青路11条20.5公里。技术培训5.4万人次，新技术推广1.64万亩。农业综合开发的实施，改善了项目区内的生产、生活条件，农民年人均增收341元。

三、生态农业建设

1994年3月，寿安镇成立生态农业建设领导小组，制定《生态农业建设总体规划（纲要）》。通过县、市专家评估后，先在寿安镇插旗山村八组进行试点推进，实施户建“十个一”生态工程（沼气池、二手水池、鱼池、果园、绿化园、水泥路、水泥晒坝、卫生厕所、浴室、U型沟渠）庭园生态工程，改善人居环境，使全队28户农民“晴天一身灰，雨天一身泥”“车难行，路难走”的状况成为历史。省、市电视台等新闻媒体先后采访报道，并在成都市进行推广。同年，实施国家的以工代赈项目——生态农业环耕综合治理“坡改梯”工程，总投资100.3万元，其中以工代赈30万元，农民投工4.3万个。在元觉村、西禅村平整土地4500亩，建排灌渠8.3公里，修村道5.5公里，推广配方手施肥和施农家肥等农业措施。使跑土、跑水、跑肥的“三跑土”变为保土、保水、保肥的“三保土”，农民人均增收1110元。2000年，推广山上种树、树下种草、种草养畜、畜粪还林培土的林→草→畜（禽）生态模式。2001年，实施林→草→畜（禽）生态模式2.3万亩。完成农田生态工程2.7万亩。同年，实施无公害农产品示范工程建设。建6.8万亩水稻、蔬菜基地和1.8万亩的优质果园示范区3个，示范区内农民收入增加300～400元。通过林业生态工程建设，有效地保护林业资源，改善土壤植被，减少水土流失。2012年，加强河道生态工程建设，打造蒲江河下段生态河堤建设。2006年起，寿安镇在隆盛村、围镇村、庙乐村、董口村、金家村，以及松华社区、华锋村、马南村、五会村等

庙乐村U型沟渠（摄于2015年）

进行土地整理项目，整理土地3.18万亩，新增耕地3500亩。至2016年，镇财政投资123万元，打造生态河堤7处、长6.9公里，累计实施农田生态工程15万亩。通过山、水、田、林、路综合整治，改善田间小气候，提高了农田生态效益。

第三节　粮经作物

一、水　稻

寿安镇地处“两河”沿岸，水利条件好，田土较为肥沃，普遍适宜种植水稻，水稻成为寿安地区的主要粮食作物。民国时期，水稻为“水撒子”育苗。先把上年准备好的秧母子田泡几天，然后用牛耕犁把秧母子田里的苕子等青苗秒翻覆在泥土里，等青苗腐透了，再用耙子耙细。三犁三耙后，把秧田弄平整，等秧田里的衬水清亮了，拿一把木瓢，里面装几斤重的土或石头，在木瓢的把上和对面拴上一根很长的绳子，两人各站在秧田的一边，把木瓢轻轻放在秧田的一边田埂下，另外一个人到对面去拉长绳，用这种方法把秧母子田划分成若干约六尺宽厢面，再选好泡透的谷种均匀地撒在厢面上。秧田保持0.5～1寸的水深，随时观察天气，如果天气好温度20℃，把水几乎放干，让阳光照射，增加地温，从而促进发芽，称为“晒水”。如果气温在10℃以下，就要把水淹深到1.5～2寸，避免谷芽冻死。1个月到40天就可移栽到平整好的稻田里。由于育苗技术原始落后，发芽成苗率一般在70%左右，而且秧苗不壮实，分蘖率也不多。种植的水稻为120厘米以上的高秆种子，常见品种有大叶和细叶铁杆粘。旧时种植技术落后，方格栽插，稀大窝，一尺两头栽，密植易倒伏，一般亩产100～250公斤左右。另外还有粳稻（酒谷）、香稻。在大、小五面山一带普遍种植水白条谷子，所碾出的大米俗称“谷谷儿米”，细嫩洁白，晶亮发光，煮出的饭柔软，清香扑鼻、柔而不黏、滋润爽口，出境外销称为“上等下河米”。“下河”指用竹筏从河道运到新津县、成都市区等地。

新中国成立以后，推广种子风、筛、晒、泥水选种和药剂浸种。互助合作化时期，改满撒为5尺开厢新式秧田育苗。改变栽插方式，逐步发展为宽行窄距条栽。常规的规格为4×7寸、4×8寸、3×9寸。亩插2.1万～2.5万窝，基本苗14万～18万苗。杂交稻的规格为3×9寸、4×7寸、4×8寸、5×7寸及宽窄行（9+5）×4寸，亩插1.8万～2.5万窝。旱栽田基本苗，小苗直插苗4～5苗，铲秧6万～8万苗；菜麦田基本苗10万～14万苗。60年代，采用湿润育苗、薄膜育苗。70年代以后，推广地膜育苗、温室两段育苗，秧苗素质提高为片子壮秧，多蘖壮秧。改水田为干田，改造下湿田、滥泥田，变坡地为漕田，变漕田为梯田，改良土壤结构。新修水利，开辟水源，使原来

水稻大面积栽秧（摄于2015年）

只种大春作物，改为种上大、小二春作物，提高了种植指数，水稻保栽面积不断扩大。从1964年起，先后引进推广株高70～80厘米、抗倒耐肥的矮秆品种，有矮子粘、广场矮、珍珠矮、桂朝等。同时采用先进栽培技术，加强病虫害防治，实行科学种田，产量逐步上升。秋季，“两河”流域稻浪翻滚，一片金黄。从1979起，以窄叶青为当家品种。从1985年起，又以杂交稻汕优“63”、D优“63”为当家品种。

1986年，寿安镇域（寿安镇、寿民乡、松华乡、五星乡、插旗乡，下同）水稻播种面积5.28万亩，总产量2.3万吨，平均亩产435公斤。从80年代后期起，全镇水稻栽种全部为杂交品种，同时推广保湿育秧、旱育秧、宽窄行等规范化栽培技术，采用配方施肥、综合防治病虫害、秧田座窝留苗等措施提高单产。2003年，推广“杂糯间栽”技术，减少了单种糯稻易发生的稻瘟病。2005年，全镇水稻种植面积4.67万亩，较1986年减少6139亩；总产量2万吨，平均亩产429公斤。冈优“725”、Q优“68”、宜香“1577”等优质水稻面积占较大比例。2013年，五会、犀羊等7个村实施1.2万亩现代农业生产发展水稻种植项目，其中核心示范片4035亩。引进四川谷黄金集团有限公司，同汪场村联合建优质水稻种植基地1500亩，成片推广“机收机播”种植技术。2016年，寿安镇水稻种植面积仅8800亩，较1986年减少4.41万亩，水稻总产量4264吨，较1986年减少1.87万吨，平均亩产492公斤。

二、小　麦

小麦是寿安镇境内仅次于水稻的粮食作物，种植历史较久。民国时期，不少粮田都蓄为冬水田，以备春耕，小麦播种面积占耕地总面积比例较小。又因品种差，耕作粗放，稀窝点播，病虫害多，肥料不足，亩产较低。

新中国成立后，加强农田基本建设，改冬水田为干田，小麦播种面积逐年扩大。同时推广良种，合理施肥。50年代，改为宽幅条播，增加用种量，总产、亩产逐年增长。60年代，推广窄行宽幅条播，以增加基本苗数。70年代起，推广深沟高箱，一般规格为3×6寸小撬窝疏株密植点播。1986年，寿安镇域（寿安镇、寿民乡、松华乡、五星乡、插旗乡）小麦播种面积2.14万亩，总产量5460吨，平均亩产254公斤。小麦品种推广“80－8”、绵阳11号等。其后，由于经济效益低、播种收割工序繁杂，再加上品种质量等原因，小麦播种面积逐年减少。2005年，全镇小麦播种面积减少为4146亩，总产量1265吨，平均亩产305公斤。2010年，全镇小麦播种面积仅有260亩，较1986年减少2.12万亩，总产量82吨，平均亩产315公斤。2011年后，全镇小麦只有零星种植。2014年后，基本绝种。

三、玉　米

玉米也是寿安镇区域主要粮食作物之一，为山丘地区之主粮，也是坝区青黄不接时之接应粮食，多种于山丘或河坝地及田边地角。民国时期，丰收年景，粮食充裕，玉米多作饲料或酿酒。新中国成立后，玉米种植推广适时早播，播时窝大底平，细土匀盖。50年代，采取双行及单行挖窝点播。60年代，缩小窝距，加大密度。推广双株密植。70年代，推广带状种植。同时采用良种，除成片种植外，在田边地角都有种植。种植上重施底肥，辅以人工授粉，产量逐年增加。1986年，推广单交“73”、辽原1号等品种，镇域（寿安镇、寿民乡、松华乡、五星乡、插旗乡）玉米播种面积3138亩，总产量770吨，平均亩产245公斤。2005年，全镇玉米播种面积4500亩，总产量1377 吨，平均亩产306公斤。2016年，全镇玉米播种面积6422亩，总产量2026吨，平均亩产315公斤。

四、油　菜

油菜是寿安镇的主要油料作物，坝区和山丘地区均种植。民国时期，普遍采用0.8～1尺见方挖窝

五会村油菜花海（摄于2015年）

直播。主要栽种黄油菜子，产量低，亩产仅80公斤左右。50年代初期，采用挖窝直播，后匀苗2～3次，每窝定苗2株。以后又推广育苗移栽，采用高箱深沟，挖窝移栽，行距1～1.2尺，窝距0.6～0.8尺，亩栽6000～8000株。随着灌溉条件的改善，复种指数提高，油菜子种植面积不断扩大，除成片栽种外，在田边地角都有栽种。同时，采用优良品种，改进栽培技术，加强田间管理，产量逐年提高。1986年，推广甘蓝型中油“821”、秦油2号等杂交品种，镇域（寿安镇、寿民乡、松华乡、五星乡、插旗乡）油菜子栽种面积2.36万亩，总产量2380吨，平均亩产101公斤。2002年起，主要推广蓉油4号、蓉油“11”、川油“21”、德油5号等品种。2005年，全镇油菜子栽种面积23500亩，总产量3055吨，平均亩产130公斤。2013年，五会、华锋、光明3个村“双低油菜”项目核心示范片达到1700余亩。2016年，全镇油菜子栽种面积1.83万亩，总产量2999吨，平均亩产164公斤。

五、蔬　菜

民国时期，寿安镇地区的蔬菜全部是由农户零星种植，供自食为主，余者上市出售。新中国成立后，寿安镇成立了王菜园子、潘菜园子两个专业蔬菜生产队，供应全镇居民的生活所需。2000年，寿安镇成立了无公害蔬菜生产基地。2004年起，寿安镇推广地膜覆盖、遮阳网覆盖、大棚、小拱棚、遮雨天棚等生产技术，建成韩国萝卜、茭白、泡菜原料、二荆条海椒、精细菜等五大生产蔬菜基地。2016年，全镇蔬菜种植面积2.08万亩，蔬菜总产量3.67万吨。

大棚种植蔬菜（2016年摄于加威农庄）

2004—2016年寿安镇粮经作物播种面积和总产量情况表

表5-1

年度	水稻		小麦		玉米		油菜子		蔬菜	
	面积（亩）	总产量（吨）	面积（亩）	总产量（吨）	面积（亩）	总产量（吨）	面积（亩）	总产量（吨）	面积（亩）	总产量（吨）
2004	41907	21192	4260	1301	4396	1390	24231	3294	19236	34174
2005	46700	20034	4146	1265	4500	1377	23500	3055	14314	27204
2006	38490	19476	3900	1189	4800	1608	23500	3607	16540	30577
2007	39243	20171	3800	1156	5800	1903	24300	3742	17600	32723

续表5-1

年度	水稻		小麦		玉米		油菜子		蔬菜	
	面积（亩）	总产量（吨）	面积（亩）	总产量（吨）	面积（亩）	总产量（吨）	面积（亩）	总产量（吨）	面积（亩）	总产量（吨）
2008	40513	21276	2580	802	5760	1889	27900	4240	19740	39596
2009	47913	23770	2370	743	5926	1993	26870	4037	21287	39542
2010	37449	19705	260	82	6105	2015	26437	4018	18378	34282
2011	36275	19480	—	—	6230	2094	27465	4065	18519	35036
2012	35934	20918	—	—	6421	1970	27369	4109	17350	32372
2013	31576	16543	—	—	5618	1745	25283	3540	17531	32209
2014	29864	16276	—	—	6283	2092	25329	3647	18743	34426
2015	23147	12777	—	—	6534	2204	20561	3331	19474	35127
2016	8662	4264	—	—	6422	2026	18319	2999	20770	36667

六、茶　叶

民国时期，寿安镇境内茶树都是天然生长在田边地角或山林之中的老鹰茶、苦丁茶、刺梨茶等，为民间清凉饮料。直到80年代中期起，随着县内种茶业的兴起，镇境内有少数农户零星栽种川茶、福鼎大白等茶树。一直到21世纪，镇境内茶叶种植都未形成规模，产量较少。

七、其他农作物

红　苕　寿安镇境内历来山区坝区都有种植，其藤作饲料，根块既作饲料也当粮食和蔬菜。民国时期，红苕都为本地土种，产量低。1951年起，引进高产品种“南瑞苕”，产量逐年提高，亩产200～250公斤。以后又引进北京2号等杂交红苕，质量好、产量高。根块作饲料较少，食用较多。

洋　芋　民国时期，镇境内不种植洋芋。洋芋学名马铃薯，1955年引进种植，春秋两季增种套种，根块既作饲料也当粮食和蔬菜，亩产150～250公斤左右。

黄　豆　寿安镇境内历来山区坝区都有种植，一般与玉米间种，或播种于田边地角。黄豆是制作豆腐、豆浆等豆制品的唯一原料，民间一直食用较普遍。

甘　蔗　甘蔗是制作红糖的主要原料，民国时期至70年代，镇境内种植较多，寿安镇隆盛社区有出名的红星糖厂。80年代后，外地糖源增多，镇境内制糖衰退，甘蔗种植逐年减少。

花　生　寿安镇境内山区、坝区一直都有零星种植花生，农户作为自食，余量出售。

胡　豆　胡豆是制作豆瓣和红豆腐的主要原料，镇境内山区坝区一直都有种植，或成片种植，或播种于田边地角，亩产100余公斤。

豌　豆　寿安镇境内山区坝区一直都有种植豌豆，一般间种于小麦四周，单种者较少，成片种植主要用于摘豌豆尖作蔬菜。

芋　头　镇境内山区坝区或成片种植，或播种于田边地角，芋头杆和根块既作饲料也当粮食和蔬菜。21世纪后，种植较少。

烟　叶　镇境内有零星种植，烟叶是制作叶子烟的原料，大都为烟民自种自吸，余量出售。

大麦、高粱、荞子　民国时期，镇境内大麦、高粱、荞子皆有种植。新中国成立后，大麦、高粱、荞子种植逐渐减少。70年代后，基本无种植。

第四节 水 果

一、柑橘

民国时期，寿安镇都是各农户在自己的房前屋后种几棵土柚子或红橘，供自家品尝或赠亲朋。直到70年代以后，恢复并扩大农民自留地，政府把水果生产列入农村多种经营发展项目，引进发展优良柑橘品种，以发展蜜柑、夏橙为主。1983年以后，果园从大田生产中分离出来，实行专业承包，推动水果发展。1986年，寿安镇域（寿安镇、寿民乡、松华乡、五星乡、插旗乡）栽培的柑橘有夏橙、脐橙、血橙、蜜橘等品种十多个，果园面积1852亩，其中柑橘1752亩。水果总产量1077吨，其中柑橘858吨。1985年，成立柑橘办公室，负责水果栽培指导工作。1989年，大部分果农将红橘和中、晚熟蜜柑高改为华脐、罗脐等优良品种，推广增施有机肥、环割（剥）控梢、“920”保果、新老叶1∶1喷施营养剂等丰产栽培技术，柑橘生产走上优质丰产的新路子。1992年，全镇果园面积发展到6479亩，其中柑橘6081亩。水果总产量3245吨，其中柑橘2922吨。1994年，脐橙、椪柑被评为省、市优质水果。1998年，全镇果园面积发展到1.21万亩，其中柑橘1.14万亩。水果总产量7570吨，其中柑橘6969吨。2003年起，果农将经济效益低的脐橙、血橙，高接换种为天草、不知火、春见、清见等杂柑。至2011年，全镇建成柑橘示范基地2个，柑橘种植面积1.58万亩，年产果3.36万吨，产值1.4亿元。其后，不断发展以味道好、经济效益高的丑柑为主的杂柑品种。2013年，建成优质晚熟杂柑丰产示范基地5个、红肉琯溪品种园1个，成功注册“新阳光丑甜橘”商标。2015年，实施柑橘品种改良5000余亩，启动大漕—董口丑柑示范基地建设。2016年，全镇以丑柑为主的果园面积达2.52万亩，水果总产量6.54万吨。水果生产成为农民增收致富的支柱产业之一。水果有机认证10批次，总计1700亩。

柑橘示范基地（摄于2015年）

佳沃猕猴桃种植基地（摄于2015年）

二、梨、李、桃、枣、猕猴桃

寿安镇以插旗山村罗山堬特有的炬梨最为著名，分为粗沙、细沙2种。炬梨入口清香化渣，酸甜适中，堪称梨中佳品。另外还有双节梨、金黄梨、马蹄棒、谷花梨等品种。镇域还有福建、麦泡、玉皇、端阳、算盘、鸡血等李子。桃树以水蜜桃为主，但都为零星种植。枣子过去也是在沟边地角零星种植。21世纪后，寿安镇大力发展冬枣和猕猴桃。2009年，建成马南村猕猴桃种植基地。2012年，新发展猕猴桃4200亩，庙乐村冬枣有机认证500亩。2013年，在犀羊村、五会村、五星社区、马南村新发展猕猴桃5500亩，新增冬枣种植面积500亩。庙乐村建成以红提、特瑞森为主的新品种栽培示范基地100余亩。2015年，庙乐冬枣专业合作社建成300亩标准化生产核心区。2016年，全镇猕猴桃种植面积8000余亩，以庙乐冬枣基地、华锋枣庄、冬枣风情园为主的冬枣种植面积700余亩。

2004—2016年寿安镇果园面积和水果产量情况表

表5-2

年　度	果园面积（亩）		水果产量（吨）	
	合　计	其中：柑橘	合　计	其中：柑橘
2004	16594	15325	19690	17800
2005	16470	15225	23740	20578
2006	15845	13874	25901	22653
2007	15785	14985	27682	24784
2008	15356	14119	30965	26876
2009	15489	14218	31773	30110
2010	16024	12947	35435	30758
2011	18954	15792	36040	33579
2012	19626	16779	39847	35785
2013	19481	16548	44107	39612
2014	22512	16958	47787	43707
2015	24812	17258	53120	47982
2016	25183	18143	65418	59087

第五节　养殖业

一、生　猪

民国时期，农民养猪主要是为了积肥种田和解决肉食，养猪方式主要是圈养。农民建房时，都要在出山横房或耳房建猪圈。在地上用砖砌成1.2米左右高的方形围墙做圈，或用木材打框架做圈，圈底打三合混凝土或安石板，安上石质食槽喂猪，在猪圈另一侧挖坑集粪。小猪一旦关上圈，要到出肥时才放出。一般从仔猪养起，不一定每头猪都要养肥出栏，有时看猪的市价好了，可以赚几块钱就赶到猪市上去卖，再去买小猪来喂，俗称“喂转转猪”。这样既可以积肥又可以赚钱，零钱换趸钱。多数农民养不起肥猪，或养得起、杀不起肥猪，养肥了就牵去出售。一般农民每年只喂一槽猪，从10公斤左右的仔猪或小猪喂起，育成65公斤以上甚至100公斤，需喂9个月至1年时间，所以农谚云：“年猪月马十天

规模化养猪（摄于2015年）

牛”。喂养母猪也是为积累收入，增积肥料投入农业生产，一头肥猪好比一个小肥料工厂。寿安镇养母猪的农户以高河乡和松华乡居多，其余地区基本上属于喂转转猪和部分肥猪。经济条件较好的人家，每年年终都要杀肥猪欢度新年，改善生活和走亲访友馈送腊肉。养殖方式一般都采取圈养为主，只有仔猪生下后十余天，才放到房前屋后流动锻炼体力，待到一月有余或四五十天便可抬到市场出售。

新中国成立以后，党和政府积极鼓励支持养猪业，以增加肉食供应。随着社会的发展，广大人民群众的生活不断提高，养猪的农户越来越多，多积肥投入农业生产，增加经济收入。同时采取多种措施，保护生猪成长，消灭病虫害，全镇培训兽医人员20余人，流动下乡上门服务。饲料仍以传统喂养方法，广泛种植采集青饲料，如牛皮菜、芋禾、胡豆叶、黄豆叶、红苕藤等生熟兼喂，或贮存浸泡。在肥猪催肥期，须添加玉米、黄豆、小麦、酒糟、糠麸等具多种营养成分饲料。母猪临产仔前，加喂豆浆、豆腐渣、玉米粉等补充营养成分。

80年代起，配合饲料厂出现，饲料来源广。养猪业普遍采用喂配合饲料，节约工时，使用方便，大大缩短了育肥期限。1983年，寿安镇域（临江乡、寿民乡、松华乡、五星乡、插旗乡，下同）出栏生猪3.47万头。1985年，引进良种猪“长白条”“杜洛克”和外国良种公猪，进行杂交，长得快，耐青饲料，育肥期短。1986年，寿安镇域出栏生猪2.78万头。1988年以后，饲养生猪普遍采用多种营养成分的混合配合饲料，取消或减少青贮饲料。生猪养殖业由传统模式转变为规模化、现代化、科学化、专业化，隆盛、插旗山等村推广生猪标准化生态养殖80余户。通过推广良种，改善饲料环境，使用国家标准化饲料，进行防疫免疫措施，禁用残留抗生素和不合格的药品等多种有效的措施，达到标准化养猪，建立健康养殖示范村6个。

2004年起，依托巨丰、佳享、蔚蓝等食品公司，隆盛、插旗山村成立养猪协会，当年全镇年出栏肥猪13万头，每头一般在100公斤左右，农村人平养猪收入300余元，占农民年总收入增加额的50%以上，占农业总产值60%以上，并带动了家禽家畜发展。2005年，全镇出栏生猪近16万头，其中，出栏500头以上专业户48户。蔚蓝食品公司建立了良种养猪场，建成生猪良繁基地。农村养猪业以普遍转向专业户养殖道路。2014年，完成插旗山村、庙乐村、大漕村和松华社区省级财政生猪养殖小区项目建设，惠及农户80户。为控制养殖面源污染和环境保护，严格清理禁养区和限养区范围内的粪污处理不达标的小户和散养户。2016年，全镇出栏生猪13.3万头。

二、牛、羊、兔

养　牛　民国时期，耕牛是重要的农业生产工具，牛价较高，喂养耕牛多系具有一定经济基础、田地较多和条件较好的农户，一般农民无力购买喂养。又因匪患猖獗，时常抢劫耕牛，造成田地耕作困难。寿安地区所养耕牛，由于耕作能力强，有商贩运至大邑、仁寿、简阳等地销售，对部分老弱丧失耕作能力的牛，则贩运至成都市南门外倒桑树街宰杀食其肉。1949年，全镇仅有耕牛156头。新中国成立后，耕牛以农户自繁、自养为主。寿安镇农民饲养耕牛以水牛为大宗，黄牛较少。水牛拉力和耐力强，体型大，烂田、深泥田均能耕种，但不耐热，夏天必须泡水。黄牛为茂汶高原型，体型较小，食量少，行动敏捷，主要用于拉车。养牛饲料主要是稻草，耕作期间则需搭配青饲料，各种青草、青蒿和杂粮等补充营养成分。1956年至1982年，耕牛折价入社，以集体喂养为主，或分配到户养殖。1983年起，又折价到户，以户养为主。为了加快发展农业生产，政府采取耕牛喂养扶持奖励政策，加强防治瘟疫病害，培训防疫人员，健全兽医防治机构，治疗血吸虫病等，调动了耕牛养殖户的积极性，耕牛发展的数量逐年增加，保障了生产耕作需要。1986年，寿安镇域耕牛存栏3203头。90年代后，调整耕作模式，实行免耕法，耕田不用牛，耕牛养殖逐渐被淘汰。2003年，寿安镇域耕牛存栏1657头。21世纪后，只有少数肉牛养殖户。

养　羊　民国时期，寿安镇在浅丘山区、河沟旁有极少养羊的农户，大多为零星拴养或圈养，羊群放牧者极少。饲养之羊大多为本地麻羊，体型中等，皮毛较好，肉质细嫩，有轻微膻气。1949年，全镇羊存栏仅108头。新中国成立后，养羊有所发展。1956年，全镇羊存栏曾达305头。1985年，增加到703头。随着人们生活质量提高，养羊的农户也逐渐增多，一是满足人们肉食之需，二是增加经济收入。2004年，全镇肉用羊出栏8260头。2010年，全镇肉用羊出栏3130头。2015年，活羊价格升到每公斤32元。2016年，活羊价格每公斤26元。

养　兔　民国时期，寿安镇养兔的农户很少，只有极少数农民喂几只兔作为赏玩，长大后提到市场也不好卖，说是兔肉有股草土腥味，不好吃，剥了皮后肉也不多。新中国成立后，养兔的农户有所增加。70年代，引进日本大耳白兔和青紫蓝兔，逐步遍及农村，进入商品化生产。1985年，引进德国长毛兔，建立种兔场推广，农村广泛饲养。农户割草投饲，搭喂少量粮食，糠麸或配合饲料。寿安镇出栏多家养兔专业户，每户年出栏5000只左右。1989年，寿安镇域出栏肉兔3.51万只。2004年，全镇出栏肉兔30.72万只，为1989年的10倍。2016年，全镇出栏肉兔55.07万只。

三、鸡、鸭、鹅

养　鸡　鸡是城乡人民传统饲养禽类，每户少者养两三只，多者十几只。民国时期，饲养之鸡多为本地黄鸡，以散放养殖为主。养鸡是一举多得的好事，长大后提到市场去卖，可获取一些零用钱；鸡蛋营养丰富，可作老人、体虚者、月母子的滋补营养品；鸡粪也是很好的有机肥料，可以提高地温，促进植物发育生长。小鸡放养在房前屋后田边地角，采食野生虫蚁、腐朽食物、草子、草根等天然食物，只需掺喂少量杂粮糠麸、剩菜剩饭即可健康成长。饲养方式单一粗放，品种退化，商品率很低。新中国成立以后，寿安广大农村仍沿袭传统的养殖方式。1958年，引进来航、奥黑鸡等优良品种繁育。后在“左”的思想影响下，养鸡副业被视为“资本主义尾巴”砍掉，养鸡大幅下降。1978年，党的十一届三中全会后，农村放宽经济政策，激发农户的养鸡积极性。农户散养转化为专业户养殖，规模不断扩大，数量猛增，并广泛采用配合饲料喂养，利用化学药品消毒防病。推广科学化、标准化养殖。大大缩短了成长期，收益高，省料省时。有专业户从事孵抱出售仔鸡幼鸡；有的从外地购回小鸡，待哺育成长为中小鸡在市场出售（童子鸡）；有的专门购回中鸡直养成肉鸡出售；也有的专门从小鸡一直养大成长下蛋，专业户以产蛋出售鸡蛋为主。有的养鸡专业户专门购回小鸡待育成中鸡出售，俗称喂养转转鸡。在一些地区，有农户敞喂跑山鸡。2016年，全镇有养鸡专业户10余户，分别选择不同形式和不同方法养殖，各有所长，收到较好经济效益。

养鸭、鹅　寿安镇有史以来都有一些农户养鸭、养鹅，他们依赖于顺河临沟和塘堰自然环境条件，按春孵、夏养、秋售养殖。旧时孵鸭、孵鹅都是由母鸡完成，每孵1窝就捡十来个蛋，1个月左右出壳。鸭的品种大多为本地麻鸭，适应性强，生长快，体小肉薄，成鸭体重1.25～1.75公斤。后来采用人工孵化繁殖，孵化方式以谷子桶孵为主。寿安镇养殖仔鸭，多为居住于河沟、池塘等水域附近的农户大多

仔鸭孵抱房（2016年摄于华峰村）

小群饲养。小群饲养一群几十只到上百只，早出放牧，傍晚归笼，大多在农户附近沟、河、池、塘及水田放牧，成为“凼凼鸭”。50年代起，大群鸭由农业社集体饲养。大群饲养每群数百只或千只以上，随群设立竹木制作的鸭棚，三四个人专业管理，管理人员随棚居住，吃住都在鸭棚里，俗称为“棚鸭”。主事掌管鸭棚的是有多年养鸭经验的人，称为“杆杆匠”。随气候变化及农作物物候，游养于河沟、池塘、稻田，秋收后撵谷田，放牧范围广达数十里以至百余里。70年代中期以后，鸭棚饲养逐渐消失。随着农村放宽经济政策，出现一批饲养大群鸭的专业户。1981年，寿安镇养鸭业有较大发展，每年养仔鸭1万余只，运往成都市区等地销售。至2016年，寿安地区有孵鸭、鹅抱房6家，每年孵鸭、鹅30万只。养鹅也是季节性的养殖业，民间有“冷鹅热鸭”的养殖习惯，冬季孵养，春季出售。养殖品种为四川白鹅，生长快，母鹅年产蛋60～100枚左右，饲养方式以放养为主。以春天仔鹅作当年种鹅，可留种3～4年。

四、养　鱼

寿安镇境内有常年天然流水不绝的蒲江河、临溪河，两河沿途有滩沱、堰渠、溪沟，一般水深在1米以上，溶氧丰富，水草繁茂，适合多种亚热带淡水鱼类繁殖生存。每年春汛期间，大量成鱼从岷江入南河，逆水而上，栖于两河水域地带，因而两河鱼类资源较为丰富。常见的鱼类有：鲤、鲫、鲶（鲶胡子）、厥（巨婆鱼）、乌青（土凤）、花鲴（麻沙钩）、仙人鲴（黄沙钩）、白甲、宽鳍鱼（桃花鱼）、翘嘴红白（翘壳鱼）、麦穗鱼、黄辣丁、苦屎片、棒花鱼（乌棒）、短尾条鳅（石岗鳅）、泥鳅、黄鳝、鳖鱼（团鱼）、清波鱼、秤杆鱼（串竿鱼）、鳝鱼等。民国时期，无人工饲养，全靠天然繁殖。

新中国成立以后，政府发出通告，严禁炸鱼、毒鱼、电捕等，采取有效措施，保护鱼类生存繁殖。农村产业结构调整后，由生产队集体经营鱼塘，转化为专业户承包养殖，在方沟水库、董山村水库、元觉村水库等繁殖成鱼，称为白水养鱼。除水库养鱼外，还有池塘养鱼、稻田养鱼、网厢养鱼等。鱼苗由外地引进，以食浮游生物之白鲢、花鲢为主养品种，并养草鱼、鲫鱼、鲢鱼等，以天然饵料辅以投入配合饲料。80年代后，集体鱼塘由私人承包养殖。专业户经营管理，推广先进养殖经验，施以化学药品防治病害。有的专业户从事孵抱小鱼，有的专养成鱼，有的双头并举。2016年，寿安镇域有培育幼鱼苗专业户有十余户、养鱼专业户100余户。鱼塘经营面积达1000余亩，年产成鱼975吨，市场和外运销售量达万斤以上。

五、养　蜂

寿安地区气候温和，蜜源丰富，坝区有油菜、毛苕、瓜果等花类，山区有乌桕、板栗、柑橘等花类，具有发展养蜂的优势。民国时期，寿安境内以养中蜂为主，全镇约有50群。养殖方式均为以圆木桶盛之，定地放养，任其自生自灭。

新中国成立后，引进西蜂，采用活框方箱放养。原有的集体蜂场全部由专业人员承包放养，随季节和蜜源移动放养。省内放蜂路线有4条：一是川南早油菜花→川西油菜花→川西苕子花→川西山花→阿坝州黑桩桩之花；二是川南早油菜花→川西油菜花→川西苕子花→川南乌桕花→阿坝州黑桩桩之花；三是川南早油菜花→川西油菜花→川西苕子花→川南乌桕花→凉山州野坝子之花；四是蒲江油菜花→云南苕子花→川南山花。省外放蜂路线也有4条：一是3月至4月初放本县油菜花、苕子花→4月至5月放陕西汉中油菜花→5月放陕西宝鸡洋槐花→5月至6月放甘肃平凉山花→8月至9月初放宁夏或青海的荞麦花，10月至11月冻蜂，12月回四川；二是3至5月放蒲江及河南信阳油菜花→5月中旬至6月中旬放陕西的铜川山花→6月中旬至9月中旬放陕西或宁夏苜蓿、荞麦花，10月至11月冻蜂，12月回四川；三是月3至4月初放蒲江油菜花→5月至6月放陕西宝鸡洋槐、山花→6月至10月初放内蒙古向日葵花、荞麦花，11月冻蜂，12月回四川；四是3月至4月初放蒲江油菜花→5月至6月放陕西宝鸡洋槐、山花→6月至10月放新疆棉花、油菜花，11月冻蜂，12月回四川。县境内随着油菜花、江西苕种植面积逐年扩大，加之柑橘等果树的增加，花源丰富，为繁蜂取蜜创造了良好条件。每年外地至寿安地区放养的蜂群约150群，本地放养蜂约50群。外地蜂群正常年累计可产蜜2.5万公斤，本地蜂群可产蜜2万公斤。2016年，寿安镇蜂群近100群，专业养蜂户20余户，产蜂蜜58吨。

养蜂场（2016年摄于马南村）

六、养　蚕

寿安地区养蚕历史悠久，早在清嘉庆年间（1796—1820年）蚕丝即为大宗农村副产品外销。民国时期，从青龙场至高河场至刘码头，蒲江河岸边沙石河滩及沿长秋山麓之地边宅旁、渠沟边遍生桑树，枝繁叶茂，聚长成林，养蚕户到处皆是。每年惊蛰前后，气温回升即保温孵化幼蚕名曰春蚕。初喂以采摘柞树叶为主，待成长到二眠以后，始改喂桑叶。小满以后，蚕茧大量登市，蚕茧成熟期短，收益快速，有农谚云："勤喂猪，懒喂蚕，四十八天就见钱。"蚕茧收摘后，大部分运往市场出售，再由专业户收购加工成蚕丝。寿安镇原有喻少其、李单久等7家捞丝专业户，也有养蚕户产茧较大的雇请工匠到家，把蚕茧加工成丝。本地所产蚕丝数量较大，年出口双流簇桥镇及成都市蚕茧丝数量达1000担以上。寿安出产的蚕丝质量优良精美，光鲜夺目。清代杨子元所撰《蒲江乡土志》描绘蒲江蚕丝云："凤毛赛色、鹭羽争辉、委婉虬盘、张黄虹直。"

新中国成立以后，政府大力扶持，鼓励发展养蚕事业，采取免征税措施，调动蚕农的养蚕积极性。1958年以前，养蚕属于集体经营，寿安地区有50个生产队推广良种，改原旧方式先喂柞叶后喂桑叶，改为从小到大一直喂食桑叶。对改良蚕茧新品种进行灭菌消毒，注重卫生条件，防治病害，年产蚕茧100担以上。后农民弃蚕种粮，致使蚕茧产量下降。80年代，提倡栽桑养蚕，养蚕有所发展。在管理上，采取稀释家喂、良叶饱食、重视小蚕质量等措施。推广"四边桑""地坎桑"、低杆密植、修枝嫁接。1986年，县蚕茧站投资在寿安镇建成日烘量10吨的蚕茧收购站。1998年，省农牧厅蚕茧站在寿安镇等建成栽桑养蚕示范基地7000亩，仅插旗山村桑树种植面积就达200亩。寿民乡成立了养蚕协会，全镇依托寿民丝绸公司发展蚕茧生产。年养蚕120张，产茧50吨，利润达60余万元。2005年，全镇产茧166吨。其后，养蚕逐年减少，基本无规模养蚕。

2004—2016年寿安镇畜牧禽渔业生产情况表

表5-3

年度	生猪出栏（头）	家兔出栏（万只）	羊出栏（头）	家禽出栏（万只）	蜂蜜产量（吨）	蚕茧产量（吨）	水产品（吨）
2004	131260	30.72	8260	206.00	42	168	880
2005	159231	38.07	8271	224.30	45	166	975
2006	219428	43.88	8752	123.49	45	—	1170
2007	286390	49.57	7523	114.85	46	—	1541
2008	216980	53.85	4583	80.52	46	—	1347
2009	223486	49.83	4672	82.76	45	—	1289
2010	227954	50.67	3130	84.21	47	—	1134
2011	225768	52.86	—	88.59	48	—	1243
2012	83427	54.26	—	49.62	49	—	1207
2013	87765	50.94	—	48.66	50	—	1237
2014	131247	59.27	—	61.56	53	—	1254
2015	135270	54.10	—	62.49	56	—	1305
2016	132989	55.07	—	63.54	58	—	1438

第六节 农业技术服务

一、种植技术推广

民国时期和新中国成立后相当长一段时期，寿安镇农作物种植基本上都是传统方法。水稻、油菜子都是先育秧再移栽，红苕垒埂子，玉米点窝窝，小麦掏沟或撮窝窝。1985年，寿安镇成立农村技术推广站，有农技员6人，开展农作物栽培、植物保护、土壤改造等技术服务。1992年，建立村级服务站11个，有服务人员23人，形成了以县为中心、乡镇为纽带、村为基础的农业技术推广网络。2004年，对乡镇农业技术推广站进行调整，寿安

水稻育秧（摄于90年代）

镇农业技术推广站有农技服务员3个。农业技术推广站实行服务场所、服务电话、联系村负责人姓名等公示和“农业110”服务制度。

1986年起，全镇水稻、小麦、玉米、油菜等推广宽窄行条栽技术。实施改造中低产田技术，“三沟”（排洪、排湿、灌溉沟）配套，增施有机肥，培肥地力，配方施肥，提高耕地生产力。至1997年，粮油作物累计推广宽窄行条栽18万亩，增产粮食1万吨。1998年起，推广具有高产、省工、节约秧田等特点的水稻旱育秧、旱抛秧栽培技术。1999年起，推广两季固定厢沟、双免耕技术。推广农作物病虫害综合防治技术，采用生物技术、机械技术、环境建设、高效低毒新农药和生物农药，对病虫害进行综合防治，降低农药残留，保障农产品质量安全，保护生态环境。2002年起，推广稻田保护性耕作技术。2003年起，推广杂交稻与糯稻同田间栽配套技术。至2016年，累计推广水稻旱育抛秧栽培技术15万亩、两季田双免耕技术3.45万亩、高产低毒新农药31.5万亩、稻田保护性耕作技术5475亩、杂糯间栽配套技术4.5万亩。农业新技术的推广，为促进粮食增产、农民增收起到了积极作用。

二、水稻良种繁育

民国时期，水稻品种为传统品种，产量不高，抗病力不强。80年代起，推广杂交品种，提高产量，增强抗病力。在此基础上，普遍推广公本母本水稻杂交繁育技术。制种时，先在平整好的秧田里每隔2米左右单行栽上公本水稻，再在公本水稻间栽母本水稻，扬花时拉动绳子将公本水稻花粉授到母本水稻花上，结出的谷子作为下年水稻种子。90年代起，镇内青龙乡建立杂交水稻繁育基地，为县内四大杂交水稻繁育基地之一，其余3处是西来、复兴、大塘。年种植面积1000余亩，年产杂交水稻种子20余万公斤。2007年、2008年、2009年，寿安镇和西来镇杂交水稻种子制种面积分别为2600亩、2200亩、2800亩，总产量为52万公斤、44万公斤、50万公斤，制种组合冈优363号、Ⅱ优363号、Ⅱ优838号、蓉稻8号。2010年起，县内杂交水稻制种集中在寿安镇汪场村、吕石桥村、元觉村、五会村，常年制种面积1500~3000亩，亩产170~210公斤，制种组合为Ⅱ优系列。2011年，依托种子生产企业仲衍种业股份有限公司，杂交水稻制种分布在汪场村370.8亩、吕石桥村654亩、犀羊村418.2亩、五会村213亩。至2016年，县内杂交水稻制种基地仍然集中在寿安镇汪场、吕石桥、五会、犀羊等村，杂交水稻种子除满足县内需要外，部分销往县外。

杂交水稻制种基地（摄于90年代）

三、施　肥

水稻施肥：民国时期及50年代初，普遍都以人畜粪、草堆肥、牛练肥、草木灰等农家肥作底肥。绿肥田不施肥或少施肥，迟栽菜麦田重施肥。第一次追肥亩用人畜粪10~15担或油枯15~25公斤，混合堆渣肥2~3挑；第二次追肥，亩用人畜粪5~10担或不施。70年代起，化学肥料增多，由原来的施肥旧习改为科学用肥。以60%~70%的磷、钾作底肥，30%~40%作追肥。氮、磷、钾的配制比例为1：0.5：0.5。迟栽的菜麦田，推广“一道清”施肥技术。每亩用肥量，常规稻纯氮7~9公斤，有效成分钾7～9公斤、有效成分磷3.5～4.5公斤；杂交稻纯氮7.5～10公斤、有效成分磷3.75～5公斤、有效成分钾7.5～10公斤。

水稻施肥（摄于21世纪）

小麦施肥：民国时期，亩用底肥人畜粪10~15担、草木灰或堆渣肥2～4挑。追肥两次，每次各用人畜粪10多担。50年代，亩用底肥人畜粪15～25担、碳素化肥5～7.5公斤、磷肥10～15公斤。追肥一次，人畜粪10～15担，以后看苗追肥。60年代起，重施底肥，氮、磷、钾肥混合使用，早施追肥。80年代以后，推行氮、磷、钾配方施用技术。

玉米施肥：民国时期及50年代初，亩施底肥人畜粪10～15担，追肥1～2次，每次人畜粪5～10担。雄花抽穗期前追穗肥一次，人畜粪10～15担，或用油枯10公斤。60年代至2016年，推广重施底肥、猛施穗肥技术。

油菜施肥：民国时期及50年代初，基本上都是采用亩施底肥人畜粪15至20担。追苗肥2～3次，每次人畜粪5～10担。抽苔期重施肥一次，人畜粪20～30担。60年代，化学肥用量增多，氮、磷、钾按1：0.5：0.5～1的比例配方施用，亩施有效成分氮12.5～15公斤，有效成分磷6.25～7.5公斤，有效成分钾12.5～15公斤，并增加有机肥。苔期根外喷施硼肥，防止花而不实。

四、农作物管理和病虫害防治

水稻管理，一是中耕，结合追肥除草，一般进行2次；二是管水，采用浅水栽秧，寸水护苗，薄水分蘖，适时晒田，足水孕穗，湿润灌浆，散子断水的灌溉管理技术。寿安地区水稻的病虫害主要有稻瘟病、纹枯病、白叶枯、赤枯病、稻曲病；虫害有螟虫、蓟马、稻苞虫、稻纵卷叶螟、黏虫。水稻病虫害的防治，对调进的水稻种子进行严格检疫，对稻桩、稻草，种子进行处理，以消灭菌源和虫蛹。筛选推广抗病丰产良种，采取稀播、两段育秧、培育无菌壮秧，加强栽培管理和药剂防治的综合措施。苗期，发现叶稻瘟的病率在2%时，及时喷药；5月底至6月上旬，喷药防治一代螟虫；6月上旬至7月下旬，喷药防治稻项瘟和二化螟虫。在防治稻瘟病和螟虫时，兼治蓟马、黏虫、稻苞虫及白叶枯病。

小麦加强苗期管理，及时追施针肥，补施囱囱肥，查苗补缺，中耕除草，抗旱保苗，防治病虫。寿安地区小麦的主要病虫害有：赤霉病、蚜虫、纹枯病、白粉病，赤霉病为常发性病害。小麦病虫害的防治，推广抗病丰产良种，以减少病害。栽培时，清除田间残留稻桩，杂草，排除渍水，深沟高厢播种。至扬花5%时，喷药防治赤霉病。发现锈病，及时喷药，效果在90%以上。灌浆至蜡熟期，喷药防治蚜虫。

五、农技服务体系

70年代起，各公社成立农业技术服务站（简称：农技站）、农业机械维修服务站（简称：农机站），服务方式为农业投入品的销售和有偿或半有偿服务。2005年，全县从乡镇收回农机、农技员，成立寿安片区农机农技综合服务站编制8人，实有6人，行政和业务直接受县农发局领导，负责寿安镇、长秋乡的农业技术和农机服务。2016年，成立寿安镇农林综合服务站，负责农业、农机、林业、畜牧、水产等技术服务和科技成果推广与应用。

六、农村专合组织

21世纪后，随着种养殖业的专业化，镇内逐渐成立各种农村专合组织。2016年，全镇农村专合组织24个，其中，产业专业合作社21个、协会3个。柑橘类专业合作社14个，养殖类5个，农机类1个，植保类1个，花卉苗木和其他类3个。

第八节　农具和农机

一、传统农具

民国时期至70年代，寿安地区农业耕作、灌溉、脱粒主要以传统铁制、木制、竹制农具为主，功效低、费力费时。主要农具有木犁、木耙、戽篼、龙骨车、筒车、汲水筒、拌桶、挡笆、风米机、连盖、粪桶、秧盆、锄头、豆杵子、晒垫、箩篼、镰刀、筦篼、捞草扒、推谷扒等。

农民使用拌桶收打稻谷（摄于2015年）

二、耕作机械

新中国成立以后，随着生产关系的变革，传统农具已不适应生产力发展的要求。1954年起，推广新式步犁、双轮单铧犁和双轮双铧犁等新式耕作农具，增加了犁田深度。后照旧犁样改为钢管或胶合木制作的犁，继续使用。1962年，开始用拖拉机犁田。70年代，寿安镇境内生产队普遍使用手扶式拖拉机耕作。寿安地区的浅丘山区，地势起伏，田小、坎高、路窄、比阻大，手扶式拖拉机多作旋耕使用。1985年，全镇共有大、中、小型拖拉机89台，934.92千瓦。农业机械总动力2634.98千瓦，机械作业面积3.54万亩，占作物播种面积的60%。1986年，全镇推广小麦人力

农民使用铁犁耕田（摄于90年代）

播种机5台，分别在华锋村3队、松华社区2队、五星社区、隆盛村、七星村1队。1987年，推广天府-3型耕整机。90年代起，逐渐引进先进的耕作机械。1996年，推广小麦播种机82台，机播小麦1.1万余亩。2002年，推广开沟犁秸秆还田。2010年4月，在五会村召开机械插秧示范现场会和技术培训会。2012年9月，在五会村实施油菜机播1560亩示范作业。随着产业结构的调整，大部分耕地转为种植柑橘，各种耕作机械逐渐被淘汰。

三、收割机械

70年代初，寿安镇成立了农机站，开始引进或拼装收割机械——打谷机。打谷机有单人和双人式，都是人力踩转的。后来，逐渐在这些机械上加上了柴油机或汽油机，带动打谷机，省工省力。80年代后，农村普遍通电，进口一些收割机收割水稻、小麦，大大减轻农民的劳动强度。1988年，推广小麦割晒机。1989年，推广4GR-02型割禾器，全镇有割禾器58台，收割水稻1.5万余亩。1996年，推广桂林3号联合收割机，推广埋草机，开展秸秆还田作业。土地流转后，寿安地区粮食种植大户购置大型联合收割机等。2016年，全镇有联合收割机8台，收割水稻4000亩，水稻机械收割占总面积的95%。

农民使用脚踏式单人打谷机收割水稻（摄于90年代）

四、提灌机械

50年代，试用柴油机带动水泵提水，灌溉自流灌区的农田。60年代末，开始用电动机带动水泵，逐步减少了戽篼、龙骨车、筒车、汲水筒等传统提水工具。1985年，全寿安镇有农用泵65台，机电灌溉面积1.53万亩次，保证了水稻的栽插。2013年，在寿安镇新建提灌站2座，泵房面积24平方米，输水管道53米，有效灌溉面积280亩。

五、农产品加工机械

民国时期至50年代末，打米磨面用水碾或旱碾，磨面使用人工石磨或水磨。60年代初，逐步使用机动打米机、磨面机、饲料粉碎机、机制榨油机加工农副产品，渐次取代水旱碾和石磨。1985年，全镇有打米机35台、磨面机58台、饲料粉碎机45台。其后，随着水稻、小麦种植面积缩小，民间农产品加工机械逐渐减少，米和面进口成品，饲料粉碎机只有在配合饲料厂使用。除种植大户外，农产品加工成为专业行业。

六、农用运输机械

70年代，镇境开始用拖拉机、农用汽车、人力胶轮车运输农副产品、肥料等生产和生活资料。70年代中期，各大队及生产队有部分运输车。华锋村、五星社区、松华社区、七星村都有“东方红”50型运输拖拉机和丰27运输拖拉机。1985年，全镇共有农用载重汽车15辆、人力胶轮车30辆。1986年，全镇有农业运输机械154台，共6394.5千瓦。其中，中型拖拉机18台、手扶拖拉机86台、农用汽车50台，完成农业运输量230万吨公里。1992年，全镇农业运输机械238台，农用车增至98台，农业运输量增长70.4%。1999年，全镇农业运输机械354台，其中农用汽车203台。2016年，全镇农业运输机械507台，比1986年增长2.29倍。

七、农机服务站

1968年，建立寿安镇农机服务站，以农业机械维修为主，自制一些简单的小型农具。70年代初，各种机械加工统一归由农机服务站管理。80年代初期，农业机械不断增加，油料的供给也由农机服务站来完成。80年代末期，寿安镇设立企业办公室，镇农机服务站单列出来，是镇政府的一个独立机构，人员由镇政府调配。其主要职责是为全镇农机客户服务，提供油料供给，农业机械的购销和农业机械的补贴。2004年，镇农机服务站更名为镇农业技术推广中心，职能、职责由县农机局管理。2015年10月，将寿安镇农业技术推广中心划归镇政府管理，人员编制全部归到镇政府。

寿安镇农机服务门市(摄于2016年)

第九节　农经管理

一、集体经营管理

民国时期，无集体经济。1949年至70年代初，村、社集体经济较弱，集体基本上无资金收入。村、社分别设会计、出纳各1人，由村监管社财务。1982年，寿安镇农村推行双层经营家庭联产承包责任制，村、社所有固定资产和资金以变价或底垫等形式分散转移到承包农户。1983年，农村财务实行会计专业化。寿安镇参加县上统一命题考试的村、社会计351名，择优录用83名专业会计，每人负责3～5个村民小组的财务工作。会计专业化的实行，对减轻农民负担、提高会计队伍素质起到了积极作用。1984年10月，寿安镇成立农村经营管理服务站，农村集体财务实行“村、社所有镇府代管”制度。1987年，全镇完善农村双层合作经营制度，村、社集体资金329万元，由镇政府统一代管。1997年，全镇28个村（社区）建立农业综合服务组织。2000年，制定《村、组管理制度》，推动农村财务管理规范制。2001年，寿安镇制定《关于贯彻落实县委、政府在全县农村开展村、社财务和农民负担清理工作的实施细则》，在全镇开展清理村、社财务和农民负担的“双清”工作。每年6月20日和12月20日，将财务收支刻印公布到户，提高农村财务工作透明度，密切了党群、干群关系。2005年，制定《村、组财务管理规范》，镇政府成立村、组财务代理核算中心，实行电算化管理，农村集体财务进一步规范。2006—2009年，继续推行村、组财务镇政府代管制度。推行农村集体组织会计从业资格管理，开展农村会计人员专业培训、考试、领证工作。2009年，开展对村、组两级集体经济组织的现有资产状况进行清理工作，摸清农村集体经济组织的资产，理顺农村财务关系。至2012年，按照县委、县政府关于生产要素在城乡之间自由流动工作部署，和关于农村集体资产清产核算与股份量化工作的具体要求，以保障农村集体组织及其成员的合法权益为核心，构建归属明晰、股权固化、流转顺畅、分配关系科学合理的新型农村集体经济组织产权制度，积极稳妥推进清产核资和股份量化工作。对全镇28个村（社区）和311个小组开展股份量化工作，完成率100%。加强集体经济的指导和管理，开展政策宣传培训、项目发包信息的收集整理、发布项目发包程序的监管、项目发包合同履行的监督、承包的分调处置等工作。2013—2016年，继续深入农村产权制度改革，完善新型农村集体经济组织产权制度建设，农村集体经营管理工作以制度管理、管事、管人的要求为指引，以推进制度化建设为基础，以规范化管理为重点，以民主化监督为保障，以信息化建设为手段，全面推行农村集体“三资”监管工作运行。全镇推行农村集体财务管理规范化建设，建立农村财务管理信息化平台，进一步健全农村财务会计制度。规范账务处理、财务公开、审计监督三大程序。全镇28个村（社区）制定统一财务操作流程。镇政府村、组会计代理核算中心配备了财会专业审计人员，开展日常财务收支等常规审计。建立健全农村集体“三资”监管信息平台管理制度，推进制度到村、上墙，增强“三资”监管力度，农村“三资”监管经营水平进一步提升。

二、农村承包合同管理

80年代初，实行联产承包责任制后，全镇把双层经营稳定家庭联产承包责任制，作为农村经济管理的一项重要工作来抓。在合作经济的分散经营和统一管理中，一是稳定联产承包责任制；二是经营（承包）果园、鱼塘、工副业等集体经济的统一经营项目。1990年，完善了全镇8.9万亩耕地的承包合同签订，同时建立镇、村、族土地管理档案。1992年，又将集体统一经营的果园、工副业等547份合同全部签约，总金额达48.73万元，签约合同的公证率为91%，从而进一步完善了联产承包责任制和巩固加强了集体经济。严格执行《中华人民共和国农村土地承包法》，稳定和完善农村土地承包关系。2007年10月，开展土地承包土地流转和征地补偿费专项治理，处理农村土地承包纠纷21起，维护了农民合法权益。围绕推进城乡一体化，推进农村产业化经营，促进土地流转和土地集约化经营，构建农民增收长效机制。至2016年，全镇完成股权证实发证9800本，股份量化面积3.68万亩，农村土地承包经营权颁证数8824本，确权面积3.24万亩。创新土地流转经营机制，加强农业新型主体培育，促进土地适度规模经营，全镇流转农用土地面积3.22万亩。

三、农村合作基金会

1988年6月，寿安镇建立农村合作基金会，主要为农民和农村经济组织开展融资、信贷服务，聚集闲散资金200余万元，累计融资150余万元。至1992年，原松华、五星、插旗、长秋等乡镇因合乡并镇，乡镇基金会并合入寿安镇。共集资1670余万元，累计融资1240余万元。至1999年，全镇合作基金会资产总额2790余万元，负债总额2680余万元。累计向农村发放贷款2092余万元，向村、社和入股农户分配红利（息）104.6余万元。农村合作基金会促进了农村产业结构和经济发展。次年3月，按照国务院《关于整顿农村合作基金的工作方案》和省、市、县统一布置，镇政府成立清理整顿领导小组，在县政府统一指导下，将农村合作基金会并入农村信用合作社（农商银行）。在清户核算的同时，镇政府成立干部借款催款领导小组，负责党员干部借款和担保借款催收工作，确保村、社集体资金和入股农户资金不受损失。至年底，全镇收回借款本金589余万元，中共党员干部借款和担保借款247余万元，清收回利息32.11万元。

四、农业保险

2004年起，建立农业保险体系和财政支持的风险分散机制，在农村发展互助合作保险和商业保险业务，农业保险涵盖种、养两业的各个领域。至2016年，全镇共开展水稻、玉米、油菜、商品猪、能繁育母猪、奶牛、马铃薯、森林8个传统农业保险品种，和食用菌，水产养殖、猕猴桃、有机农业、蔬菜、水果、农村居民住房、杂交水稻制种、小家畜禽、蔬菜价格指数等10个特色农业品种。全镇共完成总保险费收入251.1万元，共赔付查勘定损金123.7万元。其中，能繁育母猪18.4万元、育肥猪46.1万元、水稻9400元、玉米3000元、畜禽11.5万元、水产33.26万元、水果11.1万元、蔬菜2.1万元。

第十节　农民负担和惠农补贴

一、农业税和农业特产税

民国时期，农业税称为田赋，按土地面积征收实物。田赋较重，农民缴纳后，所剩无几。

新中国成立后，改田赋为农业税，仍按土地面积征收稻谷、小麦、玉米等实物。除农业税外，征收耕地占用税、农业特产税、契税。1986年前，农业税税率为11.1%，征收按当年中等稻谷价格结算折征代金。同年起，寿安镇耕地占用税标准为每平方米5.6元。1997年10月起，契税税率下调为4%。2002年起，农业税税率调整为7%。同年起，停征农业特产税。2005年1月起，停征农业税。

二、提留统筹款

1983年，寿安镇农村集体提留按每亩耕地18～20元或人平25元左右提取。其中，公积金按每亩耕地3～4元提取，用于扩大再生产；公益金按每亩耕地5～6元提取，用于军烈属、“五保”户、困难户等社会公益事业；管理费按村100～200元、村民小组50～100元提取。1988年，提留统筹款比1987年增加18.7%。1989年比1988年增加40.8%，同期农民人均纯收入增长速度为9.96%，农民负担增长速度为28.9%。1990年，全镇提留统筹款比1989年增加1倍。1990—1993年，为控制农民负担增长，县委、县政府连续四年发文，就严格控制农村提留、统筹款和切实减轻农民负担作出规范，明确规定提留统筹项目、提取额度不超过上年人均纯收入的5%。公积金以农户承包耕地每亩不超过5元，公益金以乡镇1万人以下提取1000～2000元、1万～2万人提取2000～4000元、2万人以上提取4000～6000元，管理费不超过上一年人均纯收入的1%，乡镇统筹费按不超过上一年人均纯收入的2.5%提取。计划生育、军烈属优抚、广播费、民兵训练费、文化费、卫生费等按1%使用。取消村镇规划建设管理费、乡镇级电管组织维护管理费、林政管理费、林区管理建设费、农村群众看电影集资、农村防鼠集资、乡镇修建敬老院集资、中华女子学院在农村集资、农村教育集资9个收费项目。有规定未执行的森林资源更新费、绿化费、农村宅基地有偿使用费、农村宅基地超占费、土地登记费等不予收取。1995年，农村集体提留、乡镇统筹款占上年人均纯收入的3.69%，比1990年下降1.76%。2002年起，取消统筹费、农村教育集资费、屠宰税、义务工和劳动积累工“两工”。2005年停征农业税后，农民负担彻底减轻。

三、农机具补贴

2009年起，实行农业机械购置补贴政策，寿安镇列为“5·12”汶川地震受灾区，补贴标准为购价的50%，对插秧机、收割机最高补贴达70%。当年全镇购置各种农机221台，补贴资金56万元。

2012年，针对收割机、插秧机、田间管理机等大型农机具，采取“抽签”的办法满足农户购买农机具的要求。2016年，全镇购置农机具和果品加工机械24台/套，补贴资金28.6万元。

四、粮食良种和农资补贴

2009年起，寿安镇贯彻落实中央、省、市有关惠农政策精神，通过镇、村公开栏，广泛宣传惠农政策，由村、组统计、镇核实、申请、公示，补贴资金由县财政通过县农商行“一折通”发放到户。当年，发放粮食直补、油菜良种补贴、农资综合直补、玉米良种补贴、水稻良种补贴共6319万元。2012年起，水稻每亩补贴15元、玉米和油菜每亩补贴10元、粮食直补每亩补贴13.55元、农资综合补贴每亩76.45元。2016年，全镇粮食良种农资共补贴2480万元，涉及农户2.16万户。

第十一节 林 业

松华和尚山速生丰产林（摄于2016年）

寿安镇境内丘陵、山地占土地总面积的30%，大、小五面山和长秋山历史上林业资源较为丰富，属于坡度在25度以上的水土保持林。50年代末期，在“大跃进”和人民公社化运动中，森林被过度采伐。1978年起，实行为期10年的封山育林。其后，持续开展全民义务植树活动和绿化达标建设。1997年，五星镇元觉村获“全国造林绿化‘千佳村’”称号。1999年起，实施退耕还林工程。同年1月，县林业局在松华乡寨子村租用150亩土地育苗。2002年1月，县林业局在寿民乡先觉村三社租40亩土地建花卉苗木基地，从广东省等地引进优质笋用竹（麻竹）和优良树种、花木繁育，基地内有从大兴镇移植的130年树龄的罗汉松1株。2014年，在八角村建优质苗圃基地100亩，栽插旗山村植特色经果林核桃500亩。同年，寿安镇获“市级园林式”称号，剑桥小镇丽郡小区获“市级园林式居住小区”称号。至2014年，全镇退耕还林面积4697亩，每亩补助20元，建速生丰产林。同时，在退耕还林林下开展养殖。2016年，西禅村、插旗山村林下养殖跑山鸡1万余只，年产生态土鸡蛋80万枚。镇境内还有丰富的慈竹资源，供农民自编自用或就近出售的箩筐、背篼、撮箕、篼篼、晒垫等竹制品。

第六章 水 利

蒲江河自南向北、临溪河由西向东流入寿安境内，成为寿安镇农田灌溉的主要水利资源。旧时民间使用筒车、水车、戽水篼等传统提灌工具灌溉，或靠雨水、冬水田、塘口积水灌溉农田。新中国成立后，政府投入大量人力、物力和财力兴修水利。朝阳水库、长滩水库、百丈水库、玉溪河引水工程以及配套的引水干渠建成后，寿安镇域的水利条件得到根本改变。镇内相继建成方沟、左大塘等水库，对河堰进行改造修整。1964年起，寿安境内耕地实现自流溉灌。21世纪起，在新农村建设中，把水利建设也列入重要项目，对河道、堰、塘逐年加以整治，对沟渠重新规划，去弯取直，合理布局，用沙石水泥对沟坎沟底实施硬化处理，做到坚固美观，节约土地。至2016年，寿安镇90%的耕地改种柑橘、猕猴桃、葡萄等水果，用水量减少。

第一节 引水渠堰

一、张公堰

张公堰为旧时县内大堰之一，虽不在寿安镇境内，但寿安镇域为受益区。张公堰渠首位于原东北乡飞虎村内蒲江河之右岸，清乾隆二十四年（1759年）知县张应曾所开。堰建成后，水分8堰，时称“张公八堰”。1960年，改建小河堰，取水于小河，8堰扩大为9堰。堰口于两岸处分水，进入河沟，经中兴场流入青龙、寿安、和平、高河等乡镇灌溉农田，寿安镇域受益面积5万余亩。

二、团结堰

1963年，蒲江、邛崃两县合建团结堰。堰首位于甘溪镇金山村境内临溪河左岸，干渠长20公里，支渠长50公里，斗渠长60公里，灌溉寿安镇域友爱、五星等

团结堰马南村段（摄于2016年）

纸房堰堰口（摄于2016年）

乡。1978年，扩建团结堰，干渠延伸至34公里，作为玉溪河引水灌溉工程的配套设施之一。

三、纸房堰

纸房堰为旧时县内大堰之一，水分木堰、金堰。纸房堰渠首位于原松华乡松花村（现松华社区）临溪河之左岸，渠长12公里。堰建成后，堰口只在右岸一处分水，进入河沟，灌溉松华乡松花、华锋、马南以及五星乡五会、金橙、犀羊、高河等7个村和邛崃县战斗、回龙等乡镇农田。纸房堰建成后，只能解决临溪河以北至小五面山平坝地区的水利灌溉，临溪河以南至大五面山平坝地区的农田不能实现自流灌溉。民国初年，又在松华铁杆桥下游500米处修建左堰分水，进入松华乡的二、三等村，灌溉面积约0.8万亩。新中国成立后，逐年改建整治，提高灌溉效益。1982年，旱涝保收面积达到1.28万亩，流经松华、高河两乡的8个村。

四、长滩水库右干渠

长滩水库右干渠渠道于1991年动工，实行分期施工，分期受益。至1997年，工程全面竣工，总投资1136.39万元，投工118.09万个工日。该渠是蒲江县第一条全浆砌、防渗、节水灌溉渠道。长滩水库右干渠沿长秋山麓自西向东经光明乡、鹤山镇至寿安镇刘码头落水，全长23.32公里，取水流量4立方米/秒，灌溉蒲江河右岸4.4万亩农田。长滩右干渠建成后，改善3.5万人饮用水条件，对消除血吸虫病、改善灌区生态环境和农业产业结构调整发挥了重要作用，寿安镇域是主要受益区域之一。

长滩水库右干渠插旗山村段（摄于2016年）

五、玉溪河干渠

玉溪河引水灌溉工程，位于成都平原西南边缘岷江与青衣江之间，为四川省大型水利工程之一，由蒲江、邛崃、名山、芦山等县修建。1969年10月动工，1978年5月1日建成通水。渠首枢纽工程位于芦山县保胜乡玉溪河金鸡峡，拦河筑坝引水，穿镇西山隧洞至邛崃天台山天车坡。水分天沙支渠后，转南穿天台山隧洞，沿太和段干渠穿中峰隧洞，输水入百丈水库。干渠长51.7公里，其中隧洞、渡槽、暗涵360处，占干渠总长的31%。蒲江从百丈水库分水，沿百丈水库左右干渠及临溪河各堰，控灌大、小五面山农田16.9万亩和临溪河平坝4.6万亩。寿安镇域受益面积：大、小五面山9个村1.8万亩，临溪河平坝8个村7000亩。

第三节 蓄 水

一、水 库

1954—1976年，寿安镇境内相继建成4座水库。

方沟水库：位于插旗山村和西禅村，坝型为土坝，最大坝高15米，积雨面积1.88平方公里，总库容量95.6万立方米，灌溉面积2500亩，放水渠长2公里，溢洪道底宽6米。

方沟水库（摄于2016年）

石牯牛水库：位于元觉村，坝型为土坝，最大坝高10米，积雨面积0.5平方公里，总库容21万立方米，灌溉面积500亩，放水渠长0.3公里，溢洪道底宽3米。

宋大堰水库：位于元觉村，坝型为土坝，最大坝高13米，积雨面积0.89平方公里，总库容13.50万立方米，灌溉面积700亩，放水渠长0.70公里，溢洪道底宽3.2米。

左大塘水库：位于董口村，坝型为土坝，最大坝高9米，积雨面积0.43平方公里，总库容30.4万立方米，灌溉面积1600亩，放水渠长2.5公里，溢洪道底宽2米。

附记：方沟水库和刘贵全

方沟地处寿安镇插旗山村和西禅村之间，方姓人聚居地，故名。方沟之西是插旗山，西南是寿安镇通往彭山县将军庙（太平场）的古道。后山名曰“才子山”，据传明代这里出了一个秀才，死后葬于此山而得名。方沟之北是平坝，数千亩良田缺水灌溉。1965年11月，在县农水局的支持下，和平公社、五星公社共4个受水大队的社员在方沟出口，采用锄挖、肩挑、背背、鸡公车运土、人工打夯、石磙碾坝等方法，历经一个冬春，建成坝高13米、库容66万立方米的小二型水库，取名“方沟水库”。方沟水库的建成，确保了数千亩农田灌溉和几个村人畜饮水之需。

1966年8月，方沟水库严重漏水，县农水局向省交通厅公路工程局求援，该局派第一工程处的潜水员刘贵全和王维，携带设备于10月13日晚到达五星公社。14日上午，他们对水库漏水情况进行观察，做潜水准备。15日开始潜水堵漏，漏水量大大减少。16日晨4时左右，漏水突然增大，刘王二人再次潜水堵漏，但未找到漏水处。17日上午9时30分，刘贵全第三次潜水堵漏，不幸被吸入“灶火门”（漏水孔），经抢救无效，刘贵全牺牲。10月24日，蒲江县政府在寿安镇大礼堂隆重举行追悼大会，社会各界送去花圈100余个、慰问信和挽联挽词100余份，同时将方沟水库改名为“全胜水库”。经征得家属同意，刘贵全的灵柩安葬在蒲江县烈士陵园。10月25日，中共蒲江县委发出《关于向刘贵全同志学习的通知》，随文印发《刘贵全同志生前的模范事迹和参加抢救、堵水干部群众的先进事迹》。2010年，刘贵全烈士列入《成都市英烈大典》。

二、山平塘

民国时期，山平塘普遍存在，几乎所有山丘乡村地区都有山平塘，主要分布在大、小五面山和长秋山部分地区，是山丘地区重要的水源工程。1949年，寿安地区有山平塘165口。从20世纪中末期起，随着玉溪河水利工程引水干渠、长滩水库右干渠等引水渠的建成，一些山平塘放水改成耕地。2016年，全镇山平塘减少至48口，总蓄水量54万立方米。

三、微型水利工程

从1995年起，寿安镇结合人畜饮水工程建设，开始在左、右干渠无法到达的山区修建微型水利工程。微型水利工程就是人工建造的蓄水池，用水泥、沙石、火砖浆砌圆形水池，每口水池在100～250立方米左右。修建微型水利工程按容积计算，每立方米国家补助15元，县政府发给工程建造农户产权证，县水务局发给使用证。至2016年，寿安镇所辖大、小五面山和长秋山区建微型水利工程157口，加上4座小水库，总蓄水量105.85万立方米。微水工程不仅解决了灌溉问题，直接消灭钉螺面积7万平方米，间接消灭钉螺面积12万平方米，为消灭血吸虫病和保障群众身体健康起到重要作用。

微水工程

第四节 提灌工程

五会村新建的小农水工程——提灌站（摄于2015年）

一、机械提灌

寿安地区凡沟渠河水不能自流灌溉的耕地，都需要提灌。清光绪版《蒲江县志》载：“田高河底，水难上达者，用戽水篼、筒车、龙骨车（水车）吸之。”民国时期，仍用旧法提水。这些提湖水工具，除筒车以水力转动外，皆用人力，费时耗力效益不高。新中国成立后，逐步改用机械提灌。50年代末，镇内乡村试用柴油机带动水泵机械提水。在大、小五面山和平坝地区未形成灌溉系网之前，机械提灌发挥了很大作用。60年代，普遍使用机械提灌。机械提灌主要动力为“105”“195”“175”型等14.7千瓦、7.35千瓦以下小型柴油机，具有体积小、重量轻、移动方便等优点，平均每马力灌田20亩以上。1978年，寿安镇（五星、松华、插旗、寿民乡）有柴油机81台、562.28千瓦，水泵83台。1986年，全镇实现村村通电，农村普遍改置电动潜水泵，国家对电动提灌实行最低电价，相比机械提灌节约大量成本，机械提灌逐渐被电力提灌所替代。1995年，寿民乡纸厂发生大火，县抗旱服务队作业20天，机械抽水69万立方米，减少损失20万元。

二、电力提灌

1974年，地处玉溪河引灌工程尾水区的五星乡（现属寿安镇），建成蒲江县第一座电灌站。至1988年，该乡共建电灌站25处，控灌面积近万亩。1994年，建成松华（现属寿安镇）张山沟电灌站，控灌敦厚、松华、五星乡5个村的6900余亩农田。至2016年，寿安镇有电力提灌站42座。

第五节　饮水工程

一、河塘饮水

民国时期，镇境内生态环境较好，没有工业污染，没有农药化肥等现代化学药物毒害，居民饮水大都采用自然水源。平坝地区农户，大都从河沟中挑水饮用。山丘地区农户，则从山塘中取水。离山塘远的，就在房前屋后自挖小凼积水取用。场镇居民及乡村少数村民，打井取水。70年代起，河沟山塘之水尽管无明显污染，但因植物枝叶沉积腐烂、人畜混游其中、洗衣刷物、畜禽粪便排泄等原因，河渠山塘之水逐渐被污染，人们不再饮用自然水源。

手动压水井（2016年摄于华锋村）

二、井水饮用

民国时期乃至以前很长时间，在水源较好的地区，寿安民间有凿井取水之习。井水经地层过滤，无污染，水质好，有些还是酿酒、制作红豆腐等的特别用水。20世80年代起，乡村农户陆续自费打钢管井，解决人畜饮用水。1986年至1990年，寿安、五星、松华、插旗、寿民等乡镇村民，在政府的支持号召下，掀起打井热潮。坝区农户打井深度在10米以上的，每口井政府补助300～500元；山丘地区农户打深井，深度在30米以上的，每口深井政府补助2000～3000元。集镇建自来水厂，居民、商家用自来水。至2000年，全镇城乡居民全部饮用自来水和井水，结束了河塘饮水的历史。

三、自来水供应

1990年，寿安集镇建成日产1500吨自来水厂1座，265户居民用上自来水。2001年，使用中央财政西部专项资金72万元，在寿安镇插旗山村、五星镇元觉村和董山村实施氟砷防治改水工程，打机井3眼。安装压力滤器配套设备3套、铺设水管道24.5公里，供水量30立方米/小时。工程总投资120万元，解决3440人饮水困难。至2016年，寿安全镇2.47万户5.8万人全部饮用自来水。

第六节 防洪和抗旱

一、防 洪

蒲江河、临溪河是典型的山溪河流，县境内两岸大部分为冲击平坝，纵坡比较变缓。河道不稳定，河床浅，岔道、弯道、沙湾多，易被冲刷。又因河道位于雅安暴雨区边缘，汛期洪水来势汹涌，下游排洪不畅，历史上洪灾频发。民国3年至38年（1914年至1949年）的36年间，临溪河、蒲江河曾14次洪水泛滥成灾，平均两年多一次。历代政府虽然对“两河”有些治理，但均属修补，未曾彻底整治。故史料上“连日暴雨，山洪暴发、河水陡涨、人畜漂没无数，受灾严重”的记载屡见不鲜。

新中国成立后，根据“防重于抢”的方针，政府组织群众对“两河”多次进行整治。1954年，寿安乡组织4000人治理蒲江河寿安镇陈河坝段，开挖河方11万立方米，疏通河道600米，浆砌卵石护岸350米。松华、寿安、高河3乡群众治理临溪河袁河坝段，开挖河方10万立方米，疏通河道1000米。1965年，进一步治理蒲江河，在寿安镇蒲和大桥段，开挖河方3万立方米，疏通河道400米，浆砌护岸300米；陈河坝段浆砌护岸300米，羊角滩段浆砌护岸350米。1978年冬至1979年春，治理玉溪河引灌工程袁河坝险段，新开河道563米，开挖河方32.9万立方米，回填7.9万立方米，浆砌护岸1.5万立方米，修排水漏洞4处。1983年至1985年，又对寿安、松华的河道进一步整治。经过历年不断整治，加之两河上游修建了水库，洪灾大减。1950年至1985年的36年中，只发生过7次洪灾（均为降雨量200毫米以上的大暴雨），与民国3年至38年（1914年至1949年）的36年同期相比，洪灾发生频率减少一半。

1980年起，采用机械化作业，截弯取直和水泥浆砌，对蒲江河和临溪河进行整治。1981年，寿安镇成立防汛抗旱领导小组。1987年，投资21.88万元，治理临溪河松华乡纸房堰左岸堤，堤长540米。1997年，在寿安镇和五星乡的6个村修建7座防洪救生台，总建筑面积2080平方米，可为2000多人提供避灾。2003年，坚持“防重于抢”的原则，实行分级管理，分部门负责的行政首长责任制。各司其职，各负其责。寿安镇以镇长为责任人。每年汛前调整健全村（社区）防汛指挥机构，制定防汛预案，分设城镇、农村、水文气象、抢险救灾、宣传报道、生产自救、后勤保障7个专业组，确保防洪万无一失，保障国家和人民群众财产和生命安全。

二、抗 旱

寿安境内有冬干春旱、夏伏旱之常年气候规律，长秋山和大、小五面山大旱大灾、小旱小灾。民国时期，寿安境内旱灾计发生19次，平均两年半1次。寿安地区无水利灌溉和蓄水工程，一旦发生天干，民间使用水车、戽水篼或人力担水抗旱。1950年至1965年，镇域发生旱灾10次。70年代起，随着玉溪河水利工程、长滩湖、朝阳湖、石象湖水库的建成，乡村沟渠水利网络逐步形成，以及山平塘、微水工程的完善，基本能抵制天旱带来的灾害，做到旱涝保收。自来水供应遍及镇域各户，人畜饮用水得到充分保证。

第七章　工业和能源

寿安地区工业历史悠久，据司马迁《史记·货殖列传》载：汉朝时期，寿安地区开始有了制盐和冶铁工业生产。至民国时期，寿安地区的手工业发展较为全面和发达，主要有竹、木、石、泥、铁、衣、烟、烤、榨、雕、染、画、织、酿造等制作行业。至80年代前，主要是作坊式小手工业。手工生产和加工铁器、木器、竹编、缝制、砖瓦、粮油、酒、酱品等，年工业产值仅占地区总产值的5%左右。80年代起，寿安镇以经济建设为中心，大力发展现代工业，涌现一批省、市龙头企业。2010年起，建成寿安工业园区，引进国内外著名企业50余家，打造“中国包装印刷产业基地”“中德（蒲江）中小企业合作区”“千亿级五金小镇”“成都合联新型产业园”特色工业集群，精密机械业、食品饮料业、印务包装业、生物医药业等成为特色产业。2016年，全镇股份制企业51家、民营企业47家、外资企业3家。其中，规模以上企业28家，主营业收入16.9亿元，实现利税1.1亿元，占地区生产总值的75%。

第一节　手工业

一、木　工

民国时期，木工是寿安民间主要的手工业者，从业人员为数众多，寿安、高河、松华、青龙、仁寿5个乡镇，木工人数年保持在500人左右。木工是以木材制作为技艺的工匠，供奉战国时期的鲁班为鼻祖。其技艺用“以师带徒”的规矩传承下来。年轻学徒拜师后，须跟随师傅学艺3年，方能“出师”谋业。学艺期间，以粗活、重活做起，规矩严厉，且劳无所酬，逢年过节要给师傅送礼，俗话说：“徒弟徒弟，三年奴隶”。学徒期满，要办谢师酒，给师傅制作一套新衣。

木工分“大木”“小木”两类，无论大木、小木，工艺要求严格。“大木”专营修建房屋、楼台亭阁。“小木”专做花床、箱柜、桌椅等家具和雕花门窗等木制工艺制品。新建房屋，都有一名负责设计施工的“掌墨师”，由领班师傅担任，画“房样”设计图、在木材上划线，其余木工们按线下料，要做到分厘不差。小木做家具要求接口清丝严缝，雕花要有高超的绘画、雕刻艺术水平。大户人家建房的飞檐翘脚、横梁靠基、镂空花窗，要求图案所绘龙凤麒麟、花鸟虫鱼逼真精准，雕刻娴熟光洁，不露刀斧之痕。所有工艺穿方斗榫，丝毫不差，所谓“工匠精神”，即如此也。士绅大户建房、祠堂庙宇、廊桥等大型建筑，从备料、改料、施工到修葺完成，纵有数十木工劳作，仍需一年至数年竣工。平民修房一两个月即可完工。木工的工具很多，有各种规格、用途的刀、斧、锯、刨、凿、雕刀、墨斗、马凳等数十种，另有专业的土漆漆工及专用工具、材料。木工的工酬，有按出勤天数付给大米的，有付现金的，每日收入略高于社会平民劳务收入。对掌墨师傅、雕刻技工、漆工又特殊计价。无论大木小木，房屋建成上梁或家具打完后，“掌墨师”都要说四言八句，以示吉利和恭贺。

新中国成立后至80年代初，国家实行计划经济，取消个体工匠自行从业。木工和泥工、篾匠等“五匠”人员，纳入生产队集体副业。木工外出务工，靠每天挣工钱1.5元，主人管三顿饭生活。木工向生产队缴纳1元、评记全劳工分10分，参加年终分配。1980年后，政府鼓励“五匠”技术人员搞活经济，木工活跃于乡村和市场。从1990年起，农村、城镇住房建筑发生变化，砖混结构楼房替代砖木结构平房，不再使用檩角木柱、木门传统材料，门、窗都用钢塑成型材料；室内床、柜、桌、凳等都购置厂家生产的成品组合家具。传统木工技艺除少数从事古建筑工艺、工程外，大部分木工转型从事装饰装修业务，根据设计图纸，作吊顶、工艺隔断、衣柜、壁柜、储柜等，并与水电工、铁门安装、地板安装、墙壁喷涂、灶厨卫等工种、商家合作，完成全部装修工程。木工的工艺和工具，也发生变化，电锯、电刨、电力喷钉枪、喷漆等现代工具代替传统人力工具，提高工作效率，省力、省时、提高工艺水平。装饰木工材料以木条、木板、机制复合板为主，减少圆木改锯工序，制作以胶粘、喷钉为主，省去打眼、逗榫工序，体现现代化组合式机械操作模式。以木工为主体的装修公司、装修专业队，是各类装修业务的工程承包主体。装修承包方式有两种：一是材料、工时、管理费用“双包”，合同签订后，由承包单位全权负责施工，按期验收交房；二是材料由客户自备，实行工资“单包”。承包人除工资外，协商收取一定的运杂费用和利润。2016年，寿安镇有装饰公司2家、经营部3家，无固定门市、无营业执照的乡间流动装修专业户十余家，从业人员200余人。与装修配套的装饰材料经营店、油漆、灯具、水电、门窗五金等8家，年经营业额6000余万元。民间仍有少数木工使用传统方法，用楠木、柏木等实木制作明清家具和传统家具，供爱好传统家具者使用和收藏。

二、铁　艺

寿安镇铁艺有2000多年历史。早在西汉时期，在今五星社区、龙泉村一带，就有规模较大的冶铁工场，将铁矿冶炼成钢铁，制作矛、钺、刀、斧等兵器和刀、斧、锄头、犁耙等铁制农具。镇境内有铁盆、铁器出土文物及冶铁遗址，佐证了旧时冶铁业的繁盛。民国时期，寿安镇铁艺日趋成熟。40年代，寿安镇有铁匠铺十余家。铁艺制作有：犁铧、铁盆、铁杵铸造，大刀、斧头、弯刀、菜刀、镰刀等刀具制造，车船轮箍制造，船钉、门钉、抓钉打造，几乎涵盖所有民间铁器用品。铁艺制造设备设施较为简陋，只需一个占地40平方米左右的工作间即可。工作间内建一个炉灶，灶台高约1.2米，有灶膛、风箱、烟囱，灶膛宽约30厘米左右，长约1米，设暗道通风箱。烧大邑天宫庙出产的块煤，为能将生铁烧至溶化程度，须加强煤炭燃烧加温到1000℃左右，故须拉风箱两头送风至灶膛吹火。拉风箱者一般为徒弟或老婆，故有歇后语“铁匠的婆娘——扯火”和“耗子钻风箱——两头受气”之说。炉灶前设一铁砧，师傅用铁钳夹着烧红后铁件放在铁砧上，两人用二火锤轮流反复捶打。如是三五次边烧边锤后，在刀刃处加入优质苏钢，再细致锤炼，然后用平锉抛光启口，才成为锋利的所需刀具。刀具是否锋利，关键在师傅掌握火候的功力。火候不

铁匠铺打铁（摄于2016）

到，则刃口易卷；火候过度，则刃口易碎；苏钢少加，无锋利可言；锤炼敲打不足，刀具会分层剥落。寿安镇筲箕市街铁匠李华轩以打制刀具著名，他打造的各类刀具锋利、美观、耐用，受到广泛赞誉。罗铁匠制造的厨刀、杀猪刀等刀具，品质优秀，价格虽高于市场，但供不应求。

1953年至1980年，寿安、五星、松华、青龙4个乡镇成立集体企业“铁业社”，从事传统铁器生产。从业人员40余人，实行技术评级月薪制。20世纪80年代后，撤销铁业社，从业人员转为个体经营。随着科技水平提高，机制五金产品逐渐占领市场，民间手工铁器明显削弱。2016年，寿安城乡铁器个体经营户仅有5家，只生产锄头、镰刀、花撬、刀具等小型铁器。

三、编　织

竹器编织　寿安镇民间竹编有专职的“篾匠”。使用的材质主要有慈竹和斑竹两种，编织的物品为农具和生活用品。慈竹编织物品有晒垫、夹背子、稀眼背、箩篼、连盖、鸭棚、戽水篼、篼篼、夹篼、漏筛、米筛、筲箕、斗笠、竹扇、竹席等；斑竹制品有捞草耙、圈椅、靠椅、矮椅、蒸笼等。竹编用具在生产生活中使用广泛，仅次于木器。竹编工艺，粗放者坚如椽木，细致者柔如丝条。家用竹具有上百种图案，交错编织，表现出篾匠超高的艺术水平。“花篾条”是篾匠的基本工，有的精巧竹器，要求篾片薄如蝉翼、细如发丝，所编花鸟虫鱼，栩栩如生。篾匠一般是独自在家从业，编制成品送到市场出售。秋收前有大户农家，所需晒垫量大，请若干篾匠汇聚家中赶工编制。篾匠都是子承父艺，很少招收徒弟，一些心灵手巧的农民，也能自学编制竹器自用。民国时期，寿安城乡从事竹编手艺人较多。插旗山村和金家村余河塥的箩篼、龙泉村的背篼和斗笠、七星村筲箕湾的筲箕等都是较有名的。至80年代，寿安城乡从事竹编手艺人不足200人。80年代后，塑料制品广泛应用，新型家具替代了竹编制品，竹编技艺无人传学，其制品微利。至2016年，只有一些老年人从事竹编，销售后有点零用钱，全镇城乡从业人员不足50人。

民间竹编稀眼背（2014年摄于插旗山村）

民间编织草席（摄于21世纪）

草席编织　旧时，蒲江河两岸和低洼沼泽地带生长着一种草本植物蒲蔺，也叫蒲草，俗名灯草。蒲草剥皮抽芯可作为燃点油灯之用，也可用作裹缠竹签蘸制照明蜡烛，蒲草主要用于编织草席供床上铺垫睡眠之用。每年农历八月十五日以前，在比较阴暗潮湿的冷浸田栽插蒲草种，至次年小满季节收割席草，采集起来用草木灰裹挟使之去汁，待色泽变化为白色美观，晒干后扎成捆备用。编织草席时，在木架上套上粗细麻绳分别作为大小径筋，再将席草用竹篾签棍投递穿插，边穿边用木扣打压紧实，每根草席耗用木麻3~4两，席草2.5~4公斤，每天可编织成1~2张。寿安地区各处都有从事编织草席之农户，以五会村和沙湾村较为集中。寿安地区草席历史悠久，质量上好结实耐用，表面光滑，远销至雅安、名山、天全、芦山、宝兴、荥经等地，年外销数量有3000余张。60年代后，蒲草种植逐渐减少，民间人工草席编织逐渐消失。在一些地区，改用机器编织。

草鞋编织　旧时，人们到田间地头劳动作业、出行以及在河道中撑船驭筏都穿草鞋，因此草鞋的制作和销售数量都非常之大，民间广泛从事编织草鞋皆妇孺。草鞋编织取材方便，只需竹麻和稻草。竹麻是用嫩慈竹经过烧煮变柔软后，用铁夹紧紧夹扭揉成丝状扯下泡水晾干成劲筋，套在木制的草鞋架上，然后用稻草在竹麻筋上来回编织。根据材料不同，草鞋有不同种类和规格，有丝耳草鞋、线耳草鞋、粗草草鞋、捶草草鞋、梭草草鞋、布筋草鞋；还分男士草鞋、女士草鞋、成人草鞋、儿童草鞋等。按不同用途，有强体力劳动穿的粗布草鞋，厚实笨重耐用，有专供河道筏运工人穿的草鞋，名叫水笆筏草鞋，粗股软和不伤脚部不至于在河中被石头硬压伤脚。另外，学生和比较讲究之人穿的是棉线和丝线扎作的花朵系在上面，增加美观。草鞋不但经济实用，而且防潮透气，本地所产草鞋较为畅销。60年代后，人们基本不再穿草鞋，民间草鞋编织逐渐消失。

棕丝编织　旧时，在长秋山和五面山浅丘山坡冲槽、地角边生长着较多棕树。棕树高两至三丈，密集如竹节重叠自下而上，顶端长出叶片如扇形，其皮部长出粗壮棕片与蛛网式棕丝交互如织。秋冬采剥抽丝，棕丝晒干后防水耐磨，可用作编织箩筐用的棕绳和缝制蓑衣，制作棕垫、棕毯，还可制作毛刷、过滤水等。寿安地区年对外销售数量达2500公斤。70年代后，棕树逐渐减少，棕丝制品也逐渐被塑料制品代替。

衣物编织　寿安民间衣物编织无专业从业人员，都由家庭妇女利用农闲和空闲时间，自己购买棉线、毛线编织。编织的针织品有线帽、线袜等。20世纪中晚期，自买毛线编织毛衣、毛裤较多。进入21世纪，服装市场大量上市机织毛衣、毛裤、袜子等，其线质精细、织造精美，价位少至几元的一双线袜，多至上千元的纯羊毛衣裤，满足各阶层人士购物需求，人工针织基本退出市场。

棕丝编织的蓑衣（摄于2016年）

四、刺　绣

民国时期，刺绣工艺在寿安民间流行，主要是女性家庭刺绣，称为“女红”。家庭妇女到街上买回各色“衣线”（丝线），将刺绣布料用竹圈绷紧，在布料上画出花样素描线条，进行配色刺绣。刺绣技法有挑花、插花两种。寿安城乡刺绣工艺品有手帕、女性帽子头饰、男女上衣胸花、袖口插花、袜底插花、布娃娃面插花、婴儿襁褓刺绣、床罩刺绣、桌椅垫座挑花、枕头挑花等。20世纪末，机制刺绣工艺品大量进入市场，蜀绣、苏绣高端工艺品成为家庭收藏饰品，手工刺绣被替代。进入21世纪，寿安地区民间流行“十字绣”，其工艺特色和流程与传统刺绣不同，题材选择国画、油画名作，如八骏图、牡丹图、花草虫鱼图等，小至斗方，大到4尺、6尺、8尺横幅。在刺绣布料上喷绘作品仿制彩色图样，并有方块线格。配有刺绣线色谱，刺绣者只需照图配线刺绣。刺绣完成后，按国画或油画风格装框装裱，作为艺术品装饰挂于室内墙壁。“十字绣”耗时耗工，成本较高，售价也高，1幅6～8尺作品，售价可达1万元以上。至2016年，寿安镇刺绣仅成为民间游艺活动之一。

五、缝　制

民国时期至20世纪中叶，缝制在寿安地区全是手工制作，时被称为“裁缝”的专业艺人近百人，在街上开店铺或走乡串户打工。大多家庭衣物缝制，由各家女性自行裁剪缝纫。

旧时民间服装鞋帽式样较为单调，服装分春夏季服装和秋冬季服装两大类。春夏季服装统称“单衣”。男式为长衫、短褂。长衫为大牌子，布料用深色，平民都用粗布，富人用阴丹等细纱布。短褂为“对门襟”，白色布料，富人有用丝绸，女式一律为短衫大牌。圆球型布钮自领口沿右腋而下排列。初用土布，后购买花布缝制，穿旗袍者甚少。男女长裤均用大裤脚，棉带扎腰。冬季服装以棉衣、棉裤为主，富人有的缝制皮毛大衣。无论任何款式，都要“量身定做”。量身、画线、裁剪，是关键的工序，关系到衣服是否合身、外形是否美观、是否节省衣料，一般都由师傅操作，然后手工缝制。手工缝制要求针线密集、做工细致。20世纪后期，各种花色、品质的布料陆续上市，缝纫机投入使用，成倍提高工作效率，寿安镇建立了缝纫社、服装厂，手工缝制迅速退出市场。进入21世纪，寿安、五星、松华、青龙场镇纷纷办起服装专卖店。多种多样的时装、休闲装、鞋袜、童装和国内外名牌服饰，形成了新时代成衣市场，人们购买新衣成为常态，传统手工、机械缝制被淘汰，成为历史。2016年，寿安镇有时装店60余家。

六、砖瓦烧制

砖和瓦是民间重要的建筑材料。民国时期，寿安镇域范围有“向瓦厂”“陈大漕瓦厂”等瓦厂。新中国成立后很长一段时间，民间都用手工制作和烧制砖瓦，七星村向瓦厂一直生产到2000年关闭。烧瓦的工艺、条件较为复杂。要在黏土层较厚的地方选址建窑，以产量规模决定窑子大小。窑为圆球形，上有气眼，下有窑门，供进货取货、递柴火。建占地1～2亩的低矮、四面通风的草房砖瓦棚，砖瓦泥集中到平地后，略加水分，人踏、牛踩，不断翻挖，达到软硬合适、粘稠糍软程度，才用模具和砖匣制砖瓦土坯。土坯风吹晾干后，送入窑中焙烧。窑子四壁码放砖瓦土坯，中为火膛。燃料为木材，昼夜不停焙烧7日左右，关火放水，再密闭数日，即可开窑取出砖瓦成品。关键技术是掌握烧窑火候及时间，火候不到则砖瓦易碎，过火则易裂，甚至全窑砖瓦成废品，掌窑师技艺至关重要。土制砖瓦产量不高，难以满足民间需求量。20世纪末，改革开放后人民生活水平显著提高，修建砖混结构平房、楼房建设蔚然成风，砖瓦需求量剧增。寿安地区建

久兴机砖厂外景（摄于2016年）

成松华乡建华机砖厂、五星机砖厂、和平机砖厂和机制瓦厂，燃料为煤炭。每座机砖厂砖窑为长形，开有10～20道门进料取料，砖坯为机制，每窑能产数十吨匹机砖，满足社会需要。21世纪起，为了保护和节省土地资源，国家提倡用页岩制砖，并将砖型改成空心砖，更加节约土资源。寿安地区机砖厂关闭，砖厂平整还耕。

七、粮油加工

水碾加工稻谷（摄于2016年）

民国时期，寿安地区粮食加工大多使用水碾水磨。寿安地区河沟纵横、水源充足，全镇有水碾房40余座，进行大米、小麦加工。水碾多数为合资修建，以出资较多的人的姓氏命名，如李水碾、张水碾、左水碾、龙水碾等。建成后，按出资比例以10天为单位排轮值班，谁值班谁收费。水碾房大多水碾跨河沟而建，选择河沟流水落差大处筑堤埂，在其上游开挖引水沟渠至碾房。碾房面积80～100平方米，分上下两层。上层在平地上建平瓦房，房内中央置碾槽、碾砣，房内有风米机、吊筛等工具。大的碾房有水磨、丝罗（细筛），为磨小麦、玉米面用。下层为冲水式水车，在河上游砌埂渠引水，水经过闸门，流入45度斜坡水槽，产生冲力冲转水车，通过水车中心轴，带动上层碾砣碾米。每槽可碾谷50～100公斤，用时40～60分钟左右。水磨须另建水槽水车，带动水磨转动磨面，1小时可磨25～40公斤小麦、玉米。边磨边筛3次后，细面达90%，余下为麦麸。碾米磨面收费，按所碾磨粮食“打卡”，加工50公斤收半斤。新中国成立后，水碾收归集体所有，由生产队出资维修，派人看碾收费。农户也有小型粮食加工用具，手磨推面粉、磨豆花，木制“擂子”可推火米，山区无水地方设有旱碾、旱磨，用牛拉动，形同水碾水磨的上面部分。1980年后，打米机、粉碎机、打糠机等加工机械大量投入使用，取代水碾水磨。村社进行农田水利建设，对沟渠河道进行规划改道整治，寿安镇域各乡村水碾水磨相继消失。2016年，寿安镇仅有7家粮食加工房，用电力机械加工。产业结构调整后，90%的土地种植水果，农民主食的大米都到市场购买，粮食加工不再是农村主要生活行业。

70年代前，油菜子加工榨油都用木榨（土榨），榨油房大多选择在有水碾水磨处。寿安境内有榨油房6座，规模最大的是五星乡雷油房，50—70年代为国营寿安粮站油菜子定点加工油房。木榨油房设备繁多，工序复杂。油榨是主体设备，选用直径1米以上、材质坚硬的枫香树或檬子树，从中剖开一分为二，一片作上榨，一片作下榨，中膛凿空。下榨固定，上榨用铁链悬挂，可升降。榨油时，先将油菜子烧炒后，用稻草铺垫在铁箍内踩成饼，放入膛中合拢上箍，榨头用檀木削成楔子插入，2～3人合力拉动用巨石撞击榨头，使其挤榨出菜子油，并不断加楔，直至油尽饼干为止。人力木榨，每天能榨600多公斤菜子，出油率33%左右。1979年，寿安粮站开始使用95型榨油机，1台榨油机每天能榨3000公斤油菜子，出油率38%～39.5%，劳动强度大大降低。2000年起，土榨随同水碾逐渐被拆除。2016年，全镇有食油加工专业户6家，收购油菜子加工成菜油供应市场，或接受农户送油菜子进厂加工成油，满足家庭全年食用油，回收油枯作蔬菜、果树种植有机肥料。

八、酿　酒

酿酒车间（2016年摄于宜人坊酒业公司）

寿安地区民间酿酒历史有上千年之久。民国时期，寿安镇、高河乡、松华乡、青龙乡有烧坊（酒坊）十余家，农家时有小作坊自酿自饮。民间酿酒作坊生产纯粮白酒，也称“老白干”“跟斗酒”，无生产曲酒的大酒厂。酿酒原料有高粱、黄谷、小麦、玉米、稗子等，以高粱为上品。酿酒工艺以蒸馏酒为主，蒸煮时先在锅底倒入黄水（酒尾），塞好水眼，在甑篾上撒一层熟糟，接好酒气筒搭好酒布接酒，丢糟接酒一般不分段接，只接统酒。采取缓火蒸馏方法蒸粮糟。上甑要探气大小，做到轻撒匀铺，切忌重撒多上造成塌气，使酒气香气难以溢出糟子而短酒和提香不足。接酒时要把握好流酒速度，摘酒时去头截尾要准，边接变尝，准确分段将酒接入不同的酒坛中，要把一甑糟子中最好的一段酒接出来，以此提高酒的品质。蒸粮过程从流酒开始到断尾，断尾后加火力继续蒸粮，使粮食糊化更彻底，达到内无生心，外不粘连，柔熟不腻。打量水有两种形式：一是甑内泼酒，二是在粮糟出甑后堆积过程中泼酒。打量水通常为“梯梯水”，下层糟少打，上层糟多打，自下而上逐渐递增。量水为开水，其数量要根据季节、气温、糟子及窖池等情况灵活掌握，量水泼酒均匀。出甑又叫下甑，将糟醅从甑内提出到晾堂堆积，以利保温糊化和收汗，待收汗后进行晾糟。关键工艺是抛酒糟子，要满堂，无疙瘩，且抄底翻造数遍，以便快速降温达到入窖温度要求。在粮糟温度适宜入窖时，要尽量拉薄糟层，定量撒上曲粉，经几次抄底翻造使糟曲均匀混合，这叫下曲。入窖的关键是掌握好入窖糟醅的温度，当发酵升温快猛时，应适当踩窖。入完窑后进行封窑。将面糟拍紧拍平，成梯形台状，将柔熟窖泥盖在面糟上，抹平四周皮泥，形成窖帽，封窖的目的是杜绝空气和杂菌侵入，以利于无氧条件下酒精的形成，抑制氧菌的产酸作用，保证产量和质量的同步提高。从封窖起至开窖是产酒的发酵期。酿制大曲酒，发酵周期为45~180天，甚至更长，具体发酵期要根据不同的质量和产量要求来确定。

新中国成立后，寿安镇办起了集体企业“红星酒厂”。70年代后，私营酿酒企业逐渐发展，新办有五星乡的“红旗酒厂”，专业生产“蓉城王”瓶装曲酒。松华乡新办杨玉香白酒厂、陈光华白酒厂、和平乡社办白酒厂。从东北三省和山西购进高粱、小麦、玉米，从四川购进黄谷酿酒。90年代，酿酒工艺发生重大变革，用食用酒精勾兑少量粮食酒，加入大量纯净水，产量大幅度增加，成本大幅度减少，给酒厂带来可观利润，但酒的口感品质与纯粮白酒有明显差别。2000年，寿安镇6家酒厂年酿造白酒100余吨，除在本地零售外，大部分发往外省销售。进入21世纪，大批普通曲酒、白酒冲击市场，寿安地区酿酒业下降。“红旗酒厂”与宜宾一家大型酒业合作、酿造“宜人坊”品牌系列酒；“红星酒厂”仍生产白酒供应地方市场。2016年，寿安镇有酒厂3家，年产白酒370吨，总产值2480万元。

九、酱品和红豆腐酿造

民国时期，寿安镇罗克之在二条街办了1家酱园厂，生产酱、酱油和醋。大部分农家在盛夏季节自酿酱品。甜酱是烹饪中最佳佐料，其制作工艺：用黄豆、小麦做原料，先将原料磨细成面，加水少许，成饼。再用簸箕铺稻草垫底，面饼陈放后，盖南瓜叶密闭，使其发酵生黄色菌丝后，取出切成细块，放入盆罐、缸、钵中，加水浸泡，成浆糊状，同时加入盐和大香、山奈、茴香等香料，置于伏天烈日下曝晒，一日彻底搅动2~3次，10日后香味四溢后即可食用，红烧、炒菜中加入甜酱，其味甚佳。

包装好的红豆腐（摄于2016年）

酱油又称“豆油”，以黄豆、麦麸、面粉、盐巴为主要原料。先将黄豆用清水浸泡蒸笼煮半日许，停火焖至次日，将熟料取出，与面粉、麦麸等配料混匀装入盆内，料厚寸许，放到室内木架上发酵，三四天后便生菌丝。此时要不断翻料，待料动时有粉状物飞扬时即成“曲”。把曲装入缸里放水和盐巴曝晒，使之再次发酵，2月至3月后，用纱布袋榨沥去渣后即成酱油。酱油在烹饪凉菜，炒菜中广泛运用。20世纪中期，酱园房关闭后，寿安地区无人生产，百姓家庭、餐饮饭店所用酱油、酱、醋等食品调料都从副食品店购买。

寿安地区民间酿制红豆腐有近千年历史，各家各户都有做红豆腐的习俗，延续至今。民国时期，寿安镇罗克之酱园厂生产的红豆腐远销雅安、成都、重庆等地，声誉很高。1995年，寿安镇办起民营企业“邹家红豆腐酿造厂”。2000年，又一家“老王牌”红豆腐酿造厂开业，批量生产红豆腐。2010年，两家酿造厂年生产红豆腐近1.5万公斤，远销县内外。2016年，邹家红豆腐厂停办，“老王牌”红豆腐厂继续生产销售。酿造红豆腐的原料有胡豆、黄豆、海椒、盐、大香、山奈等香料，清油、白菜、花椒、生姜、洋姜等，工艺较为复杂，酿造工期长。具体酿制过程是：先将干胡豆用弯刀花成豆瓣（20世纪末有的用机器花豆瓣）。将豆瓣用水浸涨捞起去壳，放入簸箕摊开，盖上南瓜叶让其发酵。数日后观其发霉生黄粉后取出晒干备用。进入冬季酿制时，将黄豆泡涨、磨浆、烧浆、滤浆，用石膏或胆水点成豆腐。再将豆腐装进木匣内，待其定型后取出，切成4厘米左右大小方块，放入垫有稻草的簸箕里，密闭让其发酵。数日后，豆腐面层长满菌丝后取出，用晒蔫的白菜叶逐块包裹备用。进入最后一道工序和料装罐，拌料在大锅里按每斤豆瓣2两至2两5钱比例加进食盐，适量放入花椒、大香、三奈、茴香等香料，再加生姜、洋姜。取当地优质深井水、清油、少量白酒拌料。装罐时，一层豆瓣混合料一层红豆腐，将罐口用不透气的材料密闭后盖上罐盖，再将水渗透满圆盘，使之彻底密封。厂家批量生产红豆腐，专用容量1～2.5公斤小罐，用油纸或塑料布加密，外套竹编篓便于包装运输，放置半年后开罐食用，隔年食用更好。

十、造　纸

民国时期，寿安地区农村有造纸厂生产火草纸，造纸匠称为“纸客”。造纸厂每年冬天收购嫩慈竹，用铡刀截成5尺左右长度，捶破打捆，放入大坑里加水和生石灰沤泡半年以上。然后将泡熟的竹子捞出洗去石灰，牵牛拉石磙碾成细麻。将细麻放入特制的水池里加入滑叶水，用竹竿将纸浆搅匀，再用特制的竹簾子将纸浆捞成一张张的薄纸，累叠在木架上用杠杆压尽水分，用手启成10张为一叠挂在竹竿上晾晒干。最后在熏房用硫磺熏白，在木凳上切割、包装、打捆，上市销售。其时主要有丝栗村龙氏纸厂、五会村和杨沙湾纸厂，每个纸厂常年生产的工人3～5人，年生产火草纸1000余担。新中国成立后，火草纸厂逐步停办。1978年，寿民造纸厂建成投产。至1985年，寿民造纸厂生产瓦楞纸2977吨，其附属纸箱厂生产纸箱。2000年后，为保护环境，寿民纸厂关闭，纸箱厂亦停止生产。

十一、石　刻

民国时期，寿安地区民间建房建桥等利用石材较多，镇内有石桥30余座。另有房屋基石、雕花护栏、柱石、保坎等建筑石材，还有石狮、石刻浮雕等工艺品。用量较大的是墓碑制造，具有千年历史。石碑式样繁多，有仿古花碑，顶如楼台，重叠交错，下部分正碑和侧碑相连一体，配有龙凤狮兽雕刻，正面刻故人称谓姓名及直系后裔姓名，上有楣匾，柱有联文。背面刻姓氏排行及墓志铭等。普通的三页碑、单页碑也具有上述要素，仅建造规模不及花碑而已。1990年后，寿安地区乡村在坟山竖碑之风盛行。至2016年，镇内有制碑从业者4家，首家为围镇村“杨氏雕塑”。业主从灌县购进青石板材料，从宝兴县进购汉白玉石料，配置运载车、电脑刻字设备，进行产业化生产。主要产品和业务有墓碑制作与安装、石狮、石缸、雕花护栏、巨石刻字、景观打造等，业务扩展到眉山、彭山、丹棱、邛崃等地。

十二、浸　染

民国时期，在寿安镇属五面山的青龙、松华浅丘地带，遍种一种名叫“蓝子”的草本染料植物，当年种植当年采集其种子制作蓝靛。先将蓝子装入浆砌好的圆形水池里，渗入清水，用篾笆盖上浸泡堆压发酵待其腐熟后，取其浆汁沉淀过滤用作染料。旧时，白色土布必须经过浸染成蓝色才能缝衣穿戴，色泽美观、舒适耐用，染房购回印染白布，将白色染为蓝色。民国时期，寿安镇河坝街一带有染布房33家，每家都建有一人高的圆形大染桶，天晴日捞出染成蓝色的布匹挂晒，犹如无数旌旗飘荡。蓝靛除本地需用外，主要还畅销新津、彭山、成都等地，年出口远销千余挑（每挑15公斤），寿民乡先觉坝的鲁恒丰（鲁王氏之翁公）因贩运蓝靛而成县内首富。50年代后，逐步广泛采用化学染料，天然植物染料逐步被淘汰，土法浸染消失。

十三、黄连加工

70年代后期起，寿安地区民间开始从野生植物三颗针中提取黄连素。三颗针根茎中含有碱性小蘖碱，与中药黄连（大连）所含成分相同，黄连素具有清热、消炎作用和较强抗菌力，在医药上用途广泛。黄连素易溶解于水，生产黄连素的技术容易掌握，收集其滤液加入适量盐水即析出结晶体黄连素，经过再次滤浆、凝固、烘干，便成黄连素粗制品。七星村村民熊上仁在外地看到有人生产这种药品，工艺流程和生产设备都很简单，回家后便购买大量原料，经过几次实验生产，获得成功且收益可观。在熊上仁的带动下，在陈河坝附近一时

黄连加工（2016年摄于玉树公司）

就有十余户从事黄连素生产，其后逐渐扩展到整个插旗公社乃至寿安地区。起初，大部分原料都来自长秋山上，经过一年左右时间，本地已开挖殆尽，遂从县外眉山、丹棱、洪雅、邛崃、汉源，天全、芦山、宝兴、剑阁、广元等十余县源源不断运来。1981年至1983年，寿安地区生产黄连素进入高潮，生产黄连素的个体户达150户以上。除个体户生产外，插旗公社社办企业及寿安镇蜂窝煤厂先后建立生产黄连素设备，松华、青龙、五星等地也相继有人生产。初期一般生产粗粉，因粗粉价格低。其后大部分将粗粉煮沸溶解后加入少量盐酸，析出结晶体精制黄连素。由于外地材料来源逐渐减少，距离较远而运输成本高，黄连素收购价格起伏，由每公斤粗粉收购价格300元左右逐步下降到200元以下。寿安镇地区生产的黄连素，主要销售到成都制药二厂、乐山制药厂以及新繁、新都、郫县、灌县、彭县、邛崃等制药厂，一段时间供大于求，部分制药厂因资金周转困难，暂时停止收购，生产走向低潮，许多小量生产户停下来，有的转向到出产原料区域就地收购原料，就地加工生产。本地专业户也转向收购粗粉提炼精粉。1979年至1988年，黄连素加工历经高潮、低潮，再转向专业户生产经营三个时期，寿安镇地区生产的黄连素精粉累计达5000公斤以上，从事生产者大部分人都获得不同程度的效益。有的个体户坚持生产，开辟新的生产途径和开发新的资源，发展成为生物医药业企业。

第二节　工业经济发展

一、工业所有制形式

民国时期，寿安镇及周边高河、松华、青龙场镇工业，均为个体家庭手工业作坊，属私有制。自1953年起，国家对私有工商业进行改造，取消个体手工业，建立国营和集体工业企业。寿安镇先后建成国营企业寿安粮站、寿安食品公司、寿安供销合作社、集体企业副食品经营部、缝纫社、铁业社等。1980年，各乡镇成立社办企业，各类工业企业蓬勃发展，酿酒厂、机砖厂、纸厂、肉联厂、黄连加工厂、塑印厂、编织袋厂、毛巾厂、制药厂、化工厂纷纷建成投产。1988年起，深化经济体制改革，寿安地区所有工业企业实行资产重组，改制为股份制企业和独资民营企业，寿安地区的国营、集体企业退出市场。2010年，寿安镇建成工业园区，引进德国博世包装集团等外资企业。寿安镇工业所有制为股份制企业、民营企业、外资企业3种形式。

二、工业产品

寿安镇在手工业时代，主要工业产品有以农具和生活用具为主的铁件、木器、竹器等。副食品有白酒、白菜豆腐乳、糖果糕点及其他粮油制品等。

1980年后， 五星、松华公社办起社办企业缝纫社。1985年，松华乡专业户黄毅办起了有职工20余人的服装厂，首次生产“申尔佳”系列睡衣，销往国内大中城市。寿安、插旗、五星、寿民等乡镇有4个企业和18个专业户生产加工精制黄连素。松华乡成都毛巾二厂生产毛巾、塑料编织袋，惠达实业有限公司生产塑料编织袋、塑料薄膜，高彩塑料厂生产塑料添加剂，华锋云母厂生产云母片，寿民乡丝绸厂生产蚕丝、化工产品骨化胶，插旗乡建材厂生产水泥杆。2005年前后，以上企业陆续停产。

80年代中期，希臣制药有限公司落户寿安，生产六味木香胶囊、产妇安颗粒、铁笛片、八味沉香散、人参首乌胶囊、回春如意胶囊、消渴灵片、牛黄清热胶囊等。成都市华高生物科技有限公司产品茶多酚，成都华高药业蒲江分公司产品红景天及加纳谷物提取物、水飞蓟提取物，四川恒康科技发展有限公司产品氨基酸衍生物及合成多肽系列产品，成都玉树科技有限公司产品盐酸黄连粉、芦丁粉，成都杜氏蜂皇有限公司生产的蜂王浆、蜂蜜等。90年代，四川巨丰食品有限公司、四川佳享食品有限公司和四川蔚蓝食品有限公司相继成立投产，日宰杀生猪4000～5000头，机械化流水作业生产肉制品。“佳享”牌脆皮肠系列、“佳享”牌分割肉获成都市名优产品称号。寿安镇印务包装业主要产品为塑料提手袋、食品包装袋、饲料口袋、工业塑料包装袋等。自2010年起，寿安工业园区建成后，实施“印务包装基地”战略，引进国内外著名印务包装企业博世包装技术（成都）有限公司，生产包装机械、电动工具、附件及零部件和备件等。

三、企业培育

2009年，寿安镇加强企业诚信建设，建立企业融资需求平台，定期向金融机构、担保公司推荐符合融资条件的企业。引进中信银行、浦发银行、成都商行、金控担保公司、小企业担保公司等金融和担保机构到蒲江开展业务，与县人民银行共同制定《关于建立中小型企业融资服务工作长效机制的实施意见》。省、市政府及金融机构为支持和培育中小型企业健康发展，开展“小巨人”企业和“成长型”企业的评定工作。同年4月，四川惠达塑业有限公司被成都市经委、市人行授予“担保贷款诚信示范中小企业”称号。6月，新希臣药业有限公司被列入四川省“小巨人”企业计划。2011年，成都佳享食品有限公司列入成都市“小巨人”企业。2013年，该公司列入省级“小巨人”企业。2012年，成都华高生物制品有限公司列入省级“成长型”企业。四川惠达塑业有限公司、四川蔚蓝食品有限公司、成都玉树科技有限公司列入市级“成长型”企业。2014年，博世包装技术（成都）有限公司、成都市龙晟包装制品有限公司、成都鑫林包装印务有限公司、蒲江寿安富强彩印厂列入省、市级“小巨人”和“成长型”企业。2016年，全镇有规模以上工业企业28户，省、市级“小巨人”企业和“成长型”企业16户。

2016年寿安镇规模以上工业企业情况表

表7–1

序号	企业名称	地　址	负责人	主要产品
1	成都华高生物制品有限公司	寿安工业园区	顾　峰	茶多酚
2	博世包装技术（成都）有限公司	寿安工业园区	Friedbert Klefenz Wolfgang	包装机械、电动工具、附件及其零部件和备件
3	四川新丰纺织有限公司	寿安工业园区	喻昌全	涤棉纱
4	成都佳享食品有限公司	寿安工业园区	陈文君	分割肉及肉制品（脆皮肠）
5	成都蜀星饲料有限公司	寿安工业园区	贺　键	饲料添加剂、添加剂预混合饲料
6	成都豪洋印务有限公司	寿安工业园区	谢　丽	彩印包装
7	成都天星印务股份有限公司	寿安工业园区	陶　天	印刷、防伪标签
8	成都郑源生化科技有限公司	寿安工业园区	郑思贵	保护氨基酸、氨基酸衍生物、多肽合成及化药中间体
9	成都旭彩包装印务有限公司	寿安工业园区	谢作清	包装印刷
10	成都瑞和致远包装印务有限公司	寿安工业园区	朱　烽	包装印刷（纸箱、包装纸）

续表7-1

序号	企业名称	地 址	负责人	主要产品
11	蒲江县寿安镇富强彩印厂	寿安工业园区	王富祥	印务包装
12	成都市味大师食品有限公司	寿安工业园区	税世银	调味酱、调味油
13	成都恒嘉彩印包装有限公司（万事兴彩印包装）	寿安工业园区	汪 菊	彩印包装
14	成都鑫林包装印务有限公司	寿安工业园区	林建平	彩印包装
15	成都天龙油墨有限公司	寿安工业园区	廖冠辉	油 墨
16	成都养元动物科技有限公司	寿安工业园区	徐 铃	饲料添加剂
17	成都市龙晟包装制品有限公司	寿安工业园区	林 霞	彩印包装
18	成都万成包装印务有限公司	寿安工业园区	周 平	纸 箱
19	成都市普瑞昇科技有限公司	寿安工业园区	勾成钦	机械部件
20	成都玉树科技有限责任公司	寿安镇元觉村	熊力强	盐酸黄连粉和芦丁粉
21	四川恒康科技发展有限公司	松华社区	余盛良	氨基酸衍生物及合成多肽系列产品
22	成都市广泽酒业有限公司	寿安镇	郑 燕	白酒及白酒原酒
23	四川杜氏蜂皇蜂业有限公司	寿安镇场镇	杜忠东	蜂王浆、蜂蜜
24	成都市新盛泰电子有限公司	青龙社区	廖洪明	电子接插件和铆钉
25	成都市凌翔植化科技开发有限公司	寿卧路	陈家渊	天然植物的提取
26	四川蔚蓝食品有限责任公司	寿安镇利民路南段	肖福华	现代化生猪肉食品加工
27	成都市寿安建材有限公司	寿安镇元觉村	李修儒	空心砖和多孔砖
28	成都市蒲江嘉禾银杏生物制品有限公司	寿安镇	唐 林	提取物

2016年寿安镇农业产业化经营龙头企业情况表

表7-2

序号	企业名称	负责人	地 址	级 别
1	成都佳享食品有限公司	陈文君	寿安镇工业园区	国家级
2	四川七环猪种改良有限公司	汪懋琨	寿安镇松华社区	省 级
3	成都华高生物制品有限公司	顾 峰	寿安工业大道	省 级
4	中食成都食品有限公司	陈文林	寿安镇蒲新路	市 级
5	四川蔚蓝食品有限责任公司	肖福华	寿安镇利民路南段	市 级
6	成都玉树科技有限责任公司	熊力强	寿安镇元觉村	市 级
7	蒲江县新阳光果业有限公司	杨永聪	寿安镇青龙社区(原丝绸厂)	市 级

第三节　主要工业企业

一、精密机械业

博士包装技术（成都）有限公司，2012年1月成立，位于寿安工业园区，是博世包装在中国设立的第二家公司，首期投资2400万美元。主要生产自动化药品包装机械、食品及非食品包装机械、糖果包装机械等高端包装设备。自建厂房占地100亩，项目建成投产后，年产各种包装机械1000台以上，员工800人。

博世电动工具（中国）有限公司，1995年成立，总部坐落于浙江省杭州市。博世电动工具（成都）项目公司，位于寿安工业园区，总投资3600万美元，注册资金1200万美元。租赁标准厂房1.26万平方米，电动工具生产线建成投产，产品为小角磨、电钻、两公斤电锤及马达等。

成都市景星塑料模具有限公司，位于寿安工业园区，占地6900平方米，投资8000万元，生产模具，为博世电动工具（成都）项目公司供应商。

成都南玉电力设备有限公司，2014年11月成立，位于寿安工业园区，注册资金3100万元。主要产品为电力设备，研发、设计、生产、销售、安装、调试、维修高低压发电机组和电力设备及技术咨询，成套电气设备、高低压发电机、高低压电线电缆、石油钻采专用设备等。

成都市普瑞昇科技有限公司，总投资8000万元，购买7000平方米厂房，建设高科技电子产品生产线10条。主要生产电子材料、电子元件、五金交电、机械设备、机械零件、橡胶和塑料制品、模具设计、生产、加工等机械加工及电子产品研发、制造、销售。

成都博盛精密机械有限公司，2012年12月注册，位于寿安工业园区，投入资金100万元。制造、销售电器机械及零部件、模具、切削刀具。销售润滑油、钢材，维修机床。

二、食品饮料业

成都佳享食品有限公司，2000年10月成立，位于寿安工业园区，注册资金2000万元。公司占地150亩，员工100余人。公司辖清真食品厂、肉鸭屠宰厂、猪业联合专业合作社、生猪屠宰厂、肉制品加工厂、销售公司6家分公司。在全国设立9家销售子公司和21个办事处，销售网络遍及全国26个省、市、自治区，并远销日本、韩国等国家和中国香港地区。“佳享食品工业园”拥有年宰生猪150万头、年产冷藏鲜分割肉4.5万吨、年产脆皮肠系列和低温烤肉系列肉制品6万吨的生产规模。公司通过国家商检出口卫生注册、QS认证、ISO 9001、ISO 2000食品安全管理体系认证，获得“中国驰名商标”“中国食品安全十强企业”“四川省名牌产品”“成都市级小巨人”企业称号。2014年，完成税收252.53万元。2016年，为国家级农业产业化经营龙头企业。

佳享食品工业园（摄于2016年）

三、印务包装业

1980年，寿安镇镇办集体企业寿安塑印厂成立，职工为寿安镇非农村人口居民80余人。寿安塑印厂投资300万元，购置塑印设备，生产、加工、销售塑料包装袋和纸质彩印食品包装盒等。1993年为该厂兴盛期，年销售收入300万元，职工人数增至118人。1996年，寿安塑印厂停产关闭，由私人收购设备，自办塑印厂。

2010年，寿安工业园区建成，加大招商力度，以印务包装为主导工业引进国内近10家包装印务企业入驻。2011年3月28日，中国包装联合会在寿安工业园区举行“中国包装印务产业基地”授牌仪式。至2016年，寿安镇有包装印务企业18家。主要企业有：

成都豪洋印务有限公司，2010年9月入驻寿安工业园区，占地21.4亩，投资5000万元。产品有包装装潢印刷品及其他印刷品印刷，销售纸及纸制品。

成都天星印务有限公司，2010年10月入驻寿安工业园区，占地1万平方米，投资3500万元。产品有包装装潢印刷品。

成都旭彩包装印务有限公司，2010年5月入驻寿安工业园区，占地13.5万平方米，注册资金160万元。主要产品有包装装潢印刷品、包装盒、手提袋等。

成都瑞和致远包装有限公司，2011年1月入驻寿安工业园区，占地15亩，注册资金150万元。主要产品有包装装潢印刷品，其他印刷品印刷、包装盒、手提袋等。

成都寿安富强彩印厂，2009年3月入驻寿安工业园区，占地30亩，投资1000万元。产品有塑料制品印刷、彩色复印印刷。

成都恒嘉彩印包装有限公司，2010年5月入驻寿安工业园区，占地39.9亩，注册资金150万元。产品有彩色复印、印刷、设计制作。

成都鑫林包装印务有限公司，2011年4月入驻寿安工业园区。占地21亩，投资5600万元。注册资金3000万元。产品有装潢、印刷品、包装盒、手提袋、宣传册等。

蒲江县海阳包装材料有限公司，2014年5月入驻寿安工业园区，投资1亿元，购买7000平方米厂房，年加工烟、酒等高档包装纸1万吨，生产包装盒、手提袋、宣传册。

成都吉兴包装材料有限公司，2014年5月入驻寿安工业园区，投资5000万元。生产包装盒、手提袋、宣传册、包装材料、纸质品及文具等。

成都航圣包装材料有限公司，2014年8月入驻寿安工业园区，投资5000万元，购买3500平方米厂房。公司建设烟标、酒盒类转移镭射镆生产线5条，生产包装盒、手提袋、宣传册、销售包装制品、包装机械设备及配件。

四川川印包装印务有限公司，2011年入驻寿安工业园区，占地15亩，投资3343万元。生产包装盒、手提袋、宣传册、装潢印刷品。

成都天龙油墨有限公司，2011年入驻寿安工业园区，占地1.6万平方米，注册资金3500万元。产品有油墨，化工产品（不含化学危险品）。

成都华彩油墨有限公司，2009年8月入驻寿安工业园区，占地15亩，注册资金200万元。产品有油墨及类似产品制造、其他化工产品销售。

2009年，成都万成印务包装有限公司成立，职工20余人，年产值1200万元。2010年3月，公司入驻寿安工业园区，占地15亩，注册资金150万元。产品有包装装潢、印刷品印刷、包装盒、手提袋、宣传袋印制。

成都茂源包装印务有限公司，2010年11月入驻寿安工业园区，占地1.79万平方米，注册资金350万元。产品有包装专用设备及包装容器制造、销售。

成都朋川印务包装有限公司，2011年3月入驻寿安工业园区，占地26亩，注册资金300万元。主要产品有包装材料销售，包装装潢设计、手提袋、包装盒生产销售。

成都诚大包装印务有限公司，2013年入驻寿安工业园区，占地17亩，注册资金200万元。产品有包装箱、包装、装潢及其他印刷品印刷。

四、生物医药业

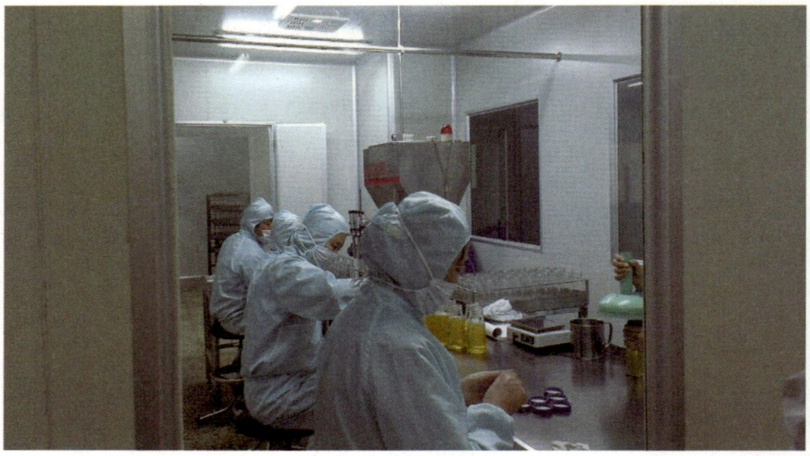

杜氏蜂皇蜂业有限公司生产车间（摄于2016年）

1968年，寿安镇杜国平创建四川杜氏蜂皇蜂业有限公司，地址在国平路与蒲新路交叉口，是一家以蜂业为主体，集蜜蜂养殖、蜂产品研发、蜂产品加工出口为一体的现代化民营企业。公司产品一直远销日本和中国香港、台湾地区及东南亚地区，每年鲜蜂王浆的销量保持在200吨以上。出口量每年稳居全国蜂产品前列，也是国内少有的成熟蜂蜜出口厂商。2004年，公司在青海门源世界最好的蜂王浆生产基地投资600万元，建成门源蜂产品厂，作为现场取浆、现场包装及现场冷藏保鲜之用。2007年12月，董事长杜国平把青海门源蜂王浆生产基地，作为全国供销合作社系统农民专业合作社的良好农业规模CAP（盖普）认证试点项目，提供给国内外同行及终端消费者参观学习，以推动蜂业技术的全面发展。杜氏蜂皇蜂业有限公司已经拥有经国际认证的先进水平的生产、分析、检测设备，长期聘请来自日本、云南农业大学的蜂业专家和蜂学教授作为技术研发的领头人，共同致力于高科技蜂产品的生产和发展。并在东北、广西、云南、西北等地区建立6个蜂产品基地，研制出“杜蜂王”牌新鲜蜂王浆、珍稀黄蜜、晶莹巢蜜、破壁蜂花粉等多款纯净无污染、绿色原生态的系列产品。公司有3个养蜂基地、5000多群蜜蜂。以集约化、规模化的生产方式，改变了蜂农传统的分散落后的生产状态，为蜂业产业化生产开创一条成功之路。公司荣获中国养蜂学会“全国蜂产品安全与标准化生产基地”、中国蜂产品协会“全国蜂产品行业龙头企业”、“鲜蜂王浆（粉）出口供货定点单位”称号，在全国蜂产品行业率先通过QS认证。

1988年，李明劲创立成都希臣药业有限公司，地址在寿安镇以东2公里处，占地30亩。公司员工近300人，其中生产技术人员40余人，享受政府津贴专家3名、高级工程师10名。公司取得自营进出口权，建成符合GMP要求的10万级洁净车间4个（胶囊剂、片剂、颗粒剂、散剂），800平方米现代化质检大楼和2400平方米库房。2001年末，总资产9526万元，药品产权评估1.2亿元。公司产品为六味木香胶囊、消渴灵片等数十个种类的中成药。质量管理机构获省A级确认。公司为四川省人民政府“小巨人”计划企业、高新技术企业、国家中医药现代化（四川）基地成员之一。

1998年，尹华清与成都华高药业有限公司联办成都华高天然产物有限公司，公司位于寿安镇工业大道，注册资金6555万元，是为医药、健康食品和日用化妆品提供天然植物活性成分的专业制造商。公司产品以本地丰富的枳实、杜仲叶、杜仲皮、黄柏、茶叶等植物资源及中草药，采用传统的溶剂提取，高效的柱吸分离和现代超临界萃取技术相结合，生产医药原料和天然产物，包括中草药有效成分混合物，植物草体成分，天然香料及色素等。公司总部位于成都市高新区，生产基地在寿安工业园区。具备专业化标准生产车间，包括800平方米的检测中心、工艺实验室和中式车间，8000平方米厂房（包括提取、萃取、分离纯化3个车间），900平方米洁静区。2003年8月，通过GMP认证。公司与世界众多知名企业建立长期稳定合作关系，产品远销美国、加拿大、欧洲等国家和地区，在国际市场上享有较高的声誉。2016年，为省级农业产业化经营龙头企业。

五、其他类企业

成都天星农业科技有限公司，位于寿安工业园区，是一家从事现代农业产业化高科技生产销售企业，是成都市重点龙头企业、四川省有机促协会理事单位。产品涵盖有机肥、生物有机肥、复合微生物肥、叶面肥、生物菌剂等几十个品种。公司注册资金2000万元，占地面积近80亩，建筑面积2万平方米，拥有现代化的办公设施和生产设备。公司具有独立的高标准研发中心，有博士2人、硕士5人。同时与四川农业大学、四川农业科学院、中科院成都分院等多家高校和科研院所建立长期合作关系，实现"产、学、研"有机结合，成功转化多项高水平的科研成果。公司承担的"新型固氮—生防复合菌剂高技术产业化示范工程"项目，是国家发改委绿色农用生物产品高技术产业化专项项目，核心技术来源于四川省农业科学院和四川农业大学联合完成，并获四川省2009年度科技进步二等奖的"植物内生菌的生物多样性与应用研究"成果。项目总投资6000多万元，2014年通过国家发改委验收。公司是四川省战略新兴产业承担单位、市县农业行业重点龙头企业。公司依托高活性微生物发酵核心技术，以有机类肥料为支柱产业，国家、省注册登记产品4个、扩展产品10多个，有机系列产品通过中国质量认证中心有机投入品评估，年产生物菌剂2000吨，有机肥料6万吨，产品营销区域遍布全国30多个省、市。

四川伟业利天下生物科技有限公司，2014年成立，位于寿安工业园区，是集研发、生产、销售于一体的现代化环保型技术企业。公司注册资金600万元，职工60人，年生产30万吨有机肥料。公司采用全植物配方，根据作物生长特性，研发出柑橘、葡萄、猕猴桃专用的新型功能性肥料，对坏境无污染，无病虫害残留，具有天然杀虫、杀菌效果，可以减少农户对农药的使用量，节省农户投入，最大化提高农业种植经济效益。产品主要销往蒲江、丹棱、眉山、雅安、新津、资阳、内江、自贡、宜宾、重庆、西安、福建等地。

四川新丰纺织有限公司，2006年1月成立，位于寿安工业园区，注册资金950万元，主要经营棉、化纤纺织产品加工、销售。公司占地面积3万多平米，厂房综合楼及新修建库房1万余平米。公司拥有职工100多人，拥有纱锭两万余锭，年产值数千万元，年上缴税金百万元，被评为蒲江县纳税大户。公司通过安全生产标准化系列检测，被授予"安全生产标准化三级企业"称号。

成都连亿家具有限公司，创建于2010年，前身为1996年成立的云南省彬彬沙发厂。公司位于寿安工业园区，占地1.4万平方米，生产车间6000平方米，员工120余人。公司集研发、设计、制造、销售、服务于一体，年生产、销售沙发1万余套，床垫2万余张，先后获得"中国驰名品牌""中国绿色环保产品"等称号，通过ISO 9001国际质量管理体系、ISO 14001国际环境管理体系认证，在全国拥有7家直营店、100余家加盟店。

第四节　工业区建设

一、刘码头民营经济发展区

1997年，县政府决定在五星镇刘码头（现寿安镇元觉村）建立"刘码头民营经济发展区"，以分管农业副县长何守鑫为主任，国土、交通、电力、城建等部门领导成员和元觉村党支部书记刘本初组成管委会。管委会召开联席会议，各部门通力协作。县国土局筹资修建万兴酒楼，县交通局修建7公里水泥路，元觉村调整土地300余亩。至2000年，刘码头民营经济发展区引进入驻企业有红旗酒厂、寿安建材厂、成都养元、天威酒厂、广泽酒厂、塑料厂、加气站、玉树黄连加工厂、永兴砖业、机械加工厂、蒲东花园、成都市司法局培训基地等20余家。2004年，五星镇并入寿安镇后，寿安镇筹建工业园区，要求企业进园区，原各乡镇不再发展企业和划批工业用地。至2016年，刘码头民营经济发展区仍保留宜人坊酒业公司（原红旗酒厂）、成都养元、天威酒业、广泽酒厂、玉树科技公司等企业11家。

刘码头工业区宜人坊酒业公司牌坊（摄于2016年）

二、寿安工业园区

寿安工业园区（摄于2016年）

2010年，县委、县政府为了集中发展精密机械产业、包装印刷产业，按照“市场主体、产城融合”理念和“工业新城、城市新区”的标准，决定在县城工业园区之外，建寿安工业园区，再造一座寿安新城。这一重大决策，为寿安这座千年商贸重镇，带来了前所未有的历史发展机遇。寿安工业园区紧临寿安旧城东面，与蒲江河一河之隔。总规划面积30平方公里，核心区域15.43平方公里。寿安工业园区由成都青蒲建设发展有限公司承担建设、招商和管理。至2016年，已投入资金30亿元，完成核心区域办公、厂房、餐饮住宿、商业住房、游乐等主体工程建设。完善交通、水、电、气、通信、绿化、河道整治等基础设施和配套工程建设。2011年3月28日，中国包装联合会授予寿安工业园区“中国包装印务产业基地（蒲江）”称号。2014年11月20日，工信部向寿安工业园区正式授牌“中德（蒲江）中小企业合作园”。至2016年，已有包括世界500强的德国博世集团在内的国内外50多家知名企业入驻园区，协议总投资58亿元，年产值达20亿元。同时，住建部命名寿安镇为“国家重点镇”。

三、青蒲建设发展有限公司

2010年5月25日，由成都青羊工业建设发展有限公司、成都市兴蒲投资有限公司、成都旭龙投资有限公司共同出资组建成都青蒲建设发展有限公司，注册资金5000万元。成都青蒲建设发展有限公司是开发、建设寿安工业园区的主体企业。公司经营范围：建材（不含木材）批发和零售，房屋工程建筑，土木工程建筑，园林绿化工程施工，花卉、绿化苗木种植和销售，投资与资产管理，房屋租赁，技术进出口，房地产开发经营，其他无需许可或审批的合法项目。公司注册及经营地址在寿安镇迎宾大道88号，法人代表2010年5月至2014年7月为仲明礼、2014年7月至2016年12月为任刚。

成都青蒲建设发展有限公司成立后，总投资约30亿元，征地拆迁3037亩，建成长9公里的市政道路，1.4万平方米的综合服务中心，5.6万平方米的安置房，2.4公里蒲江河治理改造工程和占地近400亩的悦城广场、足球场、羽毛球馆、樱花岛等公共服务设施。27万平方米的剑桥小镇已建成过半。2013年10月，置信集团与寿安镇签约，扩大工业园区、国际职教产业园、高尚人文生态旅游区和“牧歌之乡”农业4个项目。

四、成都合联产业园区投资有限公司

成都合联产业园外景（摄于2016年）

2011年10月，成都置信集团与蒲江县政府签订《投资协议》项目，将由成都置信在寿安工业园区投资14亿元，打造“合联产业园”项目，成都合联按照成都市“两化互动、产城一体”的发展战略，致力于新型工业园区的投资建设。并按照配套先行、服务升级的投资经营理念，全面助推企业发展，全力开创产业园区全面升级的发展格局，实现产城相融、安居乐业，更大程度地带动寿安新城产业的蓬勃发展，提升区域经济竞争力，进一步实现寿安新城“产城一体”繁荣格局。同年11月7日，成都合联产业园区投资有限公司成立，是成都置信集体下属控股公司（简称：成都合联）。成都合联产业园区投资有限公司，是与成都青蒲建设发展有限公司共同发展、建设寿安工业园区的加盟企业。成都合联项目选址地块位于寿安工业园区内，占地面积723亩，其中一期为140亩。项目定位：以承载产业集群发展为核心的新型产业园区。产业类型：以符合专（行业的专业性）、特（行业特色和不可替代性）、精（行业带来的高附加值）为入驻标准。通过“三新五化”（三新：新机制、新生产、新生活。五化：信息化、集群化、市场化、国际化、生态化）模式树立产业园新标杆。产品定位：在寿安合联产业园区内，建成新型厂房、白领公寓、高档住区、运动公园、滨水休闲街、配套商业、公寓式酒店、培训中心、社区中心、信息中心等产品及功能配套，满足企业发展的现代化、多层次、生态性、复合多功能型厂房。集约满足企业的办公及生产需求，良好的办公环境，满足产业生产环节的交易、仓储、物流等功能，集信息、研发、教育、会议、运动、娱乐、文化休闲等多项功能、商业配套于一体。在步行10分钟交通半径内，成熟商业环境、优质配套一应俱全。至2016年，建成首期全能厂房。A区一组团A1/A2/A3栋。A5/A6/A7栋共2万平方米标准厂房竣工投入使用。A区二组团6栋共1.6万平方米标准厂房竣工。A区三组团4栋1万平方米标准厂房竣工，6栋1.6万平方米钢构厂房竣工投入使用。B区7000平方米祥星厂房竣工投入生产。D地块3万平方米单层钢结构厂房，首批4栋600平方米标准厂房竣工。

五、中德（蒲江）中小企业合作园

2014年2月28日，蒲江县政府与工业信息化部中小企业发展促进中心、中国中小企业国际合作协会共同签订合作框架协议，在寿安工业园区建立“中德（蒲江）中小企业合作园”。同年11月20日，工信部对蒲江“中德（蒲江）中小企业合作园”正式授牌。中德（蒲江）中小企业合作园位于寿安工业园区内，近期规划面积2平方公里，核心起步区1750亩，远景规划11.43平方公里。产业发展定位为包装印务机械、电动工具、输变电及控制设备制造等精密机械产业和生物医药、生物制造、生物农业等生物产业。着力打造“东有太仓、西有蒲江”的中德中小型合作示范区。中德（蒲江）中小企业合作园建设坚持“市场主体办园区、社会资本建城市”的产城一体发展模式，引入成都合联产业园区投资有限公司为园区建设主体，累计投入资金18亿元，建成较为完善的现代生态工业园区配套设施。园区内博世包装盒、博世电动工具项目建成投产。

中德（成都）AHK制职教培训中心外景（摄于2016年）

2015年，园区签约并建成德国基因的AHK双元制学校，将能够并优先满足园区企业的招工需求，真正实现“产、学、研”一体的发展模式。AHK是德国官方认可的德国本土以外进行双元制职业技术培训的第三方中立机构，海外均是其会员企业，AHK认可的双元制职业培训，培训总时间要求达到2~3年，然后参加AHK证书考试。证书持有者在工资收入、外企招工等方面，具有很大优势。已有1个班28名学员参加授课培训。园区完善高端的服务条件：员工食堂，按照营养所需，科学配餐；贴心物管服务，享受安居乐业员工宿舍和高档白领公寓；24小时购物，生活不打烊的便利店；每天往返成都的班车，享受便捷出行、都市直通车、园区免费代步车和租车服务；享受运动快乐，有足球场1个、篮球场2个、羽毛球馆1个、500平方米室外活动场1个、休闲生活趣味咖啡厅和棋牌室。引进二甲医院——华府医院、成都泡桐树小学，为园区职工提供良好的医疗、教育条件。为丰富园区企业员工的业余文化生活，举行固定节日和专项庆祝活动和每月交流活动，使园区企业大家庭和谐、愉悦、幸福，从而产生强大的凝聚力。至2016年，入驻园区的著名企业有：美国丝涟床垫、德国博世电动、德国博世包装、德国博世亚太研发中心、中食集团寿安仓储中心、华高生物科技有限公司、希臣药业有限公司、香港本旺集团、香港祥兴模具公司、青岛日之容有限公司、天龙油墨寿安分公司、成都蒲东工业投资有限公司、御品轩瓷业有限公司等。

六、千亿级五金小镇项目启动

2010年起，寿安工业园区崛起和高速发展，受到国家的高度重视和支持。2011年3月28日，中国包装联合会授予寿安工业园区“中国包装印务产业基地（蒲江）”称号。2014年11月20日，工信部向寿安工业园区正式授牌“中德（蒲江）中小企业合作园”。同年8月，寿安镇被国家发改委、住建部等部门列为“全国重点小城镇”。2015年4月，根据寿安镇工业发展态势，成都市政府、蒲江县政府提出：寿安要建“千亿级五金小镇”的要求和宏伟目标。同年7月，在充分衔接县城及城乡总体规划、寿安镇总体规划和相关规划的原则下，寿安镇政府委托成都市工研中心制定《蒲江县寿安镇“五金小镇”发展规划（2015—2025）》，明确提出以“中德（蒲江）中小企业合作园”为载体，重点发展电动工具、智能厨电、智能锁具、高端餐饮产业，至2025年，实现主营业务收入1000亿元，成为国家级对外合作示范园区。千亿级五金小镇规划面积12.15平方公里。同年，项目启动工作全面展开。与德国中小企业总会、德国华人华侨联合会、德中商会达成长期合作招商协议，参加2015年国际五金展，承办德国中小企业经理人来华培训班，建成AHK考试中心和AHK职教培训中心，首期28名学员已开展教学。与中科院金属研究所合作，筹建寿安中德智能五金研发推广中心，完成“五金小镇”一期约1100亩征地拆迁。新注册五金产业项目有昆山海鸿电子有限公司等9个，协议项目有广东凌丰集团股份有限公司西南生产基地项目等15个，在谈项目有成都世超科技公司IED照明显示及钣金件产业化项目4个，目标有太仓世雄格勒精密刀具有限公司等40个。2016年，加快推进五金小镇产业园基础建设及配套项目建设，完成投资1.8亿元，引进五金企业13家，竣工投产项目6个，加快建设项目1个，促进开工项目6个，搭建创新平台2个，形成“一园一镇三中心”的功能格局。

七、园区配套工程建设

道路建设　2011年至2016年，完成20条道路总长12.52公里建设，实现寿安新城工业园区交通路网系统化。其中，迎宾大道2.2公里，工业区博世路、清蒲路、新城路一期、新城路二期1.4公里，新园一路1.06公里，香蒲路、紫藤街、铃兰街1.25公里，新城路一期、枫丹路、林语街1.34公里，百合路、梧桐路一期0.76公里，利民路南段改造工程0.5公里，安澜桥梁以及樱花岛公园道路0.35公里，新园二路1.16公里，N6、X5线道路总长1.6公里，利民路北段改造工程0.9公里。

新城花园　2010年筹建寿安工业园区，按照总体规划，首期拆迁占用土地3073亩。为解决拆迁农户住房生活问题，开发使用农迁房用地指标，在寿安镇白岩寺村地域规划修建农民安置小区“新城花园”。新城花园一期占地面积54亩，建筑面积5.36万平方米，住房11栋，总435套。容积率1.44，建筑密度32.3%，地上机动车位190辆。二期占地面积98亩，建筑面积15.7万平方米。住房17栋、总1414套。容积率2.19，建筑密度30.9%。三期占地面积84亩，建筑面积11.87万平方米，住房23栋。容积率2.1，建筑密度30%。四期占地面积20亩，建筑面积2.75万平方米，住房5栋。容积率2.1，建筑密度30%。区域内配建幼儿园和小学各1所，幼儿园占地面积3971平方米，可设9个班；小学占地面积1.95万平方米，建筑面积1.17万平方米，可设21个班。2011年4月29日，新城花园一期工程开工。2012年1月10日，通过成都市标化文明工地验收。同年12月28日交付业主，安置农民393户1200人。新城花园一期呈现简欧风格，注重园林庭院打造和雕塑小品的运用。利用草坪、大树、广场、坐骑等景观元素营造园林化的休闲空间，展现宁静、优雅、浪漫、安逸的氛围。围合的住宅组团内向居住空间，有利于形成富有凝聚力的居住氛围，建立亲密的邻里关系。居民可以安全舒适地在小区健身、嬉戏、休憩。同时，也增加了就业机会，真正实现“安居乐业”。至2016年，已完成拆迁2689.8亩，其中，工业用地1370亩、农迁房地108亩、市政基础设施用地721.8亩、商住用地490亩。

剑桥小镇　剑桥小镇一、二期均采用单元式围合布局充分考虑城市界面效果，最大化保证大型中心花园的完整，营造优越的内部环境和开阔空间。项目以良好的工程质量获得创建成都市“市级建设结构优质工程”和“市级安全文明标准化工地”的“双优”工程。经典的产品设计获得寿安镇居民的高度认可。剑桥一期工程占地39亩，总建筑面积6.3万平方米。二期占地37.6亩，总建筑面积7万平方米。一期、二期工程已于2015年移交业主并入住。剑桥三期工程包含叠拼、花园洋房和高层电梯公寓三种产品类型，满足寿安镇居民多层次居住需求。项目占地112亩，总建筑面积14万平方米，其中别墅及花园洋房已完成验收交付。高层一批次竣工，高层二批次2016年动工修建，四期项目2016年完成，前期可行性研究规划。青蒲公司积极开展全民营销、渠道营销、异地营销、乡镇行销等工作，并与物业公司、园区企业共同推行“新城生活方式”，为项目现金流产品销售创造良好的市场美誉度。至2015年，剑桥小镇一、二、三期有可售住宅房源1692套，已销售房源1379套。剑桥小镇一、三期高层部分房源通过市场化安置的方式销售272套，销售率81.5%；商业销售114套，剑桥小镇现金流项目共实现销售合同金额5.07亿元，销售回款金额4.5亿元。

剑桥小镇一期工程（摄于2015年）

第五节　能　源

一、电力供应

民国时期，寿安镇无电力生产。1956年，蒲江电厂在寿安镇设分厂，新建水力发电站，自制木质水轮机配9.5千瓦发电机，建成低压线路1千兆，安装打米机1台。发电厂夜间发电照明，白天利用水轮机带打米机打米。1958年9月，寿安电站分厂并入寿安农具厂。1962年，寿安镇成立寿安电厂，先后在寿安镇半边街、报本祠采用柴油机带动40千瓦发电机发电，供寿安镇集镇居民照明。1978年，由蒲江县城北35千伏变电站引出10千伏线路架设至寿安镇，寿安镇从此告别柴油机发电的历史。1979年，寿安电厂更名为寿安供电所，管辖5个乡镇的27个村、2个社区。1980年上半年，建成通往五星、插旗、长秋、松华乡的10千伏线路。1994年10月，建成投运35千伏寿安变电站，配变容量1800千瓦。1995年1月，配变容量增至4000千瓦。1996年8月，设立寿安电管站，办公地点在原插旗乡政府内，管辖插旗乡、寿安镇两个乡镇，寿安电厂为独立供电单位。寿安镇所辖15个村，20台配变、容量 580千伏安，10千伏线路32.55千兆，低压线路102.45千兆，供电7100户、供电量 265.55万千瓦时。1999年年底，实行销售、抄表、管理、服务到户“四到

2011年10月，寿安镇110千伏变电站建成投运（摄于2011年）

户”，电价、电费、发票、核算、考核“五统一”，电量、电费、电价“三公开”和物价部门、群众“两监督”的管理办法，有效地制止农村电价中的“乱摊派、乱加价、乱收费”现象，杜绝“权利电、关系电、人情电”。

2000年，寿安供电所资产、债务、人员由蒲江供电局管理，供电所共有职工39人，寿安场镇电力设备由蒲江供电局出资改造。寿安镇4台配变、容量475 千伏安。2006年9月，五星供电所、寿民供电所并入寿安供电所。寿安镇所辖15个村，44台配变、容量3695千伏安，10千伏线路51.766 千兆，低压线路175.671千兆，供电7400户、供电量 560.81万千瓦时。2010年9月，松华供电所并入寿安供电所。2011年10月，35千伏寿安变电站升级扩建为110千伏变电站，2台主变容量各50000千伏安，为寿安镇工农业生产、居民生活提供了强大的电力保障。10千伏供电线路有：寿镇路、寿新路、寿博路、寿工路、寿五路、寿敦路、寿民路、寿长路、寿业一路、寿业二路。2016年，寿安镇所辖22村、6个社区、242台配变、容量42345千伏安、10千伏线路149.75千兆，低压线路485.55千兆，供电 24779 户、供电量1568万千瓦时。

2004—2016年寿安镇农村用电量情况表

表7-3　　单位：万千瓦时

年　度	用电量	年　度	用电量
2004	468	2011	948
2005	529	2012	962
2006	561	2013	1067
2007	647	2014	1203
2008	725	2015	1298
2009	804	2016	1568
2010	860		

二、燃油供应

民国时期，寿安地区燃油用量较少，无固定供应时间和数量，油料较为紧张，居民主要依靠清油灯、煤气灯、马灯照明，火把柴作燃料。新中国成立后，燃油供应开始走上正常。50年代至80年代初，机械用油较少，主要是供应民居生活照明用油。80年代中期开始，工业和农业机械为主体，用油量逐渐增长。1997年起，石油零售经营开放，民营加油站发展较快。2016年，全镇有加油站6座，加油站实行自购自销，全镇年成品油销售量8700吨。

位于利民路北段的中石油加油站（摄于2016年）

三、燃气供应

1999年7月，川西北石油局在蒲江县敦厚乡（现属西来镇）境内建成敦厚至寿安集镇7200米输气管线，镇区3600米环城线，配气站1座。2001年11月，寿安松华社区场镇天然气工程安装管线2400米，建洞压站1座。2003年，私营业主在寿安镇元觉村（刘码头）投资180万元，建成1座罐装储备能力100立方米的高能液化气站。2008年8月，建五星社区、青龙社区天然气工程，安装管道线4800米。2013年，建插旗山村、七星村天然气工程，安装管道线4100米。2014年10月，建华锋、马南小区等天然气工程，安装管道线7800米。2016年10月，在大漕新村建天然气工程，安装管道线3100米。2016年，全镇天然气用户8271户、企业用户116家，供气量541万立方米。

四、燃煤供应

新中国成立后，燃煤由县煤建公司统一供应，一般只供给单位，居民用煤靠计划。70年代初，县煤建公司在和平公社四大队四队（现七星村四组）租用3.8亩土地用来存放煤碳，方便寿安地区单位购煤（后来将该地称为煤坪）。1990年，随着经济的发展，县内煤碳市场全面放开，全镇企业单位用煤靠厂矿直运和个体经营户代运代购来解决，大部分从荥经、大邑和彭山等地组织货源。居民生活用煤主要以蜂窝煤为主体。1984年10月，在原寿安、和平、五星、松华分别建有乡镇企业蜂窝煤加工厂，年产蜂窝煤788吨。其后，随着电力和天然气的发展，居民生活用煤越来越少。2016年，全镇用煤量250吨。

五、沼气开发利用

70年代中期，为了保护森林资源，解决农村居民生活能源问题，在农村大力推广沼气应用，并广泛改建省柴灶。1980年，建沼气高峰期，当年全镇建沼气户池1120户，改建省柴灶5551户。2000年，政府实行奖励政策，全镇新建沼气池2138户。2005年，政府加大补助力度，新建沼气池1083户。2016年，全镇沼气池8598户。

居民生活使用沼气（2016年摄于华锋村）

第八章　商贸服务

寿安地处蒲江、邛崃、彭山、眉山四县交界之地，兼之水陆交通顺畅，自古为川西地区商品货物集散中心。民国时期，寿安镇已发展到占地1.5平方公里、九街十八巷商业经营面积的规模，逢场赶场人数达3万～4万人，购销两旺，成为蒲江县首场和川西商贸重镇。新中国成立后，政府对寿安集镇商业进行了整顿和改造，建立了集体性质的商业机制。改革开放后，党和政府放宽商业政策，鼓励个体户经商，进行商业体制改革。1986起，进行旧城改造，新建4条商业街道，在寿安新城建成剑桥小镇商业街区。2016年，集镇商贸面积达6平方公里，年商品交易额达5.5亿元，占全县交易额的45%。

第一节　商业结构

一、私营商业

民国时期，寿安镇商业分私营企业和个体工商户两类，同属于私营商业。40年代，有个体工商户900余家，从业人员5800余人。雇工10人以上规模的知名企业有：汪明耀酱园厂、熊氏水码头货栈、陈皮房染房、李秀福酿酒厂、周万成京果铺、杨氏屠宰场、蒲氏裁缝铺、大米经销商高斗户等。高河、松华、青龙乡场的榨油房、砖瓦窑、酒厂、木器加工制造作坊等20余家。个体工商户分住商、行商和专业工匠三大类，住商是在自己的铺面或租赁的铺面内经营，行商则肩挑货担走乡串户，或到附近场镇赶场售货，木匠、泥水匠、石匠、铁匠、篾匠、骟匠、炮匠、裁缝、剃头匠、补鞋匠、补锅匠等专业工匠家居场镇或乡下，以自己的手艺制作商品到市场销售或服务。

1950年起，私营企业、个体工商户退出商业市场，被集体、国营企业所取代。80年代，实行市场经济体制，私营企业和个体工商户进入市场。90年代末，进一步实行经济体制改革，将镇域内国营企业、集体企业，全部改制为股份制民营企业，寿安镇商业结构形成外资企业、民营企业、个体工商户并存的多元化形态。至2016年，寿安镇商业企业、个体工商户1400多户。年商品交易额达5.5亿元，占全县商品交易额的45%。

二、集体商业

1950年至1954年，政府对私营企业和个体工商户进行“一化三改造”（社会主义工业化，对农业、手工业和资本主义工商业进行社会主义改造）运动，取消私营工商业，建立社会主义的商业经营体系。以寿安集镇为中心，高河、松华、青龙场相继成立全民所有制和集体所有制相结合的综合性百货经销组织“供销合作社”，主营百货、五金、布匹、油盐副食等生活日用品。其管理和柜台售货等业务员，部分由人事部门任命为干部，属全民所有制，享受国家干部、职工待遇；另一部分干部、职工，则通过分配或招聘吸收，属集体所有制，工资待遇，参照本系统全民所有制标准执行。供销合作社是镇域内主要商业企业，担负着商品计划分配的任务。1959年至1961年三年国民经济困难时期，物资紧缺，人民群众日常生活用品实行计划分配。棉布：每年每人平均1米，煤油：每月每户150克，食盐：每人每月1两，菜油：每户每年2公斤，肥皂香皂、打火石、电池等小商品也凭计划供应。计划商品都印制成“供应票”发放到每户，统一由各级供销社独家凭票供应。场镇居民、原个体商户成立集体商业企业。寿安镇的工商集体企业有副食品经营部和经营饭、面食的正街上食堂、下食堂、甜食店。另有缝纫社、铁业社、搬运社、蔬菜社各1家，从业人数400人左右。剩余人员则下放到农村务农。五星、松华、青龙3个场镇，各有1家面饭馆和副食店，挂靠在寿安镇相对应的集体企业。1979年起，鼓励集体经济和私营企业发展，寿安镇域内集体商业企业逐步改制为私营商业，集体商业退出市场。

三、国营商业

1954年，寿安镇成立第一个国营商业单位寿安粮站，执行“统购统销”任务。寿安粮站是县粮食局下属的基层单位，位于寿安场镇以东，由原关帝庙改建而成。至1979年，发展成占地100余亩，粮仓容量达千万斤的大型粮库。承担寿安、五星、松华、青龙、和平、长秋6个乡镇的粮食收购和销售业务。每到小春和大春收割季节，交粮的农民排着长长的队伍进入仓库，通宵达旦地等待着验收、过秤、入库、结算。80年代后，取消粮食统购统销政策，粮食购销进入流通市场，寿安镇粮站只承担国家粮食储备任务。2000年后，寿安镇粮站改制为股份制企业，建为四川蒲江寿安省粮食储备库。

四川蒲江寿安省粮食储备库大门（摄于2016年）

1954年，蒲江县食品公司在寿安镇建立分公司，独家经营寿安镇域6个乡镇生猪收购和猪肉销售。直至80年代初，承担寿安地区生猪收购和猪肉销售业务。其后，允许个体屠宰销售毛猪，寿安镇相继建成私营巨丰、佳享、蔚蓝食品公司，收购、屠宰、加工、销售毛猪，寿安食品分公司在转制中解体，退出市场。寿安镇国营商业企业还有银行、邮电所等，体制改革后，都逐步改制为专业银行和股份制企业。

第二节　市　场

一、集镇商业

寿安地处南丝绸之路要道，盐铁资源丰富。汉代居民众多，商品经济发达，货币流通快捷，西汉时已形成集市。北宋初，寿安镇已载入《元丰九域志》。清光绪三十四年（1908年）《蒲江县乡土志》

载："城东三十里寿安镇，邑中商务总汇也。镇东、南、北三面皆襟蒲江河，虹桥鼎峙。商舶往来，时闻欸乃声。住籍三千九百九十户。士女多文秀，好奢侈、衣冠文物有锦里风，以其富也。镇中有街衢三（正街、二条街、河坝街）、祠庙九（玉皇宫、禹帝宫、三圣宫、二仙宫、关帝庙、王爷庙、报本祠、三公祠、江西馆），学校六（公立三、私立三，学童一百四十人。水陆辐辏，万商之渊。民皆多钱善贾。白圭所谓人弃我取，人取我与，计然所谓贵上极则反贱，贱下极则反贵。贵出如粪土，贱取如珠玉。胥征诸实行。采风者谓：蒲境富庶之区，此镇为弁冕。"生动地记述了寿安镇之繁华景象，深刻透析了寿安人经商之精到。至1949年，寿安场镇已发展到占地1.5平方公里、九街十八巷的商业经营面积规模，以农副产品购销为主的商业贸易十分繁荣。新中国成立后，尤其在党的十一届三中全会后，寿安镇商贸服务业快速发展，传统商业和现代商业并存。1986年至2016年，进行旧城改造，新建4条商业街道。在寿安新城，建成剑桥小镇商业街区，集镇商贸面积达6平方公里。

二、场期设置

民国时期，寿安镇逢农历三、七、十赶场，高河、松华、青龙场等为十天赶两场，安排错期赶场，民间称非赶场天为闲天。1959年起，每旬逢公历一号赶场。1964年起，恢复到十天赶三场，场期仍为农历三、七、十。1981年起，寿安镇改为逢公历单日为场期。五星、松华、青龙场不再设场期，村民按惯列相约自设场期，至时会自发到乡场进行商贸活动。至2016年，寿安镇场期虽未变，但商家天天开门，农户摆摊设点，集市贸易无论赶场天或闲天都购销两旺。

三、农贸市场

民国时期，寿安镇和松华、青龙场就设有农贸市场，进行农贸物资购销，畜禽、粮油、蔬菜、竹木、农具等应有尽有。新中国成立后，寿安农贸市场仍然繁荣。1958年至1963年，农贸集市几近关闭。1964年起，农贸市场又进入正常经营轨道。农民按人口划分了自留地，节约或多余的杂粮、蔬菜、禽、畜、蛋准许进入市场交易。生产队发展副业。饲养毛猪、鸡、鸭，种植蔬菜、中药材，为农贸市场提供货源。民间木匠、铁匠、泥水匠、篾匠、剃头匠"五匠"手艺人，向集体缴纳公积金后，自由从事技术职业。计划经济时期，政府对农贸市场进行全面管理，商家缴纳工商管理费和营业税。

寿安镇农贸市场按农副产品种类分别设置场地和区域。上场口左面为牲畜市场，俗称"猪市坝"，占地约5亩，无房空坝。逢场，奶猪、架子猪（中猪）、肥猪、母猪等一应进入市场交易，牛、羊、鸡、鸭、鹅、兔等家禽家畜也在场内交易，其中尤以生猪交易量广，每场有上千只生猪成交。市场上衍生出专职"经济人"，俗称"串串匠"。他们对猪牛牲口的品质十分精道，通过对猪牛的长相、牙口及各部位的观察，就能知道猪牛的吃食、长势和牛的拉力，从而评判牲口的合理价位。逢场天，猪市河坝有十多个串串匠游走于市，细心观察行情，一旦发现买卖双方有交易意向时，便从中撮合。在议价时，串串匠神秘地拉过卖方的手到自己

寿安集镇原为猪市坝农贸市场（摄于2016年）

的袖口内，用指头通过暗号表示出理想售价，卖方点头后，又用同样的手法，给买方表示合理买价，最后由串串匠公开价格后成交。串串匠所得的“中介费”一般由卖方支付，数额一般在售价的1%左右。为确保猪牛牲口无病、无残疾，买方还要求卖方在街上找一间铺子“答应”下来（找人担保），若3～5天内有问题，卖方要承担责任。市场交易公平、诚信、合理。80年代起，寿安猪市坝改造成综合农贸市场，除猪、牛、羊等大牲畜外，其余农贸物资均设摊点摊位，规范经营。

猪市坝对面为柴市，占地3亩多。柴是居民唯一的生活燃料，上市的木柴品种较多，有成捆的火把柴、柴花子，还有房料柴、树圪兜、树枝把把柴、松针叶等，以斤论价。卖柴者大多数是山区农民，也有为数不少的坝区以担柴做生意的农民，他们在寿安买柴，挑到邛崃固驿、牟场等乡场出售，从中赚取少量差价。入冬，柴市便有火炭、枫炭出售，用于烤火取暖。柴市还有建房所用的檩子、角子、柱头和原木出售。竹子也在柴市出售，主要品种是慈竹，斑竹极少，常有农民逢场砍一捆竹子扛到市上卖点小钱或喝酒饮茶、或买油盐针线。80年代起，柴市几经改造，成为购销繁荣的三角商业区，有数十家商家铺面经营五金百货。

与柴市相连的是河坝街。河坝街实为半边街，东面为街，西面则为宽阔地带和做皮毛生意的“陈皮房”和几家小有规模的染房，因而此处又叫“陈皮房”“染房街”。民国时期，平民服装质量低廉，颜色单一，以白、黑、蓝为主，布料为手工织造的粗布。几家染房则收购白色粗布，用蓼蓝叶泡水调和石灰沉淀所得的蓝色染料染布，大五面山种植蓝靛的农户较多。染房街空坝里有数十个高余丈、宽丈余的晾布架，所染上色的布匹在架上晾晒后，即可销售。70年代起，河坝街改建为蒲新路一段，两边商家云集，有数十家家具店、旅店、商店等，逢场天人群摩肩接踵，车辆难行。

在柴市与染房之间，有近200米的狭长空地，逢场天有20多个饮食摊点。摊点设施简单，一个竹篓编织填泥的土灶，灶旁两张条桌和板凳。这些摊点主要卖肥肠、血旺、卤菜等，也有卖米豆腐、凉粉的。虽是小吃，确色鲜味美，很有特色，价廉物美，生意爆好，成为一道特色风景线。除几处较大的市场外，其余草料市、糖市、菜蔬市、水果市、猫狗市、草药市、卖打药、杂耍等，都在集镇小街小巷及周边设市经营。80年代起，寿安集镇进行改造后，小专业市场已不再存在，大多物品都在农贸市场经营。2016年，寿安镇农贸市场交易总额3.31亿元

四、九街十八巷

旧时，寿安镇街区有“九街十八巷”，另有十四道栅子门。“九街”：以自西向东的正街、二条街、五老祠街三条主街为中轴线，街长约105米。其余6条街为河坝街、辛街、半边街、东升街、天华街、柜子市街等向四面扩展辐射，基本形成长1公里、宽0.5公里的长方形集镇。“十八巷”：铁板桥巷、胆水巷、茶叶巷、周万成巷、易烧房巷、汪烧房巷、菜花子巷、青石桥巷、龚巷子、水巷子、五老祠巷、关帝庙巷、煤炭巷、熊巷子、猪市巷、东升巷、天华巷、长寿桥巷。巷子是街与街两头两尾及中段连接穿行的通道，最宽的（易烧房巷）

二条街上场口栅子门（摄于2016年）

达3.5米，两边的房屋均开商铺。最窄的（铁板桥巷）不足1米，行人空手对面侧身而过也稍嫌拥挤。

"十四道栅子门"：台子坝栅子门、东升街、栅子门、关帝庙栅子门、茶叶巷栅子门、柜子市街栅子门、小春市街栅子门、长寿桥栅子门、汪烧房栅子门、水巷子栅子门、仁寿栅子门、王爷庙栅子门、福德门栅子门、五老祠街栅子门、辛街栅子门。栅子门是防盗、防抢劫的安全措施。在主要场口和街道口子设置。栅子门宽度以街面宽窄而定，高3～4米，圆拱形门，青砖砌成，墙体宽40厘米，青杩木料做门。开关门由更夫掌控，冬天一更关门，夏天两更关门，早上五更开门。

80年代起，寿安集镇进行改造后，九街十八巷和十四道栅子门大多不复存在，物品都在农贸市场经营。唯有二条街上场口辛街栅子门门墙还保存完好，成为历史遗迹。

五、水路商运

蒲江河流至寿安镇地段，河床宽约200米，除洪水爆发外，常年水深3～6米。早在清代，寿安镇就在蒲江河畔建有水运码头、货栈。40年代，有码头、货栈5家，有竹筏15支、木船4艘，兼有茶馆、餐饮、住宿等。码头、货栈常年收购彭山县将军乡、眉山县郑山口、蒲江县长秋乡一带山区出产的火把柴、木炭、杂粮、水果和寿安、高河、松华、敦厚、青龙、中兴等乡镇出产的大米、油菜子以及猪、鸡、鸭、蛋、鱼等土特产，水运至新津、成都批发销售，再往回购进或代运丝绸布匹、盐巴副食、日用百货等。水运码头是方圆百里四县货物集散中心，年运输量、成交额占蒲江全县的50%。水运业带动服务业的兴旺，码头一带，无论赶场、闲天，一年四季无淡旺季之分，都十分繁忙。50年代中期起，随着蒲江河上游修水库、筑堰蓄水，蒲江河水流减少，加上陆路运输快速发展，寿安水路运输逐渐消失。

六、废旧金属市场

80年代起，松华乡寨子、建华村部分农民利用家庭院坝，开展废旧物资经营业务，有的经营户将购回的报废汽车拆卸后卖废钢铁。1994年，寿（安）卧（龙）路改造后，废品经营业迅速发展，沿寿卧路在松华场形成报废车辆拆卸市场，同时经营汽车配件。少数经营户将报废车进行改装、拼装、喷漆翻新，以二手车价出售，一辆车可获利5000元至2万元，每个经营者年销售收入20万～50万元。2000年，经营户有40多户，初步形成废旧汽车收购市场和拼装车、汽车配件销售市场，购销业务遍及省内外，拼装车和废旧配件成为交通安全隐患。2002年，市、县公安，工商部门对松华废旧金属市场进行整顿，依法规范经营行为。2003年，松华乡调出25亩土地，集中建立川西废旧金属回收市场。2005年，废旧金属回收市场有经营户9户，年经营额约200万元。2005年后，废旧钢铁价格猛跌，经营户严重亏损，废旧金属回收业务处于停滞状态。有少数经营户回自家院坝断断续续回收报废汽车，有的转至蒲江县城和成都经营二手车业务。至2016年，松华"川西废旧金属回收市场"停业闲置。

四川省报废机动车专营有限公司蒲江报废汽车回收站在松华乡成立挂牌（摄于2003年6月）

七、购物超市

家乐购物广场（摄于2016年）

21世纪初，超市进入寿安集镇，作为一种新兴的经营模式，开启商业经营新时代。超市由大型商业集体下设连锁分店统一经营、统一配送商品，大型超市有“红旗连锁”“红艳超市”“佳佳乐超市”。至2016年，寿安镇及松华、五星、青龙乡场，共有超市12家，主要经营百货、副食、糖酒、香烟等。超市实行商品定价销售、顾客自选购物、门口持物付款方式。大型超市进货渠道正规、质量把关严格、商品品种齐全，在民众中有较高信誉度，即便价格略高于自由市场，仍为顾客最佳选择，销售量稳升不减。

寿安旧城改造后，街道拓宽10~20米，街容街貌、店铺装修、营商条件发生了根本的变化。主要街道的商铺，建成连体楼房，楼底作为门市，门市经营面积在40平方米以上，有的达到200平方米以上。所有商店都进行了室内装修，用喷绘、现代工艺制作了五光十色的店招。街道种上林荫绿化常青树，整洁宽敞，街区全部住店经营，无脏乱差死角，颇具都市风貌。商店改变传统“一张柜台，将顾客拒之门外”的陋习，实行“开门办店”，把顾客请进来，与商品零距离接触，挑选自己满意的商品，如同超市。

八、电子商务

2014年，寿安镇发展电子商务新兴产业，建立农产品交易平台，进一步推动品牌农产品电商化。推进中食“全国肉类电子交易平台”建设，整合中食集团100余家全资、控股、参股企业，对不同价格行情进行统计分析，实现电子交易和实体交易的同步发展，平台已投入试运行。至2016年，寿安镇有16个村（社区）建立电子商务平台，农民的农副产品通过电子商务进行销售。寿安镇已有物流服务中心，人们通过互联网进行网上购物，这将成为商品贸易的新趋势。

第三节　农副产品购销

一、粮油购销

1952年前，村民的粮油余缺，都在市场上买卖，或向余粮户借贷。1953年10月起，国家实行粮食统购统销，向占总农户45%的余粮户统购粮食。1955年，按耕地面积，实行定产、定购、定销“三定”政策，根据上级分配的统购任务分配到生产队。1958年兴起的“大跃进”中，高指标、高定额、高征购，共产风、浮夸风、命令风、干部特殊风、瞎指挥风“三高五风”盛行，加之三年国民经济困难，造成粮食匮乏，村民吃糠咽菜。1962年，贯彻国家经济调整方针，在粮食收购上实行国家、集体、个人“三兼顾”政策，农民口粮人均每年原粮不足150公斤的队，一律不购；对因灾减产，口粮吃不到产新粮的队及农户，国家予以返销周转粮。1971年，统购粮食的任务改为“一定五年”不变的政策。对粮食增产完成统购任务后有余粮的队，可卖加价30%～50%的加价粮，并实行超购每百斤贸易粮，奖售化肥20公斤。1975年前，村内各生产队每年交公粮（农业税）、统购粮、水利粮、自筹粮（储备粮）时，无论男女老少都积极地挑、背粮食到寿安粮站，经检验、过秤、开票后，由生产队统一结账，社员按运粮数计算劳动工分。1976年后，生产队用拖拉机运粮食到寿安粮站出售。1979年，议购的大米、酒米、黄豆加价50%～100%。1980年，议购小麦、玉米加价65%。1982年后，村会计按上级下达的各种粮食任务，按承包的耕地面积计算到生产队及各农户。农户将卖粮的收据交村上统一到粮站结账。1985年，取消粮食统购制，改为合同定购制，村内大多数农户每年都有1500～2000公斤余粮，村民积极与寿安粮站签订卖粮合同。1993年，国家粮食政策全面放开后，每年的公粮、水利粮可用人民币来折算。2005年，国家免除了农业税，交公粮的历史结束。2007年以后，国家每年给予每亩耕地300元的粮油生产补贴。

农民交售公粮（80年代摄于寿安仓库）

1954年开始，国家实行油菜子收购（统购）政策。1962年起，实行定种植面积、定单产、定交售任务“三定”办法。大队（村）根据上级分配的任务，分到各生产队执行。油菜子收割后，生产队组织人员运送油菜子到寿安粮站交售。完成油菜子统购任务后，各生产队人均一般留1.5～2.5公斤油的菜子作口油。1972年起，完成国家统购任务的生产队，多余的油菜子，按30%留生产队、70%由国家加价30%收购。1979年后，改为多生产的油菜子生产队留一半，另一半由国家加价50%收购。1984年，国家取消油菜子统购制度。实行定购，收购价格40%按原统购价、60%按原超购价。由粮站、乡、村油厂代国家收购、储存、加工。自90年代初起，油菜子生产和购销全面走向市场化。2007年，产业结构调整后，村民以果树种植为主，只种有很少一部分油菜，多为榨油自用。

二、生　猪

民国时期，农民饲养的小猪、母猪、肥猪等都牵抬到农贸市场自由交易。有的农户杀过年猪，除自食外，送部分猪肉给亲友或邻居。1957年，国家对生猪实行派购任务，农民饲养的肥猪交国营寿安屠场收购。1963年，国家对养猪困难户预付订金，每头肥猪奖售25公斤粮食。按人平0.2头肥猪的任务分派到大队和生产队，非农业人口和上山下乡的知识青年，每人每月发肉票1.5公斤，凭票购猪肉。没有完成派购肥猪任务的生产队不能杀猪，私人不准杀猪。生猪都由农户家庭喂养，平均每户年出栏肥猪1.5头。寿安及五星、松华、和平、青龙、红星6乡镇年出栏肥猪5万～6万头，仅能满足当地人民食用。1983年，配合饲料进入市场，极大减轻养猪的劳动强度，饲养周期缩短到4～5个月，每头猪出肥重量由75公斤提高到100公斤以上，家庭养猪年出栏数普遍在5～10头左右。农村中有专业养猪户，年出栏肥猪100～300头左右。1985年起，国家取消生猪派购任务，猪肉市场开放，个体杀猪户增多，有专职收肥猪的人直接到养猪户收购。村里养猪大户参加了养猪协会，与四川省龙头企业佳享、巨丰、蔚蓝等食品公司签订生猪养殖购销合同。进入21世纪，寿安镇有万头肥猪饲养场。2005年起，寿安镇相继成立了巨丰食品公司、佳享食品公司、蔚蓝食品公司，年屠宰、分割、冷藏生猪100万头，解决寿安镇及周边乡镇的生猪销售问题。肥猪出栏时，运至食品公司过秤付款。出栏一头肥猪可获纯利300～800元。2016年，寿安镇出栏肥猪40万头，为1980年的7.5倍。

三、水　果

民国时期至70年代，寿安镇水果很少，传统水果只有梨子、李子、桃子等几种，水果成熟后，农民都将水果挑或背到农贸市场交易。80年代起，大规模种植柑橘，主要品种有脐橙、血橙、锦橙及琯溪柚子。水果成熟期，除零星上市销售外，果品公司及水果营销大户，深入果园与果农协商价格。采摘时调派货车在田间装车，直接运到山东、河北、北京等地销售，或进入库房储存，择机销售。数年后，水果品种不断改换升级。2010年起，农民批量种植猕猴桃、葡萄。至2016年，寿安镇柑橘当家品种有不知火、青见、炽炽柑及红心柚等，寿安镇年水果总产量达3.9万吨，农民经济收入显著提高。

四、禽　蛋

1958年以前，农户饲养的鸡、鸭、鹅等家禽及蛋除少量自食外，大部分在农贸市场出售。1959年起，国家对禽蛋实行派购政策。1962年起，对交售禽蛋实行奖售粮食或食糖、酒及优先供应部分工业品的政策。1980年起，取消禽蛋派购政策。1994—2012年，村内饲养蛋鸡专业大户，直接与成都菜市场和食品厂签订禽蛋购销合同，一般农户饲养的禽蛋，除自食外，在市场上自由交易。

五、蔬　菜

寿安地区农户常年在自留地种植季节性的蔬菜，除自食外，菜秧、菜种大多背到寿安镇专门的菜市场出售，调剂农户间的蔬菜品种和余缺，使城镇居民吃上新鲜菜。90年代起，有的农户种植大篷蔬菜或成片种植蔬菜，除少量就近上市销售外，大都运销大城市。

集镇蔬菜市场（摄于2016年）

六、水产品

鱼是寿安镇域主要的水产品，旧时因其捕捞只限于河渠、冬水田、蓄水山塘等，上市量很少。寿安镇设有专门的鱼市，供打鱼的人逢场交易。80年代初，推广网箱、水池节约化养鱼，以及配合鱼饲料喂养，达到每100平方米网箱、水池年产成鱼3000公斤的产量。1983年，松华乡松花、华锋村建起100平方米的养鱼池35口，年产成鱼10万公斤，销往成都。有少数养殖户养殖甲鱼。至2016年，寿安镇马南村尚有100亩山塘养鱼，加上河塘捕鱼，寿安农贸市场每天有200公斤鲫鱼、鲤鱼、草鱼、花鲢、鲶鱼和少量野生河鱼上市，另外还有大部分是从外地组织运来的人工饲养鱼上市销售。

七、竹木制器

寿安镇易烧房巷和二条街是竹木器具市场，许多传统竹编木器摆摊销售。竹编制品有箩筐、背篼、捞草耙、筲箕、漏筛、米筛、竹椅、竹凳凳，木器有木梯、扁担、方桌、板凳、木甑等，高粱扫帚、大扫帚在此有售。进入21世纪，“全友家私”“八益家具”等大型家具企业在寿安镇设立专卖店，销售沙发、床垫、茶几、衣柜等造型新颖、制作精细、色调典雅的家具，成为年轻人的喜好。竹木器具仍有少量销售。

二条街竹木器制品市场（摄于2016年）

第四节　工业品购销

一、肥　料

1953年前，寿安镇农作物多用人畜粪、草木灰、土杂肥、苕青、胡豆秧及油枯、骨粉等自然肥料。1954年实行互助合作化时，寿安供销社出售硫酸铵、磷矿粉。1962年，相继增加尿素、硝酸铵、碳酸氢铵、过磷酸钙、钙镁磷肥、氨水、磷酸二氢钾、氯化钾等化肥品种的供应，按耕地面积计划供应，氮肥尿素、碳铵十分紧俏。各生产队都有1名采购员，提前到供销社按分配计划交钱开票后，由供销社安排取货时间，生产队组织人力肩挑、背驮运回生产队。单位和学校的粪水，要有关系的生产队才能买到。1981年，农村实行家庭联产承包责任制后，尿素肥料由生产队统一购回按人分配，其他肥料各户自购。其后，原计划供应的化肥，进入市场敞开销售。90年代，有了氮、磷、钾复合肥料，各农户用自行车、摩托车到寿安供销社自由选购。进入21世纪，化肥生产销售大多为国内外知名厂家占据大量份额，氮、磷、钾及微量元素混合的复合肥深受农户喜爱。2005年，寿安镇成立“三农”服务中心，村里设有农资生产销售点，销售各种化肥、农药、农机具等各种农资，方便农户。2016年，寿安场镇有化肥农药店12家、乡村化肥农药店35

寿安镇农资直供站（摄于2015年）

家，共计47家。

二、农　药

1953年前，寿安地区无化学农药销售。农作物有病、虫时，村民用草木灰撒在植物叶上，用叶子烟骨头泡水，或麻柳叶泡水撒在植物叶上防治病虫，效果很差。1954年，寿安供销社开始供应化学农药“六六六”粉剂和滴滴涕等，开始使用喷雾器喷雾农药。1960年后，相继增售乐果、敌百虫、杀螟松、敌敌畏、亚铵酸磷、稻丰散、敌锈钠、稻脚青等。70年代，又有除草醚、托布津、叶枯净、敌枯双、甲基杀虫脒、敌草隆、井冈霉素、三氯杀螨醇、氯酚钠、扑草净等品种。21世纪初期，村民普遍使用高效低毒农药，用微型电动机套软管、喷雾器给柑橘为主的果树喷施农药防治病虫。2015年起，推进生态农业种植，禁用“乐果”等剧毒农药，推广生物有机肥料，化肥、农药生产销售量下降。

2004—2016年寿安镇化肥、农膜、农药使用量情况表

表8–1　　单位：吨

年度	化肥					农膜	农药
	合计	氮肥	磷肥	钾肥	复合肥		
2004	1546	674	223	188	461	24	76
2005	1554	675	225	191	463	25	75
2006	1578	685	231	191	471	26	78
2007	1578	685	231	191	471	28	61
2008	1574	672	237	255	410	28	72
2009	1483	673	235	188	387	29	74
2010	1454	661	230	182	381	31	71
2011	1436	645	215	181	395	28	65
2012	1393	619	207	174	393	31	62
2013	1308	467	210	280	351	28	57
2014	1200	524	186	150	340	28	55
2015	1118	493	182	136	307	23	53
2016	1054	481	168	129	276	28	48

说明：化肥使用量为折纯量

三、种　子

1953年前，寿安镇粮油生产种子都是农户自留选用，或农户间相互调剂。农业生产合作化后，由县粮食部门从外地调运良种，生产队用粮食并补差价购回良种种植。70年代末，县种子公司直销杂交水稻、杂交玉米、杂交油菜等优良品种，生产队到种子公司购买。为保护农民利益，推广农业作物创新科技成果，提高农作物的产量和品质，国家对种子实行严格管控，镇成立种子专营公司和专卖店。国家支持科研院所转化科技成果，建立种子培育基地，通过专门渠道，直销到种植户。2000年以后，水稻、小麦、油菜、水果、蔬菜出现许多新品种，成为现代农业的亮点。

四、农　具

1953年前，寿安地区农业生产主要工具有犁、耙、拌桶、粪桶、粪挡、箩篼、篼篼、晒席、扁担、锄头等，大多请匠人制作，部分在市场购买。铁制的锄头、镰刀在铁匠铺买。1955年实行合作化后，农具均由寿安供销社统一组织收购销售。70年代，开始使用塑料制的粪桶、粪挡、瓢等。其后，逐渐使用脚踏打谷机、柴油机、饲料粉碎机、手扶式拖拉机、联合收割机等。

五、针纺织品

民国时期，寿安镇经营针纺织品的店铺近10家，主要购销布料有通过水运回寿安的丝绸、阴丹、白市布、蓝布、黑布、蚊帐用夏布、麻布和本地织造的土布。百姓根据自家经济条件和需要选购不同价位、颜色的布料，或自家缝制衣服、鞋帽或请专业裁缝匠缝制，布料商铺冬腊月生意特别红火。50年代，成立供销合作社，毛巾、春秋衫、毛线衣等针纺织品都由供销合作社经营。70年代后，经营针纺织品的个体工商户增多，品种齐全，购销两旺。至2016年，寿安镇经营针纺织品的店铺近100家，既有各种针纺织品成品，又有各种原材料，可满足不同层次群众需求。

六、百货文具

民国时期，寿安镇内无专门的百货文具销售店。新中国成立后，随着供销合作社的成立，面盆、温水瓶、香皂、肥皂、电筒、电池等百货和文具有了集中销售，寿安镇正街有1家专门的王氏文具店。60年代至70年代，大多百货凭票供应。自1980年起，百货商品市场货源充足，传统商品、现代商品集聚市场，满足市场供应。1990年起，改变综合经营模式，百货销售改为专卖店经营。2016年，寿安镇有百货专卖店36家、文具店4家。

七、五金家电

民国时期，镇内无专门的五金家电销售，只有一些铁匠打造的钉子、铁锁、刀具等小五金。五老祠街集中了数家铁匠铺和木器铺，农用的犁铧、耙钉、锄头、镰刀、菜刀、柴刀均在铁匠铺打造。新中国成立后，供销合作社设五金门市，销售油漆、铁器、工具、农具等五金制品。60年代，镇内销售凭票供应的自行车。80年代，镇内有12英寸黑白电视机销售，购买者较少，一般为先富起来的专业户。自90年代起，随着人们生活水平的普遍提高和电力通村达户，大屏幕彩色电视机、洗衣机、冰箱、电饭煲等日用电器迅速进入“寻常百姓家”，需求量猛增，大型家电商家在寿安镇设家电商场，并送货上门安装。随着装修业的发展，经营各种装饰油漆、涂料、木工板、铝塑门窗材料等的五金门市应运而生。至2016年，寿安镇及所辖五星、松华、青龙场镇共有五金家电商店13家，年销售额达2.5亿元。

八、车　辆

民国时期，镇内无机动车辆。60年代，开始有自行车、农用拖拉机等凭票证供应。80年代后，自行车、农用拖拉机取消票证供应，很快满足市场需求，成为人们货运和出行的主要交通工具。寿安镇有自行车专卖店5家，除“永久”“飞鸽”“凤凰”等老名牌外，还有“五羊”等数十种新品牌上市，价格在200～300元之间。至1990年，载货汽车遍及城乡，逐步取代农业拖拉机。摩托车的迅速普及，基本取代自行车出行，主要品牌有“125”大功率车型和“70”轻便车型，很受年轻人欢迎，每辆售价2500～6000元。寿安镇6家销售自行车的专卖店改向经营摩托车。进入21世纪，随着人民生活水平的提高，购买小轿车成为时尚。从5万元左右的“奥拓”“长安”面包车到10万元以上的中高级轿车，成为现代交通工具。电瓶车、老年代步车的出现，成为青年人和中老年人的代步工具。2010年起，全民健身运动展开，骑自行车锻炼身体成为时尚。新款高级自行车面世，以造型新颖、轻便、多功能为特色，为市民所喜好，每辆单价在500至2000元之间。至2016年，寿安镇有汽车专卖店4家，配套汽车修理、洗车经营店20余家，年经营额9000万元左右。

寿安镇汽车专卖店（摄于2016年）

九、副食品

民国时期，寿安镇副食品经营就购销两旺，油、盐、酱、醋、调料、糖果、糕点等均为热销商品。1953年至1978年，寿安镇共有4个居民区，各居民区设有1个副食品经营部，五星、松华、青龙场镇也各有副食店，烟酒凭票供应。自80年代起，镇内副食品经营商家猛增，各种烟酒、烹饪调料、佐料、干杂等一应俱全，民间办酒席的材料在一个店就能购买齐全。糖果、糕点除本镇少量生产外，大多从外地进货。2016年，寿安镇副食品经营店上百家。

十、服　装

民国时期，寿安地区无专门的服装制作企业，民间有住家和走村串户的裁缝。1953年，寿安镇成立缝纫社，从业人员30余人，剪裁技术均为专业裁缝匠，缝纫工作女工居多，业务全是接件订做。城乡百姓不会缝衣者，到供销社选购布料，拿到缝纫社量身裁剪缝纫，按约取货。1958年后，寿安缝纫社购置了20余台缝纫机，服装样式也有所变化，男装以中山服为主流，女士以圆领、方领开襟、塑料纽扣为主流。布料也多式多样：白布、阴丹、黑细纱布、哔叽、呢子、各色花布，土布退出市场。新布料、机器缝纫受到消费者青睐，自家手工缝衣的传统迅速转移，缝纫社的经营进入黄金期，每到年底，深夜加班进入常态。70年代后，大量各种布料、颜色、款式的成品服装很快进入寿安市场，传统买布料自缝或交缝纫社机缝服装的情况基本消失。21世纪后，寿安镇先后发展20余家服装专卖店，商家到成都等地市场取货回镇上销售。至2016年，寿安镇有服装专卖店80余家，服装年销售总额达1.2亿元。

第五节　餐饮和旅店业

一、饭店和农家乐

民国时期，寿安镇有饭馆、面店、甜食、小吃50余家，大街小巷都有酒馆、饭店。每逢场期，满足数万食客之需。最有名的算开在易烧房巷子的“兴发酒庄”，店堂不大，安放6张方桌。酒庄卖炒菜、凉菜，特色菜品是回锅肉、蒜泥白肉、凉拌鸡。70年代前，寿安集镇只有3家饮食店，正街上段一家“上食堂”、下段一家“下食堂”、中段一家“甜食店”。上下两个食堂，各有职工10人左右，经营荤素菜品、面食。甜食店经营醪糟、发粑、猪儿粑、米凉糕、酸辣粉。80年代起，寿安镇餐饮行业迅速恢复发展，遍布大街小巷、场头场尾的面食、包子、甜食、酸辣粉的店铺摊点，几乎达到百步一店的程度。1990年，已有饭店、小吃店30余家。寿安饭店以中餐著称，丁家牛肉、周氏烧菜、雷氏牛肉，做工精到，小拐拐面食轰动一时。至2016年，寿安集镇及五星、松华、青龙3个场镇饭店达50余家。

白岩寺村丁家花园大门（摄于2016年）

90年代起，集观光、休闲、娱乐、餐饮为一体的新型餐饮、娱乐业“农家乐”，在寿安地区陆续建成开业。农家乐都选址在农村景色秀美、环境宽敞的庭院，具有停车、垂钓、赏景、棋牌、卡拉OK歌舞娱乐、承办宴席、婚庆、聚会等功能。寿安地区较为大型的农家乐有离尘山庄、山月山庄、蒲东花园等。2013年起，各农家乐纷纷开设了“柴火鸡”项目，成为餐饮潮流和时尚。至2016年，寿安镇农家乐有近20家。有名的农家乐和饭店有：寿安新城樱花岛宾馆、白岩寺村丁家花园、董口村陈家大院、马楠村马楠人家、庙乐村银杏苑和鱼灵阁、龙泉村龙泉山庄、插旗山村小院坝、罗家饭店，和加威农庄饭店、枣庄饭店、微耕农庄等。

二、风味小吃和名优食品

旧时，寿安镇有4家京果铺，尤以周万成京果颇具规模，最有特色，所生产的糖果糕点，品种繁多，最有名的数油果子、桃片糕和中秋月饼。“建成烧腊肉”和“钵钵鸡”是誉满寿安的名吃，其创始者为张氏，系寿安镇名厨世家，善于操办“九大碗”，在自家街房开饭馆。饭馆制作的烧腊肉，鲜色光亮、浓香扑鼻、入口化渣、肥而不腻。“钵钵鸡”则麻辣香味俱佳，肉片成型，火候恰到好处、鲜嫩酥口、香飘过街。“杜老二肥肠血旺”，白、嫩、香、脆，最见功力的是清烧肥肠，猪血须经三道过滤、凌晨下锅、放入上好边油微火慢烹。盛入碗中，鲜嫩烫口，绵软有弹性又不带经丝，其近10种辅料勾兑的海椒蘸水十分讲究。醪糟、黄糕粑、发粑、丝网子粑、糍粑、粽子、米凉粉、豆粉儿等，是寿安镇的特色小吃，经营店铺有十多家。21世纪后，寿安镇的风味小吃和名优食品在传承中又增加了新的品种，但油果子等一些传统名优食品由于制作工艺复杂，无人传承，逐渐消失。

三、茶铺茶楼

民国时期，寿安镇的茶铺遍及大街小巷，规模大的可同时容纳300～400人。正街龚吉忠茶铺，三间门面，进深直达二条街，有茶桌百余张。早上5点开门，晚至深夜。设说书讲台，议事评理专座。新中国成立后，大部分茶铺逐渐关闭。1980年，关闭近30年的“龚吉忠茶铺”重新开业，40多张茶桌座无虚席，并有川剧清唱、听评书等文娱活动。另有交通茶社，20多张茶桌，场场客满，一茶一座，每碗茶5角至1元，成为中老年人休闲品茗聊天首选场所。1986年起，寿安镇进行了旧城改造，龚吉忠茶铺拆除重建成高楼商铺。在二条街、半边街、韩公祠街、汪烧房巷等多处有十余家中小型茶铺开张，20

桌左右中等茶铺设有麻将、纸牌娱乐，每碗茶钱2元。小茶铺在小街小巷自家住房开设，条件简陋，茶品也低廉，每碗茶钱1元。许多乡下老人无论逢场闲天，都喜欢到街上茶铺品茶休闲，形成固定的生活方式。2016年，寿安镇河坝街、利民路、工业大道有近10家茶楼开张营业。茶楼是品茗、商务洽谈、棋牌娱乐的高档场所。场地面积较大，有2～3个楼层，装修豪华、家具时尚、服务周到。收费较高，每杯茶、饮料收费5～20元不等，每场麻将收费30～50元，免费配给茶水、瓜果。

民间九大碗坝坝宴（2016年摄于华锋村）

四、九大碗宴席

旧时，寿安地区民间结婚、建房、红蛋酒、寿庆、丧事等盛行办传统九大碗宴席。九大碗宴席由乡间专业厨师操办，每桌席用猪肉1公斤左右。九大碗宴席是最高等级的传统待客酒席，每桌主菜有九样：酥肉、墩子、髈、镶碗、酒米饭、鸡或鸭、鱼、汤菜，另外还有4～8个凉拌干盘子。进入21世纪，这种传统继续继承并有所发展，子女考上大学、生子、开业、乔迁搬新房、病愈出院等都办。乡间专业厨师按照客户提出的宴席标准，实行“一条龙”服务，从采购食材、辅料，到配送桌凳、餐具、燃料（液化气）、雨棚、电风扇、以及勤杂服务员，一并配套完成，客户一概不操心，减少许多麻烦。

五、旅店业

民国时期，寿安镇有少数私人开设的客栈，接待来往客商，最有名的是冯其昌客栈。1951年，寿安镇正街有旅馆1家。1958年，新增拐角大楼政府招待所旅馆。1980年后，寿安镇新兴工业和商贸业的迅速发展，流动人口增加，带动旅店业发展，私营旅馆迅速发展。至2016年，寿安镇共有酒店、宾馆、旅店36家，床位510个。寿安新城樱花岛英澜酒店、河坝街晶鑫商务宾馆、方圆旅社、星星缘商务宾馆、洪发旅店设有豪华间、标准间，设施齐备，价位在100～500元之间。一般普通旅店都有洗浴设施，价位在40～100元之间。寿安镇旅馆常年入住率达80%左右。

寿安镇河坝街晶鑫商务宾馆（摄于2016年）

第六节 其他服务业

一、理发业

清末至民国初年，寿安地区男人统一发式是前额至头顶剃光头，后半头蓄长发扎辮子。辛亥革命后，革命党发起剃头运动，男人一律剃光头。30年代，寿安镇部分青年学生、绅士官商男人蓄发，留分头。有的从正中向左右分开，有的左边留三分、右边留七分。除分头外，还有小平头，光头仍占大部分。1949年，寿安镇有理发店五六家，专为中上层人士理发，并使用肥皂、香皂洗洁品。理发匠人还学会掏耳朵、修面、揉肩、端颈项等保健绝活，收费较高。乡间另有五六十人的个体剃头匠，逢场在场镇周边摆摊经营，闲天走乡串户服务。他们专有一副剃头担子，一端挑行灶热水，另一端放脸盆工具及一把木椅。故有歇后语“剃头匠的挑子——一头热”之说。

传统理发店（2016年摄于围镇街）

50年代至80年代，寿安场镇有两个理发社，分布在正街中段和下段，从业人员20人左右。时均为手工理发，顾客全是男士和婴儿。婴儿剃胎毛、蓄三四撮小发，男士剃光头或蓄分头、平头。其后，寿安镇陆续开起了多家理发店、发廊、美容店，从业人员90%以上是男女青年。男士发型新潮时尚，光头、平头、分头、明星发式，层出不穷。女性摒弃传统观念，大量光顾理发美容店，洗头、理发、焗油、染发，做各种新潮发式，理发美容业成为厚利行业。至2016年，寿安镇及周边社区的理发美容店达30余家，从业人员180余人。

二、修理业

旧时，寿安镇修理行当也较活跃，民间有“一鐠二补三打铁”的俗语，鐠匠为敲打金银首饰的匠人，收入和利润最高，其次是补锅匠和铁匠。补锅匠除主要补锅外，还补碗、补缸，磨剪子、菜刀等。修补匠人沿街行走，招揽生意。有的匠人走村串户，摆动手中特制的铁片发出声响，以招揽生意。除补锅匠外，还有修补雨伞、补盆、补鞋、补衣服等和修电筒、钟表、农具等匠人，他们逢场在街边路旁摆摊设点，生意也很好。80年代后，由于小家具品种繁多，物美价廉，烂了不再修补，直接买新的，大部分修理匠人不再从事修理业，而随之兴起的是自行车、摩托车、汽车和手机、家电修理业。2016年，全镇有从事摩托车、汽车修理门市数十家。

三、照相业

民国38年（1949年），寿安镇私人开设照相馆1家，器材设备简陋，拍摄人物黑白像。新中国成立后，寿安镇照相馆改为集体所有制企业，开展黑白照相业务。自90年代起，寿安相馆改制为私营企业。照相机进入老百姓家庭，使用彩色胶卷拍照，冲洗加印照片。其后，高清晰度数码相机和电脑出现，照相业发生根本变化，高档婚纱影楼应运而生。有的影楼配备摄像机，为婚庆、寿庆作全程录像，制作影集和影碟。2016年，寿安镇有影楼数家，年营业额数百万元。

集镇婚纱影楼（摄于2016年）

四、药　房

民国时期，寿安镇设有中药铺，病人持医生开的处方到药铺配药。民间有少数懂医术之人扯草药上市出售。新中国成立后，逐渐设立卫生院，药店归口管理。1995年，寿安镇第一家国药店“和民堂”在正街下段开业，主要经营中成药和中药配方药，也零售西药和保健药品，生意兴隆。21世纪后，太极药房、平康药房、永乐药房、利民药房、泉源堂等十余家药店相继开业，方便群众购买非处方药品和保健品，用以防治感冒、肠胃消化、病毒感染等小病小痛。药品监督部门对各药房严格监管，要求药品分区陈列，进货实行统一配送。药品经营店按规定要有坐堂医生，坐堂医生须持有行医许可证。2016年，寿安镇药品经营店26个。

围镇街现代药房（摄于2016年）

五、婚丧和礼仪服务

民国时期，寿安地区民间婚姻请德高望重、有知识、有文化的人担任叫礼先生，主持婚礼，举行拜天地、拜父母、夫妻对拜等仪式。新中国成立后，寿安地区婚姻礼仪发生很大变化。主要程序是新婚夫妻双方家庭办“九大碗”请客庆贺，男家备4～6辆轿车去女家接亲，女家备6～10辆轿车送亲。21世纪后，寿安镇有了婚庆公司，开展为新娘新郎拍新婚照、为新娘化妆、提供婚纱、扎花车、婚礼殿堂布置、灯光和音响设备、主持婚礼、全程摄像等系列服务，收费5000～1万元不等。婚庆公司还开展商店开张、企业奠基等礼仪服务。

旧时，殡葬沿袭传统礼仪习俗，请民间阴阳先生选择墓地，确定入葬时间。入葬当日，先生主持葬礼，办酒碗谢亲友。20世纪中叶起，国家实行殡葬改革，死者一律火化后装入骨灰盒埋葬。2016年，寿安镇有3家规模较大的花圈店，主营花圈、香蜡、冥钱及“成衣、纸扎车、房”等殉葬品，提供电子炮车、冷冻水晶棺材、设置灵堂、联系阴阳先生做丧事等系列服务，收费按单项计算。

第七节　储　存

一、民间储存

80年代前，寿安地区民间水稻储存主要用土仓、夹篼、木柜及罈、罐储存，富裕人家用木仓。一般农户多用土仓储存粮食，用泥坯砖在室内的一端砌夹墙，一般高1.8米、宽1.6米、长2.5米，正面设0.7米宽的活动木板仓门，仓门板编号为序，底部用条石垫孔，上安3根枕木钉仓底木板，顶部大多用篾笆覆盖。仓内四壁有的用石灰泥粉糊，有的用牛屎加头发拌稀泥粉糊。木仓是在房屋内用若干立木作柱，打眼凿槽，穿逗成长方形或方形框架，底部垫条石作枕通风透气，穿榫横木上钉几心缝嵌板作仓底，四周装几心缝木板，顶部有的敞开，有的用横木连接上，钉木板封闭，在正面设一活动木板仓门，仓门板编号为序，开关时按门板号逐个卸装。产粮少的农民大多用夹篼储存粮食。夹篼一般都放在寝室或堂屋的一角，有的农户置两三个夹篼，大小不等，装上粮食后上面用簸箕或斗筐作盖。夹篼是用较厚的竹篾编成人字花纹，正方平底，直径0.8米、高1.4米左右，中部略大，上口小于中部，用篾条捆边成圆形，使之硬实，夹篼使用方便，还便于移动。小麦、玉米都是裸体粮，易霉变虫蛀，一般使用罈、罐储存。90年代后，除一些种粮大户外，民间一般不再储藏大量粮食，只用罈、罐或包装袋储存少量大米，吃完再买。

二、仓库储备

50年代，在寿安镇下场口修建寿安粮站，为全县五大粮站（城关、寿安、西来、大塘、大兴粮站）之一，属国营商业单位，收购储存寿安镇域所属各乡镇交售的公粮等。80年代，寿安粮站在松华、五星设立粮库，方便群众就地交粮。1992年，寿安粮站集中库投资82万元，修建500万公斤容量库1座。2000年后，寿安粮站进行产权制度改革，建为四川省粮食储备库。

90年代起，寿安巨丰食品公司、佳享食品公司、蔚蓝食品公司各建有猪肉冷冻仓储，可储藏4万吨猪肉食品。2015年，在庙乐村占地68亩、投资2.1亿元建成全国首座中央直属储备肉冷冻库，储备能力1.5万吨，月仓储量达2万吨，年货物进出量达40万吨。

2016年，寿安镇3家果品公司都有果品仓储库房，可储存50万公斤柑橘水果。各村（社区）有20多家果品营销专业户，租赁闲置库房场地，秋冬时节收购鲜果储存，次年春季销售，年储存水果达150万公斤。

第八节　信贷保险

一、农村信用合作社

50年代，由农民投资入股成立金融机构组织——农村信用合作社，隶属于中国农业银行直管。1995年，剥离农行成立县农村信用社，属地方金融组织。寿安镇有5家信用社，在支持农业信贷、中小企业融资、存款、农民储存生活困难救助中，发挥了重要作用。2010年，农村信用社改建成农商银行。

二、保　险

1980年，蒲江县有“中国人民保险公司蒲江分公司”，经营人寿保险和财产保险业务。在深化体制改革中，将其国有企业改制为国资控股的股份制企业，并分为人寿保险和财产保险两大公司。保险公司在社会上广泛招聘业务员，宣传、承接保险业务。1990年，寿安镇有人寿保险和财产保险业务员近20名。其后，平安保险、太平洋保险、泰康保险等保险公司进入寿安保险市场，各自设法招聘服务人才，并将保险险种不断增加，名目繁多，理赔比例增大，服务更快捷，吸引群众积极投保。各公司服务人员由公司招聘、培训、考试合格后持证上岗。报酬按业务总量提成支付，业务人员发挥人际关系长处和勤奋拓展精神，月收入在2000元左右，有时一月能挣上万元。至2016年，寿安镇有商业保险从业人员50人，业务遍布城乡千家万户。投保后，人民群众的生命财产得到保障，保险业为稳定社会发挥了积极作用。

生命之河（摄于2015年）

第九章　政党　政权　社团组织

寿安镇具有光荣的革命传统，早在民国初期，就成立了蒲江县第一个中共地下组织，领导人民开展抗粮抗捐的武装斗争和轰轰烈烈的农民运动，为蒲江解放奠定了基础。新中国成立后，建立党的基层组织和人民政权，寿安地区初属县人民政府派出机构第二区，区长吴明。其后，基层政权历经乡镇人民政府、乡镇人民委员会、人民公社管理委员会、乡镇人民政府等阶段。1985年，寿安集镇为镇人民政府，其余寿民、插旗、五星、松华为乡人民政府。后几经乡镇区划调整和分合，2004年起，最终形成寿安镇人民政府。其间，乡、镇均设党的委员会和政权机构，及下属相应的群众组织，担负起管理和领导人民进行社会主义建设的责任，为寿安地区的经济社会发展起到重要的领航作用。

第一节　中国共产党地方组织

1927年4月，中共成都特支书记黄映湖（黄田州）派中共党员、中共农民运动讲习所第六届毕业生石兆祥（四川宜宾县人）到蒲江。石兆祥是上级党组织派到蒲江的第一个中共党员，到蒲江与王尧钦、陈绍周等人会面后，借任寿安小学教师作掩护，指导以蒲江为中心的上川南农民运动工作。在农民运动中，石兆祥吸收王尧钦、董仲卿、谢育生加入中国共产党。同年4月中旬，在寿安镇正街冯其昌栈房内召开会议，建立蒲江县第一个党组织——中共蒲江县支部委员会，支部以“石善之”为代号（谐音“十三支”），受中共成都特支领导。党支部成立后，以高桥为中心，开展轰轰烈烈的全县农民运动，成立农民协会。运动扩展到邛崃、丹棱、眉山，农民武装斗争参加人数达6000人。为进一步扩大农会的影响，王尧钦、李东明、胡开愚、罗谦等人带领农会会员，趁寿安赶集，张贴标语，宣传农会主张。赶集农民一哄而起，从寿安镇仁寿桥涉水过河至安巷子登岸，冲向灰窑街，捣毁设在街口的“蒲江护商水运寿安办事处”，办事处的安步高卷起账簿和票据逃窜。在农民运动影响下，寿安地区一些比较开明士绅武装也向农民协会靠拢。同年10月，按照上级指示，中共蒲江县支部委员会改建为中共蒲江县委员会，王尧钦任书记，董仲卿、谢育生分别负责宣传和青年工作，受中共川西特委直接领导，党员人数达50人。1928年1月，中共蒲江县委员会改建为中共蒲江县特别支部委员会，王尧钦任特支书记，董仲卿、谢育生为领导成员，仍受中共川西特委直接领导。同年10月，撤销川西特委，同时将中共蒲江县特别支部委员会更名为中共蒲江县委员会，领导成员仍为王尧钦、董仲卿、谢育生。1929年3月，将中共蒲江县委员会更名为中共蒲江特支，领导成员不变。

1932年8月，赵克荣（邛崃人）在寿安青龙场（寿安镇青龙社区）杜山主持会议，成立中共寿安支部委员会，赵克云为书记，熊永荣、龙世骝、杜成新为委员，受中共邛大特支领导。同年12月，红四方面军西征入川，后建立“通（江）、南（江）、巴（中）”革命根据地。中共四川省委适时发出系列指示，要求全川各地党组织支持红军，发动农民反对军阀拉丁派款，开展抗粮抗捐和游击战争。宋其康等人团结寿安镇陈伯麒、王步銮、王顺成和松华乡周会群、敦厚乡徐子乾等人，开展宣传发动工作。寿安镇民团大队长赵国定通过和共产党人接触，保持中立态度。成平小学师生在寿安镇贴出“打到贪官污吏，打到土豪劣绅”标语口号，斗争矛头直指寿安镇团总喻南轩，并揭露喻一贯仗势鱼肉百姓、贪污粮款的种种罪行，陈伯麒、王步銮、喻吉轩、张文彦等人组成清算委员会，在广大群众支持下，把喻南轩赶下台，夺取寿安政权，陈伯麒任区长，王步銮任武装分队队长。斗争中，党支部先后发展杨荣安、陈伯麒、王步銮等8人为中共党员，建立寿安成平小学和寿安区公所两个党小组，熊永荣和陈伯麒分别担任成平小学和寿安区公所的党小组长。

1933年2月，中共寿安党支部在寿安等地发动群众，筹集枪支100余支，发起寿安、中兴抗粮抗捐武装斗争。同年5月11日（农历4月17日），中共邛大县委组织委员、上川南抗捐军参谋长宋其康被名山县清乡军逮捕，关入邛崃县监狱。中共邛大县委派孟绍怀到寿安镇，传达上级组织武装营救宋齐康的决定。龙世骝、李淑华、宋微钦、陈伯麒带领武装人员，到牟场集中待命。赵克荣带领王步銮、周会群、邓炳章等人与其会合，被敌侦探发现，发生激战，营救计划落空。同年8月、宋其康成功越狱，返回寿安镇，继续组织抗捐斗争。1934年11月，中共寿安支部领导下的抗捐军在敌人武装镇压下，组织被破坏，一部分共产党员和游击队骨干相继被捕杀，另一部分分散隐蔽，寿安抗捐斗争遭受严重挫折。

1946年9月，宋其康返回蒲江。1947年11月，宋与王步銮、刘海如等秘密联系邛崃、大邑的中共党员，在寿安镇一带进行革命活动，国民党四川省政府向各地发出密电，要求严查。1949年12月19日，寿安镇宣布解放。寿安镇党组织结束地下秘密活动，成立人民政权组织。

新中国成立后，在设乡、人民公社、镇期间，均设党的委员会。管区、大队、村（社区）设党的支部委员会，生产队、村（居）民小组设党小组。2016年全镇设镇党委1个、村（社区）党支部28个、村（居）民党小组311个。

第二节　乡镇政府

一、乡镇政权设置

新中国成立后，建立了人民政权。寿安地区初属县人民政府派出机构第二区，区长吴明。其后，基层政权历经了乡镇人民政府、乡镇人民委员会、人民公社管理委员会、乡镇人民政府等阶段。至1985年，寿安集镇为镇人民政府，其余寿民、插旗、五星、松华为乡人民政府。1992年，插旗乡并入寿安镇。在设乡、镇期间，均设乡、镇人民政府。在人民公社化时期，下设管区，后改为大队。在乡、镇

位于寿安场镇西口的镇政府（摄于2016年）

人民政府时期，村设村民委员会，社区设居民委员会，下设村（居）民小组，为政府的基层组织。自2004年起，寿民乡、五星镇、松华乡并入寿安镇，最终形成寿安镇人民政府。2016年，全镇设村民委员会22个、居民委员会6个、村（居）民小组311个。

二、乡镇政府机构设置

1986年，乡镇政府设办公室、治安保卫委员会、民政调解委员会、人民武装部、计划生育办公室、企业办公室、财政所、市镇管理所、广播室。1996年，寿安镇列为一类乡镇，设党政办公室、农业办公室、财经办公室、乡镇企业管理办公室、城镇建设管理办公室、多种经营开发公司。五星、寿民、松华为二类乡镇，未设城镇建设管理办公室。2001年4月，全县进行乡镇机构改革，一类乡镇设党政办公室、教科文卫与计划生育办公室、经济发展办公室、社会事务办公室、财政所。二类乡镇未设社会事务办公室。2004年10月，全县调整乡镇行政区划，寿安镇为一类乡镇，设党政办公室（挂社会治安综合治理办公室牌子）、社会事务与计划生育办公室、经济发展办公室、建设管理办公室、财政所、城镇管理执法队（为县城市管理执法大队的派出机构，依法行使城镇管理职能）。2016年，寿安镇政府设党政人大办、纪委办、经济发展办、统筹办（含农业办、事管中心）、土地整理办、群工办、城建办、推进办、民政办、计生办、安办（含环保办）、流管办、财政所、劳保所、市场监管所、文化站、农林站、畜牧防疫检疫站、执法队。

1986—2016年寿安镇域各乡、镇历任党委书记和乡、镇长名录

表9-1

<table>
<tr><th rowspan="2">年　度</th><th rowspan="2">乡、镇</th><th colspan="2">党委书记</th><th colspan="2">乡、镇长</th></tr>
<tr><th>姓　名</th><th>任职时间</th><th>姓　名</th><th>任职时间</th></tr>
<tr><td rowspan="14">1986—1992</td><td rowspan="3">寿安镇</td><td>李世民</td><td>1986-01—1988-01</td><td>蒋怀玉</td><td>1986-01—1988-01</td></tr>
<tr><td>蒋怀玉</td><td>1988-01—1989-10</td><td>左成忠</td><td>1988-01—1989-10</td></tr>
<tr><td>左成忠</td><td>1989-10—1992-10</td><td>刘忠海</td><td>1989-11—1992-10</td></tr>
<tr><td rowspan="2">插旗乡</td><td rowspan="2">苏家荣</td><td rowspan="2">1986-01—1992-10</td><td>熊志华</td><td>1986-01—1989-02</td></tr>
<tr><td>潘树清</td><td>1989-03—1992-10</td></tr>
<tr><td rowspan="2">松华乡</td><td rowspan="2">王光德</td><td rowspan="2">1986-01—1992-10</td><td>潘树清</td><td>1986-01—1989-02</td></tr>
<tr><td>徐克均</td><td>1989-02—1992-10</td></tr>
<tr><td rowspan="3">五星乡</td><td rowspan="3">张忠明</td><td rowspan="3">1986-01—1992-10</td><td>王升玉</td><td>1986-01—1986-06</td></tr>
<tr><td>杨德安</td><td>1986-06—1988-10</td></tr>
<tr><td>左树清</td><td>1990-01—1992-10</td></tr>
<tr><td rowspan="3">寿民乡</td><td rowspan="3">张国民</td><td rowspan="3">1986-01—1992-10</td><td>彭云飞</td><td>1986-01—1986-09</td></tr>
<tr><td>徐克均</td><td>1987-02—1989-02</td></tr>
<tr><td>王志军</td><td>1989-11—1992-10</td></tr>
<tr><td rowspan="3">1993—1997</td><td rowspan="3">寿安镇</td><td>罗国志</td><td>1993-01—1995-03</td><td>王光德</td><td>1993-01—1996-01</td></tr>
<tr><td>左先鉴</td><td>1995-03—1997-11</td><td>赵　刚</td><td>1996-01—1997-12</td></tr>
<tr><td>赵　刚</td><td>1997-11—1997-12</td><td></td><td></td></tr>
</table>

续表9-1

年 度	乡、镇	党委书记		乡、镇长	
		姓 名	任职时间	姓 名	任职时间
	五星镇	安建东	1995-11—1997-11	袁兴阳	1996-01—1997-12
		熊国华	1997-11—1997-12		
	松华乡	熊国华	1995-11—1997-11	万孝林	1996-01—1997-12
		袁兴阳	1997-11—1997-12		
	寿民乡	罗维良	1995-11—1997-11	罗维良	1996-01—1997-12
		姚俊辉	1997-11—1997-12		
1998—2001	寿安镇	赵 刚	1998-01—2001-12	杨万忠	1998-01—1998-03 主持政府工作 1998-03—1999-11
				罗 承	1999-11—2000-08 主持政府工作 2000-08—2001-12
	五星镇	熊国华	1998-01—2001-12	王松柏	1998-01—1998-03 主持政府工作 1998-03—1999-11
				杨 光	2000-02—2000-08 主持政府工作 2000-08—2001-12
	松华乡	袁兴阳	1998-01—2001-12	黄江河	1998-01—1998-03 主持政府工作 1998-03—2001-05
				郭昌南	2001-11—2001-12
	寿民乡	姚俊辉	1998-01—2000-02	陈华强	1998-01—1998-03 主持政府工作 1998-03—2001-05
		陈华强	2000-02—2001-12		
				杨 彬	2001-11—2001-12
2002—2006	寿安镇	赵 刚	2002-01—2004-02	罗 承	2002-01—2003-09
		熊国华	2004-03—2004-09	熊国华	2004-09—2005-11
		李王英	2004-09—2005-11	王文贵	2005-11—2006-12
		徐志文	2005-12—2006-10		
		王亚平	2006-10—2006-11		
		马良清	2006-11—2006-12		
	五星镇	熊国华	2002-01—2003-03	杨 光	2002-01—2003-03
		杨 光	2003-03—2004-09	吕翼鹏	2003-04—2004-09
	松华乡	袁兴阳	2002-01—2004-03	郭昌南	2002-01—2004-09
		余家洪	2004-03—2004-09		

续表9-1

年　度	乡、镇	党委书记		乡、镇长	
		姓　名	任职时间	姓　名	任职时间
	寿民乡	陈华强	2002-01—2003-01	杨　彬	2002-01—2003-04
		杨　彬	2003-01—2004-03	王银华	2003-04—2004-09
		仲明军	2004-03—2004-09		
2007—2016	寿安镇	马良清	2007-01—2008-04	王文贵	2007-01—2008-06
		李波扬	2008-04—2010-08	陈春涛	2008-06—2013-05
		吴孟贤	2010-08—2016-06	姚团飞	2013-05—2014-07
		仲明礼	2016-06—2016-12	仲明礼	2014-07—2016-06
				熊　胜	2016-06—2016-12

2004—2016年寿安镇其他领导职务干部名录

表9-2

姓　名	职　务	任职时间
仲明军	镇党委委员、人大主席团主席	2004-09—2006-12
赵言礼	镇党委委员、人大主席团主席	2016-06—2016-12
黄富文	镇党委副书记、纪委书记	2004-09—2006-10
陈春涛	镇党委委员、副镇长	2009-04—2006-10
	镇党委副书记、纪委书记	2006-10—2008-06
熊　胜	镇党委委员、副镇长	2006-11—2011-09
	镇党委副书记、纪委书记	2011-09—2014-04
张忠华	镇党委副书记、纪委书记	2014-11—2016-12
余　波	镇党委委员、副镇长	2013-11—2016-06
	镇党委副书记、武装部部长	2016-06—2016-12
杨旭东	镇党委委员、副镇长	2010-07—2014-03
	镇党委副书记	2014-03—2016-06
刘强兵	镇党委委员、武装部部长、副镇长	2004-09—2011-09
罗国品	镇党委委员、武装部部长、副镇长	2011-09—2016-06
周　毅	镇党委委员、副镇长	2004-09—2006-10
方建国	镇党委委员、副镇长	2004-09—2006-11
李书林	镇党委委员、副镇长	2006-10—2010-04
曹　军	镇党委委员、副镇长	2006-11—2008-03
杨禹芬	副镇长	2004-09—2012-03
邓淑连	镇党委委员、人大主席团副主席	2004-09—2006-10
赵　云	镇党委委员、副镇长	2004-09—2006-10
	镇党委委员、人大主席团副主席	2006-10—2016-06
李浩生	镇党委委员、副镇长	2011-10—2013-08

续表9-2

姓　名	职　务	任职时间
饶　巍	党委委员、副镇长	2012-03—2014-04
陈锦玲	镇党委委员、副镇长	2014-11—2016-06
陶江蓉	镇党委委员、组织员	2012-03—2014-04
	镇党委委员、副镇长	2014-04—2016-06
杨海燕	镇党委委员、组织委员	2016-06—2016-12
何　勤	镇党委委员、组织员	2014-05—2016-06
	镇党委委员、副镇长	2016-06—2016-12
廖蓓蕾	镇党委委员、副镇长	2016-06—2016-12
余　伟	镇党委委员、副镇长	2016-06—2016-12
孙　杰	副镇长	2016-06—2016-12

2016年寿安镇村（社区）党支部书记和村、居委会主任名录

表9-3

村（社区）	党支部书记		村、居委会主任	
	姓　名	性　别	姓　名	性　别
董口村	杨云柯	男	韩小红	男
庙乐村	左立军	男	左桂英	女
围镇村	马建国	男	黄华平	男
丝栗村	王兆高	男	王德秀	女
金家村	赵登华	男	王裕明	男
七星村	熊本安	男	王世锦	男
白岩寺村	杨亚琼	女	李思雄	男
八角村	王跃兰	女	陈思阳	男
插旗山村	李国学	男	宋怀洪	男
西禅村	崔富良	男	文永祥	男
龙泉村	龙雪松	男	李发刚	男
马南村	黄泽利	男	李学琴	女
华锋村	陈兆武	男	王爱君	女
五会村	李军良	男	范碧琼	女
光明村	张　惠	女	吕树君	女
吕石桥村	左泽全	男	左伙芝	女
元觉村	董国华	男	陈家英	女
犀羊村	双中利	男	黄翠蓉	女

续表9-3

村（社区）	党支部书记		村、居委会主任	
	姓　名	性　别	姓　名	性　别
汪场村	汪全根	男	邓　林	男
沙湾村	杨忠建	男	安金茹	女
树林村	王　利	男	曹克华	男
大漕村	陈泽均	男	杜济阳	男
城北社区	彭攀忠	男	朱庆飞	男
城南社区	陈俊洁	男	王　兴	男
隆盛社区	闫志华	男	双玉茹	女
五星社区	黄　福	男	陈文树	男
松华社区	周开福	男	王志轩	男
青龙社区	黎　军	男	左树花	女

第三节　其他组织

一、哥老会

清末，四川各县秘密成立了反清斗争的民间组织哥老会。哥老会也叫“袍哥”，袍哥组织成立“码头”，设立“公口”。每个公口都有字号，如“仁和、仁义、仁兴”等。各袍哥码头、公口相对独立。各县、乡镇，由各码头袍哥推举出一名“总舵把子”，必要时召集各公口统一行动。哥老会组织严密、尊卑分明。首领叫“舵把子”，尊称“舵爷”，由该码头发起者担任，多为地方士绅或退职官吏。副手叫“红旗大管事”，司参谋、事物主管之职。心腹骨干，论资派位，叫“一排、二排、三排大老幺”，普通会员统称“小老幺”。寿安镇哥老会组织成立时间较长。宣统三年（1911年）哥老会与四川保路同志军联合作战进行反清斗争。同年八月初十夜，为支援同志军，寿安哥老会首领余瑞云率百余众夜袭蒲江县城，横扫县衙，收缴清巡防军九子枪40余支，捣毁征收钱粮的户房。当晚，余率众奔赴新津参战，截击清军辎重、粮草。民国5年（1916年）4月3日，余瑞云率众参加讨袁护法运动，攻打县城，捣毁衙门，组织数百人武装南下宜宾，迎接蔡锷的讨袁护法军入川。

民国36年（1947年），寿安镇哥老会有十大公口：

尚仁公，舵把子袁子敬，管事刘清轩。

仁寿公，舵把子喻兴洲，管事李汉文。

文武公，舵把子杨晓楼，管事何绍堂。

仁安公，舵把子王裕昆，管事陈永安。

庆正公，舵把子杨启文，管事何家文。

敬胜公，舵把子张莲峰，管事王明高。

仁和公，舵把子刘炳清，管事高宗明。

仁聚公，舵把子喻南轩，管事秦治安。

仁兴公，舵把子王宪之，管事张余盛。

三义公，舵把子安和清，管事张建成。

此外，高河、松华、青龙3乡场也有袍哥组织。新中国成立后，多数舵把子因是土豪劣绅，受到政府镇压或斗争，袍哥组织自行瓦解。至1953年，寿安境内袍哥组织不复存在。

二、共青团

1950年6月，建立新民主主义青年团寿安工作委员会，全镇时有青年团员不到20人。寿安团工委成立后，围绕党的中心工作，组织广大团员青年积极参加各项政治运动，并在运动中涌现出来的积极分子中发展党员，壮大党的组织。1953年，召开新民主主义青年团寿安第一次代表会。出席代表21人、列席9人，代表6个团支部的122名团员。1953年至1956年，团委组织团员、青年在投身“镇反”和农业合作化运动中，为完成寿安民主改革和社会主义改造任务贡献力量。1957年，中国新民主主义青年团寿安委员会改名为中国共产主义青年团寿安镇委员会（简称：共青团寿安镇团委），有团支部35个、团员631人。1966年“文化大革命”开始后，镇团委受到冲击，工作瘫痪。1976年粉碎“江青反革命集团”后，镇团委狠抓团的思想建设，清除“江青反革命集团”流言，纯洁和健全团的组织，团组织得到加强，随后召开三次团代会。1992年10月，撤乡并镇，松华乡、五星乡、长秋乡、插旗乡团委合并到寿安镇团委。1993年3月，成立寿安镇关心下一代工作委员会（简称：关工委），各村（社区）相继成立村级关工委，镇关工委以退休老同志为主体，村级由村党支部书记负责，开展对未成年人的各种教育和帮助。同年5月，召开共青团寿安镇第一次团代会，参会代表78人，代表38个团支部的1931名团员，大会选举产生新一届委员会委员7人。1998年，召开共青团寿安镇第二次代表大会，参会代表38人，代表18个团支部的527名团员，选举产生新一届委员会委员7人。团委在全镇团员、青年中开展创建先进团支部、争当新长征突击手活动、学雷锋、农村青年星火带动人、抗震救灾、植树节等活动。2016年，全镇共青团支部47个、团员1543人。全镇村级以上关工委39个，参加活动的人数2000余人。

三、妇　联

民国26年（1937年），寿安镇成立寿安妇女支会。民国32年（1943年）3月，寿安妇女支会改成寿安妇女分会。1950年11月，寿安镇成立民主妇女联合会。妇联着重开展宣传、贯彻执行新《中华人民共和国婚姻法》，鼓励、支持妇女反对封建包办婚姻，争取婚姻自主自由，建立团结和睦家庭等工作。同时，动员组织妇女参加各种政治斗争和生产建设，开展妇女解放运动，使妇女在政治、经济、文化教育，以及社会和家庭方面享有同男子平等的权利。在完成“四大运动”和土改工作中，广大妇女积极参加催租催押、斗地主分田地，武装站岗放哨，捕捉匪特，为民主改革立下功劳，在生产劳动中，妇女们同男子一样耕田担粪、插秧打谷，成为生产能手。在农业合作化运动中，妇女们积极参加互助和农业生产合作社，走社会主义道路，涌现一大批妇女骨干。1957年9月，乡妇女联合会改称为公社妇女联合会，大队成立妇女分会，生产队成立妇代小组。“文化大革命”开始后，妇联工作瘫痪。1972年，恢复寿安妇代会工作大队，生产队妇代小组同时恢复。妇联恢复工作后，除组织妇女投身生产建设外，还着重宣传计划生育，提倡晚婚晚育，结婚不收彩礼，男到女家，树立社会主义新风尚。党的十届三中全会后，妇联带领全镇妇女全力参加农村生产外，还组织她们从事多种经营，广开治穷致富门路。1984年3月，成立寿安首家家庭劳动服务公司。1986年，成立巾帼建功活动领导小组和“五好文明家庭”创建领导小组，在全镇妇女中开展“双学双比”活动。1989年，创评“五好文明家庭”活动。自1990年起，开展“三八红旗手”评选活动和各种技能培训，使全镇妇女积极投身寿安“百镇建设”活动中。2008年，组织12名妇女支援汶川地震灾区，全镇妇女为地震灾区捐款捐物折合2.78万元。自2010年起，以妇女之家创建为载体，深化“坚持阵地和温暖之家”建设，充分发挥村、社妇女组织作用，真正把妇女组织建成妇女温暖之家。深化“巾帼建功”行动，积极开展“最美家庭”“最美母亲”“我身边的优秀女姓”评选活动，积极开展妇女儿童权益保护和关爱活动，开展妇女维权“五个一”（建立一个站点、聘请一名律师、开设一个法治课堂、组建一支维权巾帼自愿服务队、开展一项特色维权活动）工作法，建立留守妇女阳光驿站。2016年，全镇建妇女组织82个，其中村（社区）妇代会28个。村（社区）妇女主任中，党员24人、大专以上学历7人、40岁以下18人，全镇女干部更加年轻化、知识化。

四、工　会

民国25年（1936年），寿安镇成立蒲江县联合公会寿安分会，但基本没有开展工作，民国30年（1941年），镇公会分会开始工作，时有会员28人。1951年，成立蒲江县工会寿安分会。1954年12月，撤销县工会，寿安镇分会同时撤销。1966年“文化大革命”开始后，镇工会停止工作。1973年，整建工会组织，恢复乡镇工会组织3个，有会员81人。1975年，召开寿安镇工会第二次代表大会，出席代表35人。1979年、1984年分别召开工会第三次、第四次代表大会。1997年，召开撤乡并镇后寿安镇第一次工会会员代表大会，出席大会代表58人，选举产生第一届委员会委员7人。镇工会在全镇各基层工会开展建设“职工之家”“四有三热爱”“中国梦、劳动美”活动，评选出“职工之家”45个、“四有三热爱”新人207人、“中国梦、劳动美”技能标兵211人。镇工会开展厂务公开、民主管理等活动，加强惠民帮扶工作，健全完善职工档案。至2016年，走访慰问困难职工559人，发放慰问金9.4万元，201名下岗失业人员领取低保金21.3万元，为6名合法权益受到侵害职工提供法律援助，处理职工来信来访76件次，调解处理劳动争议18件。

五、农　会

民国18年（1929年），寿安镇成立农会，会址设在棉花街。后因军阀混战“川政失驭”，致会务“无形停搁”。民国25年（1936年）3月，重新组织农会，恢复活动。民国27年（1938年），按《农合法》及相关实施办法和《农合组织规程》《选举试行办法》，正式选举成立乡镇农会。按国民政府颁发的《农会法》规定，凡年满20岁之自耕农、半自耕农、佃农、1年以上雇农，均应加入乡农会，迫使农民参加农会。尽管如此，参加农会会员仍然不多。民国32年（1943年）青龙乡农会会员只有217人。

1950年10月，寿安所属原乡镇相继成立农民协会、村农协小组。乡镇农民协会设主任1人、副主任2人，村农协小组设组长1人、副组长1人。乡农民协会代行乡政权职责。农民协会成立后，通过组织教育会员，提高阶级觉悟，积极参加反封建斗争。同时，组织和发动群众完成征粮任务，领导农民开展并完成“四大运动”和土地改革运动。1952年土改结束，建立乡人民政府后，农民协会工作结束。

六、贫下中农协会

贫下中农是新中国成立初期土地改革运动中，在农村按拥有土地、资产划分的阶级成分。地主、富农、小土地出租为剥削阶级。地主的土地、房产全部没收，富农、小土地出租的土地、房产部分没收。贫农、下中农、雇农属被剥削阶级，是党在农村长期依靠对象，政府平均分配给土地房产。1973年10月成立公社、大队贫下中农协会（简称：贫协）。公社贫协设主席1人、副主席2人、委员若干人，大队贫协设正副主任各1人、委员若干人。生产队成立贫下中农代表小组，由3～5人组成，设正副组长各1人。贫下中农协会成立后，对贫农、下中农进行阶级教育，团结广大农民群众，贯彻执行农业“八字方针”，积极协助公社等完成各项任务，反映贫下中农的意见和要求，起到了党的助手作用。1983年6月，按照中共四川省委办公厅《关于不再保留四川省贫下中农协会的通知》精神，撤销各公社、大队、生产队贫下中农协会组织。

插旗山村村民议事会议事（摄于2014年）

七、村民议事会

村民议事会是农村基层民主建设的重要群众组织。2010年，寿安镇各村（社区）都成立了村民议事会，总计28个，议事会成员415名。议事会成员由全体村民民主选举产生，基本达到每个村（居）民小组1～2名。在职村社干部不能担任。村民议事会成立后，各村（社区）统一实行“村、社区两委+村民议事会”的村级基层治理模式。村民议事会参与本村重大事项的研究决策，对经济收支有审核权，充分代表民意民情。至2016年，全镇召开议事会会议108次，形成决议123个。

第四节　政事纪略

一、抗捐斗争

寿安镇域的抗捐斗争，最早可追溯到清代，代表人物廖怀信（？—1854）。廖怀信，绰号廖毛狗，蒲江县中兴场（今属鹤山街道）人，秉性豪放，好习武。时官府腐败，乡绅横行，对民众施行苛捐杂税，民众苦不堪言。清咸丰四年（1854年）夏，廖怀信聚众起义，成立“天地会”，与官绅展开激战，抗粮抗捐，凭险据守长秋山区，义军总部驻守于寿安插旗山真武观。农历十二月十六日，在寿安插旗乡八角庙严坎伏击蒲江知县韩一松，当即将韩刺死。廖乘胜扩大队伍，向邛崃、新津、大邑、崇庆等县发起抗捐风暴。十二月二十七日，被驻防成都清兵镇压，廖怀信被俘殉难。

民国16年（1927年）4月，中共成都特支派党员石兆祥（宜宾人），到蒲江发展农民运动。石发展王尧钦、龚仲卿、谢育生为党员，在寿安镇成立中共蒲江县支部委员会。党支部迅即在寿安周边各乡镇及眉山、彭山、丹棱等县乡广泛宣传动员，唤起民众抗粮抗捐，农民运动迅猛扩展至邛崃、眉山、彭山、丹棱等地。同年4月29日，县知事黄龙江调集团丁会和驻军包围高桥，捣毁育才小学，杀害6名农协自卫队员，烧毁陈绍周及20余户农协会员住房。党支部连夜调集寿安、中兴等乡镇农协会员和群众。次日，万人农协会员击退官府兵丁，革命风暴声势浩大，令官府要员闻风而逃。一段时间内不敢肆意征粮派捐，民众的抗捐热情进一步高涨。至1949年年底，在中共地下党领导下，以抗粮抗捐为中心的农民运动革命斗争从未停息，直至迎来新中国的诞生。

二、成都战役之董口山之战

1949年，人民解放战争在全国范围取得决定性胜利，国民党将残存的45万正规部队撤至以四川为中心的西南地区，企图凭借大西南复杂地势和交通条件负隅顽抗。同年12月10日，蒋介石从成都逃往台湾，临行前委任胡宗南任“西南军政长官公署副长官兼参谋长代长官”。胡以其“王牌”部队第5兵团7个军的兵力向川康边境突围，企图打通川康公路向康藏方向撤退，然后逃往国外，伺机卷土重来。中国人民解放军第二野战军首长刘伯承、邓小平命令第5兵团司令员杨勇率第16、18军，第3兵团副司令员杜义德率第10 、11、12军等部队将胡宗南第5兵团第1、2、3、17、27、63、90军分割包围在新津、蒲江、邛崃、大邑的菱形地带，阻击其西逃并相机发起歼灭战。12月22日，胡宗南在新津召开的军以上指挥官会议上讲：“本人抱定为党国牺牲的决心，团结一致抵抗到底。”次日，胡即乘飞机南逃海南岛。接替胡宗南指挥的第5兵团司令官李文叫嚣：“拼光亦光，不拼亦光”，于24日晚亲自督战向西突围。在解放军布下的层层包围圈紧压下，李部第1、2、3、27军自回龙场方向窜入蒲江县境东北部及大五面山区松华、敦厚、西来、复兴一带，意欲利用复杂地势就近向川康公路突逃。25日，二野16军在东起寿安、西至青石铺（蒲邛界）、南迄高桥、北接邛崃南侧的数十里宽广战场上部署6个团兵力，向狼奔豕突而来的李部4个多军建制部队展开殊死决战。二野16军46师137团在47师及18军52师配合下，于寿安乡董口山歼敌1个团首战告捷。此后，解放军与敌第5兵团先后在松华、敦厚、西来、复兴，以及邛崃童桥、宝林、高山镇等处，经三天三夜艰苦鏖战，毙、伤、俘敌数万人。李文眼见7个军战斗力丧失殆尽，败局难挽，逃逸康藏乃至国外的图谋彻底破灭，于12月27日率20多名将领及残部1万余人向解放军缴械投降。同时，敌第22、16、15、20、7、18等兵团先后分别在金堂、彭县、德阳、简阳驻地宣布战场起义。至此，全国大陆解放的最后一次大战役——“成都战役”，以解放军歼敌30余万人的辉煌战果而宣告胜利结束。在寿安董口山之战中，第二野战军第五兵团16军46师137团独立营有7位解放军指战员光荣牺牲：黄海群，副指导员，湖北人；牛在青，战士，河南人；唐小山，战士，河南人；刘忠明，战士，河南人；李荣，战士，四川梓潼县人；陈春生，卫生员，河南人，18岁；还有1名不知姓名的，河南籍战士。

三、征粮剿匪

1950年1月12日，蒲江县人民政府成立“剿匪委员会”。同年2月4日，国民党中央军校成都分校干部训练班主任王旭夫，指导员周林溪（松华乡人），在邛崃县观音乡迎祥寺，召开邛崃、蒲江、新津3县匪特武装叛乱会议，成立“川康挺进军第三路军”。王旭夫任司令，周林溪任副司令。并委任杨万和、卢联三为“川康挺进军第三路军第二纵队”正副队长。同年2月7日，“川康挺进反共救国军”成员乔子均（邛崃观音院人）、周林溪（松华人）等5人窜至寿安乡乡长刘海如家，召见退役国军团长徐德山、退役国军团参谋徐立堂、十余社总舵把子龚损山、乡大队长王步南及熊本立、熊立夫等人，决定第二天上午在河沙寺开会，乡大队长王步南列出名单交给周绍清，叫其连夜通知人参加会议。2月8日，刘海如在河沙寺会议上大肆攻击共产党，扬言要组织“川康挺进反共救国军六六指挥部”对付共产党。乔子均在河沙寺会上说，寿安地区组织“川康挺进反共救国军六六指挥部”，任命杨小楼为“川康挺进反共救国军六六指挥部”总指挥、徐瑞清为副总指挥、熊本立为六六指挥部参谋长，指挥部下组建大队、中队、分队，由指挥部任命。杨小楼宣布六六指挥部决定，任命熊立夫、王步南为大队长，杨家根、黄子昌、刘南山、李青山为副大队长，张长林为通讯员，联络信号是左膀上缠白毛巾。

2月上旬，二区（寿安地区）区长吴明带领刘守仁、郭洪海、李英文等干部、战士到寿安区征粮剿匪。区委决定，由刘守仁带领103部队的1个班13人负责寿安乡、九保、十三保、十四保的剿匪征粮工作，带有苏式转盘机枪1挺、加拿大冲锋枪1支，其余武器是三八式步枪，住在十三保李青山家。每个保要征公粮5000公斤，任务不算重，但有部分伪乡、保长勾结地主富农抗粮不交。松华大地主黄立山，有田地804亩，只报土地100多亩，白天躲避征粮工作队，晚上组织人放黑枪。一些土匪在周林溪指挥的“川康挺进军”组织下加紧叛乱活动。2月16日（农历正月初五），县委副书记许锐、二区征粮工作队队长王志城和贾子金带领警卫营1个排，十多名游击队队员计三四十人，带两挺机枪、一门六〇炮，工作队队员都带短枪，到寿安地区征粮剿匪。下午4点左右，至寿安镇上场口一个叫“熊茶铺”的地方准备吃午饭，遭到叛匪匪首乔子均（邛崃观音乡人）、高河乡伪乡长汪特雄、松华乡伪乡长梁某、寿安乡伪乡长刘海如带领的1000余名土匪的三面袭击。王志城、贾子金指挥队员突围。王志城冲出场口外几公尺的地方，被土匪的机关枪击中胸膛倒下。他把文件包和手枪交给前沿阵地的队员，后壮烈牺牲。贾子金立即命令队员们后撤，转向寿安镇灰窑街与土匪作战，又1名战士牺牲。这时，大部分土匪已涌进寿安镇，排长端起冲锋枪向敌人扫射，掩护队员继续撤退到陈河坝。先过河的战士以六〇炮、轻机枪向敌猛烈扫射，战士们完全撤离险境，抄小路经刘水碾、向瓦厂到中兴场。王志城烈士的遗体被当地群众掩埋后，又被土匪挖了出来，开肠剖肚，惨不忍睹。第二天，为了抢回王志城烈士遗体，由王青龙、郭洪海带领解放军、警卫营各1个排去寿安。当部队过了中兴乡木板桥楼子，进入青龙乡先觉坝时，遭到埋伏叛匪的袭击。经过激战，数名警卫营战士牺牲。这次战斗俘虏土匪80余人，其中罪大恶极者，后来被人民政府公审枪决；有的被判刑，被胁迫者经教育后释放。

为平息叛乱，巩固政权，保护人民生命财产，县人民政府决定全面出击剿匪。兵分三路向霖雨、五面山、寿安方向主动出击。2月26日，二区区长吴明和郭洪海、刘守仁随同539团赵副营长带领的两个连的战士，沿新蒲路寿安方向进发。部队到达中兴场，即与叛匪交上了火。大股叛匪在解放军的强攻下逃窜上山，战局成僵持状态。深夜，解放军采取迂回包抄战术，派出1个连的兵力，绕道从东北乡和中兴乡交界处上山，到了土匪窝子的上面。上山的部队武器有加拿大冲锋枪、机枪、手榴弹。第二天黎明，枪声四起，山上山下解放军发起猛烈夹攻，半小时结束战斗，击毙匪徒数人，俘敌50余人，缴获一批枪支弹药。3月15日，县剿匪委员会、539团团部命令负责五面山方向的部队，将盘踞在五面山的叛匪“川康挺进军”第三路军第二纵队包围圈歼。主战场在寿安，松华，青龙的大、小五面山。在人民群众的协助下，于3月16日黎明前向这股叛匪发起攻击，匪首戴明渲被当场击毙。这次战斗歼敌124人、俘敌289人，缴获大量枪支弹药和军用物资。战斗中，解放军牺牲15人。从1950年2月至5月，人民解放军在广大群众的大力支持和配合下，彻底粉碎了土匪叛乱，稳定了局势，保护了人民生命财产，巩固了新生的人民政权。

四、“大跃进”和人民公社化

1958年5月6日至10日，蒲江县第三届人民代表大会召开，贯彻中央制定的“鼓足干劲，力争上游，多快好省地建设社会主义”社会主义建设总路线，掀起“大跃进”高潮，“大跃进”是在社会主义建设中解放思想，创造奇迹。同年9月7日，蒲江县建立第一个人民公社——东风人民公社（后改为寿安人民公社）。寿安公社是在原二区所属各乡、镇的基础上建立起来的“政社合一”政治体制。它行使原区委、区政府的职能，县委指派刘守仁等人为书记、副书记。寿安人民公社辖寿安、青龙、敦厚、松华、高河、仁寿等原7个乡镇，分设为9个管区。并决定：主要的生产资料如土地、耕牛、大型农机具等，由公社统一管理和使用。公养猪由原有3000头，增加到24560头。

寿安公社成立后，贯彻中央社会主义建设总路线和“大跃进”的部署，以粮为纲，大办公共食堂，取消社员家庭厨房。提出的口号是“生活集体化、组织军事化、行动战斗化”。1959年年底，寿安公社有公共食堂365个，每个食堂附近有12个饲养场，一个饲养场养猪近百头。食堂办起初期，生活较好，每顿一菜一汤，或两菜一汤，三天能吃一次肉。吃的是大甑子饭，随便吃饱。社员不论老幼都到食堂排队吃饭，不交一分钱。鼓励“放开肚皮吃饭，鼓足干劲生产”。1958年过春节，公社党委规定：每个食堂要杀5头肥猪，本队不足的由管区调拨，管区解决不了的，由公社调拨解决。后出现粮食短缺，有的食堂断炊。公社采取平调办法，从原红星社调拨粮食解决。粮食问题越来越紧张，公社采取定量供给制。社员每天供应原粮0.5公斤、机关干部每月供应原粮9公斤，分配到各食堂。后来，社员每天粮食标准由0.5公斤减为0.25公斤，甚至2两。菜食则是有盐无味的牛皮菜、莲花白等。百姓的生活日益困难，粮食、食物稀缺，公社党委提出“粮食不够瓜菜代”。1959年1月，全公社种瓜菜豆类9740亩，社员个人在房前屋后种瓜豆蔬菜233亩，365个食堂每天人均吃菜1.5公斤以上。1960年春天，农村浮肿病、消瘦病、妇女子宫脱垂病“三病”普遍流行，人口比1958年建社时减少2035人。1960年2月11日统计，全社库存粮食（黄谷、少量大米、玉米、黄豆、红苕、芋头折算数）总数132.11万公斤，除去各类种子粮58.06万公斤，可供做口粮的仅有74.1万公斤，人均年有口粮18.25公斤，只够1个月的口粮。国家先后解决125万公斤，再加猪牛饲料粮、鸡蛋换粮5万公斤，共计130万公斤，勉强接到小春口粮。1961年2月，贯彻中央“调整、巩固、充实、提高”的方针。同年6月，贯彻中共中央《农村人民公社工作条例（试行草案）（即《六十条》），全镇调整人民公社体制，恢复以生产队为基础的三级所有的经济管理制度，撤销公共食堂，重新划给社员自留地，划定社员房前屋后的零星树木所有权，农民的生活困境才逐渐有了改善。

人民公社化时期农民在公共食堂就餐（摄于50年代末）

粮食生产中的“高指标、低产量、高征购”是人民公社的又一大特色。1959年，制定粮食产量目标时，指导思想是“人有多大胆，地有多大产，不怕办不到，就怕想不到”。目标任务要超《纲要》、过千斤，计划亩产水稻400～450公斤。实际产量只有250公斤左右。同年，寿安公社粮食总产量为1612.26万公斤，比1958年减产387.5万公斤，减产19.3%。当年粮食征购实绩为912.89万公斤，比1958年粮食征购实绩637.65万公斤增加203.64万公斤，增加31.93%。一增一减，社员口粮减少625多万公斤，相当于减少3个月的口粮。粮食减产主要原因有两条：一是无限度地扩大双季稻种植面积。全公社双季稻试种面积扩大到1万亩，占水稻面积的18%，当年有780亩双季晚稻缺水栽种，改种红苕、泥豆，也基本无收成；二是高度密植，如何达到水稻“亩产上万斤”。当时有个理论是“多栽一株苗，多产二两谷”。将传统的栽秧行距密植，产量就会增加4倍，亩产达到1500公斤。稻田密不通风，倒伏霉烂，其结果亩产收成不足50公斤。小麦每亩下种25公斤，出苗后像牛毛一样又密又细，颗粒无收。又强行执行土地深挖，全社深耕1.5尺以上“高产田”1.81万亩、深耕3～5尺试验田446亩，这样能使小麦根须生长到5尺，小麦亩产就会达到2500公斤。为了提高土壤肥效，采用“熰土”办法。组织“大兵团作战”将土地深挖垒窑，大量砍伐森林、拆除民房用房料柴与湿柴混烧，烟熰土壤。

1961年5月，撤销寿安人民公社，成立红星、青龙、和平、友爱、长秋等6个公社。同年6月，贯彻中共中央《农村人民公社工作条例（试行草案）》，撤销公共食堂。经过一系列政策调整，1962年起，农村形势逐步好转。

附记：东风人民公社成立记

1957年，毛泽东主席视察河北徐水县走一大二公道路时，提出不必叫集体农庄，就叫人民公社。从此，人民公社就在中国大地产生了。1958年秋天，蒲江县开始酝酿建立人民公社。时任县委书记王九德有意带领寿安乡党委书记黄泽高、和平乡党委书记许文忠、高河乡党委书记阅自成、友爱乡党委书记雷德义到大邑县参观，时任邛崃县委书记、温江地委常委裴增万同他们谈到蒲江怎么建立人民公社，初步拟定以寿安、和平、高河、友爱4个乡为主体，加上寿安镇建一个人民公社。回蒲江后，县委书记王九德亲自挂帅、县农工部部长刘守仁主持、4个乡党委书记及寿安区财经书记刘大顺5人作助手，正式组建人民公社，初步拟定叫东风人民公社。在组建过程中，临近寿安的中兴乡一个半村和回龙一个村要求加入。这样定下来的东风人民公社区域包括原和平乡、友爱乡、高河乡、寿安乡、寿安镇，中兴乡的一个半村划入和平乡、回龙的一个村划入高河乡。机构设置上有4乡1镇的行政、党委，另外还有寿安区武装部、税务所、市管会、区卫生院、供销社、信用社等。1958年9月7日，蒲江县第一个人民公社——东风人民公社成立，人们都叫它寿安大公社。公社建立时，县委决定成立东风人民公社党委：书记刘守仁，副书记阅自成、许文忠、黄泽高、雷德义、刘大顺、黄凤仙。党委成立后，首先决定管区的划分、部门的设置、党委成员的分工等。管区的划分基本上原乡不变，人员不动，保持稳定。原乡较大的分两个管区，寿安为一管区、青龙为二管区、敦厚为三管区、松华为四管区，高河乡以河为界划分为五、六管区，和平乡划分为七、八、九管区。刘守仁主管机关团体、财贸，分管三、四管区；黄泽高主管农业、组织，分管一、二管区；阅自成主管工业，分管五、六管区；许文忠主管宣传、文教、卫生及对外联系，分管七、八、九管区；刘大顺主管商贸、金融、财政；黄凤仙主管妇女、民政工作。并决定土地、耕牛、大型农具等生产资料由公社统一管理和使用，公养猪由原有3000头增加到24560头。该社有97个农业社、525个生产队，44个手工业社和合营合作店、组，入社农户10216户43378人。

东风人民公社创制的畜力小麦收割机（摄于1959年）

东风人民公社成立后，随之而来的就是大办公共食堂，“生活集体化，组织军事化，行动战斗化”“公共食堂万岁、大跃进万岁、三面红旗万岁”的标语随处可见。接下来就是高指标、低产量、高征购，和“人有多大胆，地有多大产”的浮夸风。1960年，全公社人口比1958年建社时减少2000余人。1961年5月，撤销东风人民公社，成立红星、青龙、和平、高河、友爱、长秋（从和平公社划出3个大队、中兴公社划出1个大队新建）6个公社。

五、“四清”运动

1964年10月13日起，寿安、五星、友爱、和平、青龙等镇和公社，开展以清政治、清经济、清组织、清思想为目标的“四清”社会主义教育运动。第一阶段，10月13日至24日，各镇、公社召开党委会议，领导带头“洗澡”，然后布置公社、大队、生产队干部，逐级检查交代。全寿安4乡1镇，指定重点检查的乡镇干部9人。第二阶段，从12月16日起，各公社、镇召开公社、大队、生产队三级干部会。会议时间10天，每天早上8点至晚上10点集中开会，午餐由各大队、生产队派专人送饭到会场。

“四清运动”采取会内、会外相结合的方式进行。会内，人人自我交代过关，背靠背揭发。会外，各大队成立专案组，发动社员大检举大揭发，不分昼夜清查账目，每天的“战果”要向公社党委上报。这些材料成为向涉及干部斗争、定向的依据。会内的形势日趋紧张，和平、友爱等公社会场出现罚跪碎瓦片的残酷斗争。由于“左”的思想指导，致使运动出现大量无限上纲、事实不清的冤假错案。镇域内4社1镇被勒令作重点交代的58人，其中被批判斗争的12人。会后，按照揭发、斗争和“交代”的问题，限期退赃退款，受到撤职、党内警告等处理的干部32人。

1965年1月18日，传达中共中央《农村社会主义教育运动中目前提出的问题》（即《二十三条》）和省、地委指示，重新评估运动性质和干部问题，纠正前段时期工作中“左”的做法。1月26日，干部“下楼”，放下包袱。运动中由于把解决干部作风和经济管理等不同性质的问题，都认为是阶级斗争或阶级斗争在党内的表现，使党内外干部受到错误处分和经济损失，贯彻中共政策给予错整的干部予以平反纠正。

六、“文化大革命”

1966年6月7日，寿安镇域正式开展“文化大革命”运动。寿安镇和五星、友爱、和平、青龙公社成立“文化大革命”运动领导小组，发动群众，运用大鸣、大放、大字报、大辩论的“四大”方式，揭批本地区、本单位“三家村”“四家店”“反党反社会主义分子”和“走资本主义道路的当权派”，中小学开始“停课闹革命”。7月中下旬，镇域各公社（镇）、大队、机关、学校纷纷成立造反组织，“寿安造反兵团”“长征兵团”“贫造兵团”“红造兵团”等组织规模较大。8月初，大字报达到高潮，寿安镇、五星场、松华场、青龙场、和平公社、镇机关等大街小巷贴满了大字报、大标语，矛头直指镇、公社及大队的主要领导干部。接着，各公社、镇由造反派组织召开批判斗争大会，将公社、镇党政领导干部推上台批斗，有的干部被戴上纸扎的高帽子，跪在台上接受批斗。各场镇逢场天，一些领导干部和地、富、反、右分子一起被戴上高帽子游街示众。8月中旬，中小学生介入社会，参加破除旧思想、旧习惯、旧风俗、旧文化的“四旧”运动，查封、砸抄封建主义、资本主义、修正主义黑货，对寺庙、文化古迹、民俗古建筑、传世经典字画书籍，进行大规模清洗、焚烧、摧毁。10月，各校学生组织“红卫兵”进行“革命大串连”，寿安地区的中小学生到北京，接受毛泽东主席检阅，把“革命大串连”推向高潮。

随着“文化大革命”运动的深入发展，各公社、镇、大队的党政被“三结合革命领导小组”所取代，领导各地区单位的“抓革命、促生产”工作。1967年1月，寿安镇域各公社、镇，成立“三结合”夺权委员会。同年2月，蒲江县人民武装部根据《中央军委给成都地区革命群众的一封信》，拘留、收容、审查“造反派”200余人，其中寿安镇域9人。后被纠正释放。1968年11月，寿安镇域各镇、公社陆续成立三结合的“革命委员会”，被誉为“文化大革命”中诞生的“红色新生革命政权”。1970年3月，各镇，公社开展“一打三反”运动。1976年10月6日，党中央粉碎“江青反革命集团”，“文化大革命”运动宣告结束，镇、公社、大队及各部门党政机构恢复职权，政治生活、生产建设、社会秩序和人民生活走向正轨和稳定。

七、农业学大寨

1970年年底，毛泽东主席发出“工业学大庆，农业学大寨，全国学人民解放军”的号召，全国上下积极响应。1971年1月，寿安镇域各公社掀起学大寨热潮，各级召开干部会、社员大会，宣讲大寨精神，达到“家喻户晓”。同时宣传贯彻县革命委员会学大寨目标要求：一年农业生产跨过《农业发展纲要》，两年亩产超千斤，三年建成大寨县，第四个五年计划时期亩产超“双纲”，粮食亩产达双千斤。同年2—3月，各公社、大队分批组织干部，贫下中农代表计100余人赴大寨参观学习。在学大寨活动中，各大队、生产队围绕“以粮为纲”中心，大兴水利，修整沟渠共3.1万余米，改造下湿田2500余亩，秸秆还田改造土壤1200余亩，发展毛猪、禽畜饲养，增加土地肥料。1972年，镇域各生产队水稻亩产平均290公斤，增产10%；小麦亩产平均160公斤，增产5%。至1976年10月，党中央粉碎了“江青反革命集团”，“文化大革命”运动结束后，农村不再提“农业学大寨”口号。

八、知识青年上山下乡

1968年12月，毛泽东主席发出“知识青年到农村去，接受贫下中农的再教育，很有必要”的指示后，寿安镇域各公社、大队、居民区即开展宣传教育，动员组织城镇知识青年上山下乡，各大队、生产队为吸收知识青年做好居住、生产生活准备工作。1969年1月，寿安镇知识青年36人和成都市分配来知识青年180人，分别安置在五星、友爱、和平、青龙4个公社的生产队。之后，每年陆续分配计400余知识青年到寿安镇域各生产队插队落户。

知识青年下乡后，每天同社员一起参加田间劳动，生产队对“知青”没有分配任务，同样评工记分、同工同酬。居住分两种形式：一是有条件的地方，以大队为单位，由政府出资修建“知青点”，每个知青点一般能容纳30~50人。砖瓦平房，分男女宿舍，每个宿舍可住4人，有厨房、厕所。有的知青点由知青自己煮饭，有的由大队派人为知青安排生活。知青所用农具，由生产队集体资金购买。二是将知青安排在生产队公房（晒场、粮食库房）居住，自行解决生活，或安排到一些条件较好的农户，与农户同吃同住。知识青年在上山下乡期间，学会了简单的农业生产技能和轻微的体力劳动，干部、社员对知识青年在生活上劳动上无微不至的关心照顾，与知识青年建立了深厚的感情。知青回城后，有的把插队的地方称为自己的“第二故乡”，常回乡下看望父老乡亲，令人感动。1979年2月，根据中央“调整政策，逐步缩小上山下乡范围”“城乡广开门路，妥善安排知识青年”的指示，结束知识青年工作，转入对知识青年的安置工作。知识青年有的参军入伍，有的报考升学，大部分分批回城，由企业、单位安排工作。至1981年年底，知识青年工作基本结束。

九、规范化服务政府建设

2005年12月起，寿安镇逐步完成镇、村（社区）便民服务中心建设，实现“一站式”服务，人民群众在便民服务窗口就能办好新建企业申办、就业、医疗卫生、社会保险、劳务输出、就业和农业科技培训、老年事业、民事调解等多项具体事务，解决了群众“办事难”的困难。在规范化服务型政府建设工作中，清理和废除了大量不适应改革发展、重复烦琐的政令条例，极大地提高了政府工作效率。规范化服务型建设，使政府的各项工作行为规范，有章可循、有法可依、程序清晰。至2016年，寿安镇建立和完善政务中心，为群众提供了便捷、快速的各种事务办理。

十、农村信息网络建设

2004年起，寿安镇加快推进农村信息服务体系建设，搭建农村信息平台，把先进的科技手段和市场信息送到农村，促进农民增产增收，改善农民物质文化生活。至2016年，党员远程教育，利用宽带、广电光纤、卫星接收等形式，以信息技术和现代教育相结合，为农村党员和人民群众提供优质、便捷的视频信息服务，大施“可视通”“村村通”工程，集通信信息查询、文化娱乐为一体的可视通电话，全镇村（社区）投入运行，方便农民自助使用。提升信息服务效率与覆盖面，建设“农村网校”和信息服务工作“百千工程”，普及光纤电视，建移动机站7个，实现通信网络全覆盖。

十一、农村“四大基础工程”建设

寿安镇在农村基层治理、农村产权制度改革、农村土地综合整治、村级公共服务和社会管理改革“四大基础工程”的扎实推进中，完成农村产改集体建设用地使用证、房屋所有权证、林权证、土地承包经营权证、集体土地所有权证等“五证”确权颁证工作，开展农民集中居住区2560户产权办证工作，完善镇级产权交易服务平台，落实产权交易人55名，流转房屋85套。实施村改项目工作，完成6个村（社区）村改融资建设项目审计工作，完成9个村土地综合整治项目，计4108亩。修建水泥村道、社道4.72万米，新修涵管198处、蓄水池37口，集中流转土地4102亩。完善“一承诺两代理”等农村基层治理机制，实现村社民主管理常态化，各村一年召开村民议事会6次以上，参与审议村、社重大事项。

政府向农民颁发的林权证、房屋所有权证、土地使用证、土地承包经营权证（摄于2010年）

十二、试点镇、重点镇建设

1994年起，寿安镇先后被列为四川省首批“百镇”小集镇建设试点镇、成都市优先发展重点镇、全国1887个重点镇之一、全国环境优美示范乡镇。2004年，经过乡镇区划调整，寿安镇形成辖22个村、6个社区、幅员87.63平方公里的大集镇格局，成为县域副中心城镇。为了适应试点镇、重点镇建设之要求，寿安镇不断调整产业结构，坚持农工商全面发展，达到一、二、三产业协调发展，加速生态农业、新型工业、新型城镇化进程。

至2016年，完成《农业产业发展规划》《现代农业“四个三”工程实施方案》编制，确立全镇农业发展思路和工作目标。借力成新蒲都市现代农业示范带建设契机，引进金枣农业科技有限公司、加威生态农庄、国锦农业、佰祥农业和爽购网5个现代农业项目，联想佳沃、金枣风情园、加威生态农庄、微耕农庄等9个农业项目加快建设，打造休闲观光目的地。发展有机农业，实施柑橘品种改良和土壤质量提升工程。启动国家现代农业示范区旱涝保收标准农田建设项目，完成大漕村、隆盛村高标准基本农田建设。依托中央财政小农水重点县、

寿安新城河滨（摄于2016年）

幸福美丽新村等项目建设，14个村（社区）累计投入资金3000余万元，新建渠道、田园道路，整治生产便道、林盘，调整田型，平整耕地。完成插旗山村、庙乐村、松华社区和大漕村省级财政生猪养殖小区项目建设。实施柑橘品种改良，完成有机农产品认证工作，启动大漕—董口丑柑示范基地建设。按照“绿色寿安，五金小镇”总体定位，寿安工业园区以中德（蒲江）中小企业合作园建设为核心，借力西部千亿级“五金小镇”打造契机，推进包装印务、绿色食品加工、生物医药、智能五金等生态工业发展。深化“产教融合”，在西部率先引进德国AHK认证体系，西部首家AHK考试中心建成投用，中德（成都）AHK职业教育培训中心正式招生。年内，举行中德（蒲江）中小企业合作园项目集中开工和集中签约仪式，美国丝涟床具（上海）有限公司等15家企业入驻寿安工业区，剑桥小镇三期、蒲东三期厂房和成都日之容塑料制品等17个重点项目开工建设，引进项目13个，总投资5.6亿元。工业园区集聚世界500强德国博世集团等国内外知名企业48家，协议总投资约85亿元，年产值30亿元。在寿安新城区建成以滨河商业一期一批次、二批次（酒店、商业街及配套设施）等为主的商业中心，新建成酒店、宾馆会所18家，新发展餐饮、汽车销售、物流快递等商业企业15家。寿安场镇建成区面积4.5平方公里。全镇商业企业、个体商户1300多家，年商品交易额5亿余元，占全县商品交易额40%。

2016年，全镇地区生产总值27.16亿元，其中，第一产业5.26亿元、第二产业13.39亿元、第三产业8.51亿元，产业结构为19.37：49.3：31.33。寿安镇位列成都市小城市建设比选第四名，作为四川省“百镇建设行动”现场会考察点位，充分展示了寿安小城市建设成果。

十三、“两化互动、产城一体”建设

寿安镇在试点镇、重点镇、示范镇建设中，充分发挥新型工业化、新型城镇化在新农村建设过程中的引领作用，坚持城乡发展要素高效整合、城乡生产生活高度融合、城乡空间一体发展的理念，成片推进产村相融示范带建设。至2016年，深化“两化互动、产城一体”建设，实现产业、城镇和生态同步规划、同步实施和融合发展，新引进工业项目3个，总投资2.6亿元，引进世界500强企业德国博世集团包装机械制造项目、电动工具项目、包装技术（中国）研发中心等德资项目5个及配套企业32家，协议总投资52.5亿元，已投产20家，年产值达18亿元。创造就业岗位5000余个，吸引1250名外出务工人员返乡就业。实施金家、沙湾、丝栗3个村土地整改项目，完成格田整理956亩，治理沟渠1.1万米，改建道路5公里。建成农民集中居住区，安置小区新城花园入住385户，入住率达88%。全镇28个村、社区水泥路实现100%村村通。在犀羊等7个村（社区）实施1.2万亩现代农业发展水稻种植项目，实施田型调整4035亩、渠道整治46.8公里、便道整治20余公里、修建提灌站2个。引进四川谷黄金集团有限公司同汪场村联合共建优质水稻种植基地1500亩，成片推广“机收机播”种植技术，五会、华锋、光明3个村“双低油菜”项目核心示范片达到1700余亩。引进松华跃鑫猪业种养循环示范基地项目落户松华社区、天星农业生物有机肥发酵基地落户大漕村，新建生猪规模化、

五会村风貌（摄于2016年）

标准化养殖场2个。在寿卧路口建成占地120亩的冷链物流中心，完成蒲新路寿安段沿线插花补齐1200亩，扶持培育30户规模化种植业能手。新成立8个农业专业合作组织，发挥寿康蜂业专业合作社、多彩红柚专业合作社等23个专业合作社纽带作用，带动全镇85%的农户发展生产，增加收入。电信、移动、联通、邮政等现代信息平台全部入驻寿安，充分运用现代网络平台，推进网上政府信息公开，开通"绿色寿安——低碳小镇"官方政务微博及微信。通过"两化互动、产城一体"建设，寿安镇形成城镇与农村相融发展，和城中有田、田中有城的现代田园城镇。

十四、环境优美示范镇建设

2013年12月，《寿安新城绿色低碳专项规划（2012—2017）顺利通过住建部评审，是西南地区首个以城镇为单位的绿色低碳规划项目，为"产城一体、生态和谐"的寿安新城建设提供本底。寿安镇在巩固环境优美示范镇建设中，全面开展城乡环境综合整治工作，并将治理向农村盲点死角延伸，城镇及农村垃圾做到日产日清，实现城镇生活垃圾无害化处理率100%，环卫设施提档升级。至2016年，建规范垃圾收集房11个，改建垃圾中转房15个，购买安放垃圾桶385个，配备三轮车68辆，购置大、小垃圾清运车4辆。实施场镇风貌打造，清理高速路出口沟渠杂草2000余米。统一规范公路沿线商铺店招100余家，打造寿（安）眉（山）路龙泉村段道路两边绿化3000余米，粉刷寿卧路、成新蒲快速通道及城镇房屋外墙12.5万平方米，喷绘场镇及寿卧路口墙体宣传环境治理标语200余幅，完成迎宾大道2000米的风貌整治。同步推进老城区建设，松华农民集中居住区和隆盛小区四期项目竣工投用，新型居住区环境优美，配套完善，缩小了城乡生活条件差距。升级场镇部分道路、雨污管网、绿化亮化和景观工程等市政公用设施。推进田园新城区高端居住产业——"剑桥小镇"建设，鹤景名苑新居工程用地面积1.35万平方米，累计完成投资4200万元，项目全面竣工。河滨绿带2440米、健康绿道16公里及绿地1800亩投入使用。一座环境优美的宜居宜业新型城镇已具雏形。

绿色低碳小镇——寿安镇（摄于2016年）

第十章　教育和卫生

民国初年（1912年），寿安镇开办私塾。民国29年（1940年），寿安、青龙乡、松华乡、高河乡设中心国民学校，各乡下属各保设保国民学校。新中国成立后，中心国民学校和保国民学校改为乡中心小学，大部分村办起村小。1986年，全镇小学实现“校校无危房、班班有教室、学生人人有木制课桌凳”，学龄儿童入学率、在校学生巩固率、小学毕业生合格率、12～15周岁少年儿童初等教育普及率，达到四川省普及小学阶段初等义务教育要求。1996年，全镇实现基本普及九年义务教育和基本扫除青壮年文盲。2016年，全镇有幼儿园6所，在园幼儿1302人；小学5所，在校学生1745人；初中2所，在校学生1092人；高中1所，在校学生1703人。

民国时期，寿安镇无正规的医疗机构，由个体医生开药铺或走串行医。1952年，首建县第二区卫生所。50年代，镇个体医生组建联合诊所，后组建东风人民公社医院。1962年，各公社成立卫生院。1965年，成立寿安区卫生院。村设合作医疗站。1985年，公社卫生院改称乡镇卫生院。2016年，全镇设寿安镇公立卫生院、社区卫生服务中心各1所，设村（社区）医疗站21个。

第一节　学校教育

一、私塾和保国民学堂

旧时的基础教育机构是学塾，办学类型分家塾和私塾两种。家塾是乡绅富户在私人宅第为他们子女设立的专馆，也吸收其他少数子弟来馆搭读的，叫辅读。课时、课程和酬金由设馆者和塾师商定。私塾是由塾师私人开设在寺庙、祠堂或其他地方的散馆。教学酬金由学生家庭给付，每年在开学第一月后，由塾师、家长和乡绅开会讨论决定，叫“议学”。塾师的酬金为谷米，每教一年酬黄谷若干石。根据学生年龄大小、家境贫富，以不同的份额摊到每个学生，秋收后交付。无论专馆和散馆，都在每年农历正月十五后开学，隆冬岁尾闭馆。除春分、清明、端午、中秋和孔子诞辰等节日放假外，学无间日。私塾均奉行儒学纲常名教，灌输宗法思想，使学生明伦立德，以尊孔孝亲为本。所授教材，以儒学经典范本为主。课本有《三字经》《百家姓》《千字文》《增广贤文》等，女童要读《女儿经》《妇女随身宝》等杂书。之后，循序读《大学》《中庸》《论语》《孟子》和《诗经》《尚书》《周易》《礼记》《春秋》等。 私塾无固定修业年限，以读完应该读完的书为准。教学方法为读、背、写、作，以读、背为主。蒙童入塾只教识字、写字，不讲析义理，倡导死记硬背，故多囫囵吞枣。教授方式为逐个教读，个别辅导。塾师执教一般苛严，实施惩戒式教育。民国元年（1912年），寿安镇赵明全开办私塾，办学30余年。民国29年（1940年）寿安、青龙乡、松华乡、高河乡设中心国民学校（完全小学），各乡下属各保设保国民学校（初级小学）。民国30年（1941年），在八角庙设立寿安乡第十三保保国民学校。新中国成立后，人民政府对私塾和保国民学校施行改造，寿安镇大部分私塾改办为村小学，有的停办。

二、幼儿教育

民国32年（1943年），寿安镇始建幼稚园1所，校址在棉花街报本祠内。设院长1人，幼儿教师1人，入园幼儿40余人。民国36年（1947年），在寿安镇中心国民学校开办幼稚园，规模2个班，入园幼儿60余人，聘请园主任1人、幼儿教师2人。民国时期，幼稚园开设识字、计算、常识、美工、唱歌、故事等课程。教材不统一，由教师自编选。幼稚园设备简陋，游戏器材只有梭梭板、跷跷板、木马而已。

星光幼儿园早教活动（摄于2016年）

50年代初，幼儿教育逐步发展。寿安镇各居民区分别创办幼儿园，各机关单位也相继开办幼儿园，时有幼儿教师6人，入园幼儿75人。1957年，建立高级社后，农村开办季节性幼儿班。1958年，寿安镇各社、队普遍自办幼儿班。农村幼儿园一直由妇联领导，业务上由所在社、队小学指导。农村幼儿班大多设在生产队公房或较宽敞的农家，幼儿教师大多为识字的青年女性。1959年至1961年，农村幼儿园停办。1962年，随着国民经济好转，寿安小学附设幼儿园有2个班，入园幼儿75人，幼儿教师2人，保育员1人。寿安农村幼儿班也逐渐恢复。1966年“文化大革命”开始后，寿安农村的幼儿班再度停办。1976年后，寿安农村的幼儿班重新恢复，各社、队逐步办起幼儿班，有常年性的，也有季节性的。1986年，全镇有寿安、五星、松华、插旗、寿民幼儿园共5所，寿安幼儿园为寿安小学附设幼儿园，系全民所有制。至2005年，全镇幼儿园发展到17所，其中50%为私人办学，其余为校办幼儿园，扩大了社会办学力量。规模较大有天冬幼儿园、松华社区的金星幼儿园、五星社区的金贝贝幼儿园、寿安分忧幼儿园和金苗苗幼儿园等。其后，幼儿园实行标准化、规范化办学。2016年，全镇有幼儿园6所，其中，校办幼儿园5所、民办幼儿园1所，班级37个，在园幼儿1302人。

2016年寿安镇幼儿园情况表

表10-1

幼儿园名称	班级（个）	在园幼儿（人）
寿民小学幼儿园	3	80
寿安小学幼儿园	11	424
成雅小学幼儿园	5	210
松华学校幼儿园	3	58
五星学校幼儿园	6	170
星光幼儿园	9	360
合　计	37	1302

三、小学教育

宣统元年（1909年），在八角庙（属寿安镇八角村）开办初级小学，在和尚山祇园寺文昌宫开办初级小学，后改为松华小学。民国12年（1923年），在寿安镇三圣宫创办成平小学。民国15年（1926年），在寿民兴办万祠堂小学。民国25年（1936年）1月，创办中山民众学校。同年2月，江西馆私立男初小校同善缘私立初小校合并，更名为中山小学。9月，成平小学和中山小学合并，更名为寿安镇区立小学校。八角庙学校更名为“寿安镇初级第三小学”。民国29年（1940年），寿安镇区立小学校更名为寿安镇中心国民学校。1949年，寿安镇中心国民学校有12个教学班，学生500多人，教师17人。

新中国成立后，各乡、镇小学进一步发展，多次扩建、改建学校，教学设施渐趋完备。各村先后办起村小学，由乡、镇中心小学管辖。中心小学教师为全民所有制，村小学教师大都分为工分加补助的民办教师。1959年至1961年，乡、镇增办耕读小学，边读书边劳动。1962年后，全部恢复为全日制小学，实行6年学制，执行四川省教育厅制定的小学教育计划，开设思想品德、语文、数学、自然常识、地理常识、历史常识、唱游、美术、体育、音乐、活动等课程。除思想品德使用省编教材、劳动课使用省编试用教材外，其余学科使用教育部统编通用教材。1986年，全镇小学实现“校校无危房、班班有教室、学生人人有木制课桌凳”，学龄儿童入学率、在校学生巩固率、小学毕业生合格率、12～15周岁少年儿童初等教育普及率，达到四川省普及小学阶段初等义务教育要求（简称：“普初”）。

自90年代起，执行国家教委颁布的九年义务教育全日制小学课程计划，开设思想品德、语文、数学、社会、外语、自然、体育、音乐、美术、劳动学科课程。思想品德和劳动课使用省编教材，其余学科使用人民教育出版社编写的教材。逐步撤销村小学，学生全部到中心小学就读。民办教师通过招生、退养、转正等逐步转为公办教师。1996年，全镇学龄儿童入学率100%、入学年巩固率99.99%、毕业率99.95%、12~15周岁少年儿童初等教育普及率99.43%，小学阶段和初中阶段教育达到普及九年义务教育标准（简称：“普九”）。2005年，全镇学龄儿童入学率99.9%、学年巩固率和毕业率100%、升学率99.8%、12~15周岁少年儿童初等教育普及率98.96%。开设品德与生活、语文、数学、艺术（音乐、美术）、地方与学校课程，三年级至六年级增设外语、科学、劳动技术、信息技术、社区和社会服务课，每课时40分钟，每周五天教学时间，全年教学时间39周。2014年3月，成都市泡桐树小学领办寿安小学。2015年8月起，鹤山镇北街小学领办成雅小学。2016年，全镇全日制小学5所，班级49个，在校学生1745人，入学率100%、毕业率100%，流失率为零。

2016年寿安镇小学情况表

表10-2

学　校	班　级（个）	在校学生（人）	招　生		入学率（%）	学年巩固率（%）	毕业率（%）	升学率（%）
			班级（个）	学生（人）				
成雅小学	12	507	3	131	100	100	100	100
寿民小学	6	116	1	21	100	100	100	100
松华小学	6	141	1	28	100	100	100	100
寿安小学	17	701	3	132	100	100	100	100
五星学校	8	280	2	52	100	100	100	100
合　计	49	1745	10	364	100	100	100	100

四、初中教育

民国时期，寿安镇未设立中学教育。1956年秋，寿安镇小学“戴帽”招两个初中班。1957年，寿安镇小学两个初中班迁到新校址，正式成立寿安初级中学。1961年，贯彻“调整、巩固、充实、提高”方针，寿安初级中学并入蒲江中学。1963年秋，恢复寿安初级中学。1971年秋，寿安初级中学并入蒲江中学，原校址由红星公社开办公社初级中学。1972年秋，全县各公社初中班发展为公社初级中学，部分大队还联合开办初中班。同年秋，红星公社初级中学增设高中班。1974年，红星中学发展为完全中学，改名蒲江县红星中学。1981年，曾更名为隆盛中学，数月后又恢复原名。五星、青龙、松华乡镇办初级中学，插旗分为插旗一中和插旗二中。后插旗二中撤销，办为中心小学。70年代，一些规模较大的村小增设初中班。

1992年，长秋、插旗、五星、松华、寿民并入寿安，所属初中归寿安镇管辖。2002年，寿安中学初中部与插旗初中合并为寿安中学初中部。2005年12月，五星中、小学合并为蒲江县寿安镇五星九年制学校。2007年，长秋乡学校撤销，初中班并入寿安初中。2007年8月，寿民中学停办，初中学生到寿安中学就读。 2016年9月，松华初中合并到寿安镇初级中学。全镇初中2所，班级31个，在校学生1092人，入学率99.98%、毕业率99.92%、升学率95.13%、流失率为零、巩固率99.5%。

五、高中教育

寿安镇高中教育始于1972年，是年秋，红星中学增设高中班。1974年，红星中学发展为县属完全中学。1978年，和平一中招收一届两年制高中班。1984年10月，临江乡并入寿安镇，红星中学更名为寿安中学，合招初、高中班。1986年，寿安高中阶段教育继续实行3年学制，必修课为政治、语文、数学、英语、化学、生物、历史、地理等学科，使用人民教育出版社统编教材，体育使用省编教材，选修课设地方课程。从高中二年级起，分设文、理科班。2001年起，寿安高中执行《四川省全日制普通高等中学课程计划（试验修订稿）》，必修课设思想政治、语文、数学、英语、物理、化学、历史、地理、信息技术、体育和保健、艺术，使用人民教育出版社统编教材；选修课设数学、物理、化学、生物、历史、地理、信息技术及学校根据学生兴趣要求和发展需要开设选修课程，使用市编和本校编写教材。学校按照国家全日制普通高级中学课程计划组织教学。2015年7月，寿安初中从寿安中学分离，单独建制为寿安镇初级中学，寿安中学单独建制为高中学校。2016年，学校有班级39个，学生1803人，教职工185人。

2016年寿安镇初中、高中情况表

表10-3

学校	初中						高中					
	招生		总数		毕业		招生		总数		毕业	
	班级（个）	学生（人）	班级（个）	学生（人）	学生（人）	合格率（%）	班级（个）	学生（人）	班级（个）	学生（人）	学生（人）	合格率（%）
五星学校	1	36	7	156	55	100	—	—	—	—	—	—
寿安初中	11	464	24	936	273	100	—	—	—	—	—	—
寿安中学	—	—	—	—	—	—	12	465	39	1703	680	98
合计	12	500	31	1092	328	100	12	465	39	1703	680	98

附记：寿安镇学校简介

寿民小学校大门（摄于2016年）

寿民小学 民国15年（1926年），在寿民兴办万祠堂小学。民国19年（1930年），万祠堂小学迁入新址，更名为青龙小学。学校位于寿安镇青龙社区，西倚小五面山，东临蒲江河。1981年前，小学由中学代管。1981年，分别设置中、小学。2001年9月，中、小学合并，设置寿民九年制学校。2007年8月，中学停办，初中学生到寿安中学就读，复置寿民小学。校园占地面积9374平方米，校舍建筑面积2313平方米。知名校友有杨晓帆（见人物传略）、杨忠堂（杨荩轩，见人物传略）、万本根（见人物传略）、杨大文（清华土木水利学院）、王冬茹（福建省“五一劳动奖章”获得者）等。2016年，学校有6个教学班，学生119人，教职工32人。附设幼儿园3个班，在园幼儿80人。

寿安小学 民国12年（1923年），在寿安镇三圣宫创办成平小学。民国25年（1936年）1月，创办中山民众学校。2月，江西馆私立男初小校同善缘私立初小校合并，更名为中山小学。民国25（1936年）9月，成平小学和中山小学合并，名为寿安镇区立小学校。合并后的学校分为三院，第一院在寿安镇关帝庙街21号三圣宫，第二院在寿安镇正街江西馆，第三院在寿安镇棉花街报本祠。民国29年（1940年），三圣宫内增修了教室，三院全部合并在三圣宫内，学校更名为寿安镇中心国民学校。民国38年（1949年），寿安镇中心国民学校有12个教学班，学生500多人，教师17人。附设幼稚园1所，教师2人，幼儿60多人。学生来源除寿安（包含当时的红星、合江、长秋）外，还包括青龙、友爱、五星、中兴（鹤山镇天华社区）、敦厚、邛崃回龙等地学生。新中国成立后，寿安镇中心国民学校先后更名为寿安镇完全小学校、寿安镇中心小学校。学校以小学为主，附设幼儿园。1977年和1978年，曾招两届两年制高中班。1983年起，寿安小学不再招收初中班。1996年，修建教学大楼，学校占地面积约16亩，建筑面积4400平方米。1997年9月，学校开办特殊教育班。2005年，学校实行标准化建设。2014年3月，成都市泡桐树小学领办寿安小学。2016年，学校有教学班17个，学生701人，教职工54人。附设幼儿园11个班，在园幼儿424人。

领办后的泡桐树小学蒲江分校校门（摄于2016年）

成雅小学 宣统元年（1909年），在八角庙（属寿安镇八角村）开办初级小学。民国25年（1936年），八角庙学校改名为“寿安镇初级第三小学”。民国30年（1941年），在八角庙设立寿安乡第十三保保国民学校。新中国成立后，保国民学校改名为“八角庙小学”。1958年，“八角庙小学”

成雅小学有序和善之排队放学（摄于2016年）

改名为“合江小学”。60年代末，合江小学改名为“和平二小”，管辖五大队（白岩寺村）小学、六大队（八角村）小学、七大队（插旗山村）小学、八大队（西禅村）小学，分别招收管辖大队的学龄儿童。长秋乡并入寿安镇期间，和平二小管辖长秋乡开源村小学。1968年起，和平二小增办“戴帽”两年制初中班，学校改名为“和平二中”。1979年，和平二中停办初中班，改办为中心小学，校址仍在八角庙。1983年，和平二中更名为“插旗中心小学”。1986年，在白岩寺村的三队和八队征集土地，新修建插旗中心小学校，管辖插旗乡所有村小学，原四大队、五大队小学合并到中心小学。大队学校有丝栗小学、金家小学、龙泉小学、八角庙小学、西禅小学。同时，插旗中心小学附设幼儿园。1988年起，先后撤销村小学，学龄儿童全部到中心小学就读。2005年4月，学校实行标准化建设，插旗中心小学改建为寿安中学初中部。2006年2月，插旗中心小学搬迁到插旗中学（成元中学）校址。2008年，因学校位于成雅高速公路寿安出口处，更名为“成雅小学”。2010年，撤销长秋学校，长秋乡所有学龄儿童到成雅小学就读。2015年8月起，鹤山镇北街小学领办成雅小学。2016年，学校有教学班12个，学生 507人，教职工42人。附设幼儿园5个班，在园幼儿210人。

五星学校 民国时期，五星乡境内办有保国民学校和私塾，校址分别在高河场、五会祠、犀羊寺、李祠堂、雷祠堂、汪场、邓祠堂。1950年，五星乡建立五星中心小学校，统管五会小学、李祠堂小学、雷祠堂小学、汪场小学、邓祠堂小学。1969年起，五星中小学统一管理，中心校全是中学生，小学生都在村小。1971年，元觉寺被拆除，将木料等搬到五面山金橙村建“五七中学”。1972年至1975年，董元小学附设初中班。1978年至1979年，五星学校中学办一届两年制高中。1980年，“五七中学”合并到五星中学。1983年至2005年，五星中学和五星中心小学分开。五星中学毕业班最多达6个班，全校学生人数达800余人；五星中心小学所属10个村小，学生最多达1770人。2005年，学校进行标准化建设。2005年12月，五星中、小学合并为“蒲江县寿安镇五星九年制学校”。知名校友有吕火明（省农科院副院长）、梁叔全（中南大学材料科学与工程学院教授）等。2016年，全校有教学班15个，学生436人，教职工52人。附设幼儿园6个班，在园幼儿170人。

五星学校校门（摄于2016年）

松华学校 宣统年间（1909年），在和尚山文昌宫（祇园寺）开办初级小学（松华小学）。1958年起，办村小学有：一大队（松花村）小学、二大队（寨子村）小

松华学校校门（摄于2016年）

学、三大队（建华村）小学、四大队（红光村）小学、五大队（马南村）小学、六大队（华锋村）小学。1968起，松华小学增设初中班，更名为松华学校。1980年，中、小学分校，成立松华乡小学和松华乡初级中学，松华小学辖6个村小学。1982年，松华小学改名为松华乡中心小学，校址设在和尚山半坡上，有四、五年级两个班，辖6个村小。1985年，松华乡中心小学与一大队小学合并，以一大队小学为校址。自同年起，中心小学和各村小均开设幼儿班。1997年，中心学校迁址到松华社区二、三、八组。2003年，中、小学合并成立松华九年制学校，用原松华中心小学校址。2016年9月，初中合并到寿安镇初级中学。学校有小学6个班，学生141人，教职工35人。附设幼儿园3个班，在园幼儿58人。

寿安镇初级中学　新中国成立后，在金家村金家祠办小学，名为金家祠小学。60年代末，金家祠小学更名为“和平一小”。其后，学校开始开办初中班。1968年，学校更名为“和平一中”。1976年，学校不再招收小学班，单设初中。1978年，学校招收两年制高中班。1983年，和平公社改名为插旗乡，和平一中更名为“蒲江县插旗乡初级中学”。后来学校迁至白岩寺村四、五队李河墒。1994年，成都企业家周成元捐资100万元（实际到位资金50万元）在白岩寺村和龙泉村之间征集土地新建插旗中学。1996年，学校由李河墒搬迁至新学校，曾更名为“成元中学”。2002年6月，寿安中学合并成元中学，学校更名为“四川省蒲江县寿安中学”，设为寿安中学初中部。2005年4月，学校重新选址在插旗中心小学处新征土地修建新学校。次年学校迁至新址。2015年4月，寿安中学初中部从寿安中学剥离，更名为“蒲江县寿安镇初级中学”。知名校友有王建祥（现为北京大学工学院副院长）等。2016年，学校有教学班24个，学生936人，教职工95人。

寿安中学　1956年秋，在寿安镇上场口的坟坝里开始建设初级中学校舍。同时，以戴帽子形式在寿安小学内附设两个初中班。1958年，新校舍建成，全体师生搬进新校舍上课，寿安中学独立建制，定名为“蒲江二中校”。1959年，学校有初中班6个，学生300人左右，教职工15人。1961年，贯彻“调整、巩固、充实、提高”方针，寿安初级中学并入蒲江中学。1963年秋，恢复寿安初级中学。1969年秋，红星公社在寿安初级中学校址新招两个初中班，将校部分教师分配到公社中学任教。1972年至1974年，学校招收6个高中班，学校由初

寿安镇初级中学教学楼（摄于2016年）

级中学演变成含初高中的完全中学，全校12个教学班级，学生600人左右，教职工40多人，因校址在红星公社范围内，学校更名为蒲江县红星中学。1981年3月，红星公社改名隆盛公社，红星中学更名为隆盛中学，数月后又恢复红星中学原名。1984年10月，临江乡并入寿安镇，红星中学更名为蒲江县寿安中学。从1987年开始，初中班增加到9个，全校共有高、初中班15个，学生700多人，教职工50多人。1992年至1996年，学校在原有的基础上，又增添了多功能大楼、第二栋教师宿舍楼、200米环形跑道操场。1996年至1999年，学校规模进一步扩大，增修第二栋教学楼和理化生实验楼、图书室楼，高中、初中班级增加到21个，学生1000多人。至2002年，学校新修学生公寓大楼和第二个300米环形跑道大操场。初中、高中增加到28个班，学生1400多人，教职工100多人。2004年，增至35个班，学生2100多人。2015年7月，寿安初中部从寿安中学分离，单独建制为寿安镇初级中学，寿安中学办为单设高中学校。2016年，学校有高中班39个，学生1803人，教职工185人。

第二节 成人教育

一、扫盲教育

民国25年（1936年），国民政府颁布《实施民众补习教育办法大纲施行细则》，规定超过义务教育年龄之失学民众，应一律入民众夜校接受补习教育。民国26年（1937年），蒲江县设立民众夜校，各区也设立民众夜校，开展民众扫盲教育。民众夜校一年班两期，每期学习4个月。设国语（含公民常识）、算数（含珠算）、乐歌等课程，有专编的民众教育课本，每夜授课2小时。学员学习期满，举行结业考试，成绩合格者，由县民众教育委员会发给结业证书。民国29年（1940年），民众夜校并入乡中心国民学校和保国民学校，开设成人班。

1950年冬，县成立冬学委员会，组织农民入冬学，扫除文盲，寿安镇办识字班。识字班为常年性，办学原则是“农闲多学，农忙少学，大忙不学”。1951年秋，寿安镇识字班发展为农民业余学校。1974年，寿安农民业余学校脱离学习文化知识这一基本要求，单纯学习政治。各社队普遍办起政治夜校，推“小靳庄政治夜校经验”，学唱“样板戏”，批判“走资本主义道路当权派”，致使农民没有完成扫盲任务。1979年春，根据国务院提出堵住新文盲的产生、扫除现有文盲、提高脱盲者文化水平的“一堵、二扫、三提高”的方针，在各社队普遍开展农民教育，扫除文盲。至1980年冬，基本扫除文盲，成为基本无文盲镇。1983年起，在基本扫除文盲的基础上，全镇农民教育转向农业技术教育，开办农民技校和农业初中班，举办季节性农业科技知识讲座。开设专业有养鱼、柑橘栽培、家用电器维修、缝纫等。1991年，镇组织存在的半文盲参加各类扫盲班学习，使其达到脱盲标准。至1993年，全镇各类扫盲班巩固班6个，文化培训班6个，成人文化专职教师12人。1996年10月，通过省、市高标扫盲验收。2005年，全镇扫盲巩固率99%，通过市政府年审。

二、实用技术培训

1983年，寿安镇开展农村实用技术培训，举办季节性农业科技知识讲座。自1986年起，镇成人教育办公室举办各种农村实用技术培训班，使用的教材有《淡水养鱼》《柑橘栽培》《作物栽培》《禽畜饲养》等，对农民进行实用技术培训。到1997年年底，全镇有成人教育中心1个、乡成人文化技术学校5所、乡成人培训校（点）22所，所有校点均有教学用房、课桌凳和教学仪器等教学设施。自1993年起，全镇各村大力举办各种农村实用技术培训活动，举办学习期为20学时以上的培训班，对农民进行中长期培训，大力推广农村实用技术。至1997年，多数农民能将所学的知识和技术运用于生产经营，并获得经济效益。自1998年起，镇、村、成人学校依据经济结构调整需要，大力开展各级各类培训，使用省、市编“活页”教材，镇、村文化技术学校积极实施“燎原”计划，推广农村实用技术，村级实施面积100%，社级达70%以上，一大批农民把所学科学文化知识，运用到生产经营之中，收到了良好的经济效益。

自2002年起，全镇坚持服务农业、农村、农民“三农”和服务全局的指导思想，大力抓好各级各类培训，为镇、乡劳动者传授技术，提供信息，提高素质。至2006年，开展实用技术培训4.06万人次，农村学生初中毕业后、高中毕业后“两后”技术培训落实到位，使初、高中未升学学生就业前就掌握一至二门农村实用技术。一大批城乡劳动者掌握了必要的劳动技能，增强了就业能力。2009年，全镇学校资源100%向社区开放，建立社区教育学校5所、社区教育工作站23个，开展农村实用技术培训0.9万人次，各类短期培训1.2万人次，劳动力转移培训3000人次，职业培训面43%，脱盲人员巩固率98%，转移就业1022人。2011年起，农村实用技术培训充分发挥劳动部门、各专业协会和成教学校的作用，协调各类培训资源，多形式、多渠道开展。至2016年，培训2.4万人次、短期培训2.8万人次、引导性培训0.8万人次、技能性培训2000人次。通过内容丰富、形式多样的培训，提高社区居民生产技能，促进农村产业发展，以及社区居民生活水平和品质的提升。

三、社区教育

自2011年起，寿安镇贯彻落实《蒲江县人民政府办公室关于加强社区教育工作推进学习型蒲江建设的实施意见》《关于开展学校、社区对接八大行动的实施方案》《关于加强社区教育工作推进学习型城市建设的实施方案》，组建社区教育讲师团、志愿者队伍，对社区教育干部进行定员定责，配备设施设备，将社区教育工作开展情况纳入对部门、村（社区）的目标考核。向社区居民100%开放教育资源，开展“两后”培训1200多人，培训社区居民及家长900多人次。镇、村社区教育机构对社区、村居民开展教育培训及技能培训1万人次以上，“全民终身学习活动周”期间举办讲座十多期。自2012年起，继续实行学校教育资源100%向社会开放，在开放中完善学校设施，建立学校登记、管理和安全工作等制度。通过文明城镇创建、国学经典诵读等活动，开展公民道德规范教育。实施“学习型组”3年行动计划，创建的学习型组织人人有学习计划、学习心得；学习型家庭要有100册以上图书、家庭成员有学习计划和学习总结等。全镇各中、小学运用各种形式开展读书活动，有力地推动了学习型社区建设。2013年5月21日，举办寿安镇首届邻里文化节。2014年，寿安镇社区教育以“全民同学习，文明润蒲江”为标语，以“围绕中心、引导需求、弘扬文化、服务民生”为主线，以课题研究、课程开发为抓手，以机制创新为手段，以特色活动为载体，大胆探索实践，积极探索农村社区教育模式。同年9月16日，由寿安镇人民政府、县社区教育学院主办，寿安镇社区教育学校、寿安镇老年大学承办，以“美丽新城，幸福生活”为主题的“蒲江县寿安镇第二届邻里文化节”，在寿安镇城北社区老年大学开幕。为期10天的邻里文化节中，围绕社区群众和精神生活需求，从“邻里学”“邻里情”“邻里帮”“邻里和”“邻里乐”“邻里颂”6个方面开展系列活动。先后展示家庭才艺，开展邻里太极拳、柔力球表演和棋艺大比拼，举办以家庭和睦、邻里和顺、社会和谐为题的演讲比赛，展示争做文明市民的书画摄影和征文比赛成果，1万余名社区居民参加活动。邻里文化节的成功举办，进一步弘扬了邻里团结、互动和睦的传统美德，融洽邻里和顺之情，推进全镇文明社区、和谐社区建设，进一步引导社区居民树立“家庭和睦、邻里和顺、社会和谐”，以社区为荣、与社区共进步的社会新风，构建和谐幸福寿安。2016年，成人教育全面实施社区教育。

附记：寿安镇第二届邻里文化节

2014年9月16日，由寿安镇人民政府、县社区教育学院主办，寿安镇社区教育学校、寿安镇老年大学承办，以“美丽新城，幸福生活”为主题的“蒲江县寿安镇第二届邻里文化节”在寿安镇城北社区老年大学开幕。为期10天的邻里文化节中，围绕社区群众的精神生活需求，从“邻里学”“邻里情”“邻里帮”“邻里和”“邻里乐”“邻里颂”6个方面开展系列活动。先后展示家庭才艺，开展邻里太极拳、柔力球表演和棋艺大比拼，举办以家庭和睦、邻里和顺、社会和谐为题的演讲比赛，展示争做文明市民的书画摄影和征文比赛成果。活动共有1万余名社区居民参加。邻里文化节的成功举办，进一步弘扬了邻里团结、互助和睦的传统美德，融洽邻里和顺之情，推进寿安文明社区、和谐社会建设。进一步引导社区居民树立“家庭和睦、邻里和顺、社会和谐”，以社区为荣、与社区共进步的社会新风，构建和谐幸福寿安。

寿安镇首届邻里文化节开幕式（摄于2013年5月21日）

第三节 教育经费

一、政府拨款

民国24年（1935年），寿安镇学田由学董经管，每年向县政府呈报预、决算书。民国29年（1940年），镇所属学产田规划县财政统收统支。学产田划归县财政统收统支后，每年划拨到寿安的教育经费逐年减少。1949年，全县用于教育的经费仅占财政总支出的2.12%。

1953年至1958年，全镇教育经费12.6万元，平均每年2.1万元。1963年至“文化大革命”前的1965年，镇教育经费支出年平均4.33万元。自1977年起，随着财政收入的增长，对教育事业的拨款相对增多。1979年，全镇教育经费达到16.38万元。1984年，增至40.66万元。2006年，县财政划拨寿安教育经费1123.8万元，教育附加费拨款68.2万元，预算外投入438.6万元，合计1630.6万元。镇教育经费除国家财政拨款外，还由镇按人口分摊和乡镇企业提留资金中集资，以支付民办教师工资（不含国家补贴）和办公费用。2002年至2006年，教育经费持续增长，五年间财政共拨款4918万元，教育附加费拨款196万元，加上预算外收入、筹集帮困助学资金和勤工俭学投入，合计8000余万元，年平均投入1600余万元。2010年以来，财政拨款逐年增加。2016年，全镇教育经费投入6975.91万元。

2010～2016年寿安镇教育经费投入情况表

表10-4　　　　单位：万元

年　度	寿安小学	成雅小学	松华小学	寿民小学	五星学校	寿安初中	寿安中学	合　计
2010	353.26	453.88	420.00	181.72	747.15	—	1268.55	3424.56
2011	396.18	351.05	438.20	181.91	746.55	—	1327.65	3441.54
2012	759.23	423.07	465.20	311.52	515.59	—	2073.83	4548.44
2013	757.71	521.40	603.52	244.81	869.93	—	2651.09	5648.46
2014	899.94	484.10	517.01	258.61	644.19	—	2171.99	4975.84
2015	1054.88	661.23	665.43	364.32	839.92	1348.16	2186.08	7120.02
2016	853.13	586.91	681.53	338.18	783.58	1471.80	2260.78	6975.91

说明：2010—2014年寿安初中财政拨款数在寿安中学拨款数内

二、捐赠办学

民国27年（1938年），抗日名将李家钰夫人安淑范女士投资设立“其相奖学金”，奖励就读于县内外大专和中学的县籍清贫学生，寿安学子也受到惠泽。

新中国成立后，大力弘扬捐资助学的传统，促进教育事业健康发展。1983年至1986年，动员全镇各界集资办学，行政、企事业单位和个人捐助，镇财政挤出部分经费，共集资人民币53.04万元，用于新建、扩建、改建和维修中小学校舍，添置课桌凳等。1987年至1991年，利用社会集资和群众捐款清除中小学危房，拆除全镇中小学泥墙校舍，修建农村初中综合教学楼及配套用房。1991年至1995年，全镇群众捐（集）资助学款达99.6万元。1993年以来，许多公司，企业和知名人士不断对寿安教育捐助。成都民营企业家周成元捐资50万元修建插旗中学（成元中学）。1996年，全镇共收到“普九”捐资221.9万元，“普九”硬件设施得以完成。2002年以后，建立政府、学校、社会各界共同参与的多层次助学工程体系。在全镇师生中发起“节约一分零花钱，济困助学献爱心”活动，筹金帮困助学基金，资助中、小学贫困学生、低保家庭子女66人，资助金额8870元。2003年，县启动“蒲江县政府助学工程”，资助寿安镇贫困学生500余人，发放助学金5万元，减免贫困学生杂费5.2万元。2010年以来，社会各界对教育仍有捐赠。2016年，成都旭彩包装印务有限公司、成都郑源生化科技有限公司、成都博世精密机械有限公司、成都蒲东工业投资有限公司、成都天星印务有限公司、成都豪洋印务有限公司、成都瑞和致远包装印务有限公司等捐赠7万余元，以资助寿安镇教育事业。

三、资助学生

1994年，杜氏蜂皇蜂业有限公司董事长杜国平在寿安中学和寿安小学设立奖学金，对学业优秀、家庭贫困的100多名学生进行奖励，十年间共捐资20多万元。2001年，县启动“贫困助学工程”，专项救助大学、中专贫困学生。救助上线标准为：每人每学期本科生2000元、大专生1500元、中专生1000元。寿安镇内企业定向资助贫困大学生，佳享食品公司资助多人。2012年，成雅小学86届校友、1992年蒲江高考文科状元、苏州大学旅游系教授吕晓玲博士与同程旅游网创始人王专博士一同设立“芳贵”

奖学金，以感恩父母，回报桑梓，奖励俊杰。五年间，投入奖学金金额4万元，有近200位品学兼优的成雅学子获此项奖学金。至2016年，全镇资助贫困大、中专学生250余人。

第四节　医疗机构

一、个体诊所

地处寿安集镇围镇路的永乐诊所候诊室（摄于2016年）

民国时期，镇境内的民间医生私人开业行医。民国29年（1940年），全镇有私人开设的中医药堂铺28家（寿安镇15家、五星乡2家、插旗乡3家、松华乡8家），药铺6家（寿安镇4家、寿民乡1家、松华乡1家），从业者76人（寿安镇37人、寿民乡9人、五星乡13人、插旗乡8人、松华乡9人），西医药从业者9人。民间中医既诊断又兼配方，较有名的医药铺外大多挂有牌号，王济川的“名经堂”、熊泽丰的“德元堂”、熊兆安的“德仁堂”、周文华的“恒昌久”、李国民的“来苏堂”、王恒久的“东升堂”、叶子君的“子君药室”、李恒章的“复元堂”等。较有名的西医有东升街李西成的“三英治疗所”和正街李国清的“复兴医社”。寿安医药界成立药王会，金昆山为主管，每年农历四月十八日为会期。

新中国成立后，私人个体诊所逐渐合并进联合诊所。其后，很长一段时间无个体诊所。21世纪后，寿安镇陈永乐创办个体诊所——永乐诊所。该诊所地址在寿安镇河坝街，营业面积约400平方米。设有多个临床科室，以常见病、多发病的防治为主，兼重专科病症、疑难病症的防治，尤以皮肤科为特色，年门诊量逾万人次。

二、联合诊所

地处寿安集镇灰窑街的寿安区医院旧址（摄于2016年）

1950年3月，寿安镇个体医生罗际云、肖仲明、赵元青、雷向云、叶子君等人发起成立寿安医药协会，罗际云为主任、肖仲明为副主任，各乡分别下设理事。1951年，罗际云、肖仲明、余永成、罗集成成立“新民诊所”。同年7月，叶子君、陈家明、刘相云、王永林、贺惠成成立寿安第一个联合诊所，叶子君为主任。其后，肖仲明、叶常宣、陈家明、周文华、周联溪、张西成、龚升廷等人组建寿安第二个联合诊所。1956年3月，青龙乡与寿安镇合并，原青龙乡个体医生王卓然和仁寿乡个体医生曹永安、王兆明等人组建青龙诊所。1957年，高河乡个体医生龚致和、寿安个体医生郭云清等组建寿安第三个联合诊所。1958年10月，以寿安第一、二、三联合诊所为主，兼并青龙、敦厚、松华、高河等乡联合诊所，成立东风人民公社医院，地址在寿安镇棉花街熊家大院内，东风人民公社医院下设红星、青龙、敦厚、松华、高河、刘码头、宋山煸、王大石桥、长秋9个保健所。

位于利民路南段的寿安公立中心卫生院（摄于2016年）

三、卫生院

1952年，寿安镇建县第二区卫生所，地址在灰窑街。卫生所有职工3人，开展门诊治疗。其后，上级指示区卫生所撤销，改为县驻区卫生（技术）指导（工作）组。1962年，东风人民公社医院下属的9个保健所分别改建更名为公社卫生院，刘码头保健所并入高河公社卫生院，宋山煸和王大石保健所并入和平公社卫生院。1965年，成立寿安区卫生院。1985年，公社卫生院改称乡镇卫生院，时有寿安、和平、五星、寿民、松华5所卫生院。区卫生院建筑面积2620平方米，有职工39人，其中卫生技术人员33人（主治医师1人、医师3人、医士19人、初级卫生技术人员10人）。卫生院设病床30张，院外有家庭病床27张次。院分设门诊、住院、后勤三大部分，住院部设在院部，门诊设在寿安镇正街，下设西医内、外、妇、儿、五官、口腔、手术、理疗、放射、心电、超声波、化验和中医肛肠、内科等科室，有医疗器械37件（台）。年门诊2.78万人次，住院1000余人，业务收入11.6万元。1992年，区卫生院一度成为乡卫生院指导医院。2006年，寿安镇公立中心卫生院成立，除长秋乡卫生院独立建制外，插旗卫生院、五星卫生院并入寿安镇公立中心卫生院，院址从寿安正街迁至利民路南段（蒲江河南岸和平大桥头）。寿安公立中心卫生院占地面积18亩，建筑面积6152平方米，开放床位13张，是成都市示范乡镇医院、城乡居民和城镇职工医疗保险定点医院。全院职工120人，副高级职称5人、中级职称11人、初级职称80人、大专及以上学历71人。年门诊量9万余人次，住院治疗6000余人次。院设内科、儿科、外科、妇科、眼耳鼻喉科、口腔科、皮肤科、肛肠科、中医科、西医结合科、放射科、检验科、超声心电图室、中西药房、公共卫生所等。2016年，增挂“蒲江县第二人民医院”牌子。

位于利民路北段的寿安社区卫生服务中心（摄于2016年）

寿安社区卫生服务中心，前身

称红星医院，是一所公益性质的非盈利性医疗机构，主要承担辖区内基本公共卫生和基本医疗服务，执行基本医疗服务政府定价、基本药物零差率销售，推进全科医生服务模式，是居民健康服务的“守门人”。2010年，寿安镇社区卫生服务中心整体迁建至利民路北段，占地面积8265平方米，建筑面积2350平方米。投入资金630万元，其中，中央下拨内需资金100万元、红十字会捐助资金290万元、地方配套资金240万元。社区卫生服务中心设置病床40张，设有内科、外科、妇科、痔瘘科、放射科、检验科、B超室、公共卫生预防保健科及中医骨科（腰腿痛专科），为特色的业务科室。医院（中心）服务规范，以病人为中心、以信誉为生命、以质量为重点、以内涵为根本，为患者实施计划免疫、社区康复、妇幼保健、常见病诊治、家庭病床、社区服务、健康教育等服务。

2016年寿安镇卫生院主要业务及设备情况表

表10-5

卫生院	主要业务	主要设备
公立中心卫生院	内科、儿科、外科、妇科、眼鼻耳喉科、口腔科、皮肤科、肛肠科、中医科、中西医结合科、放射科、检验科、超声心电图监测、公共卫生预防保健科等	全数字DR、菲利普彩超、全自动生化分析仪、高频手术电刀、中药熏蒸治疗机、电动牵引床、数码电子阴道镜、多功能臭氧雾化妇科治疗仪等
社区卫生服务中心	内科、外科、妇科、痔瘘科、放射科、检验科、B超检测、骨伤科、公共卫生预防保健科等	全数字DR、彩超检测仪、生化分析仪、PR通道心电图机、高频手术电刀、中药熏蒸治疗机、电动牵引床等

四、村和社区医疗站

60年代前期，寿安镇所属各生产大队无固定的医疗机构设置，为方便群众就医，曾派出不脱产卫生（保健）员到县参加卫生知识培训，达420人次。由集体公益金内支付购买保健药箱96个，简易医疗小伤小病。60年代末期，镇内开始兴办半劳保性质的大队（村）合作医疗站，医疗站配半脱产赤脚医生。1985年，全镇村合作医疗站36个，赤脚医生78人。村医疗站除防治常见病，多发病外，还承担本村内防疫卫生、预防接种、妇幼保健等公共卫生事宜。自2000年以来，镇卫生院加强对社区、村医疗站管理，使各医疗站依法、规范、文明经营。至2016年，寿安镇有村医疗站21个、社区医疗站1个，为农村群众小病小痛就近治疗服务。

隆盛社区卫生站（摄于2016年）

2016年寿安镇村（社区）医疗站情况表

表10–6

村（社区）	负责人	性　别	出生年月	文化程度	技术职称或执业资格	从医时间
青龙社区	伍文品	男	1955–01	初中	中医士	1980–01
树林村	谢福永	男	1975–05	中专	执业助理	1999–02
大漕村	陈国富	男	1973–02	大专	中医师	1996–09
马南村	龚俊清	男	1974–07	中专	执业助理	2006–08
华锋村	罗建忠	男	1950–11	初中	卫生员	1970–09
董口村	田　好	女	1978–01	中专	卫生员	2001–03
隆盛村	杨华伟	男	1977–11	中专	执业助理	1998–08
庙乐村	彭尚林	男	1972–11	中专	西医士	1997–07
沙湾村	陈　琼	女	1973–08	中专	乡村医生	1996–10
丝栗村	黄　伟	男	1981–07	中专	乡村医生	2002–03
八角村	陈　攀	男	1975–11	中专	乡村医生	2000–02
插旗山村	李忠奎	男	1980–03	中专	乡村医生	2000–01
龙泉村	张启东	男	1972–05	中专	乡村医生	2008–05
元觉村	董　继	男	1965–04	中专	乡村医生	1986–02
吕石桥村	张雄虎	男	1979–03	中专	乡村医生	2007–01
汪场村	龚连雄	男	1964–10	中专	乡村医生	1983–02
光明村	龚利琴	女	1970–04	中专	乡村医生	1989–01
五会村	罗大勇	男	1978–11	大专	执业医师	1998–07
金家村	医院代管					
白岩寺村	医院代管					
西禅村	医院代管					

第五节　卫生防疫和保健

一、预防接种

民国时期，村民患病都以乡村郎中草药治疗，辅以民间“七方”和刮痧医治，儿童出天花、麻疹等，没有接种预防，死亡率极高。新中国成立后，党和政府十分重视人民健康，建立健全预防接种制度，极大提高了人民群众的健康水平。1986年，寿安镇实施儿童计划免疫的卡介苗、脊髓灰质疫苗、麻疹疫苗、百三联（百日咳、白喉、破伤风）及白破二联（白喉、破伤风）5种疫苗接种1.28万人次，接种率93.1%。流行性脑炎、乙型脑炎、钩端螺旋体、狂犬病等计划外预防接种1.12万人次，接种率达97.2%。1996年以后，接种甲型肝炎、乙型肝炎、流行性腮腺炎、风疹、钩端螺旋体、流行性脑炎、狂犬病等疫苗4.9万人次。2002年起，相继开展流行性感冒、水痘、B型流感嗜血性杆菌、A+C流脑、麻风等计划外疫苗接种工作。新生儿接种乙肝疫苗实行全免费。2005年6月起，国家免疫规划的乙型脑炎、卡介苗、脊髓灰质、百白破三联及白破二联、麻疹6种疫苗接种实行全免费。2016年，预防接种步入常规化管理。

二、传染病防治

民国时期，传染病肆意流行，给人民群众生命健康造成极大威胁。新中国成立后，在党和政府关怀下，随着医疗科技水平的不断提高，传染病流行得到控制。1986年，寿安镇传染病防治由传染病监督员、检查员负责疫苗报告和传染病管理。痢疾发病48例，发病率98/万；肠道传染病以痢疾为主，发病率130/10万；钩端螺旋体发病率9/10万，乙型脑炎发病率1310/10万，肺结核发病率105/10万。1990年，在寿安镇华锋村实施粪便检查，查出人体寄生虫14种。1991年至1995年，镇内相继发生山体滑坡、特大暴雨及洪涝灾等自然灾害，镇卫生部门组织医务人员免费治疗灾区伤病员2.2万人次，消毒环境2.12万平方米，投放饮水消毒片2.6万片，消毒水井402口，使灾区无大疫流行。1997年，全镇普治钩虫病，服药人数4200人。2001年 ，免费检查、治疗结核病人，对结核病人进行全程监测管理。2003年，启动慢非传染性疾病监测工作，镇卫生院配备电脑、传真机，实行网络监控。同年，在防治非典型性肺炎（简称："非典"）期间，设置专门办公室守疫情电话，全天24小时值班，负责"非典"防治协调和技术指导。举办"非典"知识培训班4期次，培训402人次，印发"非典"防治知识传单3万余份、公开信4000份。全镇各医院均建发热门诊。在医院、学校、建筑工地等处设立"非典"监测点，共监测10.1万人次。2004年起，寿安镇实施结核病防治日本援助项目，各医院设查痰点，加强结核病归口管理。2016年，传染病防治规范化管理。

三、地方病防治

寿安镇是蒲江县血吸虫病流行区，有大面积钉螺分布。民国13年至民国27年（1924年至1938年），龙泉村有42户死于血吸虫病者65人。新中国成立后，党和政府十分重视血吸虫病防治。70年代，发动群众实施灭螺大会战，采用五氯酚钠机动喷雾器喷杀灭螺。各学校师生也参加到灭螺大会战之中，春秋两季开展生产、生活区易感地带灭螺，压缩钉螺面积。在基本消灭血吸虫病以后，每隔一年进行一次病情监测。春秋两季组织不脱产血防专业队和乡村医生，对钉螺区和可疑环境反复查螺，消灭残存钉螺。血吸虫病防治经费按照国家、集体、个人分别负担的原则，列入镇财政预算，确保灭螺人员劳务报酬。至2005年，全镇实施血吸虫病综合治理，改造下湿田、修建微水工程、改造塘库、硬化沟渠、新建沼气池。至2016年，通过环境改造，加快血吸虫病防治进程，镇内达到四川省血吸虫病传播控制标准。

1986年，在全县抽检中，寿安镇域出现甲状腺肿大24人。同年起，加强碘缺乏病防治工作，强化病情和食盐监测。至1997年，全镇0～7岁儿童、中小学生、孕产妇和和新婚育龄妇女普服碘油丸2.1万人次，增强了预防碘缺乏病的效果。1998年至2001年，对7～14岁的中、小学生进行病情监测，甲状腺肿大率6.8%。2016年，碘缺乏病得到控制。

四、妇幼保健

民国时期，寿安镇妇幼保健工作为空白。在民间，乡村有为数不多的旧式接生婆，以旧法为产妇接生。新中国成立后，妇幼保健工作逐渐步入正轨，妇女、儿童健康水平不断提高。80年代，寿安孕产妇保健工作以提倡新法接生和住院分娩为主。1986年，全镇产妇总数672人，新法接生650人，新法接生率96.73%；住院分娩556人，住院分娩率83.1%。1993年至1997年，全镇接生3120人，新法接生率

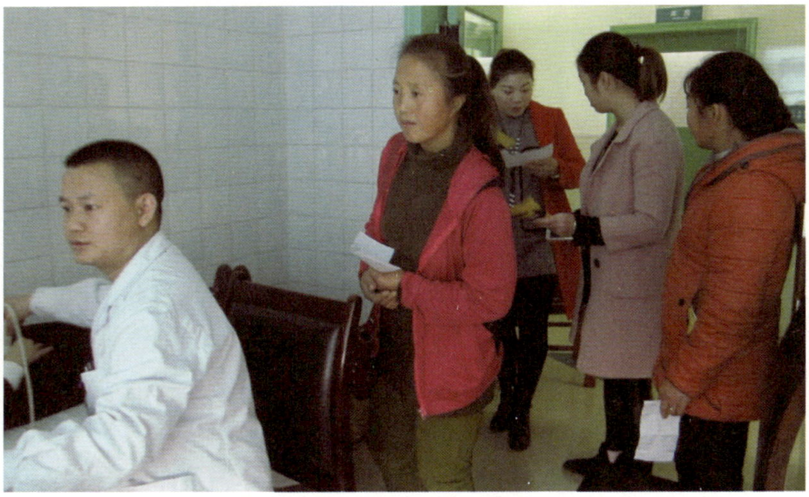

开展妇女病普查（摄于2016年）

97.1%；住院分娩2786人，住院分娩率88.26%。90年代中期起，对孕产妇从妊娠至产后28天内进行系统保健服务，孕期至少进行5次产前检查，接受住院分娩和产后访视。重点筛查高危产妇，确保孕产妇安全。1998年至2001年，全镇共接生1538人，新法接生1516人，新法接生率98.56%。系统管理孕产妇1466人，系统管理率95.31%；管理高危孕妇128人，高危孕妇住院分娩率100%。2005年，全镇孕产妇249人，新法接生和住院分娩均为249人，新法接生率和住院分娩率均为100%；系统管理孕产妇229人，系统管理率92.05%；管理高危孕妇54人。二十年间，全镇产妇总数9760人，婴儿活产数9720人，住院分娩8600人，住院分娩率88.11%。新法接生9520人，新法接生率97.54%。系统管理孕产妇4820人，管理高危产妇430人。至2016年，孕产妇系统管理率、新法接生率和住院分娩率、高危孕妇住院分娩率均为100%。

民国时期，妇女病作为妇女隐私，难以得到社会关怀，妇女健康水平低下。新中国成立后，治疗妇女病列入医疗卫生保健管理，妇女病得到控制和治疗。80年代起，在全镇妇女中普查普治阴道炎、宫颈糜烂、子宫脱垂等妇女病。1986年，检查妇女2640人次，查出妇女病患者646人，治疗539人，治疗率83.44%。至1992年，全镇共检查妇女23万人次，妇女病查治率36.06%。1993年至1997年，检查妇女1.8万人次，占已婚妇女的31.3%。查出妇女病患者3980人次，治疗率99%。2005年，普查妇女6600人，普查率52.8%。查出病人1671人，患病率25.31%。治疗1639人，治疗率98.07%。二十年间，普查妇女8.54万人次，查出妇女病患者1.87万人次，患病率21.9%，治疗1.74万人次，治疗率93.38%，治愈率85.4%。至2016年，妇女病发病率大大下降，治愈率达到100%。

民国时期，寿安镇无儿童保健专门机构。50年代起，全镇医疗部门对婴幼儿开展健康检查。检测手段从听诊等直观检查方法，逐步发展到使用化验，透视、心电图、A超、B超等仪器检查。80年代，在寿安幼儿园免费健康检查，查出有疾病和缺陷者及时矫正，并在该园实行定期检查制。继后，该项工作逐渐推广到农村幼儿园，进行体格检查和卫生知识指导，建立健康卡等。1981年，镇卫生院对农村小学、幼儿园的0～7岁儿童，普遍作健康检查1.1万人次，查出病儿727人，患病率为6.6%；身体有缺陷的725人，占6.59%；均分别进行矫治。之后，继续对0～7岁儿童每年1～3次健康检查。发放《儿童保健手册》，还建立“儿童健康卡片”。全镇学龄儿童除每年入学前作一次体检外，还定期进行健康检查两次。并对121名儿童，重点查血色素，检查出由于偏食引起程度不同的缺铁性贫血118人。每年“六一”儿童节，镇各医疗部门在街头，对散居儿童免费进行健康检查。当年检查136人。1983年，对全镇0～7岁儿童体检1834人，查出病儿218人，均予医治。对134名身体有缺陷的儿童，及时矫治106人。1979年至1985年，全镇作健康检查的儿童共1.86万人，均进行矫治并建卡立档。同时，对288名体弱儿童，加强了营养与疾病的防治管理。21世纪起，寿安镇儿童保健工作围绕《中国儿童发展规划纲要》，开展儿童急性呼吸道感染防治，降低儿童肺炎死亡率，倡导母乳喂养，提高儿童生存质量，对幼儿园卫生保健指导和对幼儿教师管理。实行对1岁以内儿童每年体检4次、1～3岁儿童每年体检2次、3岁以上儿童每年体检1次的“四、二、一”系统保健管理。

五、初级卫生保健

1992年，寿安镇全面开展初级卫生保健工作，确保达到“2000年人人享有初级卫生保健”的目标。全镇卫生院通力合作，群众积极参与，全面实施初级卫生保健规划，重点抓村卫生站建设，当年建甲级村卫生站6个。1993年，全镇建甲级村卫生站8个，甲级村站总数14个。21世纪后，继续做好镇、村两级软件资料和全民健康教育工作，完成初保普及阶段13项指标任务，基本实现《中国农村实现（2000年人人享有初级卫生保健）规划目标》。

第二节　生　育

一、生育服务管理

民国时期，由于社会长期处于高出生、高死亡、低增长的人口生育恶性循环状态，普遍形成早婚早育，妇女遭受“十胎九卒”之痛苦。新中国成立后，党和人民政府把计划生育工作当作长期战略任务，列入国民经济计划。1957年始，建节制生育委员会。1963年12月，镇成立计划生育领导小组，成员5名。1966年“文化大革命”开展后，计划生育工作中断。1984年，寿安镇成立计划生育办公室，配备专职人员2人，经费由计划生育业务费列支。其职能是贯彻国家计划生育方针、政策，掌握辖区人口规划，组织宣传、落实节育措施，为广大育龄妇女提供生育服务。寿安镇生育服务在县计划生育宣传技术指导站指导下，广泛开展查环、查孕、查治妇科病“三查”工作，免费提供国家规定项目的技术服务。1985年，成立镇计划生育技术服务站，配备工作所需设备、设施，改变单纯依靠医疗保健机构完成节育技术服务的格局。2000年，寿安镇五星计生服务站通过省甲级站检查验收，生育服务工作上了新台阶。90年代，每年进行3次“三查”工作，采取安环、药具等避孕措施，人口自然增长率降到7.48‰以下。其后，根据群众在计划生育、生殖健康方面的不同需求，开展避孕措施知情选择，生育孩子42天内把避孕药具送到妇女手中，4～6个月内动员落实安环措施，把孕后管理转向孕前服务。2001年，寿安镇被列为计划生育优质服务试点镇。技术服务由子宫内放置节育器、皮下埋植避孕药等，逐步转向为开展避孕节育优质服务、出生缺陷干预、生殖道感染干预三大工程服务。同年，开展“生育、节育、不育”生殖保健服务和免费技术服务。至2005年，把免费生殖健康普查列为民办实事目标，每年免费为育龄妇女6500人进行生殖健康检查，提高出生人口质量。至2016年，镇生育服务实现高效、优质、常规化管理。

寿安镇开展人口日宣传服务活动（摄于2016年）

二、生育利益导向

民国时期，生育为无节制状态，人口质量低下。新中国成立后，寿安镇逐步走向计划生育、优生优育、科学生育的道路。1986年起，寿安镇广泛宣传一对夫妇只生一个孩子的重大意义，把宣传晚婚晚育、少生优生、生男生女都一样的生育观念放在首位，利用会议、专栏、广播、宣传车、发放宣传资料等多种形式进行宣传，每年元旦、春节、3月、7月、10月开展宣传月活动。2002年起，采取多层次、多形式、多渠道宣传计划生育“一法三规一条例”（《中华人民共和国人口与计划生育法》《计划生育技术服务管理条例》《流动人口计划生育工作管理办法》《社会抚养费征收管理办法》《四川省人口与计划生育条例》）。2003年起，以农家乐、休闲山庄为载体，开展生育文化大院建设，向群众传播科学、健康、文明进步的新型生育观念。至2016年，全镇基本形成良好的社会主义新型生育之风。

三、生育技术服务

20世纪60年代中期起，育龄妇女实行节育普遍使用金属环宫内避孕，并曾使用T型、V型塑料麻花环和带线塑料花环。60年代末，用大切口女性输卵管结扎，后来改进为小切口结扎，减少了受术者痛苦。后采用宫型环放置术，使受术者受到节育和保健的双重效果。男性输精管结扎最早为切口结扎，经过学习外地经验后，改进为直视钳穿法结扎。由于结扎术不断改进，颇为受术者欢迎。70年代起，寿安镇逐步推广生育技术服务。全镇各卫生单位和妇幼保健机构服务人员，几经培训、进修后，逐步掌握避孕、节育和绝育手术，并不断改进提高。至1985年，全镇计划生育医务人员，普遍具有施行计划生育手术、与处理并发症、后遗症的业务能力。其后，每年对育龄妇女进行“三查”，查节育环是否移位和脱落、查是否怀孕、查治妇科病。普遍开展孕妇检查，怀孕后要到妇幼保健或妇产医院建档建卡，接受孕期全程监测，直至分娩，确保母婴安全。

第三节　爱国卫生

一、除“四害”

1958年，寿安镇结合人民公社化运动，广泛开展“除四害（麻雀、老鼠、苍蝇、蚊子）、讲卫生”运动。同年4月，突击“除四害”工作，满山遍野一起行动，“四害”无处藏身，场面壮观，突击除“四害”为时3天。至1959年，全镇出动4万余人次，消灭麻雀近10万只、老鼠13万余只、苍蝇（含蛆蛹及蚊子孑孓）800余公斤。其后，每年进行常规性的消灭老鼠、苍蝇、蚊子、蟑螂等活动，镇境卫生状况得到根本好转。

二、改水改厕

民国年间，寿安镇范围内曾开展过一些民众卫生活动。民国29年（1940年），按国民政府公布的卫生组织计划与章程规定，将环境卫生、工业卫生、卫生宣传，列入镇属卫生部门的职责范围。并举行公卫护士培训班，培训专业卫生人员。民国28年至36年（1939年至1947年），寿安镇在推行夏令卫生活动中，作卫生讲演40余次，改良水井1287口，改良厕所1823间。

新中国成立后，群众卫生意识逐步增强。70年代前，全镇群众引用水来自河流、塘堰、水井水，厕所全是人畜粪混装，卫生环境较差。1986年，寿安镇实施“七五”农村改水工作。至1990年，全镇建自来水厂（站）2座、手压机井1031台、卫生防护大口井2420口，农村饮用安全卫生水人数3.8万人，占农村总人口的76%。其中饮用自来水或简易自来水人数9000余人，占18.2%。寿安镇全面完成“七五”农村改水规划任务。1991年起，寿安镇实施“八五”农村改水工程。1993年，投资1万元用于缺水地区改水补助。全镇饮水用安全卫生水4.31万人，仍有近万人饮水困难。2002年，寿安镇在插旗山村、元觉村和董山村开展氟砷防治改水工程，3440人饮用上卫生自来水。2004年，在龙泉村、白岩寺村各建水厂1座，2608人饮用上卫生自来水。至2016年，寿安镇卫生自来水全面覆盖，所有村社农户均用上卫生自来水。

1986年起，结合初级卫生保健工作和卫生单位、村及农房建设，在有条件的农户、村社和中小学，相继建成一批示范卫生厕所。至1996年，新建沼气式无害化卫生厕所516户、三格式简易无害化卫生厕所2080户。1997年起，农村改厕结合创建卫生集镇、文明卫生村建设活动，推广无害化卫生厕所。新建农房给予10平方米土地建沼气池无害化卫生厕所。2005年，在镇内血吸虫流行村社，修建沼气式无害化卫生厕所620户、三格式无害化卫生厕所22户。至2016年，全镇使用安全无害化卫生厕所达98%以上。

三、健康教育

民国时期，没有专门的健康教育。镇境学校卫生着重是室内、室外环境卫生，每周周末大扫除，相沿成为一种制度，也就是潜移默化的健康教育。新中国成立后，镇内各级学校兴建房屋，美化绿化校园，普遍增设痰盂、果屑箱等卫生设备，并建立常年性卫生制度。中学均设保健箱，方便师生应急治病。寿安中学设校医，除承担师生医疗、预防接种和体检任务外，还兼教生理卫生课。60年代，镇内学校卫生防疫、宣传卫生知识，调查学生健康状况，均由县卫生防疫站统管监测。1980年，按照《学校卫生工作暂行条例》，在中小学摸底监测，为学生建卡登记，普遍改进和增添卫生设施。对寿安中学416名患近视的学生，就其家庭照明、父母遗传、教室设施及采光条件等十多个项目作调查处理。

1986年，开展专门的健康教育。1992年，全镇中小学开设卫生保健知识课。1993年，建立健康教育所，负责健康教育工作。1997年，启动“九亿农民健康教育”和“城镇社区健康教育”试点工作，在中小学开展健康教育知识竞赛，五星中学被评为首批“成都市健康教育示范学校”。1992年至1997年，发行《大众健康报》1.1万份、《时代健康报》2100份、散发宣传资料8100份。1998年，印发健康教育4000余份，分送各居民户和机关单位。2001年，建立镇、村（社区）、学校、医院、机关单位健康教育网络。各部门按职能和管辖范围，制定健康教育工作目标。全镇投入专项经费4万余元，制作宣传资料，到村入户，强化个体及群体健康行为。在全面健康知识普及基础上，组织健康教育人员深入村社，对环境、居所及个人卫生进行指导、检查、监督，确保全民形成良好的健康行为。2002年起，全镇健康教育结合初级卫生保健、爱国卫生运动、“九亿农民健康教育”，着力健全镇、村健康教育网络，利用广播、专栏、标语等形式，使群众逐步掌握应知应会健康知识，由被动接受转为主动参与。至2005年，发放《大众健康报》750份、《时代健康报》1000份；编发健康教育工作简报59期、宣传手册3000余册，办健康教育专栏102期；广播宣传30次；办各类培训班32期、培训1600人次；发放宣传资料7万余份。寿安场镇及各卫生院，设置统一规范的健康教育专栏。村、社在村务公开栏，集会场所张贴宣传画册。2016年，中小学校健康教育开课率100%。

四、环境卫生整治

民国时期，政府对环境保护从未采取措施，无专管部门。城镇没有系统的上、下水道，只有各街户各自为界的阴沟、阳沟。常年因排水不畅，遇雨天或涨洪水，辄污水四溢，以至淹房渗物，脏臭秽湿不堪言状，苍蝇、蚊子及有害病菌泛滥成灾。居民则只能顾及自家门面，环境卫生状况各异。寿安场镇除正街稍好外，其余街巷则垃圾成堆，家禽家畜敞放，污水秽物严重污染。全镇广大农村环境卫生状况较场镇更差。

新中国成立后，政府把环境保护工作列入议事日程。1979年9月，成立县环境保护办公室。镇政府执行“加强城镇卫生管理”“植树造林”“江河管理”“加强珍贵树木、花草、鸟类资源的保护”等条例、规定，使寿安镇环境保护工作开始走上有法可依、有章可循的轨道。1985年4月起，全镇开展工业污染源调查技术评价工作。初步查清镇内工业污染源分布、污染行业和企业、污染物种类和数量、主要污染区域、资源综合利用和污染治理水平。1988年，进行环保室传教育。在“6·5”世界环境日，开展环保法规知识培训。1990年，开展镇内工业污染源调查工作，针对污染程度进行依法治理。开展《中华人民共和国环境保护法》开展宣传活动。1995年，在全镇中小学开展“还我一片净土”主题环保活动。1996年“4·22”地球日，寿安中学和寿安小学开展“统一杯”环保知识竞赛。通过各种形式宣传，全镇居民卫生和环境保护意识逐步增强。镇、村各部门各司其责，落实城乡环保综合治理，形成领导亲自抓、负总责；分管领导具体抓、负主责，一级抓一级，层层抓落实的工作格局。细化分解落实各项工作，将每项工作、每项指标都分解到各村（社区）、各单位，纳入年终目标进行考核。2010年以来，实行城乡垃圾无害化处理，提升环境质量，高标准打造城镇垃圾无害化处理，建立覆盖全镇科学规范的城乡垃圾清扫、保洁、收集、处理和管理体制，实现城乡垃圾“减量化、资源化、无害化”处理，推进全镇“农垃”前端分类处理工作。全镇所有村（社区）实现农村生活垃圾前端分类收集处置工作全覆盖。每年依法进行秸秆禁烧，严格控制焚烧烟尘污染。至2016年，全镇范围街道，各交通路段，各村、社、农户道路，均安排专职清洁、保洁人员负责道路清扫，垃圾收集清运。城乡环境卫生良好，处处面貌一新。

二水会“月”（摄于2015年）

第十一章 民政事务

民国32年（1943年），寿安镇成立“优待征属委员会”，优抚抗战出征官兵家属，按年每户黄谷4石（单石）之规定发放。但历年发给征属之优待金，均未按规定发放。如寿安出征军人家属李华森、李文旭2户，仅各领5斗（单斗）。新中国成立后，根据国家优待革命烈士、革命军人家属及残废军人、带病回乡复原退伍军人以群众优待为主的规定，镇内家在农村的优待对象，按不同时期采取不同的优待办法。妥善安置复员退伍军人，使他们在生产战线和工作岗位发挥积极作用。80年代起，逐步实行民主选举村、组干部，村民参与村务民主决策、民主管理和民主监督，实行村务公开。加强敬老院建设，实行“五保”供养。启动城乡居民最低生活保障制度，城乡医疗救助和“贫困助学工程”。至2016年，民政事业覆盖人民生活各领域，老龄事业全面完善。

第一节 优抚和安置

一、抚恤优待

自1951年起，镇内组织群众无偿为无劳动力或缺劳动力的烈士军属及生活困难的残废军人、带病回乡的复原退伍军人进行代耕代种。自1953年起，优抚对象中生活困难的复员、退伍军人，除享受群众优待外，国家发给每月给予定期定量补助。至1956年，全镇受代耕代种优待1983户次，群众投工1.6万个，平均每户享受代耕代种日20.61个。1956年以后，农村由个体经济发展为集体经济，优待办法由代耕代种改为优待劳动日。每年对优待对象实行定工劳动、定工优待，一年一定，年终按自做劳动日和优待劳动合计分配粮食现金。1957年，全镇优待户42户，受优待劳动日2156个，平均每户受优待劳动日51.33个。1962年，享受定期定量补助的14人，每人每月补助2～6元。1965年，受优待户共83户，平均每户受优待劳动日157.55个。1972年，受优待户123户，平均每户受优待劳动日47.42个。自1979年起，农村每人每月补助6～10元，城镇每人每月补助10～15元。1980年，为优待对象耕种责任地、自留地、饲料地“三地”。1982年，受优待的171户，受优待劳动日2.4万个，平均每户受优待劳动日143个。农村实行家庭联产承包责任制后，镇内对优抚对象改优待工分为优待现金。除干部和志愿兵家属外，现役军人家属发给优待金，其他优抚对象，视困难情况发给。无力耕种责任田的优抚对象由生产队帮助代耕。自1984年10月起，将原由村民组分散提留、分散发放，改为以镇为单位统一标准、统一提留、统一发放。每人每月补助金额在原有的基础上增加3元。1985年，全镇享受优待的有152户，平均每户95元。1985年年底，全镇享受补助的复员、退伍军人共66人，享受补助金1.01万元。寿安镇革命军人和革命工作人员因参战，或参加对敌斗争，或因公牺牲，报经批准为烈士的家属，以及病故亲人家属，除县民政部门发给一次性抚恤金外，还享受群众优待，生活困难者，国家发给定期抚恤金。同年，全镇按月享受定期抚恤的11人，平均每人每月18.5元。因参战或因公致残的革命残废军人、革命残废工作人员和参战残废民兵民工，按内务部公布的优抚条例规定，每年分两次，按其伤残等级发给全身残废抚恤金并按残废等级发给生活护理费和各种护理器械。全镇领取残废抚恤金的革命残废军人30人，全年领取残废抚恤金4970元。自1986年起，镇内“三属”（烈属、因公牺牲家属、病故军人家属）和残疾军人享受长期抚恤，按所属等级、标准发放抚恤金。义务兵家属年优待金：农村150元、城镇100元。1991年，农村义务兵家属年优待金标准提高到300元。1996年，农村义务兵家属年优待金标准提高到1323元，城镇义务兵家属年优待金标准提高到200元。自2001年起，农村义务兵家属年优待金标准提高到1500元，城镇义务兵家属年优待金标准提高到800元。至2016年，完善优抚对象抚恤补助自然增长机制，定期足额兑现抚恤金和生活补助，按时发放各类优抚对象抚恤和生活补助5000余人次，金额360余万元。发放义务兵家庭优待金62人次，资金54.2万元。老复员军人享受定补面100%，定补标准月人均935元，医疗补助年人均100元。

二、安　置

自1951年起，寿安镇开始安置复员回乡的志愿兵，有专长者分别安置适当工作；无专长者属农村参军的回农村参加农业生产，妥善解决他们的田地和房屋问题。自1959年起，本着“人哪里来到哪里去”的原则，入伍前是农民的，退伍后回农村参加农业生产；入伍前是职工或者是学生的，退伍后要求工作或学习，原单位或学校解决他们的工作或学习问题。自1970年起，退伍军人安置工作纳入劳动就业目标。自1986年起，城镇退伍义务兵、志愿兵由政府安置工作。自2002年起，城镇退伍兵、转业士官实行自谋职业，发给一次性补助：退役义务兵每人1万元、退役士官以每人1万元为基数，再按军龄每年900元计发。至2016年，优抚和安置工作更加优化。

第二节　群众自治

一、村民自治

1986年，镇内举行第一届村民选举村民委员会，村民委员会是村民自我管理、自我服务的基层群众性组织，下设经济管理、社会保障服务、治安调解、文教卫生、计生与妇女工作委员会，协助镇政府开展工作。村民除参加民主选举、还参与村务民主决策、民主管理和民主监督，制定村民自治章程和村规民约，形成财务管理、村民会议自治组织。自1993年起，实行村民自治规范化管理。1998年，建立村民会议、村民代表会议、村务公开监督小组、村民理财小组等村民自治组织体系。2004年，成立6个村民自治示范村。2005年，开展廉政文化进农村、进社区试点工作。2012年以来，加强对各届村（社区）委员会干部教育培训，切实落实好“四个民主”，进一步完善村级新型治理机制建设。完善和规范村务、组务公开目录，在全镇开展创建“廉政文化进农村、进社区示范点”评选活动。完善村级公共服务配套设施，实行政务及公共服务社区代理制，全镇各村（社区）把重大事务在规范的村（居）务公开栏上适时公布，公开面100%，规范率100%，公开形式更规范，公开内容更完善。村（居）务工作公开透明，尊重和保障了村（居）民的知情权、参与权、决策权和监督权。 至2016年，村民委员会进行10次换届选举。

二、民主选举村、组干部

1986年，寿安镇举行第一届村民委员会选举。采取由上级组织推荐、村民代表协商列出候选人名单，村党支部和镇政府派人员主持召开村民大会，采用无记名投票方式差额选举办法产生。村民小组组长的选举，由全组大会现场采取无记名投票方式，推选出组长候选人1～3名，再由大会无记名投票差额产生组长。1998年，举行第五届村民委员会选举，第一次采用由选举权和被选举权的村民直接选举村民委员会主任和委员，群众称为“海选”。有的村采取村民选预选产生候选人，然后再差额选举村民委员会主任和委员。2013年12月，举行第十届社区居民委员会选举，参选率95.6%，一次性成功率100%。

三、村务公开

1997年，在插旗山、七星、五会、元觉、华锋等村进行“村务公开、民主管理”试点工作。1998年，在全镇范围内推广。2000年，实行村民点题公开。2002年，全镇村务公开工作做到规范公开时间、内容、程序、方式、版面和群众满意的“五规范、一满意”。建立健全公开项目、内容、群众考评机制，全面公开村情、年度工作目标、财务收支、惠农政策等12个方面的内容，在每月、每季度结束后10日公布，公开的内容保留10日以上。有的村财务收支情况、村（社区）承诺事项办结情况等，印发到各农户，临时性的与群众利益密切相关的事项经常公开。至2016年，全镇22个村、6个社区全部实行村务公开，给群众一个明白，还干部一个清白。民主管理，促进了经济发展，增强了村组干部廉洁奉公的意识和村民自治活力。

插旗山村村务公开栏（摄于2016年）

第三节　社会救助

一、“五保”供养

1958年，寿安镇敬老院接纳和供养孤寡老人。敬老院规模较小，管理不够规范。1986年，全镇生活困难，又无子女赡养的72名（含集中供养的）孤寡老人，实行保吃、保穿、保住、保医、保葬“五保”。符合“五保”条件的孤儿还要“保教”，为“六保”。供给标准为每年人均320元，医药费实报。“五保”老人供给办法为村组统筹。1992年，供给办法改为镇政府统筹供给。“五保”老人62人，供给标准为每年人均567元，医药费实报。接纳长秋乡籍“五保”老人。“五保”老人59人，供给标准为每人每年1400元，衣服两套，医药费实报。自2002年起，供给办法改为县财政转移支付供给。

2005年，全镇“五保”老人116人，供给标准为：分散供养每人每年1600元，集中供养的每人每年1920元。2016年，全镇“五保”老人139人，其中，住敬老院集中供养72人、分散供养67人。供养标准为集中供养每人每年6840元、分散供养每人每年5160元。

寿安镇敬老院大门（摄于2016年）

二、敬老院建设

50年代末，现属寿安的原和平、五星、松华、红星、青龙等公社始建小型敬老院。1992年“撤乡并镇”后，全镇敬老院进行了整合。2001年，镇敬老院由金家村金家祠迁至七星村一组罗河坝新建。2016年，全镇有敬老院1所，占地面积5394.6平方米，设有150个床位。敬老院设院长、炊事员、保健卫生员等，管理规范。

三、灾害救助

民国时期，寿安境内凡遇自然灾害，均由地方自行募集钱粮赈济，救助力度差。民国37年（1948年），寿安境内水灾严重，寿安至回龙蒲江河沿线许多房屋被大水冲毁。寿安地方募集钱粮，救济灾民1200余人。每人受赈大米不到1.5公斤，实为杯水车薪。

新中国成立后，寿安每年都有程度不同的自然灾害，党和政府发动群众，依靠集体力量与灾害作斗争，进行生产自救外，尚拨款拨粮救济受灾群众，帮助群众恢复生产。1953年，镇境发生严重春旱，镇政府向缺口粮的无劳力的277户708人发放口粮救济款1428万元（旧制人民币，下同），对有劳动力而缺粮的157户发放口粮贷款942万元。1977年6月24日，镇境遭受狂风、暴雨、冰雹袭击，29个生产队受灾，房屋倒塌489间，1人受伤，直接经济损失4万余元（新人民币，下同）。灾情发生后，镇政府发放口粮救济款6021元，解决327人的口粮；拨款5083元，帮助受灾群众维修住房340间。1990年5月，镇境遭受冰雹、大风和暴风袭击，镇政府发放灾害救助款8万余元，帮助受灾群众恢复生产。2008年5月12日，汶川发生特大地震，波及寿安镇，群众房屋受到不同程度损伤，严重受损697间，倒塌87间，受灾人口2580人。镇政府组织群众生产自救，按时发放救灾款额，帮助群众重建家园。

四、居民最低生活保障

1998年，寿安镇启动城乡居民最低生活保障制度，将人均月收入不足110元的城乡居民、家庭人均年收入不足800元的居民，列为最低生活保障对象。城镇21人、农村112人，每月领取110元、54元保障金。2004年，实施《蒲江县城乡居民最低生活保障工作管理办法》，对上年确定的救助对象实行动态管理，跟踪调查其人均收入变化，进行调查补充。2005年，调高保障金发放标准，寿安城镇282人人均月增加52元、农村757人人均年增加200元保障金。至2016年，寿安有城镇最低生活标准对象64人，农村最低生活保障对象525人。保障标准为：城镇每人每月379.99元，农村每人每月346.21元。

五、贫困助学和医疗救助

2001年，寿安镇启动“贫困助学工程”，专项救助大、中专贫困家庭学生。救助上线标准为：每人每学期本科生2000元、大专生1500元。年资助贫困家庭大、中专学生10～15人。2005年，寿安镇制定城乡医疗救助实施意见，为低保户、“五保”户和贫困户纳入医疗救助的1143人，资助参加新型农村合作医疗费用1.1万元。至2016年，全镇城乡医疗救助累计救助1955人次，发放救助金87.76万元。开展城乡困难群众补助医疗救助工作，共救助22人次，发放救助金25.2万元。

六、助　残

1986年，寿安镇残疾人1840人，占总人口的3.68%。自2002年起，开展“温暖万家行”活动，村（社区）残疾人协会同县残联在春节和助残日期间，走访慰问贫困残疾人。2003年，实行“量体裁衣式”个性化服务，为每位残疾人制定帮扶方案和发展方案，实现脱贫致富目标。2004年，寿安镇派出12名代表参加蒲江县首届残疾人运动会。2005年8月，寿安镇22个村、6个社区成立残疾人协会，招聘1名残疾人担任寿安镇残联专职干事。自2010年起，对1～2级残疾人和3级精神残疾人、智力残疾人每人每月补助100元，对低保残疾人每人每月补助100元。为帮助残疾人脱贫致富，在大漕村、丝栗村建有残疾人种植、养殖基地，每年扶持残疾人种植和养殖基地2万元。每年对残疾人进行实用技术培训，残疾人普遍掌握1～2门实用技术。如董口村7组残疾人左大方，掌握了竹编技术，技艺精湛，就业脱贫致富。2016年，全镇有持证残疾人1851人，占总人口的3.7%。在社会各界的帮助下，每位残疾人自强自立，愉快生活。

第四节　婚姻和殡葬管理

一、婚姻登记

民国时期，蒲江县无婚姻登记机构。民国19年（1930年）12月26日，国民政府公布实施《民法》，规定结婚年龄为男18岁、女17岁，“婚约应由男女当事人自行订定”。民间婚娶，全凭“父母之命，媒妁之言”。

1950年5月1日，中央人民政府颁布实施《中华人民共和国婚姻法》。全镇通过宣传贯彻《婚姻法》，废除了包办强迫、男尊女卑、漠视子女利益的封建主义婚姻制度，实行男女婚姻自由、一夫一妻、男女权利平等、保护妇女和儿童合法权益的新婚姻制度。规定男年满20岁、女满18岁，经自由恋爱，双方同意，亲自到户口所在乡、镇人民政府登记，符合规定者，人民政府发给结婚证书。1956年6月，寿安镇政府婚姻登记机关认真执行婚姻登记各项规定，对申请结婚登记者进行严格审查，保证了合法婚姻的确立。1973年起，寿安镇贯彻执行《婚姻法》中提倡和鼓励晚婚，婚姻登记时向新婚夫妇进行计划生育宣传教育。1973年至1977年，全镇登记结婚1066对，其中晚婚晚育428对，晚婚率40.15%。自1978年至1985年，全镇登记结婚3363对，其中晚婚1907对，晚婚率56.71%。

1985年4月，镇政府婚姻登记员参加县上组织的婚姻登记培训，经考试合格，领到“婚姻登记人员证书”。1986年，寿安镇婚姻登记员持证上岗。公民结婚、离婚或复婚，由男女双方向一方户口所在地申请办理登记，同时实行婚前体检制度。自2003年起，男女双方持本人居民身份证或户籍证明，登记结婚、离婚或复婚。2005年，婚姻登记实行微机管理。同年4月，实施新的《婚姻登记办法》，废止“婚前体检为结婚登记必要条件”规定。自2005年起，县民政局统一办理婚姻登记，寿安镇结束婚姻登记工作。

二、殡葬管理

民国时期，寿安民间流行重殓厚葬的殡葬习俗。子孙亲属要为死亡者披麻戴孝，备棺椁，置衣衾，做道场，出殡安葬，垒坟修墓立碑。礼仪烦琐，封建色彩浓厚，耗资颇大。

新中国成立后，提倡移风易俗，殡葬中披麻戴孝、设祭焚香、做道场等旧礼仪，逐渐改为戴黑纱、献花圈、开追悼会等新式礼仪，土葬之旧俗犹存。自1974年11月起，进行殡葬改革，实行火葬，时处“文化大革命”期间，成效不大。1978年，寿安镇大力宣传殡葬改革的规定，要求各生产大队加强领导，确定1名大队干部监管殡葬改革工作，党员、团员、干部带头，节俭治丧，推行火葬。1979年，全镇火葬尸体24具，占死亡人数的7.96%。1984年，全镇火化尸体102具，占死亡人数的39.2%。1986年，贯彻执行国家、省、市、县的有关规定，改革殡葬方式，火化率达40.1%。2001年，火化率提高到76%；2005年，火化率提高到89.2%。至2016年，全镇火化率提高到90%。

第五节　老龄事业

一、老年协会

民国时期至80年代，寿安镇域无有组织的老年人活动团体。老年人自发组织的活动主要有川剧坐唱、垂钓、气功等。1990年，寿安镇成立老年协会，设会长1人、副会长4人、秘书长1人、成员若干人。镇老年协会组织老年人开展丰富多彩的文体活动，主要有音乐、舞蹈、拳剑、垂钓、骑游、棋牌等。至2016年，全镇22个村和6个社区都成立了老年协会。各村（社区）老年协会建立维权工作站，有懂法律、善调解、有耐心的维权工作人员30余人，协助村（社区）调解民间纠纷。元旦、春节、重阳节等节日期间，开展文艺演出活动。

镇老年大学学员表演舞蹈（摄于2016年）

二、老年大学

1990年，第四次全国人口普查，全镇有60岁以上老人4286人，占总人口的8.5%。2000年，第五次全国人口普查，全镇60岁以上老人5982人，占总人口的11.96%，老龄人口日益增长。2005年，寿安镇成立老年大学。学校遵循“增长知识、陶冶情操、丰富生活、促进健康、服务社会”的宗旨，安排政治时事、自然科学、法律常识、卫生保健、文学知识、心理学、音乐、舞蹈、拳剑、器乐、鼓乐等课程。至2016年，全镇各村（社区）均建立老年大学分校。全镇老年大学共29所，有学员1200余人。

三、敬老赡养

民国时期，老年人主要靠子孙赡养，社会无敬老赡养机制。新中国成立后，老年人受到社会和群众普遍尊重。国家机关及企事业单位的职工，男满60岁、女满55岁，享受退休养老待遇；农村老年人仍靠子孙赡养。70年代后，社会保障机制逐步完善，不分城市农村，老年人都有养老保险金领取，高龄老年人受到优待。2008年，全镇百岁老人4名：元觉村六组杨菊仙（女）、董口村六组黄玉莲（女）、马南村十三组但枝伦（女）、元觉村六组邓陈氏（女）。2014年，全镇百岁老人1名：隆盛村八组杨季英（女）。2016年，老年人优待标准为：80～89岁每人每月100元、90～99岁每人每月200元、100岁及以上每人每月500元。全镇百岁老人2名：隆盛村八组杨季英（女）、丝栗村二组董学茹（女）。镇内成立镇、村（社区）老年人协会29个、老年大学29所，养老机构敬老院1所。年老体弱而又无法定供养人的60岁以上老年人，定为“五保”老人，进入敬老院养老。老年人在敬老院、老年协会、老年大学生活、学习、娱乐，颐养天年。

绿色低碳（摄于2015年）

第十二章 居民生活和社会保障

民国时期，寿安地区农业耕作技术落后，农作物产量不高，农村居民处于自给自足的自然经济状态，生活水平较低。新中国成立后，全镇农业生产逐步发展，农民收入逐步增加。至1981年，农村家庭平均每人纯收入256.83元，比1950年的59元增长335%。1982年后，随着改革开放的深入，农民经商务工收入逐渐成为农村家庭重要收入来源。农村各类专业户、个体工商业户大量涌现，其收入来源由传统种植、养殖变为工副业经营收入。90年代起，农村产业结构调整步伐加快，产业结构调整后发展效益逐渐显现，加速推进农业产业化经营，农民收入持速增长。随着收入的不断增长，居民饮食、衣着、住房、出行与旅游、文化等消费大幅度增长。社会保障体系不断完善，以养老保险和医疗保险为主的保险事业迅速发展、稳步推进。

第一节 农民收入

一、民国时期农民收入

民国时期，农业由于封建性的土地私有制占统治地位，严重束缚了生产力发展，加之生产工具落后，耕作技术水平低，管理粗放，农作物产量不高，农民处于自给自足自然经济状态。农田水利只有顺蒲江河及临溪河冲积平坝的部分农田能自流灌溉，正常年景仅能自流灌溉1万余亩。其余分布在长秋山麓及五面山地区的农田，为缺水灌溉的“望天田”。民国4年至35年（1915年至1946年）的三十二年间，发生大旱灾8次。当时未修建水利设施，每遇灾年，全镇农民只得“祈求甘霖，望眼欲穿”“以青蒿、树皮为食”。1942年，农村人平纯收入52元。1949年，全镇水稻总产仅844.8万公斤，亩产162公斤；小麦总产仅7万公斤，亩产25公斤；油菜总产仅5.55万公斤，亩产40公斤。农民收入十分低下。全镇农村人平纯收入78元。

二、集体所有制时期农民收入

新中国成立后，随着经济建设的发展，全镇农业生产逐步发展，农民增加了收入。1950年，全镇农村人平纯收入45.54元。1953年后，农业走上互助合作化道路，解决了部分农民缺乏劳动力和生产资料的困难，农业生产进一步发展，1956年，全镇农村人平纯收入65.95元。随着初级社、高级社和人民公社的建立，集体所有制经济占社会经济主导地位。1958年，在人民公社化运动中，劳动报酬实行半供给、半工资制，按全劳、半劳、附劳，分别发给月工资。加上不允许农民保留自留地和发展家庭副业，农民收入极低。1961年年底，允许农民保留自留地和发展家庭副业，农业生产劳动实行按件计分、按劳取酬、多劳多得。1962年，农村集体劳动日分值0.23元，农村人平纯收入从集体分配部分为38元，加上自留地和发展家庭副业收入，农民收入有较大增长。1965年，农业生产有了较大发展，农村集体劳动日分值0.3元，农村人平纯收入从集体分配部分为59元。“文化大革命”期间，把农民种自留地、发展家庭副业当成“资本主义尾巴”砍掉，实行评工计分分配形式，一个标准劳动力劳动一天，劳动日值最高0.56元，有的低至不足0.2元，农民收入减少。至1976年，农村人平纯收入从集体分配部分为75元。十一年间，每年人平纯收入仅增加1.45元。1979年，农村开始经济体制改革，改变了农业生产的长期统一经营，实行包产到组的生产责任制，加快了农业生产的步伐，农民收入大幅度增加。1981年，农村家庭人均纯收入256.83元。

三、承包责任制后农民收入

1982年，寿安镇普遍推行农村土地家庭承包经营，农民收入由主要靠农村集体分配和记工分收入，变为主要靠土地承包经营获得收入。1986年，农民人均纯收入459元，传统种植、养殖业占农民家庭总收入的82.47%。随着改革开放的深入，农民经商务工收入逐渐成为农村家庭重要收入来源。农村各类专业户、个体工商业户大量涌现，其收入来源由传统种植、养殖变为工副业经营收入。至1992年，农民人均年纯收入平均增加71.28元，达到859元，增长仍较缓慢。1994年，农村产业结构调整步伐加快，产业结构调整后发展效益逐渐显现，农民人均纯收入达1220元。1997年，加速推进农业产业化经营，农民收入持速增长，农民人均年纯收入达2188元。2005年，农民人均年纯收入4130元，比1986年增长近8倍。特色种植业、养殖业和经商务工收入成为农民收入的三大主要来源，占农民收入的70%。2010年以来，全镇实施统筹城乡发展，加强村级公共服务和社会管理改革、农村产权制度改革，加强农业技术服务体系建设，有力地促进了农业产业化发展。2016年，农村居民人均可支配收入1.83万元。

1986—2016年寿安镇农村居民人均纯收入情况表

表12-1　　　　单位：元

年　度	金　额	年　度	金　额
1986	459	2002	3093
1987	505	2003	3300
1988	559	2004	3708
1989	626	2005	4130
1990	743	2006	4472
1991	788	2007	5094
1992	859	2008	5856
1993	950	2009	6298
1994	1220	2010	7330
1995	1554	2011	8855
1996	2072	2012	10135
1997	2188	2013	11453
1998	2346	2014	12835

续表12-1

年 度	金 额	年 度	金 额
1999	2462	2015	16789
2000	2648	2016	18343
2001	2828		

说明：2016年金额为可支配收入

第二节 居民消费

一、饮食消费

民国时期，寿安山区居民多以玉米、大麦、红苕等杂粮为主食，平坝地区居民多食稻米，一般人家早上煮饭，午、晚煎饭，方便省事，节约煮饭时间，又节省燃料。收成不好的年份，粮食往往不够一年吃用，每日只能吃两顿，晚饭基本开不起。正常年份也要粗粮、细粮搭配，农忙吃干，农闲吃稀，否则青黄不接之时断粮。蔬菜就是自家种植的青菜、厚皮菜、莲花白及瓜、豆类等。一般人每月逢初一、十五（或初二、十六）才吃点肉食，有的人家甚至几个月才吃一次肉食，年家庭饮食消费占家庭总收入的五分之一左右。

新中国成立后，农民粮食收入逐年增加，饮食消费逐年增长。70年代起，各家各户每天都吃三顿饭，饮食消费水平有所增加。1978年后，城乡居民生活水平逐年提高，饮食结构有了变化。人们食品中肉类、禽蛋消费量增加，口粮消费量减少，偏向瘦肉和禽蛋。菜肴制作日益讲究，酱油、豆瓣、花椒、胡椒、味精等调味品进入各家各户餐桌。1986年，镇内农民年人均生活水平消费391元，恩格尔系数为58.8%。农民收入由主要靠农村集体分配和记工分收入，变为主要靠土地承包经营增加收入。收入增加，农民不再为温饱问题发愁，开始改善生活条件。城镇居民年人均生活消费855元，恩格尔系数44.10%。在城乡居民饮食结构上，水果和蔬菜受到人们喜爱。至2005年，全镇城乡居民人均年食品消费1831元。至2016年，人们追求吃得生态、吃出健康，城乡居民饮食消费偏重于少而精和蔬菜、水果，饮食开支保持稳定，保持在年人均饮食消费3000元左右。

二、衣着消费

民国时期，寿安地区人们衣着各有不同，富裕人家的衣着与清贫人家的衣着有天壤之别，人们衣着因时令不同而改换，夏天穿单衫裤，春秋穿夹衫裤。衣料质地因贫富而悬殊，富人穿洋布，穷人穿土布。一般人家一年做一套新衣，许多穷人甚至一年买不起新衣。新衣要在赶场、走亲戚、逢年过节才穿，平时都穿旧衣和补了又补的衣服，衣服消费极低，年人均衣着消费旧币2～3元。

50年代，衣料以平布为主。60年代，多为府绸、灯芯绒。70年代，涤良等化纤混纺织物居多。这一时期，受计划经济影响、限制，买布料要布票，衣着消费仍然很低，年人均衣着年消费10～20元。80年代起，人民生活水平大大提高，群众衣着有很大的变化，呢子、毛料、纯棉和高科技布料家家都能购买，人人都能穿着。西装、羽绒服人人都能购买穿着。皮鞋、皮靴、高级运动鞋成为人们的普遍选择。穿呢绒、毛料者居多。人们穿着追求美观多样，手表、皮带、领带等饰品也成为衣着的一部分。这一时期，年人均衣着消费在1000～2000元左右。

三、住房消费

民国时期，镇境内房屋多为“硬排列”瓦房、泥砖墙瓦房和泥砖墙草房或竹、木、草墙草房。草房为贫民居所，简陋、低矮、潮湿、昏暗。瓦房多为砖木结构平房，单开间和双开间居多，一般系前屋作铺面，接后是卧室，中为天井，后面是厨房、厕所的“三进”或“四进”式。富豪人家住“三合院”或“四合院”。农村居民房屋一般是“单列户”或“三合头”或“四合头”。修房建屋是民间居民家庭大事，一般要积累数年收入才动土修建，每年还要进行维修、扩建等，住房消费成为居民家庭消费的主要部分，约占居民家庭年收入的四分之一左右。

中华人民共和国成立后，城乡居民住房逐年改造更新。80年代开始，城乡始建多层式砖混结构楼房。场镇人家修建街房，一般建2～3层楼房。农村一般建一楼一底瓦盖式楼房，也有建平顶式楼房的。这一时期，年户均住房消费2万～3万元。2000年以来，房地产市场活跃繁荣，商品房进入市场。21世纪后，农村居民有的住进集资新建的小区，有的原拆原建住进新房，有的到镇区购买商品房。至2016年，城镇居民人均住房面积40.08平方米，农村居民人均住房面积53.83平方米。年人均住房消费2000元左右。

四、出行和旅游消费

民国时期，寿安镇交通工具落后，除少数有钱人出行乘滑竿、坐黄包车外，人们赶场、探亲、出镇办事、求学，大都以足代步，跋山涉水，行路困难。这一时期，人们没有“旅游”的理念和条件，只有极少数老年信佛者偶尔步行到峨眉山等地“朝拜”。

1950年，改建了蒲（江）新（津）公路，新建了寿（安）卧（龙）公路，寿安镇至成都通行了客运班车。60年代，寿安镇至成都增加了客运班次。同时，以自行车代步者逐渐增多，出行难的状况有了好转。70年代，多数大队（村）修筑了机耕道，寿安镇至蒲江县城至邛崃通行客车。80年代，乡乡修建了公路，购买自行车者众多，人们出行或乘大客车，或骑自行车。90年代，摩托车进入千家万户，有的家庭还购买了小轿车，给出行带来了更方便条件。2000年以来，摩托车、电瓶车普及城乡，人们出行更加方便。随着旅行社的出现，人们外出旅行大多参加旅游团，省事又省钱，且有旅游保险，安全得以保障。2010年以后，大多数家庭购买了小轿车，出行方便快捷。至2016年，年人均旅游消费2000元左右。

五、文化消费

民国时期，全镇居民大多处于文盲半文盲状态，文化消费无从谈起。中华人民共和国成立后，大多数人有条件进入学校读书，群众文化知识水平逐步提高。凡有一定文化知识的人，每年都要买几本书籍。大多数人或买收音机、电视机，或买戏票、电影票，人均文化消费在300～400元左右。2000年以来，镇内居民重在手机、电脑、电视消费上。通过手机看手机报及文化讯息，通过电脑掌握政治、文化等信息，通过电视广泛观看文艺节目。村村都有“农家书屋”，提高文化科技知识。镇、村文艺表演队经常为群众表演丰富多彩的文艺节目。至2016年，年人均文化消费在1000元左右。

寿安镇择年农村居民家庭人均支出情况表

表12-2　　　　　　　　　　　　　　　　　　　　单位：元

年度	全年总支出	家庭经营费用支出	种植业支出	购置生产性固定资产	税费支出	生活消费支出	食品	#主食	#副食	衣着	居住	家庭设备及服务	医疗保健	交通和通信	文化娱乐用品及服务
1949	112	28	16	2	1	12	9	8	1	2	2	3	5	—	—
1955	173	35	21	6	3	21	16	12	4	6	5	7	12	—	5
1965	303	—	—	—	—	128	95	70	25	10	8	20	18	—	2
1975	399	—	—	—	—	140	116	76	40	17	15	25	27	5	12
1986	446	120	65	38	2	391	230	120	110	35	30	46	35	15	16
1996	4192	3041	920	15	2	1553	1077	320	757	210	121	100	55	120	160
2006	6064	7126	1980	40	2	3032	1497	510	987	316	304	187	100	340	232
2010	12780	7527	2477	58	2	4885	2435	966	1469	444	512	294	215	595	309
2011	14432	8183	2636	71	2	5842	2863	1196	1667	558	656	335	259	712	366
2012	18016	10052	3043	89	2	7460	3297	1389	1908	698	942	429	382	1076	485
2013	19694	10213	3599	76	2	11547	5574	2164	3410	1140	1034	591	735	1337	682
2014	19932	10318	3615	98	—	11986	5643	2198	3445	1201	1126	635	769	1382	698
2015	20012	10465	3796	116	—	12100	5710	2231	3479	1269	1370	700	841	1416	716
2016	20656	11004	4126	135	—	13156	6025	2410	3615	1310	1568	762	898	1485	790

寿安镇择年农村居民每百户耐用品拥有量情况表

表12-3

年度	自行车（辆）	电风扇（台）	洗衣机（台）	电冰箱（台）	摩托车（辆）	大型家具（套）	抽油烟机（台）	家用汽车（辆）	彩色电视机（台）	影碟机（台）	照相机（台）	空调机（台）	电话机（部）	移动电话（部）	家用计算机（台）
1956	1	—	—	—	—	—	—	—	—	—	—	—	—	—	—
1966	2	—	—	—	—	—	—	—	—	—	—	—	—	—	—
1976	3	—	—	—	—	—	—	—	—	—	—	—	—	—	—
1986	168	16	8	—	—	78	—	1	2	—	2	—	—	—	—
1996	162	88	19	2	15	122	—	2	32	18	4	—	—	—	—
2006	159	123	75	18	92	216	—	4	100	76	12	—	82	34	—
2010	152	196	91	25	114	235	4	9	103	70	10	6	76	99	10
2011	150	195	92	34	114	235	6	12	103	65	14	10	68	100	16
2012	148	194	93	41	115	235	9	18	103	71	19	16	61	101	21
2013	147	191	94	48	115	235	12	25	103	78	23	20	52	102	27
2014	41	198	78	79	75	235	11	31	93	70	4	15	13	230	19
2015	52	206	79	86	75	238	16	36	126	45	21	22	6	248	21
2016	58	210	86	92	68	241	22	40	135	38	18	28	4	252	23

第三节　社会保障

一、劳动就业

刺绣技能培训（摄于2014年）

民国时期，无劳动就业制度。1958年秋，根据第四次全国教育行政会议关于大力发展农业中学，把高小毕业生培养成为有社会主义觉悟、有文化，又有一定劳动生产技能的劳动者的精神，寿安镇开办农业中学6所。农业中学招收农村小学毕业生及具有同等学历的青少年入学，借用中心小学校舍上课，采用半农半读的办学形式，半天学习、半天参加农业生产。学校除开设初中主要课程外，增设农业生产技术专业课。这是寿安镇劳动就业培训的开端。至1961年，由于办学基础不牢固、教学不正规、学生流动性大而停办。1986年，寿安镇按先培训后就业的原则，采取用人单位培训、联办培训和委托培训相结合的办法，对32名城镇待业人员进行专业技能培训和岗前技能培训。1994年，实行分专业培训，培训对象扩大到农村求职人员。1996年12月，成立寿安镇就业培训中心，开设岗前培训、电工培训、汽车维修工、驾驶员培训等专业。2002年，开展经常性农业技术培训，使每个农村劳动力在5年内掌握和运用1～2门农村实用技术。2003年，在农村开展缝纫、木工、泥工、瓦工、餐饮服务、家政服务、美容美发、按摩、“川妹子保姆”等实用技术培训266人次。2004年5月18日，成立寿安镇城乡劳动者技能培训工作领导小组，就业培训工作纳入政府一级目标管理。同年，开展创业培训5期27人。开展引导性培训654人、职业技能培训242人、农业实用技术培训6186人。通过培训，领到“培训合格证书”213人、“技能等级证书”151人、“绿色证书”167人。至2016年，劳动就业技能培训健康发展，求职者就业必须参加就业培训。

二、劳动保护

民国时期，无劳动力保护制度。新中国成立后，国家机关、全民和集体所有制企事业单位，实行劳动保护制度，每年按从事职业的不同，分别发给工作服、洗理费、烤火费等。1982年，县成立医务劳动委员会，病退职工得到鉴定，依法依规享受相关政策待遇。1986年，镇内各企业按政策规定，给职工发放劳保用品和劳保津贴。1987年，对全镇企业作业点及人员进行有毒、有害作检测调查，无职业病和中毒现象。对新建、改建、扩建工程项目，执行劳动设施审查制度。至1992年，全镇审查26项，合格24项，验收合格投产12项，累计投入劳动保护资金4.65万元。镇内企业普遍建立卫生档案和健康档案，大多数企业建女职工卫生室。至2016年，全镇普遍推进用人单位职业卫生基础建设，强化职业病危害管理，开展全镇工贸企业有限空间作业和粉尘作业企业安全监管专项整治，发现隐患42处，下发整改通知书7份，全部完成整改。扎实推进寿安工业园区卫生建设试点工作及水泥行业和石材加工企业专项整治，全年整治粉尘企业6家。开展职业卫生危害申报工作，完成企业职业卫生危害申报15家，现场简评完成86%。粉尘、毒物、放射性物质检测合格率70%，职工职业健康体检率92%。

三、农村劳动力转移

民国时期，农村劳动力自由流动，大多为调工换工。新中国成立后的集体经济时期，农村劳动力都在本村本社参加农业生产。90年代初，全镇实行农村生产家庭承包经营责任制，农村出现剩余劳动力。抓好农村劳动力资源统筹开发利用，组织劳务输出，实现农村劳动力转移，成为就业服务的一项重要工作。妥善引导、安排农村劳动力转移，成人教育实施劳动力就业转移培训，收到良好效果。县就业局先后在北京、深圳、内蒙古、云南、贵州、成都等地建立劳务协作点，构成劳务协作关系43家。1992年，全镇输出农村劳动力240人。2000年，输出劳动力398人。2003年，寿安镇成立劳动保障所，开展职业介绍服务。2005年，县人力资源市场同寿安镇劳动保障所，联合搭建就业服务网络平台，建立劳动力资源库，网上发布用工信息，促进劳动力转移服务工作规范化。劳动力转移到国内、国外各地务工，民间称为“打工”。农村劳动力外出务工，被称为“农民工”。2006年以来，全镇城乡外出务工年均达1.8万人次，为国家建设贡献了力量，增加了家庭收入，提高了生活水平。

四、农村养老保险

1996年，寿安镇成立社会养老保险管理所，全面开展农村社会养老保险工作。按照“个人缴纳为主，集体补助为辅，国家给予政策扶持”的原则，统一组织实施全镇农村养老保险。农村社会养老保险缴费起止年龄，男女均为20周岁至60周岁，月缴纳标准设10个档次，从60周岁开始领取养老保险金，根据交费年限和标准确定支付标准。可一次性投保200～1000元，投保人领取养老金保证期为10年。2001年2月，农村养老保险职能划归县社保处。2005年，全镇农村参保897人，积累保险金24.86万元，69人领取养老保险金1913元。2010年，全镇社会保险事业迅速发展，参保人数规模不断扩大。城乡居民养老保险（新型农民养老保险）累计参保1.31万人，参保率62.7%。2014年以来，全镇参保覆盖率达99.8%，农村养老保险制度深得人心，养老保险服务工作不断创新，稳步推进。

五、农村医疗保险

新型农村合作医疗和少儿互助保险的实施，为广大农村居民解除了“就医贵、就医难”的后顾之忧，参保人数不断增加。2009年，新型农村合作医疗、少儿互助保险金、城镇居民基本医疗保险“三险”合并为城乡居民基本医疗保险，建立覆盖全镇居民的医疗保障体系。实施过程中，采取标语、现场咨询、发放资料等形式宣传动员，资料入户率达100%，政策知晓率95%以上。镇政府大力开展筹资工作，确保筹资工作顺利完成，全镇参加城乡居民医疗保险42457人，其中学生、儿童7292人。按照成都市医保局定点医疗机构和定点药店管理暂行办法，与定点医疗机构和定点药店签订协议，明确职责。参保患者住院实行证、卡人三核对，核实参保者住院就医是否符合基本医疗保险规定。全年完成城乡居民基本医疗保险住院单据3772人次，医保费支付360.2万元。2014年后，全镇城乡居民基本医疗保险参保人数继续上升。2016年，全镇参保384万人，参保率99.2%

第十三章 文化和游艺

寿安镇自古为商贸重镇，在经济繁荣的同时，文化事业也较发达，民间文化创作繁荣，传统文化活动丰富多彩。新中国成立后，文化事业蒸蒸日上。诗词、小说、戏剧、楹联、书画等创作成果颇丰，以狮灯、龙灯、彩莲船、牛儿灯、灯会等为主的民间文化活动极具地方特色。寿安镇从1952年建立文化站、1965年建立广播放大站、2000年各村和社区建立农家书屋、2014年实现广播室全覆盖，到2016年全镇高清电视达到“户户通”、镇文化艺术中心建成投用，文化事业建设一步步迈上了新的台阶。在新的时期，全民健身、百姓故事会、全民读书、文艺表演等活动蓬勃开展，充分展示了重点镇、示范镇和优先发展镇的风采，为千亿级国际智能“五金小镇”、中德（蒲江）工业园区建设注入新的文化活力。

第一节 文化阵地建设

一、乡镇文化站

民国时期，寿安镇属乡镇，无文化事业设施。1952年起，寿安镇和松华、五星、和平、寿民分别建立文化站。文化站的主要任务是围绕党和政府的中心工作，开展群众性的宣传教育活动，组织文学艺术业余爱好者开展创作和文化娱乐活动。文化站组建业余川剧团，常在节日演唱川剧，平时在茶园或街道进行川剧“玩友”演唱，活跃群众文化生活。每年春节期间，组织狮灯表演，寿安正街、二条街、关帝庙、猪市坝等场地，观看狮灯表演的人山人海，水泄不通。群众文化活动丰富多彩，起到了文化中心的作用。1966年，“文化大革命”开始后，乡镇文化站停办。

80年代初期，寿安镇群众文化活动和体育活动，在县文体部门指导下开展。1986年，恢复寿安、松华、五星、和平（后为插旗）、寿民文化站，分别设专职文化专职干部1人。1990年，文化专干参加成都市文化干部培训班学习。1992年，寿安文化站被评为市级达标文化

寿安镇文化艺术中心（摄于2016年）

站。1996年，寿安文化站为二级文化站。2004年起，随着乡镇合并，撤销松华、五星、插旗、寿民文化站，设置寿安文化站。2005年，寿安文化站为一级文化站。镇文化站围绕党和国家中心工作，组织和开展镇、村两级群众文化活动。全镇各村文艺表演队、群众性广场舞表演多姿多彩，群众性体育锻炼蓬勃开展，农村农家书屋阅读活动天天开展。2014年，寿安镇启动文化地标工程建设，打造最能代表镇域历史文化内涵的公共文化综合体——寿安文化艺术中心。文化艺术中心位于樱花岛安澜桥左侧，占地面积3000余平方米，3幢独立欧式建筑面积2854.67平方米，是一座集文化展演、娱乐休闲、文艺培训等功用于一体的标志性文化建筑。中心悬挂50幅油画、书法、国画原创作品，拥有镇史馆、图书阅览室、早教中心、青工文化创客驿站、多功能阶梯教室、综合健身区、美术音乐舞蹈等多个功能区，为群众提供艺术欣赏和展示的平台。

二、农家书屋

2000年，全镇各村（社区）建立农家书屋。农家书屋设有金属书架、30～50套阅读桌椅，藏书都在3000册以上，藏书品种主要是种植、养殖知识、科普读物、法律法规、文艺书刊以及中外文学名著等。农家书屋设有专人管理，负责现场阅读和借阅记录，以及图书整理、卫生等。农家书屋的建立和运行，起到了传播文化、科技和法律知识的阵地作用，对于农村居民文化、科技和法律知识水平的提高，起到了很好的效果。

插旗山村农家书屋一角（摄于2016年）

第二节　广播、电影、电视

一、广播站

1965年，寿安镇建立广播放大站，放大转播县广播站节目内容。1969年，松华、五星、和平、青龙公社建立广播放大站，每站设有半脱产广播员1～2人。1986年，建立寿安广播站，寿安、松华、五星、和平、青龙等乡镇52%的农户安装广播喇叭，基本形成城乡有线广播网。广播站播送节目主要是转播县广播站有线广播，早晚各转播1次。另有自办节目，早、中、晚各播送1次，内容有《科技兴农》《农作物栽培》《防治作物病虫害》《植树造林》《环境保护》《抗灾救灾》《农村安全用电》《计划生育》《法制问答》《我身边的共产党员》《在党的阳光下茁壮成长》等专栏专题节目。90年代，镇广播站担负广播线路及电视闭路线路管理，又名广电站。

二、广播“村村响”

自1986年起，寿安镇加强镇、村广播站管理，整治广播网络，大力发展入户喇叭，提高喇叭入户率、巩固率、可响率，扩大农村有线广播覆盖率。1993年，开展整网、护网工作，整改村、组主支线5.5公里。1994年，全镇有18个村参加整改，整改主支线16公里。至2010年，全镇完成市级民生工程4个村标准化广播室配套建设“村村响”工程目标任务，全镇无线广播实现全覆盖。至2014年，全镇建成“村村响”广播室28个，实现广播室全覆盖，800余只高音喇叭覆盖全镇广大农村地区，每天向群众收转中央、省、市、县第一套广播节目，播放各类通知、科技致富信息、应急救助，丰富群众业余文化生活，为促进农村经济社会发展和新农村建设，更加科学化、规范化管理等工作，提供了有力的应急宣传保障。

三、电影放映

民国27年（1938年），眉山专员公署派熊瑞文携带放映机及影片《防毒》和《我们的首都》巡回到寿安放映3日，寿安交纳放映费法币36元。1950年至1954年，川西行政公署电影队常巡回到县、乡放映，农村观众不顾山高路远、夜晚天黑，手持灯笼火把，到场镇放映点观看露天电影。1955年，蒲江县电影放映队经常巡回到寿安放映。1978年，插旗、五星、松华、红星、青龙各公社有电影放映队1个，属集体所有制，由公社或镇政府管理。各电影队向县电影公司租赁电影胶片放映，缴纳租金。1983年，自筹资金建成镇、公社电影院共6个，全镇年人均看电影31场次。1985年起，电影队在电影放映时，还兼营录像放映。80年代中期起，电视机逐步普及，许多人就在家里观看电视节目，电影放映受到很大冲击。1990年以后，全镇所有电影院、放映队已无电影放映。21世纪初，推行在广大农村实现一村一月放映一场电影的“2131工程”，电影放映多在露天，由个体放映队放映，收取一定费用，观众大多是中老年人和儿童。

四、电视“户户通”

80年代中期起，电视机逐步进入千家万户。电视机收视节目，都要在户外支架天线，即便如此，收视效果仍然不好。2003年，开通县城至寿安镇光纤电视网络工程，寿安镇建立光纤电视干线网络，光纤电视逐步进入千家万户。2006年，实施新型农民社区有线电视主干线建设，推进农村电视“村村通”工程，光纤电视通到各村（社区）。2012年，隆盛社区十一、十二、十五、十六组，金家村一、二、三、七、八、十组，五会村，松华社区十七组等有线电视信号及部分数据信号开通。其后，陆续开通边远村、组有线电视信号。2016年，全镇高清电视达到“户户通”。

第三节　艺　文

一、诗词歌赋

民国时期，寿安地区诗词、歌谣主要是民间口头创作。如反映农业生产的《收割山歌》：“太阳出来照上坡，农民收割笑呵呵。打的打来割的割，霎时就打几箩篼”；描写爱情的：“月亮爬上树梢头，情哥情妹邀相游。娘喊吃饭女不见，却说就在屋后头”；反映穷苦长工生活的：“要想吃饱饭，东家还嫌慢，催你把活干。出工开小跑，东家还嫌慢。太阳快当顶，才喊吃早饭”。新中国成立后，镇内诗词创作繁荣，参加创作的大多为业余作者，其中有干部、职工、农民等。七星村王建华创作的多首歌词被作曲家谱成歌曲，其中《西域风情》《妈妈的照片》收入中国广播电视出版社《神州歌海》一书。2011年，县文体局为其举办作品专场音乐会。庙乐村胡志良是四川省农民诗书画协会会员，创作的诗词和赋颇多。2010年，胡志良创作的《蒲江茶赋》被中纪委和省、市、县纪委刊物采用。

附记：胡志良《蒲江茶赋》

朝霞染红千丛松林，春风吹绿万亩新茶。村姑玉指飞舞，采下片片嫩叶；后生巧手轻揉，制出道道灵芽。山歌对唱，景色如画。阳春雅韵，茶乡成佳。

潘单春茶，因了翁而成贡品；蒲江早茶，以质优而惊华夏。雀舌如情窦初开之少女，剑毫似含苞待放之蓓蕾，毛峰恰似观音拥翠，飞雪犹如天女散花。名品迭起，清香淡雅。是为君子之所好也。

人生如茶，去邪而求其正，去浊而求其清，从政者处世公平平如水，为官清廉洁如冰。常修为政之德，常怀律己之心；为民者，尚仁和以兴百业，崇礼仪而重诚信。儒、释、道相融相生，惟茶性共通共存。茶道即人道，茶品即人品也。杯中茶味浓，壶里乾坤大。

今茶道为国饮，茶行天下。茶业中兴，兴隆万家，谓之盛事也。晚霞夕照，百鸟归林，兴之未尽，喜而歌之：“名茶兮出于净土，名士兮恋其故乡，茶如人生兮，经寒暑而质未变，人生如茶兮，历贫富而志犹强。”

笑问陆羽：《茶经》可记蒲江名茶？惜叹了翁：《茶诗》何忘成佳茶乡？灵若有知，必为憾事也。

二、小　说

新中国成立后，寿安地区业余作者创作了多篇小说，讴歌社会主义新生活，抨击社会丑恶现象，塑造美学形象。90年代，七星村市作协理事王建华创作《狗娃结婚记》《泉水叮咚响》《别问我是谁》《项链》等小说，《项链》入选作家出版社《99金穗文粹精品小说》一书。2013年，庙乐村市作协会员、业余农民作家胡志良创作的28万字长篇小说《伍家湾的女人们》由作家出版社出版。小说紧扣时代脉搏，描写21世纪初，在农民工外出务工的潮流中，贫困落后的川西山区伍家湾，年轻男人们纷纷外出打工，女人们留守在家，顶起大半边天，挑起了生活和生产两副重担。在优秀共产党员林芳的带领下，她牢牢把握新农村建设和城乡一体化的机遇，经历数年奋斗，把伍家湾建成西部一流的新农村典型。寿安中学教师李金强的作品集《岁月有痕》出版，作品多层次、多角度展示和赞美了新生活。

三、戏　剧

清末和民国初，寿安镇哥老会首领余瑞云曾建“瑞云戏班”，除在镇内演出川戏外，还到县内各地演出。民国时期，寿安镇有民间组织川戏“玩友会”。演唱者不化妆与鼓乐师围坐清唱，故称“打围鼓”。有民盛堂、风雅堂、和园会等团体，影响盛大。常唱剧目有《南华堂》《马房放奎》《五台会兄》《山伯访友》等。抗日战争期间，话剧传入寿安。外地话剧团曾来寿安演出话剧《台儿庄》《还魂》等。

新中国成立后，寿安镇成立业余文艺宣传队。演出节以歌舞、曲艺为主，也有小型话剧和川戏，内容大多配合当时政治形势和党的中心任务。宣传队还利用节假日、赶场天在街头、田间表演，利用戏剧形象化开展宣传工作。寿安镇还建有业余川剧团，每逢春节前后，演唱尤为活跃。60年代末，乡镇和部分大队成立毛泽东思想宣传队，排演革命样板戏《红灯记》等。80年代中期，七星村王建华创作电影电视文学剧本《当我们年轻的时候》《归去来兮》，分别在《电视文艺》和《成都故事》发表。2013

年，胡志良、王建华将长篇小说《伍家湾的女人们》改编成31集电视文学剧本。其后，胡志良、王建华等创作《茶山恋》《同学会》《小区轶事》《麻辣芳邻》《借钱》《白合花》等多部小品，被县、镇文艺演出队排练演出。

附记：余瑞云和“瑞云班”

余瑞云，1880年出生于寿安镇余河扁（属金家村）一个贫苦农民的家里，幼时曾入私塾就读，因家庭贫穷缀学，跟随父母学做农活。余十三四岁时和同族青年余子龙、余瑞廷等人义结金兰，农闲时练武习艺、舞枪弄棒。余性格朴实豪放、克己待人、主持公道、好打不平，特别是同情贫苦人民，深受同族青年爱戴，成为余河塭一带的“娃娃头”。1896年，16岁的余瑞云加入哥老会组织“敬胜公”当“老幺”。余因办事稳妥干练，3年后提升为“五排管事”，余也从余河塭乡下迁至寿安镇半边街居住。25岁时出“山”当“大爷”，后掌“敬胜公”和“仁寿公”的舵。1910年，同志会暴动前夕，四川各地哥老会首领云集成都。川南著名袍哥新津侯宝斋、双流李安邦、雅安罗子洲（绰号罗十太令）、富林羊仁安与蒲江寿安镇余瑞云、五星镇左志仁等十余人，同到成都外南衣冠庙内桃园兄弟刘、关、张神位前吃滴血酒，结成异性兄弟。日后新津侯宝斋、雅安罗子洲、富林羊仁安与余瑞云，并称“川南四大袍哥”。余瑞云不择“片子”（衣冠地位）平易近人，常救人于危难之中，江湖好汉、绿林英雄莫不竞相接纳，其名片通行四川各地。亲率哥老会弟兄攻入蒲江县城，收缴清朝县衙枪支，统率蒲江、回龙等地同志会众赶赴新津宝子山与清军作战，声威赫赫、名噪一时，人称“余大王”。

民国3年（1914年），余瑞云在寿安镇组建了川戏班，取名“瑞云班”，除每年农历五月十三在寿安镇庙会上演唱外，经常在川西、川南各地赶“台口”（各地的会期要唱戏，称为台口）。从此，寿安人喜爱川戏经久不衰直到现在。民国6年（1917年）农历三月，“瑞云班”在雅安唱戏，头天夜台演唱的是川剧有名节目“摘星楼”，主演生角的万小生说出一句夸耀楼台高大雄伟的道白：“楼台高耸入云，好险啊……”台下观众认为帝王建修的摘星楼怎么会危险呢，道白与剧情不适合，便大喝倒彩，高叫：“要不得，滚进去！”当时余大王正在后台，闻听此言气青了脸，马上吩咐停止演戏，收拾剧团服装道具撤回家，扬言三日内血洗雅安城。雅安知事派员至城区大小旅店栈房查看，发现都住的是蒲江客人，大为震惊，遂请出哥老会士绅罗子洲、羊仁安等人出面调解，向余道歉方才罢休。民国7年（1918年），“瑞云班”去眉山演戏，演职员刚到眉山，眉山知事派人来说，要余瑞云亲自到眉山谈妥条件才能开锣演戏。金魁山赶回寿安镇向余瑞云作了报告，余急忙赶到眉山见着知事，得知眉山城乡附近其时匪徒四出抢人，治安秩序很坏，要求余亲自到眉山住下来平息匪患。余瑞云当即承诺“瑞云班”在眉山演戏一月期间，保证眉山方圆五十里内不出盗案。条件谈妥后，余即命手下干将杨兴、李卓九等人在眉山城乡发散绿林帖子通知各座哥老会“山头”。果然“瑞云班”在眉山演戏的一个月内，没有发生过一起盗、抢案。

余瑞云名噪江湖后，把手下兄弟带到百里外劫富济贫，从中他也得了许多钱财。但他有了钱也没有买田置地，主要用在交朋结友、救济落荒在寿安的他乡客人和散发给本地穷人了，寿安镇留有一句歇后语：“余大王的宝——揭开押”。每年除岁前夕或夏荒之际也是贫苦人民渡难关的时候，余瑞云总要开三天红宝（一种赌博）让穷哥们儿来押。别人开红宝是开好宝，盖上宝盒叫人押，押好了才揭开宝盒一定输赢。他开的宝与众不同，装好宝后，打开宝盒叫人看着宝押，他就是用这种方法把钱送给穷哥们儿，帮助他们渡过难关的。

民国15年（1926年），余瑞云因家庭发生不幸，在成都自杀，年仅46岁。

四、歌　谣

寿安地区民歌、民谣，朴实流畅，抒发民间悲欢离合和喜怒哀乐之情，富有浓郁的地方特点和时代特色。民国年间，贫苦农民终年劳累，不得温饱，民间歌谣多凄怆沉痛气氛。如：“卖工财主门，稀饭一大盆；边边起波浪，中间淹死人。冷菜和冷饭，吃得肚子疼；垫的背脊骨，盖的肚囊皮。”30年代，农民被强征修筑川康公路，工作、生活环境极差，民谣有：“为官修大路，磨穿穷人皮。草鞋穿烂了，光脚踩稀泥。挖土手磨穿，两手血不干。山高雪又大，冻断脚趾尖。”也有表现生活情趣的，如：“幺妹子快来把米淘，妈妈搭起板板桥。嫂嫂扯怪教，懒得把米淘。哥哥脾气冒，老起棒棒打嫂嫂。打得嫂嫂哭，背起娃娃回娘屋。娘屋远，老把伞。娘屋高，老把刀。娘屋近，带个信。”

民谣中还有很多童谣，小孩子三五成群嬉戏玩耍，稚气的童声诵念，表现出孩子们的童趣童真。如“老鹰赶场，赶拢羊场，不杀猪不杀羊，杀个老鼠过端阳”；“洋娃娃睡凉床，没有铺盖盖衣裳。捞开帐子气一场，妈妈问我气啥子，我要吃点米花糖”；“一个豆子圆又圆，推成豆腐卖成钱。过路君子买几块，做菜记到少放盐”；“天老爷，下大雨，保佑娃娃吃白米。白米甜，白米香，今年不会饿得慌”；“红萝卜，蜜蜜甜，看到看到要过年；大人吃饭三顿饭，娃娃拿到压岁钱”等。

新中国成立后，工农大众翻身作主人，他们编唱新民歌，歌唱幸福新生活。如：“新旧社会相对比，天堂地狱两重天。穷人过去如猪狗，一年四季泪不干。而今当家做主人，生活幸福心喜欢。”

五、楹　联

寿安地区是历史悠久的文化之乡，对联文化代代传承。每逢春节，家家户户都在大门上贴春联，抒写人们送旧迎春的喜悦心情。结婚、寿辰、建房、开业、丧事等，都要贴对联，营造喜庆、祝贺、缅怀等气氛。寿安人喜欢贴对联，也乐于制作对联。七星村人王汉昭，系清光绪元年（1875年）贡生，光绪年间曾任蒲江鹤山书院山长。其人才思敏捷，尤善属对。少时曾随塾师赴某知县筵宴，席间，问王能否属对？王请命题。知县以桌上半边盐蛋为题：“半蛋作船，内载黄金白玉”。他略加思索，对以“一路围带，紧锁绿水青山”。原寿安镇仁寿桥土地庙久无对联，地方人士慕名请王撰对，他挥笔即书：“大小是员官长，多少有些神通”。众皆为此联工整、意隽而赞叹。又某年，春日会戏期，邛崃知县闻其多才，有意作难，令人在新搭戏台前备下纸笔，使其一到便命拟对。他稍加思索即刻拟就：“平地起楼台，看将相门多，出头定慰苍生望；飞花遍城郭，趁清明时雨，洗耳遥听纠漫歌”，知县愕然折服。民国时期，传说寿安某人见到使君子开花一日之内三变其色，得一联曰：“使君子花，朝白午红暮紫；虞美人草，春青夏绿秋黄”。

新中国成立以来，寿安镇撰写楹联者甚多。七星村王建华为大兴九莲山庄撰联“层峦耸翠峰回路转听松涛声声平添多少仙境神韵；孔雀开屏鸟语花香看亭台座座传承古今民俗风情”；为米花糖博物馆撰联：“传承千年绝技藏尽沧桑岁月，荟萃五谷精华誉满浩荡神州。”五星社区梁功绩为五星学校

插旗山村小院坝农家乐横匾和对联（摄于2016年）

撰联："光耀五星烂漫春华柿风啜露溉桃李，霞映二水丰硕秋实呕心沥血育栋梁。"庙乐村的四川省农民诗书画协会会员胡志良为单位、学校、农家乐等创作楹联多副，其为省政府、成都军区和西藏自治区政府共建川藏文明线创作的楹联"军民共建文明线，藏汉同结兄弟情"被镌刻在牌坊上。插旗山村牌坊前后有楹联两副："风月无边晴空北望三千里，江山如画爽气西来第一楼"；"山势龙盘象征前景连珠发，坊形虎踞预示未来科教兴"。2016年，王建华、胡志良等为插旗山村自然村落创作和书写30余副对联，木刻挂于农户大门，成为村落一道独特风景。

六、书画和摄影

丰收的喜悦（李志军摄）

民国时期，寿安地区练习书法者甚多，入私塾学习，都用毛笔写字。青龙场塾师曹德培以隶书、行书见长，闻名乡里，授以学生书法，言传身教。杨沙湾杨晓帆在书法方面造诣甚深，擅长楷、行、草字体，尤以行书最佳。其笔迹紧凑有力，流畅秀丽。虽以颜、柳体为楷法，然其博采善融，技法有独到之处。新中国成立后，书法艺术得以继承和发展，镇属中小学校重视书法教学，收效明显。绘画艺术受到重视，学校专设图画（美术）课程，培育广大青少年美术修养。插旗山村廖启清擅长隶、篆、楷书，功底较深，作品颇多，其《喜鹊闹梅图》在民间享有盛名。寿安镇赵永康以篆刻见长，书艺亦佳，其著《墨痕》《刀痕》书篆刻集各1册，现存县文化馆。廖、赵两人均系四川省书法家协会会员。自80年代起，县文化馆常举办书法作品展览，寿安学校师生及社会书法爱好者踊跃将书法作品送展，寿安镇涌现出一批书法艺术爱好者。庙乐村市书协会员胡志良擅长行楷、榜书及双钩字（空心字），作品颇多，曾获全国农民诗书画大赛（书画类）三等奖。七星村市书协会员王建华擅长隶书，作品常见于县内外。寿安镇赵修全擅长篆、隶二书，其风格古朴苍劲。

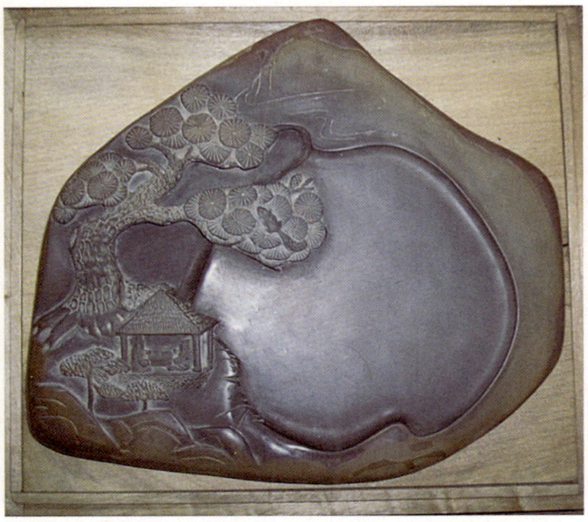

民间收藏的现代蒲砚（摄于2016年）

民国38年（1949年），寿安镇始开设照相馆1家，器材设备简陋，摄影技术水平不高，仅能拍摄人物肖像，普通百姓难得照一次相。新中国成立后，照相器材发展，摄影在镇内渐趋普及。80年代后，单位和个人拥有照相机越来越多，摄影爱好者日益增多。进入21世纪，数码照相机功能像素高、不用胶卷、携带方便、成本低廉，操作简单，摄影爱好者众多。随后，高像素智能手机具有照相机功能，几乎人人能拍照。

七、民间收藏

寿安民间收藏十分普遍，主要藏品为金银首饰、珍贵家具等，相传数代，被称为传家宝。1997年，蒲江收藏家协会成立，有会员数十人，寿安镇吕永胜、王跃华等收藏爱好者皆为该会会员，定期参加会员藏品和学术交流活动。其收藏门类涉及瓷器、字画、文房四宝、书籍、钱币、邮票、古旧雕花门窗、风水石缺及小杂件等。这些藏品的保存对提升镇内文化形象、传承优秀文化遗产起到了积极的作用。

第四节　文化活动

一、川剧坐唱

川剧是中国地方戏曲的一枝奇葩，吸收融汇了苏、赣、皖、鄂、陕、甘各地的声腔，形成用四川话演唱的“川剧”。川剧唱腔美妙动人，语言生动活泼、幽默风趣，充满鲜明的地方色彩和浓郁的生活气息。在寿安地区有广泛的群众基础。民国3年（1914年），寿安哥老会首领余瑞方建有“瑞云班”，颇负盛名。戏班逢年过节除在本地演出外，还经常到崇州、邛州、眉山、彭山、新津等地赶台口（会期唱戏称为台口）。寿安组织有川剧“玩友会”，演讲者不化妆，与鼓乐琴师围坐在一起清唱，称为“打围鼓”，盛行在茶馆内坐唱。

1953年，寿安镇成立业余川剧团，团长是喜唱生角的左远智，副团长是反串女角的王志城，导演是科班出生的丑角熊丙全和很有名气的旦角晴艳，有团员30余人。团员中有的是科班出生，有的是幼时就学演唱川戏，吹、拉、打、唱很是在行。他们平时各务各业，闲时集中排练，义务演出，深受群众喜爱和欢迎。1954年，业余川剧团团员扩大到60多人，能演出大型川剧《柳荫记》《望娘滩》《反徐州》等。经常应邀到蒲江县城、中兴、西来和邛崃的牟礼、回龙等地演出。业余川剧团培养了一批优秀人才，有曾任邛崃川剧团团长龙世轩及周彬茹、雷素芳等。“文化大革命”时，业余川剧团解体。1979年，恢复业余川剧团，时有团员30余人，除在本地巡回演出外，有时也到成佳、霖雨、甘溪、名山等地演出。组织在茶馆坐唱。1983年，寿安业余川剧团歇业。80年代末以来，寿安地区的川剧爱好者愈来越少。

二、狮　灯

狮灯是民间传统的文化活动，舞狮多为男性舞蹈，且融人武术、杂技等技巧，一般在传统节日或大型庆祝活动时表演。寿安地区的狮灯一般4个“武要手”，2人要狮，1人扮笑头和尚，1人扮孙猴子，加上打锣、打钹、敲马银子（马锣）等打击乐队和多人的“文要手”组成狮灯队伍。“武要手”技艺强，多姿多态、动作敏捷。时而张牙咧嘴、跳跃跌扑，时而伸颈缩项、翻腾直立，时而爬梯缘索、走上梅花桩。笑头和尚和孙猴子也施展百般技艺，把猴子逗上方梯，赶上“五台山”，诱其“扫屋檐”等。孙猴子要“钻烟囱”“摘蜂包”高难动作。猴子给人家拜年时有的主人为了取乐，便故意把门关上，不让狮灯进门。这时“文要手”就要出面，想办法把主人的门叫开，叫报门。一般报门词是：

狮灯：“弯弯转，转弯弯，走到主家把门关。人之初，性本善，你关一扇该留一扇，为啥子你两扇都要关。”

主家：“早不来，迟不来，刚刚关门你就来。性相近，习相远，唱赢我，门就开。”

狮灯：“你想听唱我奉陪，天文地理随便你。”

如此的你言我语，一唱一和，同时狮灯在门外使劲打击乐器。笑头和尚、孙猴子、狮子不断在门外跳跃舞动，众人围观笑闹，直到主家词穷把门打开为止。“文要手”还要猜灯谜、拆字、下象棋、对对子等，十分热闹。

农历正月十五元宵节还要烧狮子，也叫“烧灯”。是夜，寿安正街两边人流潮涌，狮子在笑头和尚和孙猴子的引赶下，从下场口到上场口，在街中间表演，观众不断地用竹筒制作内装火药易燃易灭品的鞭炮不断地甩向狮子，也有不少人向猴子扔掷鞭炮。狮子一边表演一边躲避所喷之火。表演完后，有的狮子皮被烧得大洞小眼的。

三、龙　灯

龙灯即舞龙、龙舞，以表现喜庆吉祥气氛。龙灯在寿安地区源远流长，凡喜迎新春，闹元宵等喜庆节日都要耍龙灯。旧时，凡遇久旱无雨之年寿安民众都要耍“老龙”，是在农历五月十三，一是纪念三国蜀将关羽单刀过江赴宴；二是为祈求天降甘霖亦称“耍水龙”。龙灯从关帝庙出发，经过正街，再到蒲江河边“请水”，后回到关帝庙。

民国年间至50年代初，寿安每年元宵节都要烧龙。这种龙就称为“火龙”。当天有人铛铛地敲着马锒子，挨家挨户贴红帖，意在告诉大家，晚上要耍“火龙”，以便准备花炮。花炮是在斑竹筒内装进火药和硫磺，扎实筑紧，再用泥巴封底，在顶部钻眼安上引线，绑在竹竿上备用。晚上9点左右，火龙随着锣鼓声从关帝庙台子坝开耍起，沿街叫喊“包收花炮！”耍龙者都是年轻人，头缠湿帕，赤着上身，下穿短裤，全身涂满碱水，以防烧伤。这时，人们点燃花炮喷向“龙灯”，真如骤雨喷泉，恰似萤火流光，呼呼有节，异常猛烈。加以鞭炮齐鸣，锣鼓喧天，尤以正街中段花炮集中猛烈，舞龙者左窜右跳，躲闪欲避。附近乡民，争相观看，闹声嘈杂，拥挤不通，整个街道，烟雾弥漫，真是热闹非凡。60年代中期，寿安镇有过烧“火龙”。60年代后期以后，“烧灯”活动基本停歇。

附记：耍“火龙”和狮子灯

民国时期，每年农历正月初九到十五，寿安镇天天都有龙灯或狮子灯。龙灯分愿龙和火龙两种。愿龙是为孩子还愿耍的，孩子小时候患病，去讨符问卦，巫婆若说这个孩子是从龙王哪里来投胎的，是个“龙童子”，就得画一条龙回去贴在堂屋里，12岁前把龙送走，否则娃娃就难长大。民间信之者众，每年都有不少人为了孩子耍愿龙。送走龙的方式因人而异，没有钱的人，把画的龙扯下来，绷在两根竹棍上，带着孩子到各座庙子里烧香，到正月十五把画龙拿到河边上烧掉，就算送走了。有钱人家要到纸扎铺里买条用做篾条、麻布、彩色纸扎的龙，找几个精干的小伙子扛起龙敲锣打鼓，带着“龙娃娃”烧香串户，待亲朋好友都走完了才送走龙，一般要耍六七天。每到一处，主人家都要给“龙娃娃”挂红放炮，龙也要狂舞一番表示谢意，并把红布都拴在长杆上抬起，抬的红布越多越显有势耀。“二夹粮”（相当于中农）的孩子是“龙童子”的，也要扎条龙耍一两天。不论哪种耍法，都必须在正月十五日下午把龙送到仁寿桥下的蒲江河畔烧掉，让它回归大海。

火龙多系哥老会或商行所办。这种龙色彩单调、轻便，只在龙骨头架上贴一些碎纸，不加涂饰，晚上才耍，专供花炮焚烧。烧火龙的时间一般是在元宵之夜。当天上午耍龙的人就哨哨哨地敲起“马锒子”挨家挨户贴红贴，告知大家：“今晚耍火龙。”晚上九点，火龙就在锣鼓声中出发，从寿安镇关帝庙前的台子坝耍起，走遍全街，沿路高喊：“包收花炮、包收花炮。”耍火龙的人都是些街上的年轻小伙子，他们头上缠张湿帕子，浑身脱得溜光，只穿一条浸湿了的三角裤，在身上抹一些碱水，据说抹起碱水火花不会烧伤皮肤。花炮是斑竹筒做的，筒里装上火药、硫磺，筑紧后用白泥巴封底，在顶部竹节上钻个洞，安上引线，绑在竹竿上点燃，对着耍龙的人烧。火花喷射密如骤雨喷泉，杂以琉火荧光，呼呼有声，异常猛烈。同时鞭炮齐鸣，烟雾弥漫，只见耍龙人舞龙转身，不断跳动，浴于“火雨”之中。元宵之夜，正街上花炮最多，也有烧炮的。各家门前彩灯高悬，花炮齐鸣，火光映天数里外可见。高河、松华、青龙、回龙、敦厚等地的人都赶来观看，整个镇上摩肩接踵，拥街塞巷，热闹非凡。

狮子灯亦系码头上（哥老会）所办，一般只耍不烧，耍灯的地点在关帝庙对面的戏台子上。两人藏在狮子皮内，将狮皮绷伸，表演各种动作，孙悟空舞棒、沙和尚挥帚弄姿作态逗狮子玩。狮子忽卧忽立、忽滚忽跃、忽俯忽仰，摇得颈上的铜铃直响，与二僧搏斗，孙、沙二僧施展百般武艺，终于把狮子逗上云梯，取下悬在高处的赏钱或赏物，才告结束。

四、牛儿灯

牛儿灯是寿安地区春节期间拜年时表演的民间灯舞。用一个篾撮箕作牛头，撮箕底部凿两个洞为牛的眼眶，两个洞中用铁丝各串一个圆球作眼睛，使其能上下转动。用草扎成束或数棒作成两只牛角，用厚纸制作两只牛耳，然后用颜料涂色，并在牛头上勾画出牛鼻、牛嘴。牛身用麻袋或黑布做成。表演时由两人分耍牛头和牛尾，一个能说会道、随机应变的人扮放牛人，在锣、鼓、钹、巴钹子等乐器的伴奏下，牛儿灯用舞蹈形式表演犁田、戏水等动作，以表现牛的憨厚、勤劳的性格。60年代后，基本无人表演牛儿灯。

五、彩莲船

彩莲船是寿安地区特有的一种古老民间艺术。艺人用竹、纸及五彩布料做成船身，船身饰以荷叶荷花，船内留有空间，以能从中穿过人体为限。其表演风格原始、粗犷、短小精悍，演出地点灵活机动，街头、巷尾、院坝、田间皆可。题材源于民间、源于生活，唱词雅俗共赏、幽默诙谐。彩莲船可由1～2人表演，也可由多人表演。表演时载歌载舞，碧波荡舟，给人以美的享受。民国时期至50年代，在传统节日，庙会期间，常有彩莲船表演。80年代起直到21世纪，寿安镇组织彩莲船队参加县上闹元宵等活动。

寿安镇彩莲船队参加县闹元宵表演（摄于2013年）

六、灯　会

灯会是寿安镇一种传统的民俗文化活动，元宵节又称为灯节。民国时期，灯节就是灯会。狮灯、龙灯、牛儿灯、幺妹灯都要上街表演。同时制作精美的各色灯彩挂满街，彩灯上贴有灯谜，猜中灯谜者能获得奖品。80年代前，寿安镇文化站每年春节都组织灯会。寿安镇正街、二条街、关帝庙广场、河坝街等主要街道，家家挂出自制彩灯。有大红灯笼、立体五星灯、走马灯和鸡、兔、龙、虎、马、牛等形状灯。灯谜制作涉及文化、生产、生活知识，人人可猜，猜中有奖。80年代后，镇文化站有时在春节期间组织猜灯谜活动。

七、幺妹灯

幺妹灯又名旱莲船，是蒲江特有的一种古老的民间艺术，已申报为市级非物质文化遗产。幺妹灯是古代花灯戏的分支，风格原始、粗犷、短小、精悍、生动活泼，演出地点灵活机动，街头、巷尾、田间、院坝皆可。题材源于民间生活，唱词雅俗共赏、幽默诙谐。幺妹灯的主角一般由大方、俏皮的青年女性扮演，配角有花鼻子、媒婆，配以胡琴、锣鼓等乐器。唱腔系以川剧昆、高、胡、弹、灯五种声腔中的“灯戏”为基础，予以民俗风情化的艺术加工，使之为广大群众喜闻乐见。一些经典剧目还为川剧所移植，故有“川剧活化石”之美誉。又因其演出形式和搞笑风格具有东北二人转的特点，所以有人戏称其为“川剧版二人转”。在重大节日或喜庆之时，寿安地区常有幺妹灯表演，很受群众喜爱。

八、文艺表演

村老年文艺表演队表演舞蹈（摄于2014年）

民国时期，寿安地区民间文艺活动较为丰富。逢年过节或重大喜庆日，有川剧表演。有时请外地戏班子到寿安演出。寿安高河场口台子坝的古戏台，也常有各类文艺表演。五会祠、八角庙等也经常有文艺表演。新中国成立后，寿安镇的文艺表演较为丰富。业余川剧团表演川剧外，还表演其他歌舞。1958年，寿安镇修建万人大礼堂，除了开会以外，经常在此举行各类文艺演出。“文化大革命”中，寿安地区各公社建有大礼堂，都成立了文艺宣传队，在本公社或相邻公社交叉演出，除歌舞外，还演出《红灯记》《沙家浜》等革命样板戏。80年代起，寿安地区出现了交谊舞。90年代起，迪斯科、街舞、广场舞相继广泛流行。夜幕降临、华灯初放时，寿安拐角大楼小广场、隆盛小区广场和五星社区、青龙社区、松华社区及群众聚居之地，广大的舞蹈爱好者和着广播音乐翩翩起舞，蔚为新风。21世纪后，各村（社区）都成立老年文艺表演队，平时排练歌舞、小品、器乐等节目，逢年过节时表演，丰富群众文化生活。镇文化站组织每年文艺会演和比赛，不断提高创作和表演水平。2016年2月和5月，分别在隆盛社区和文化艺术中心组织文艺表演和歌咏比赛。

九、全民读书活动

民国时期，寿安地区文盲普遍，无图书阅览公共文化设施。1952年，寿安地区各镇乡设置文化站，群众开始借书读书。进入21世纪，镇文化站设置图书室，村（社区）设置农家书，群众读书活动普遍开展。2011年4月21日，蒲江县全民读书活动启动仪式在寿安中学举行，寿安镇村（社区）代表和群众2000余人参加活动。寿安中小学教师参加了县上组织开展的“多读书，读书好——亲近书籍，促进教师专业化发展”为主题的征文活动。全镇中小学生参加“我的梦，中国梦”的读书征文活动。寿安镇群众积极参加县、镇组织的“全民阅读文化行”“全民阅读家庭行”“全民阅读农村行”“全民阅读社区行”“全民阅读企业行”“全民阅读书市行”等活动。“4·23”世界读书日，积极参加以“书香蒲江，阅动新城”为主题的“世界读书日”征文活动。寿安高中、成雅学校、泡桐树小学等校学生积极投稿。在“阅读活动进农家书屋”活动中，寿安镇借助这个平台，全力推进全民阅读活动，并加强对农家书屋的管理。

镇文化站组织音乐快板参加县百姓故事会比赛（摄于2016年）

十、百姓故事会

民国时期，茶房酒肆常有悦书艺人说书、讲故事，主要有《封神榜》《隋唐演义》《三国演义》等。50年代，寿安镇的茶房故事有所创新，开始讲演革命故事。1962年，原籍雅安评书艺人杨昌伦在寿安镇二条街茶房讲故事，每天下午、晚上各1场，主要讲《烈火金刚》《林海雪原》《铁道游击队》等。他演讲的故事有声有色，娓娓动听，吸引很多听众。21世纪后，镇文化站组织开展百姓故事会，演讲发生在身边的好人好事和道德模范事迹。2016年，镇文化站组织编排音乐快板《梦想之城寿安镇》，参加县百姓故事会比赛，获三等奖。

第四节　健身和游乐

一、全民健身

民国时期，寿安镇无体育全民设施，仅学堂开设有体操、剑术课，体育设施缺乏。新中国成立后，寿安镇各学校均开设体育课，配有乒乓球、羽毛球、篮球等简单的体育器材。自21世纪起，群众性体育锻炼在城镇和乡村展开，游泳、自行车、乒乓球等都是常见的锻炼项目。2001年，镇建旱冰场1个。2003年，建健身路径1条。2005年，插旗山村、隆盛小区配备价值12万元的“2+1”（1个标准篮球场、2副乒乓球桌）农民健身设备。

群众跳广场舞（摄于2015年）

寿安场镇建有健身广场，供人们休闲、健身。各村建有健身场所，装备体育锻炼全民健身设施。不分城镇、乡村，健身设施齐备，群众健身十分方便。随着全民健身设施的日益完善，以及广大群众健康意识的不断增强，寿安镇群众性健身活动蓬勃开展。2009年4月，寿安镇组织健步走比赛，有80余人参赛。同年6月，组织5支代表队参加县上组织的“文明蒲江、运动蒲江、活力蒲江”为主题的职工篮球赛和趣味运动会。同年8月8日，在全国第一个“全民健身日”，寿安镇组织老年人乒乓球、象棋赛。全镇各村、社会普遍开展太极拳练习。2010年4月，全镇各村（社区）大练趣味腰鼓，掀起群众体育健身、文娱活动高潮。寿安镇组织腰鼓代表队，参加县举办的“运动成都”庆“五一”全县职工腰鼓大赛。同年8月6日，全镇举办全民健身日大型群众体育活动，开展健步走、乒乓球、健身跑等活动，全镇参与人数近万人，占全镇人口的19%。2011年2月17日，组织民俗代表队，参加县举办的“友好之春，田园蒲江”龙腾狮舞闹元宵民俗表演活动。同年4月25日，组团参加在光明乡樱桃山举办的综合运动会。2012年以来，全镇各村（社区）居民参加健身活动的人数达总人口的70%以上。樱花岛及各村（社区）广场，练太极拳、广场舞的居民天天坚持。

三、游乐活动

民国时期，寿安镇无规模性游乐活动，每逢春节或庙会，民间艺人铸糖人、卖手工制作的佛头像（俗称笑头和尚）、蛤蟆、风筝等儿童玩具，给少年儿童带来新奇和快乐。新中国成立后，各中小学注重校园文化，在“五四”青年节和“六一”儿童节开展跳绳、猜谜、瞎子摸鱼、盲人摸象、滚铁环等游园活动。80年代起，寿安镇文化站每逢春节在场镇开展综合迎新春游乐文娱活动，内容有猜灯谜、平衡走、多人协力走、水上吹球等，活动场面精彩热烈，充满笑声。21世纪后，全镇各村（社区）游乐设施逐步完善，每逢春节或重阳节，开展游园等活动。

四、体育比赛

寿安镇组队参加县太极拳比赛（摄于2015年）

民国时期，寿安镇无体育比赛。新中国成立后，各学校开展丰富多彩的体育活动，每年春季、冬季举办运动会。校内年级、班级之间开展体育比赛，校际之间举办篮球、乒乓球、排球友谊邀请赛。六七十年代，寿安镇广泛开展篮球运动，镇篮球代表队经常参加县比赛，获得好的名次。还经常出去或邀请外地球队到镇内进行比赛，活跃群众体育活动。2004年11月31日，寿安镇体育协会成立，组建象棋协会、骑游队、乒乓球队、篮球队、龙灯队、文艺队等，有计划、经常性地开展体育锻炼和体育竞赛活动。2004年12月14日，举办“通达果品杯”象棋比赛，26人参加，8人获奖。开展摩托车骑游活动，197人参加骑游观光。寿安镇多次组团参加县举办的农民篮球运动会，带动全镇体育活动蓬勃开展。2015年，镇组队参加县“体彩杯”全民太极拳展示比赛，获三等奖。

第十四章　风情习俗

寿安地区人类生活的历史有数千年，人们在生产生活中，逐渐形成了富有地域特色的风情习俗。明末清初移民较多，民间受各地多元文化和习俗影响，形成丰富多彩的礼仪习俗、语言习俗、生活习俗、信仰习俗。礼仪习俗虽烦琐复杂，但充分体现了民间对礼仪的重视和讲究。语言习俗形象而诙谐，具有浓郁的乡土气息。生活习俗丰富多彩，紧跟时代步伐。信仰习俗继承传统，不断更新。在新的时期，随着社会的发展、科技的进步，这些风情习俗又融入了新的内容，使其更加丰富、更加多姿多彩，具有淳朴自然、风趣幽默、形象生动和强烈的表现效果和生活气息，成为民俗文化的重要组成部分和文化遗产，为民俗文化的传承和发展添上浓墨重彩的一笔，是人们在生活生产中积累的文化财富。

第一节　礼仪习俗

一、婚　嫁

旧时寿安地区的婚姻大多数由媒妁之言和父母包办，婚嫁程序沿袭旧俗，大体分为以下步骤：

提　亲　提亲旧称“纳彩”。儿女长到十五六岁，便由父母托媒人牵线搭桥。媒人号曰“月老大人”，一般“月老”能说会道，左撮右合，想方设法将一对恋人缀在一起。此时，男女还未会面。

合“八字”　合“八字”亦称“过庚”。“八字”便是“年、月、日、时”，又有年柱、月柱、日柱、时柱“四柱”。女方将其出生年、月、日、时的庚帖用红纸包上交给媒人带给男方，男方再将双方的庚帖请算命先生“合婚”。若“八字”“相克”“相冲”，则将庚帖退还女方，此事作罢。若“八字”相生，男方即备厚礼，到女家“相亲”。寿安地区还有一种做法是，若慕望对方有钱有势，“八字”又不合，再请算命先生改庚帖，使之与对方“八字”相合相配，这谓之“水合八字”。“八字”送到对方，经过七天，双方家中百事顺遂，此事则成。

看　人　看人亦称上门相亲。“八字”相合后，男方父母则邀请至亲，带上厚礼，由媒人带领到女家看人，若双方同意，女方便回赠男方礼物，此事则定。还有一种则是女方邀请亲戚朋友到男方看人，若男方同意，则送给女方一定的钱物，女方收下，此事就成。若女方拒收，此事就“黄”了。

报　期　报期亦称“格年月”或“定年月”。男女双方经过一段时间的恋爱，互相了解后，便准备举办婚礼。先由算命先生择定吉日良辰，用红纸写上“梦合同春，中婚八字，百年偕老，富贵长春。兹定于×年×月×日举行婚礼为之大吉”等字样。然后男方带上彩礼由媒人带到女方家，预报佳期。女方收下彩礼后，即准备陪奁。旧时的陪奁，一般有家具、铺陈（床上用品）、衣物、首饰等。贫穷人家仅有小箱、包袱而已，富贵之家还有将田产、房屋作为陪奁的。七八十年代，陪奁就有“三转一响”（自行车、缝纫机、手表、收音机）。20世纪末，陪奁摩托车和新电视机、洗衣机、电冰箱、成套家具“四大件”。21世纪，陪奁各型轿车的就多起来了，甚至有陪奁房屋的。

结　婚　结婚又谓之“迎亲”。这是旧时婚娶的高潮，寿安地区这种礼仪相当烦琐。头夜，男方举行“簪花礼”，吃“簪花酒”，俗称“花夜”。亲朋要送鞭炮、对联、红布或红绸，再送礼钱。是夜，男家张灯结彩，张贴对联、大放鞭炮。由德高望重的长辈在堂屋的家神前，在烛光的映照下，将一节一节的红布或红绸拴在新郎的肩上，口念四言八句：“一道红布九尺三，新郎结婚好喜欢，但愿娶个天仙女，白头偕老到百年。”“一道红布九尺三，今晚我把新郎拴，明年生个壮儿子，才华出众做高官。”迎娶之日，男方租用大红花轿，贫困人家一般只租素轿，迎接新娘。娶亲时，撑着大红伞，打上八面彩旗，打锣鼓、吹唢呐、放鞭炮，扛上壶盒肘子，担上青头鸭公，提着鸽子笼，来到女家。女儿离家前，要找有威望的妇人为其梳头。离家时，号啕痛哭，不哭的由母亲鞭打至哭。哭词大体是：“爹呀爹，女儿不出门，出了门就是人家人。娘呀娘，娘待女儿好心肠，婆待女儿没心肠。妈待女儿珍珠宝，婆待女儿路边草。爹妈偏听媒人话，硬把女儿许他家。看破红尘不愿嫁，想当尼姑急出家……”花轿抬到男家后，在地坝中央摆设方桌，用盛米升子装上米用红纸封着，在上面插上蜡烛。两个叫礼先生一唱一和：“东方一朵紫云开，西方一朵紫云来，两朵紫云来相会，迎接新人过府来。”敲磬数声，又道：“吉日良辰，天地开张，新人下轿，大吉大昌。”然后由一有福之妇人，将新人扶下轿。这时新郎取下新娘的盖头帕。然后在家神前，对祖宗、高堂三叩九拜，再夫妻对拜，后拜高朋，然后入洞房。婚礼宴席结束后给媒人粘花挂红，放炮，送钱送肉，以示谢意。晚上，由平辈人聚在一起闹洞房，说些低俗的话或问答进行敬酒或罚酒，采用各种花样戏谑新郎新娘，以尽欢乐或至酩酊大醉。迎亲期间，还有“背粑粑儿”“吃双膀”之习俗。

回　门　回门也称“归宁”。结婚次日，由女方兄弟乘轿前来男家迎接新郎，新娘回娘女家省亲。抵达后，由晚辈向新郎作揖叩头道喜，新娘便打发拜拜钱。然后到堂屋对着家神礼拜岳父母。最后拜谢亲友，收取拜拜钱或首饰品。餐饮后打道回府。结婚3天后，新娘要回娘家耍“十”。依照寿安习俗，只能耍十天，不得过月。

21世纪后，寿安地区婚娶礼俗也随之演变，新旧并存。从“包办婚姻”到“自由恋爱”再到“文明结婚”，婚娶礼仪简朴实效，风气随时代而变化。

二、孕　产

妇女怀孕生产，民间视为喜庆。怀孕初期，丈夫要带上鞭炮和礼物到岳父母家报喜。生产后，丈夫还要带上礼物到岳父母家商定“赶人情”的时间。所带礼物则按习俗，生男提鸡公、生女带鸡婆或宝肋肉。岳父母一见便知婴儿性别，随即便为婴儿和产妇备办礼品。女家在约定的时间，邀约女亲戚携带婴儿衣服、鞋袜、帽子、单背子、澡盆、童车、玩具等用品，还为产妇带酒米、鸡、蛋、肉、红糖等营养品，前往男家贺喜，俗称“送祝米”。女家母亲及亲戚还赠婴儿礼钱，俗曰“赐见面钱”。是日，男家亲友也带上礼品或钱前来贺喜。正午，主人设以盛宴款待客人，并以熟鸡蛋染红，分送给客人，谓曰“吃红蛋（诞）酒”。宴后，主人以红纸包钱的“喜封”赠与女方来客以示酬谢。然后要给老丈人提一些鸡、肉、酒等熟食回去，以感谢老丈人的养育之恩。丈母娘和女方长辈须在男方留宿一夜，意为留得住孩子。80年代起，吃“红蛋酒”已不分男女，礼物少见，礼金居多。有的人家待孩子满一个月后，还要办“满月酒”。

三、寿　诞

寿安地区向来便有儿孙为老人“祝寿”之习，过生者称为“寿星”。平常年历礼仪从简，但凡满十岁就较为隆重，六旬称甲子之寿，八十、九十、一百岁谓之大寿。男性生九（十的虚岁）女性生十（周岁）。传统祝寿场地，正面张贴鲜红“寿”字，两边挂上诸如“福如东海长流水，寿比南山不老松”之类寿联。中间方桌上摆放寿桃、鲜花，两边摆设松、柏、梅、竹等象征长青之物品。寿星穿着寿服端坐于“上八位”，接受儿孙辈依次的跪拜之礼，敬献寿衣、寿鞋、寿帽、寿桃、寿蛋之类礼物。然后儿孙后辈分男左、女右而立。主持人宣布集体行寿礼，介绍出席之宾客，宾客敬送贺礼。寿星吃寿面，寿星或子女致答谢词。寿宴开始，儿孙后代轮流向寿星和宾客敬酒。若儿女生日时，母亲已故，要向母亲烧香祭拜，有的还要吃“斋饭”一天，因儿女的生日即为“母难之日”。90年代后，流行在电视台为“寿星”点歌祝福。有的还请礼仪公司送鲜花祝寿。寿安地区流行生日亲朋好友送礼贺寿，主人在家里或农家乐设宴款待。祝贺生日程序简化，但吹蜡烛、吃蛋糕、唱生日歌等仍然得以保留。有些青年生日时，在家中或酒吧举办生日“派对”，有些单位、企业、协会等还对过生日的人，集体举办生日庆贺活动。

四、丧　葬

清代至民国年间，寿安地区的丧葬习俗保留重殓厚葬之习，礼仪烦琐。主要程序为：

报　丧　人死后即向亲友报丧，并请阴阳先生为死者“开路”，意为打开其阴间之路。

初　终　全家老小嚎啕大哭，并给死者烧钱化纸，为死者沐浴后给死者穿上单数寿衣。

举　尸　一人将死者房间之顶戳开一个洞，然后手拿竹竿，高呼：“后面有人不？”有人应声：“有人！”意为家后继有人。再呼：“死魂出不出？”应声：“出！”拿竹竿者用力将竹竿从房顶洞中射出，随将尸体抬至堂屋的灵床之上。

成　殓　将穿好寿衣的尸体从灵床移入棺材内。死者头顶片瓦，脚蹬饭甑，象征后人有住有食。棺不封盖，以便亲友瞻仰遗容。

成　服　大殓次日，子女腰系麻丝，头裹白色孝帕，俗称“披麻戴孝”。

择　地　阴阳先生在丧主坟地选择墓地，并根据全家“八字”推算入葬吉时。

开　吊　亲友随时吊唁，并送去纸钱、花圈、帐布等祭吊物品，丧家随时备酒接待。

封　棺　出丧前在阴阳先生的招呼下，亲友们最后瞻望遗容毕即封棺。孝男哀女、下葬儿孙齐跪于棺前，听阴阳先生唱祭文悼词，跪拜者无不叩首连连。

出　丧　祭文毕，孝子手捧灵位牌，在服之人嚎哭送柩。一路上撕扔纸钱和香，鞭炮声不绝于耳。在抬柩送丧路上，不断将柩停下祭拜，俗称“路祭”。停下时，孝男哀女就地跪下磕头，祭毕，继续抬柩前行。抵达墓地，将灵柩放在长板凳上，等待吉时。吉时到，将灵柩放入墓穴中。此时，孝男哀女跪于坟前，反牵衣服，阴阳先生边口唸四言八句，边将大米撒在跪者的后衣里，俗称“接财米”，象征以后生活不愁。然后用砖或石头砌坟。有的叫垒土。当日丧家办丧宴。宴初，孝男跪地向与宴者磕头拜谢。

做道场　丧家请先生为死者做道场，念经文、做法事，时间一日、三日、七日不等。规模有先生二人、四人、八人不等。

拜七和百日祭　从亡故之日算，每七天为一七，头七天为“头七”，再七日为“二七”，再七日为“三七”，以此类推到“七七”。每七都要给死者焚烧香、蜡、钱纸。其中“三七”和“五七”较为隆重，常请阴阳先生做道场。死者满100天时要烧“百日钱”，俗称“百日祭”。满周年时要烧“周年钱”，俗称“周年祭”，通常周年钱要连烧三年。

80年代起，人去世后都采用火葬。有的将骨灰直接安葬，有的将骨灰放入棺封中再按俗礼安葬。单位职工去世，由单位成立治丧委员会，张贴讣告，处理死者事宜。单位和个人送花圈，安葬之日举行追悼会。主要程序为奏哀乐、鸣炮、向死者默哀致敬、单位领导致悼词、宣读唁电唁文、家属讲话、发丧。是日，家属在家中、饭馆或农家乐设宴拜谢亲友。寿安地区流行为死者树碑之习俗。

五、庆　贺

上　梁　农家建造新房，择吉日良辰在中堂上方上梁，亦称“踩梁”。梁木正中贴上用红纸书写的“紫微高照”或“紫气东来”大字以示祥瑞大吉之意，亲友前来贺喜，送上对联或匾额。主人为酬谢送礼之人，大办筵席，称为“上梁酒”。80年代，很多人在城镇买房，亲友们也前来庆贺，称为乔迁之喜，主人设宴款待。21世纪起，人们纷纷搬入小区，亲友也要祝贺，主人也要办“酒碗”酬谢宾客。

开张　80年代起，镇内商业店铺、餐饮娱乐等开张经营业，主人要选择良辰吉日作为营业的第一天，亦称开张，亲友送来花篮、牌匾、礼金等前来庆贺。较大的企业、公司开张，请礼仪公司承办开张仪式，并邀请相关领导剪彩。主人一般在饭店设宴款待来宾。

其　他　90年代起，民众家庭子女考上大学要办“谢师宴”，亲友前来庆贺。青年入伍，家长要办“酒碗”，亲友方邻祝贺。有的买汽车、大病出院或其他好事，亲友也来庆贺，主人办“酒碗”款待。

寿安地区送礼金或礼物随时代不同。50年代初，送一升米或其他物品。70年代初，送现金1～2元。70年代末至80年代初，为3～5元。80年代末到90年代初，为10～20元。90年代至末，为50～100元。2000年后，为100～300元，经济条件好、关系不一般的送5000～1万元不等。

第二节　生活习俗

一、服　饰

民国时期，寿安民间服饰传统化，注重方便、朴素大方。男子穿对门襟内衫，大腰长裤，外罩长衫。妇女穿大袖短衫，大腰长裤，劳动时系围腰帕。少数青年妇女穿长旗袍、短裤。春秋季，男子多数人穿中山服，青少年穿学生服、青年服、夹克，妇女穿短衣长裤；夏天，男子内穿背心或汗衫，外罩衬衣或短袖夏威夷衫，下装穿长裤或短裤，多数妇女穿衬衫或短袖衫，着长裤。冬天，男女衣着大体相同，穿绒衣裤或毛线衣裤，外罩棉衣裤或短棉大衣。50年代中期以后，男子多穿中山服，对门襟短服。妇女穿短衣长裤，有的也穿花裙、连衣裙，多为布料。60年代的布料多为卡其、灯草绒、麻绸。70年代多为绦良、绦卡、绦纶、涤丝等化纤品。80年代多为呢绒、毛料、化纤料子。90年代穿着款式变化较大，有西服、羽绒服、化纤混纺服、人造毛呢。人们的服装样式和花色品种更趋多样化。年轻女性春秋流行百褶裙、束身裙、色彩艳丽的套裙，配以时尚的腰带，继而又出现新潮的牛仔套裙、牛仔紧身衣裤。夏季年轻女性服装从流行一时的吊带背心裙，继以高雅的衬衫配以网状纱披，再到低胸超薄服装，还出现较为透明的宽摆长裙、喇叭裙、超短裙（裤）配以腿袜和高跟鞋。也有穿袒胸露背的紧身裙、露脐装，尽显女性之曲线美。春秋以色彩多样的休闲服为主，冬天则以皮革系列为主。男性秋季多为穿西装配领带，配以直筒裤和皮鞋。穿休闲服的也不在少数，夏季以短袖衬衣和T恤衫为主，冬季多为皮革系列为多。2000年以后，春秋仍以休闲装为主，青年人流行运动装，少数中老年女性也穿牛仔裤。冬季男女服装以格式羽绒服为主，年轻男性多为羽绒短装，女性多为中长羽绒服，常配以挂带和高跟鞋，以显女性风姿，中老年服饰趋于年轻化，向时尚新潮化发展，春、夏、秋、冬与年轻男女大体相同。

民国时期，民间妇女少数戴银手镯。八九十年代，女性戴耳环、耳坠、项链、戒指等饰品，多以黄金系列为主。2000年以后，耳环、耳坠、项链等首饰以铂金系列为主，青年男女戴金戒指、玉佩、沉香木手镯等较多，中老年妇女戴珍珠项链较多，玉器手镯代替了原来的银手镯。

二、发　型

民国时期，寿安地区男性成人剪学生头、平头、光头。秋冬季节，大部分头缠白孝帕或黑纱帕，比较讲究的就戴“瓜皮帽”或“雪帽”。儿童则蓄“明搭子”或“三股须”，戴“瓜儿皮”。老年妇女头缠黑纱帕或头顶印花巾，已婚妇女脑后挽发髻，头包白帕子。有的梳“巴巴头”别簪子，再套发网，包白帕子。未婚姑娘扎单长发辫，女学生和少数青年妇女剪短发，戴青绒帽或毛线帽。70年代后，有的男性将头发理向一边倒，形成“劈山”。有的将头发梳理成后披，形成“背头”。个别的剪成中分头，谓之“汉奸头”。女性大多梳两条长辫，也有运动员发，齐耳短发的。2000年后，又时兴“光头”“阴阳头”，直立式、大披肩，染成各色，甚为怪异。中老年将白发染成黑发的也较多，还有部分脱顶者时兴戴假发。女性花样繁多：直发披肩、烫波浪式、菊花式、爆炸式、燕尾式、多辫式等。中老年以传统发式为主。

三、饮　食

民国时期，寿安地区居民饮食普遍以传统习惯为主。主食以稻米兼之小麦制品，山区和河坝地区，大米较少，兼食玉米、大麦、小麦制品和红苕、爬山豆、红豆、荞麦等部分杂粮。一日早餐、午餐两餐居多，少有吃三顿饭的。农忙和节日可吃三顿饭，两餐多为一稀一干加之大量的瓜菜。大米干饭的制作很有特色，将大米煮至半生，然后沥去米汤，盛入木甑再蒸，甑下可用米汤兑水煮粑粑菜，如芋头、红苕、青菜、白菜、白菜、萝卜、南瓜等。同时甑上也可以蒸些蛋、藠头、盐菜、青椒、茄子等，这样便可饭菜同熟。玉米、小麦磨成面，可做成窝窝头，烧成粑或面疙瘩。粑粑菜蘸海椒为一道滋味吃法。一般人家每月能吃一两次肉，俗称“打牙祭”。

50年代末，居民免费集中在公共食堂吃饭。开头是干饭随便吃，后来吃菜、稀饭，再后来吃淀粉粑，大部分人营养不良。六七十年代，人们普遍吃返销粮。80年代初至90年代中期，实行包产到户后，粮食连年增产，每家完成国家征购后，尚有大量余粮。家禽家畜发展很快，鸡鸭鱼肉极其丰富，四时蔬菜随时都有，“打牙祭”已成为历史。进入21世纪，居民生活进一步提高，讲究营养搭配，变吃饱为吃好、吃生态、吃健康，提倡“少吃油腻多吃素，清淡为主保长寿”。

四、居　住

寿安地区传统住房，一般为正三间两头转、再现二间或一头转、再现一间的砖木结构小青瓦平房为主。正三间之中为堂屋，供奉家神兼作客厅，堂屋两边为家庭主要成员的寝室。转角一般用作厨房或牲畜饲养房兼厕所，转出两间作晚辈寝室或杂物堆放。富有人家建“四合院”，贫困人家住茅草房。一般人家都安修“龙门”，素有“千斤龙门四两屋”之说。一般建房者都十分重视风水，定出堂屋或龙门的朝向，动土时间、上梁吉时。动土时，要带上“刀头”，行燃香点烛化钱、敬献土地神仪式，之后才在宅基地的四方用锄头挖几下，算是动土，最后放炮。建房上梁是最重要的程序，寿安地区流行偷梁习俗，又有“半放梁”之说。上梁当晚，建房者要找人到树多之地去偷选有一定弧度的柏木或松木做大梁。偷树之事先同树主约好，也可以不说。树锯倒后，立即放炮，并留下红包。树主人收到红包后不会追究。若树主不知，则要大骂，偷树者认为被骂得越凶越吉利越能发财。树木偷回后，由木匠中的“掌墨师”打造成型之梁。大梁做好后，禁忌别人跨越，尤其是孕妇或行经之女。上梁前“掌墨师”要祭鲁班，踩梁，说四言八句：“木梁鲁班造，新修华堂要；主人心欢喜，红包该我要。”于是主人递上红包。其余泥木工也有红包。然后，众人将嵌有硬币和贴有“紫微高照”之类红纸的大梁徐徐升起，放在中柱或尖子上。在升梁过程中“掌墨师”口中念念有词：“高升、高升、发子发孙，金屋满堂，万事顺心。”大梁放毕，燃炮庆贺。次日，主人备“房架酒”款待送礼亲友和工人。“房架酒”不能在农历每月十八日办，民间称上梁为“扯房子”，故不能“十八扯”。买新房者的乔迁之日，亲友要为其送礼庆贺“花夜”大放烟火，主人一般在饭馆或农家乐或老家，大办宴席，有的要办两三天，以酬宾客。

寿安地区传统民居（摄于2013年）

80年代中期始，城乡居民建房多为平房，传统平房较少。农村一般一楼一底，地面多为水泥地面，也有水泥或地砖铺成。外墙也贴瓷砖或马赛克，屋面以小青瓦为主。寿安镇、五星场、松华、青龙和顺交通沿线的楼房稍高一般3～6层，外装饰基本同农村楼房。自2000年后，时兴框架式楼房。钢混浇注替代了预制板。地面大多铺强化木地板或实木地板，也有用各类型号、各种花纹的瓷砖铺就的。墙壁刷乳胶漆或贴墙纸，吊顶花样各式，材质有用石膏板、实木、塑钢等灯具日趋时尚工艺化，装修力求健康、环保、舒适、时尚。规格和水平不断拔高，以100为计，装饰费用大多在10万元左右。21世纪起，寿安小区建设蓬勃发展，农村的安置小区带福利性质。一般一楼一底。人均35平方米，有1人户、2人户、3人户、4人户。分房者以户为单位，交1万元的基础设施和水、电、气“三通”费，自己装修后，便可入住。房地产开发商修建的商品房一般每平方米2000元，小户型，价格适宜。

五、出　行

民国时期，人们出行主要是步行，只有少数富人能坐滑竿、轿子、鸡公车。50年代初，有坐黄包车者。50年代末，已有骑自行车出行的了。60年代中期，自行车多起来。蒲江到成都有了班车，在寿安关帝庙设车站方便人们出行。70年代，自行车、手扶拖拉机、拖拉机、卡斯小货车客货混装，解决人们的出行。自80年代，自行车基本普及，有了机动农用三轮车、摩托车，加重自行车成为私人做买卖的主要交通工具。90年代后，碎石路、水泥路、机耕道已经贯通，各型摩托车基本普及。自2000年后，随着道路交通的大力发展，家庭小轿车逐年增多，有的一家有三四辆。电瓶车普遍进入家庭，基本上家家都至少一辆。蒲江经过寿安达成都、眉山等地班车一天十多趟，乡村客运也十分发达，人们出行非常方便。自行车已成为健身工具，逢场赶集基本上没有步行的人了。由于交通发达便利，外出旅游的越来越多，出国旅游的大大增加。到美国、欧洲、澳洲旅游的不少。东南亚成为旅游热点，去中国香港、澳门、台湾的人也为数不少。

六、儿童休闲游戏

斗蟋蟀　俗称斗“灶鸡子”。晚春或夏时，在残砖碎石、杂草丛生处，常听到“棺材头”雄性蟋蟀的叫声，循声而去，将其捉住，放在镂空之竹筒里，每格装一只。饲以南瓜花、丝瓜花、青海椒等。比赛时，将两只雄蟋蟀放进一筒里，用小棍子撩拨蟋蟀，两只蟋蟀便奋不顾身地缠斗拼抵。谁的蟋蟀斗赢了，谁就获胜。

抽中指拇 用一只手握住另一只手的五指，只将指尖露出，让别人去抽（找）中指拇，抽中者赢，未中算输。一般赢方打输方一个手板，然后互换再抽。

撞鸡腿 孩子们用双手抱住自己一条腿，单脚跳跃前进，然后相互碰撞，以比拼谁的力气大、桩子稳，谁双脚着地或倒地为输家。因其不择场地，不需器械，且富有激情和乐趣，所以不仅儿童喜欢，甚至一些青年也有玩者。

对百百草 春、夏季，儿童们在游戏地周围采集不同种类的植物叶子，然后聚在一起，看谁采集的数量多谁赢。

抽陀螺 俗称掺“灯儿”。大多用木头制成上大下小的圆锥形，即为“灯儿”。锥端常用铁钉钉入，以便耐用。玩时，在二尺来长的竹竿上系上棉绳，用以缠绕陀螺猛拉，使其以惯性直立旋转于地，再以绵绳不断地抽打，使之旋转不停，抽打越狠陀螺旋转越快。

捉迷藏 寿安地区称为“逮猫”“藏猫”。游戏时，几个孩子围成一圈划拳，最后输者当“猫”。然后划定营盘，“猫”背向大家用手蒙眼，其余的当“耗子”立即四散开来，各找地方藏匿。一声令下，“猫”开始寻找“耗子”。若“猫”将其中的“耗子”抓住或发现，就与“猫”互换角色，然后再开始下一轮游戏。

逮俘虏“猫” 众儿童在平地上，根据人数在地上划出少于总人数的一个圈。游戏时，喊开始，众人各占一个圈，余者便是俘虏，然后罚俘虏唱歌或行礼。

跳　绳 跳绳分单人跳、双人跳、多人跳，只需一根绳索，在院坝或一小块平地上即可进行。单人跳时，跳者双手各执绳子的一端，边甩边跳；多人跳时，由两人分站两端，甩绳，分前甩、后甩。跳者可以一人独跳、双人对跳、多人同时跳，也可多人鱼贯依序而跳等。跳时有的还边唱边跳出各种花样，如前后180度跳、单脚跳、双脚并跳、双脚中分跳、蹲跳等。

跳　房 寿安地区流行的跳房游戏有“豆腐房”和“飞机房”两种。“豆腐房”是在地面上画一些豆腐型方格，按商定的规则用一串珠子或瓦片丢在方格内，然后单脚做金鸡独立状，跳踢地上的珠子或瓦片到规定的方格内，不能超越或压线，否则就为失败。最先跳完全部方格者为赢家。“飞机房”则将跳格组合成飞机形状，然后按规则看谁先跳到最高一格为赢家。

踩高跷 亦称踩“高脚灯”。先用两节竹竿或木棍，在其离地面高约2尺处，绑上一根横杆，便于脚踩之用。游戏时，个人踩上高跷互相追逐，被追上并用高跷踢中对方者为赢家。

滚弹子 滚弹子就是弹玻璃球，两人以上都可以玩。游戏前先在地面间隔1米左右挖几个小圆坑，游戏时，玩者从距第一个坑1米左右，用拇指将玻璃球向坑中弹，球入坑中者继续向下一个坑弹球，不中坑者则换人，一人一次，循环往复，直至将球弹入最后一个坑者为赢家。

放风筝 放风筝是寿安平坝地区的习俗。“二月春风似剪刀”时开始，清明前后形成高潮。有歌唱道：“又是一年三月三，风筝飞满天。”风筝的制作方法是用篾片绑扎成飞机、金鱼、蜻蜓、蜈蚣、燕子等各种形状的架子，再糊上各种纸，纸上涂上各种花纹，再连上长长的细线，随风放飞上天，飞的越高越远就表示做工越好。有的学校常常组织学生进行放风筝比赛。

丢窝（儿） 在地面挖一个小坑，几个人平均凑齐一定数量的小钱或硬币，在一定的距离划一根线，用一瓦片，开始丢头，确定先后次序，出线者称为“劳改”最接近线的为“头”，超出线越远者，则为越后，第一号位最先丢掷。在划定的距离线外将所有凑集的钱币全部向坑内掷去，入坑的钱币为其所有。未入坑的，掷者还有一次机会，用瓦片或石块向坑外之币打击入坑，入坑钱币仍为其所有。然后收拾余币、丢掷、击打。如是依次丢掷、击打，钱尽为止。“头”选手水平高的可一次性将钱币尽收囊中，名次越靠后越吃亏。

扳烟盒　把各种香烟盒纸折成三角形或弓形，按烟的贵贱论烟盒的多少。如一张“凤凰”烟盒当六张“浣花”、一张“翡翠”烟盒当五张“浣花”、一张“红梅”当两张“浣花”，“牡丹”“黄金叶”较贵。游戏时，各人背出烟盒，然后排出先后顺序。第一名把一摞烟盒使劲往地上一摔，弓形向下，扣着的就捡起来归己。有的弓形向下，但由弓形向上的在迭压着，捡时只要不把弓形向上的触动，归自己。然后还有一次机会，即用手在地上拍或用手直接搧。有些小朋友为参加这种游戏，常穿大袖衣服，以增加风力。将弓形向上的拍搧向下，归为自己，这样如法炮制。直至第一轮所出烟盒把完，再进行第二次。80年代后，此游戏基本在寿安地区绝迹。

吹乌巴子　是寿安地区男女孩子喜欢的一种游戏。乌巴子是在麦子要成熟时，麦田麦地里的一种藤蔓植物的种子。游戏前先要准备充足的乌巴子，然后相约用小指大小的竹筒为工具，把乌巴子放入口中，通过竹筒吹向对方，多人对吹，要不停躲闪，既锻炼人的反应能力又增加肺活量。

打水枪　寿安地区孩子玩打水枪的游戏比较普遍。先将一节竹筒的底钻一个小洞，再用布条和木棍做活塞，塞入竹筒中将水吸入筒内，然后用力推动塞子，将水射向对方。

抓石子　先选拇指大小的圆石子，有的还把它涂成各种颜色。游戏时，把7个石子撒在地上，捡一个起来抛向空中，在石子飞空之际，赶快抓起地上的石子，如此反复，待其余6个石子全部抓完算完成第一轮。第二轮开始时，也将7颗石子撒在地上，捡一个抛向空中，然后第一次抓一颗、第二次抓两颗、第三次抓三颗。待6个石子全部抓完后，握在手中，再用一石子抛向空中，利用石子飞空之际，把手中的石子一个、两个、三个分三次放在地上，口中还念：“连屙一、连屙二、连屙三、抽中间，雀雀啄、啄进洞。”游戏花样很多，如：一子滚茅厕、二子打清油、三子抽中间、四子跨门槛、五子飞天、六子屙屎、七子连连转等。这种游戏使孩子心更灵，手更巧。80年代后，这种游戏基本不再有了。

踢毽子　踢毽子是历史悠久的传统游戏，深受小姑娘的喜爱。取公鸡背毛一撮，用花布包裹一个铜圆，在中央缝一根半寸长的鹅毛管，把鸡毛插进鹅毛管内，变做成了毽子。踢毽子可以单人踢、平踢、外踢、内踢、侧身踢，也可以二人对踢等多种花样，在规定的时间内，毽不落地为数多者为赢家。

滚铁环　寿安地区流行的一种自娱游戏。用一根2尺来长的棍子，顶端绑上一根U形铁丝，推着一个直径50厘米左右的铁环向前跑，可以直跑，也可拐弯。有的铁环上还套有两三个小环，滚动时，声音响亮悦耳。放学时十几个孩子滚动铁环，场面甚为壮观。有时还进行滚环比赛，比快时几个人同时同地出发，看谁先到规定的终点为胜；比慢时几个人同时同地出发，看谁最后到达规定的终点为胜。当中铁环不能倒地。

另外还有走五马、下弹子棋、军旗、跳拱、打水漂、啄镰刀等。随着时代的发展，玩魔方、玩变形金刚、打电子游戏、打电脑游戏也较为普遍。

七、成人休闲娱乐

下　棋　下棋是民间传统娱乐方式之一。寿安地区喜爱下棋的人很多，比较流行的有中国象棋、围棋、跳棋、军旗、五子棋等，成人主要下中国象棋。下棋不需要多大的场地，在街边、茶楼、乡下的街沿上，一张桌子、两只凳子、一副旗子即可摆开战场。在街头下棋会引来很多围观者，一般都看不吭声，真可谓“观棋不语真君子”，许多单位节假日还要举办棋艺比赛，让棋类爱好者一展身手。20世纪初，寿安镇还成立了象棋协会。

打　牌　打牌是寿安民间从古至今经久不衰的娱乐项目，其种类名目繁多，玩法各异。玩川牌（又称长牌或纸牌）者众，玩法有“乱戳”“掀牌”“六十符”“三十符”等。有的二人对扣，三人、四人、五人、六人均可开玩。西方扑克牌传入后，很快被人们接受。开始是玩“百分”“搭二”“拱猪”“斗龙”。21世纪后，时兴“斗地主”“跑得快”“红二十”“扯金花”。民间玩得最多的还是

居民休闲玩长牌（摄于2015年）

打麻将，蒲江麻将引入“公平、公正、公开”机制，名曰：“唱歌跳舞”“拳打脚踢”。下了叫后，就要把牌亮起，叫做“朗”，取其明朗化之意。郎牌之后就摸啥打啥，当和必和，一视同仁。只有都朗的才允许相互点炮，故称之为“反腐麻将”。后又玩成都麻将“血战到底”，不朗牌，一人和牌后，其余3人继续打，直到全部和牌。直接摸4个同样的牌称“原始股”，先碰3个再摸一个同样的牌杠起称“巴雨”，别人打出来杠起称“打雨”。麻将文化同淳朴民风表现得淋漓尽致。

上街吃茶　寿安人把喝茶叫“吃茶”，吃茶历史悠久。寿安地区茶铺、茶馆、茶楼业十分兴旺，凡居民聚居地便有茶铺。每逢赶场，茶铺生意更好，每个茶铺座无虚席。茶铺是朋友会面、洽谈生意的好地方，有的手艺人还有指定茶铺，便于联络生意。茶铺也是新闻集散地，有什么事情在茶铺里便可打听。有些喝闲茶的人成瘾，每天必光临茶铺，一边吃茶，一边交流，放松身心又交流感情，增长见识又打发时间。寿安镇居民有的还有“吃早茶”的习惯，鸡叫三遍五更天，便到茶铺吃茶了，直吃到天大亮后才回家早餐。茶楼兴起就比较高档了，到茶楼吃茶的一般都有“打麻将”“斗地主”的爱好，进入包间，自在又隐蔽。寿安地区上街吃茶的习俗流传至今，丝毫不衰。

串门聊天　寿安镇居民皆有串门聊天习俗。由于大多居住的是平房，街坊乡邻都是十分相熟的好友，故经常串门聊天。聊天内容天南地北、家长里短、生产生活、历史掌故、政治新闻无所不及。这种交流沟通的方式密切了邻里关系，为感情交流提供平台。其间也难免惹是生非，造成人与人之间的矛盾或隔阂。80年代后，城镇居民住房条件改善，单元式或公寓式的住房格局形成。不便于相互串门，造成了“鸡犬之声相闻，老死不相往来”的状况。人们聊天往往改在茶铺、茶楼、农家乐或广场等地，串门聊天逐渐淡化。但在农村这一股风气仍然保留。

唱歌跳舞　民国时期，农村唱歌的很少。新中国成立后，农村唱歌的多起来了，晚上人们收工晚饭后聚在一起唱歌。五星的夏河坝的人就爱和左河坝的人一起相互拉歌，“文化大革命”中，唱毛主席语录歌等革命歌曲，跳忠字舞，演革命样板戏。80年代后，开始在舞厅流行唱卡拉OK。21世纪后，跳广场舞甚为流行，傍晚时分但凡人群聚居之地，跳群舞者成群集队，随处可见。水平高的就跳交谊舞、街舞，也有蹦迪的。许多歌厅、舞厅、夜总会也应运而生，唱歌跳舞成为寿安地区人们休闲娱乐和健身的主要方式。

八、岁时节日

春　节　每年农历正月初一叫“春节”，寿安地区叫“过年”。进入腊月，家家都要备年货，腌腊肉、推发粑、包粽子、杀年猪、装香肠、买新衣裳等。腊月二十三日起到除夕止叫“扫尘日”，打扫庭院、拆洗被褥、擦洗锅碗，干干净净迎新年。“尘”与“陈”谐音，除陈布新将一切“晦气”扫地出门。“腊月二十九，上坟请祖上大供”。寿安地区传承尊老敬老美德，对于祖先的崇拜和奠祭由来已久，上坟请祖的时间多数在腊月二十九日，人们在祖先牌位或坟头，献猪头或公鸡、美酒，供祖宗享用。点香燃烛化纸钱，家长率子孙行叩祭礼。除夕家家户户贴春联，贴法是："人朝门立、右手为上、左手为下"，出句在右手边，对句在左手侧。门神一般贴秦叔宝、尉迟恭、张飞、关羽、钟馗等，以驱邪或象征吉祥。门神贴法是以画中的门神对脸相视为正确，反之则为贴反门神。近年来时兴门上贴"福"字，大门上的"福"字必须正贴，象征接福纳祥之意，而大门是出入之口，是庄重和恭敬的地方，所贴"福"字必须郑重不阿，故应正贴，所谓福"倒"贴是不规范的民俗。腊月三十日晚，人们都有守岁的习惯。除夕有"一夜连双岁，五更分二年"的特殊意义。守岁就是守年，除夕不睡觉，等待新的一年的到来。"年"的一种含义是"谷熟也"，守岁代表了人们对来年美好生活的向往和对丰年的期盼。90年代后，从晚上8点到次日凌晨，寿安地区的鞭炮、礼花从不间断。12点更盛。除夕之夜的守岁，大多数人坐在电视机前看春节联欢晚会。凌晨还有人到寺庙烧高香的习俗，以求菩萨保佑全家。初一早餐一般都是汤圆或挂面，象征团圆、进宝、长寿顺利。早饭后，人们穿戴一新，装上花生、胡豆、向日葵等零食，邀约到寿安镇看戏，看狮子灯、牛儿灯、幺妹灯的杂耍和拜年活动。也有相约喝茶、玩牌的。初一就开始走人户，妻子谐丈夫带上丰厚的礼品回娘家给父母拜年。初二这天是岳父、岳母的"迎婿子"之日，女婿作为"半个儿"，甚受优待，起床前岳母要把热腾腾的荷包蛋端给女婿吃，吃饭时坐"上席"。初九称为"上九"，有"天宫童子"的孩子满九岁了，要"送龙"。一般要到家婆家，由家婆、舅母等扯的红布缠在孩子身上。有的多到七八条红布，红布越多说明喜爱孩子的长辈就越多。大多将孩子带到新津观音寺去"送龙"。正月十五日晚闹元宵，年轻人大多到寿安镇街上看烧龙灯，鞭炮声不绝于耳，场面热闹，喜气十足。90年代后，文艺晚会基本取代了"烧灯"。正月十五夜，寿安地区还流行"摸青"的习俗。在主人不知道的情况下，偷摘别人的青色蔬菜，拿回家煮吃后，认为一年里不生百病，清静平安。主人发现也不怪罪。若把偷者骂得越凶，偷者越平安，骂者则会生病。春节有法定假日三天，至实行"双休"日后，假期延至七日。

春　分　二月春分昼夜平分，阳气渐盛草木返青，春暖花开，正是播种时节。寿安地区民间在当日有吃汤圆、猪儿粑或蒿蒿粑，并把汤圆煮熟后夹在竹竿上插到田地中，让雀鸟来吃，叫"粘雀雀嘴"，喻之为雀鸟不糟蹋田地里的庄稼。各种豆类混炒，叫炒"虫"，示之庄稼不生虫。年轻夫妇还要带上礼物，到娘家过节。春分吃汤圆和吃粑的习俗仍然保存。

清　明　农历三月清明节，寿安民间继承祭祖习俗。有的家族要举办"清明会"，俗称"吃清明"。大家族称叫大清明，小家族称叫小清明。清明会上族人欢聚一堂，由族中长者主持，举行祭祖仪式，表扬族中孝顺子弟，惩罚不孝儿孙，鼓励族人奋发努力，光宗耀祖。50年代后，清明会基本停办。90年代起，清明会之风又起，大多要给祖先上坟，挂挂坟钱，烧钱化纸，向始祖坟墓行跪拜礼。清明节期间，学校组织学生为烈士扫墓，祭拜先烈。清明时节，春暖花开，阳气旺盛，民间有"懵里懵懂，清明下种"之说，同时也是踏青的大好日子。

端午节　农历五月初五为端午节，俗称"端阳"。据传为悼念楚国大诗人屈原投汨罗江殉国。寿安地区民间沿袭端午习俗吃粽子、喝雄黄酒。粽子一般用酒米、红豆、腊肉丁加盐和匀以蓼叶包制而成。"端阳五月五，雄黄抹屁股"。人们将白酒加以雄黄饮用，认为可以驱瘟、避邪。还把雄黄酒抹在额头、肚脐、胸上，以保小孩不害瘟疫、不遇邪病，健康成长。又把雄黄酒加蒜水洒于庭院和房前屋后杀菌，驱蚊虫、蛇。70年代后。有宣传说："雄黄酒"对人体有害，吃雄黄酒的人逐渐减少。因蒿蒲叶像利剑，人们把蒿蒲倒挂在门枋或柱头上，可以镇妖避邪。还把陈艾、紫苏、马鞭梢等草药挂在家中，遇家人伤风感冒、头痛、肚子痛等将其煎水服用，可收奇效。还有人将其陈艾、雄黄、苏叶等用彩丝编织成香包挂在胸前，以为可以防病驱邪。端午节是农村的大节气，也适逢栽秧结束时，故女儿、女婿要带上猪肘子、烧酒、粽子、皮蛋、盐蛋等回娘家，给父母送"栽秧酒"。新婚女婿还要收到岳父母赠送的洋伞，又称为"打洋伞"。每逢端阳节，举办龙舟会，许多人赶去看热闹，有的还要去参加抢鸭子。

中元节 农历七月十五日称为“中元节”，又称“鬼节”。相传七月初七阎王殿开始放鬼，七月十五日收鬼。在此期间，都要向已故的亲人烧袱纸、冥币、冥银、冥衣等。并在家中摆上烟、酒、肉、饭、水果等以供亲人享用，以此表达对亲人的哀思。

中秋节 相传中秋节源于古代祭月典礼，唐代正式将八月十五日这天定为中秋节。八月是收获的时节，人们用五谷制成饼祭拜土地神“社神”、月神，称为秋祀。古人认为“五谷”丰收离不开月亮，是月亮赐予庄稼露水，并以月的圆缺计算农时，才有“五谷”丰收。此时秋高气爽，月圆桂香。月圆象征团圆，女儿女婿要带上月饼、酒肉、水果等丰厚礼品到老丈人家团聚送节，全家中午吃团圆饭，饮桂花酒。桂花酒甘醇芳香，口感极佳。晚上吃月饼、喝茶、赏月。90年代后，一家人坐在电视前看电视、吃月饼。中秋节也是城乡居民重要的节日，世代沿袭至今。

重阳节 农历九月初九是传统敬老节日，国家法定的“老年人节”。旧时这一天有登高远望的习俗。2000年以后，寿安镇各社区、村的老年协会要组织活动，举办文艺演出，为老年人送礼品，共贺重阳节。

阳历新节日 新中国成立后，出现了按阳历举办的新兴节日，对社会生活及民风民俗产生了重大影响。主要的阳历新节日有元旦、妇女节、植树节、劳动节、青年节、儿童节、建党节、建军节、父亲节、母亲节、情人节等，有的还要过圣诞节。

赶　场 旧时寿安镇凡农历每月的三、六、九日是逢场，逢场便是商贸集散之盛日。眉山、彭山、邛崃、新津等外县邻近寿安的人都要来买卖东西。寿安附近的本地居民逢场必赶，因此寿安逢场是极热闹的。民间有“胀不死的寿安镇，饿不死的永兴场”的说法。寿安称之为“猪肚场”，什么东西都有卖的，再多的东西下市后都能卖完。这种状况一直延续到50年代末。60年代中后期至70年代中期，寿安便是每周一逢场。70年代后期至80年代中期又是三、六、九日赶场。80年代后期起，按公历的单日赶场。寿安逢场日的热闹不减当年。五星镇旧时是十天赶两场。50年代末，国庆赶集。1998年起，又兴起赶场。每月公历二、六、十日逢场，邛崃回龙、彭山将军庙等外县人也要来赶场。松华镇也恢复了二、六、十日赶场。

第三节　民间信仰

一、道　教

道教是中国传统宗教，先秦时期老庄就有了“道”的学说。东汉顺帝时，张道陵创立五斗米道天师道，于东汉汉安元年（142年）开设24治（教区），长秋山太清观为24治之一，称主簿山治。道教着眼现世，修炼、养生，追求长生不老得道成仙为最高境界。道教为全真派和正一派。寿安地区民间出家道士为全真派，主要从事念经做道场，打鼓求雨、设防消灾等“法事”。民间散居俗家道士大多为正一派，主要操办民间丧葬，驱邪送神等活动。80年代后，寿安地区一些人学道士，在民间主持丧葬、看风水、算命、择吉日等。

二、佛　教

佛教自东汉传入中国，东晋时传入蒲江。其宣扬的是修身养性、积德行善、普度众生、专修来世等信条，在民间广为流传。寿安地区寺庙较多，民间居士和善男信女常到庙宇烧香许愿、捐钱捐物、拜佛求子。少数人家中或商铺中还供奉观音菩萨佛像，平时香火不断。寿安地区还有居士（俗家弟子）不吃动物肉，俗称“吃长素”，有的逢三、六、九吃素。有吃“清斋”的，选定某天茶、食不进。各寺庙每年定期要举办庙会活动，庙会集物资交流会、文娱活动于一体。

天主教徒在教堂参加祷告活动（摄于2016年）

三、天主教

天主教与东正教、新教并称为基督教三大派别。清光绪七年（1881年），在寿安镇金家村刘石桥修建教堂。天主教堂占地面积4.5亩，系火砖围墙、砖木结构的瓦房。在高大的教堂上端建有十字架，下竖写“圣堂”两个大字。教堂后建有一座高高的阁楼，楼上吊一口大钟，用绳套一铁锤在踏板之上，每日早、中、晚用脚踏板，铁锤撞钟，声响四周。民国36年（1947年），为进一步开展教会活动，教堂成立“公教进行会”。在寿安地区的刘石桥、双坝、黄石梯子等地设立分会。教徒除每日定时念诵圣经外，每年3月27日的复活节、5月27日的圣神降临节、8月15日的圣母升天节和12月25日的圣诞节这四大瞻礼节全体信徒都要参加活动。“文化大革命”开始后，教堂停止活动。1988年，修复寿安镇刘石桥教堂。经堂内有圣母像、耶稣像、风琴和排凳。信众每天在家里早、中、晚念3次经。每周日到教堂做礼拜，教友诵经、做祷告、唱福善歌、听讲道，互相交流学习体会等。天主教实行教内通婚制。21世纪后，天主教婚姻对外开放，对方婚后需信奉天主教。2005年，全县有天主教徒1400人，寿安地区占多数。教徒参加“三自”（自治、自传、自养）革新运动，参加活动的信徒一般有200～300人。

四、祭　祀

孔圣会　寿安镇曾建有“三圣宫”（现寿安小学内），宫内大成宝殿内供奉着孔子、孟子、曾子3位圣人神像。每年农历八月二十七日是孔子诞辰，寿安镇都要举行祭祀。正祭之日，当地官员、士绅、斋戒沐浴，齐入宫内焚香秉烛，齐奏鼓乐，众人向“三圣”神像行三跪九叩礼。主祭人诵读祝文，众人谢神。当天要杀猪宰羊献馔，奠帛敬酒。酒宴罢，焚烧祝文和奠帛。新中国成立后孔圣会已废除。

观音会　民间传观音菩萨把人们从灾难中拯救出来，扶助弱者，心慈面善，人们十分敬慕。农历二月十九日是观音诞辰，这一天各地要举办“观音会”，寿安镇西禅村的观音寺、七星村的陈河坝，都要办素“酒碗”，香客络绎不绝。

牛王会　旧时在寿安地区农村各庙宇中，大多建有“牛王殿”。五会祠在明清时代曾建“观音殿”和“牛王殿”。每年农历初一是牛王菩萨的生日，这天农民不让耕牛下田耕作，以慰耕牛耕劳之苦。民间要杵“糍粑”，除人吃以外，还要在牛角上各挂一团为耕牛戴“花”。戴上“花”的牛，要赶去水塘吃水，使牛在倒影中看到自已戴了“花”，以慰耕牛。50年代末，这一习俗不再沿袭。

土地会　民间认为土地神是保佑地方之神，素有“远方的城隍庙当不住附近的土地”之说。民国时期，各庙门外或农村桥头桥尾，都建有矮小的土地庙，内供土地菩萨神像，以示镇守一方的土地，保佑地方人民无灾无难、户户平安。每逢农历初一、十五，人们会端着“刀头”，捧着烧酒，在土地庙前烧香化纸。故有的土地庙的对联云：“挣起耳朵听炮响，磨快牙齿啃刀头。”每年农历七月初七土地菩萨生日，此时正值夏末秋初，容易涨水，因土地菩萨矮小，故对所涨之水谓之“矮子水”。土地菩萨生日这天，除敬献酒肉外，还要给土地“穿新衣”（涂抹彩色），寿安地区至今尚保留土地会的习俗。七星村筲箕湾还在举办土地庙庙会，会餐敬神。

老君山　原寿安镇上场口建有一座三重高的经鼓楼，亦称“水鼓楼”，楼顶可俯瞰寿安全景。楼上有红帽子先生（善堂里专门念经的人）常年在上面敲击木鱼、念诵经书，每日中午和晚上都要击鼓报时。此庙是蒲江河中的船筏工人集资所建，楼上供奉一尊“镇江王爷”。相传农历六月十三日是镇江王爷的生日，筏业工人定要在此集会聚餐，祭拜王爷，以求河运安全。民国以后，此会逐步减少，后来活动停止。

药王会　寿安镇中医药材铺的医家，建庙供奉唐代著名医药家、“药王”孙思邈的神像。每年农历四月二十八日为会期，各医家便聚集餐饮庆祝。

第四节　陋习和禁忌

一、陋　习

看风水　寿安地区民间修房、葬丧等要请“阴阳先生”看风水、撵地脉、择吉地和良辰上梁或下葬。这一习俗在民间一直延续。

算　命　农村刚出生的婴儿要考“四柱”，新生儿取名要讲笔画，男女婚配要算“八字”，“八字”相生才可合婚。出行、某事、求财要先算命，卜问吉凶福祸。寿安镇的算命先生较多，旧时专门有一个算命匠巷子，在赶场之日，摆摊设课，常用双关语、妄诞语诈取钱财。寿安镇还有几位颇有名气的瞎子算命先生。新中国成立后，政府取缔迷信活动，寿安的算命活动转入“地下工作”。80年代起，寿安镇的算命业又旺盛起来，有的还开了算命门市。

看　相　旧时看相者是根据人的五官、气色、手掌纹络，来断人的婚姻、事业、钱财等成败凶吉。这些人针对被看者求成的心理，常以奉承之语诈取现金。也有故弄玄虚、凭空编造“灾祸即将临头”之谎言，使被看者多付相金以求“禳解”。

下　阴　旧时迷信者认为病、祸皆是鬼神作祟，便请巫婆（俗称“菩萨”）下阴。巫婆焚香敬神后，盘腿而坐，紧闭双目，口念咒语，自称下阴间去也。随之，浑身和语言颤抖，佯言鬼神已附其身，随口可答求神者之所向。终以索取求神者的雄鸡、刀头、菜油、布料等以“还愿禳解”。

过　关　旧时迷信者为小儿算命，如有瘟麻关、溺水关等“关煞”，要请端公（巫师）到家中“过关”禳解。端公挥舞司刀、令牌，装神弄鬼以此骗钱。新中国成立后，寿安地区端公行业基本取消。

打保符　旧时迷信者有病痛，常请巫师到家“打保符”，俗称“跳端公”。巫师披头散发、仗剑烧纸、丢刀卜卦、念咒画符、手舞足蹈，把符咒佩于病人身上和贴在堂屋门枋上，送花盘、赏鬼饭。谓之已驱鬼避邪，以取钱财。新中国成立后，已无人打“保符”。

做道场　旧时依民间习俗人死后每七天请道士做一次“道场”，以超度亡魂。富家要做到“毕七”（七次道场）。道场有“开方”“踩图”“放戒”“烧笼子”等法事。有的还要“放焰口”“撒鬼食”等。

叫　魂　旧时小儿受惊啼哭以为魂不附体，故有“叫魂”习俗。傍晚，小儿祖母或母亲手握鸡蛋并烧香，到井边和厨房水缸近呼唤：“××吓着回来哟！”反复叫喊。最后叫道：“××吓着回来没有？”答曰：“回来了！”

送冬瓜 送冬瓜亦称送童子。旧时，寿安地区不育夫妇婚后多年无子嗣，求子心切，就有送冬瓜的习俗，祝其生育。族人或近邻相约定时（一般傍晚）将冬瓜或木刻童子送至主人家，藏于夫妇被窝里。主人设宴款待，并给亲手送冬瓜者挂红酬谢。

拜　寄 算命先生说小儿命不好，家长要为其找个“八字”好的或小儿金、木、水、火、土五行缺者以补之的干爹（妈），以保孩子平安，称为“拜寄”。家长带小孩及礼品敬拜时，干爹（妈）须为小孩取名字，赐小儿钱和碗筷。其后，逢年过节，小儿要给干爹（妈）拜节。还有一种叫拜“撞门关”干爹（妈）。家长带上小儿和酒菜在桥头等候，遇到先到桥者，便拜为干爹（妈）。干爹（妈）喝酒吃肉后，便给小儿依自己的姓取名字。之后逢年过节小儿拜节，可去可不去。因小儿根基不出，还有拜黄桷树为干大的。

戴长命锁 算命先生推算小儿的“八字”，如金、木、水、火、土“五行”相克，则要戴长命锁（亦称：“千家锁”）禳解。长命锁为银质，上刻“长命富贵”或“千家锁”字样，两端银链连缀，吊于小儿胸前。

守　节 旧时女人一旦出嫁，便有从一而终之“守节”习俗。竭尽“妇道”者，被称为“烈女”“节妇”。寿安地区有很多“守节”妇女，有的在20多岁，因夫亡故再不另嫁。有的“守节”三五十余年而终。在“守节”习俗的桎梏之下，葬送了许多年轻妇女的青春年华。《中华人民共和国婚姻法》颁布之后，男女婚姻自主，寡妇改嫁屡见不鲜，“守节”之习自此破除。

娶童养媳 旧时，寿安地区农村流行娶童养媳之习俗。男家将来到婚龄的幼（少）女接到家中做媳，待儿子成年后再行婚配，俗称“小接媳妇”。童养媳到男家后，当作劳役，地位一般很低，受到公婆虐待。这种婚配是旧时买卖婚姻的产物。大多是妻大夫小，有的晚上还要抱丈夫起来屙尿，感情志趣不相同，同床异梦，常因强制使唤酿成悲剧。《中华人民共和国婚姻法》的实施，禁止了娶童养媳。1951年7月至1952年6月，寿安地区有很多名童养媳解除不合法的婚约。

二、禁　忌

说　话 每天早晨、逢年过节、婚寿喜庆时，忌说“死、霉、烂、鬼、跨杆、倒塌、吃药”等不吉之言。小孩说话难禁，便在墙上贴“童言无忌、百事顺遂”以求消灾。商店卖完货物，忌说“卖完”“卖光”，改说“发财”。猪“舌头”与“蚀头（亏本）”为近音，故说“赚头”，以示财源茂盛。乘车、坐船、撑筏不能说“翻、倒、沉”。

忌　物 正月初一忌扫地，避免将“财喜”扫地出门和生跳蚤。忌倒水，以免出门下雨。忌用刀，免招凶事。忌吃药，免生病。忌吵嘴，以利和气生财。忌在院内动土，忌犯煞招灾祸。安床忌顺瓦桷顺安。死在外面的人，忌将尸体抬进院内，更不能安放在堂屋，以免招致主神不安。每月初五、十四日、二十三日为忌日，不办喜事；单日忌办婚事，避免婚后单身。

处　事 旧时遭火灾之家，火星旺盛，要请道士先生念符诵经，送走火神（亦称谢火）。遭灾之家的人“谢火”之前不能到别家串门，避免将火星带入人家。丧家之人，三天之内勿去别人家，以免传播“邪秽”。男人忌从妇女晾晒的衣裤下面走过，以免秽气。女人不能从别人的扁担上跨过去，免使别人不顺。妇女经期、孕妇禁送葬、摘果、酿造，避免尸体速烂、果树掉果、酿制品霉烂。孕妇未满40天忌到别人家，未满120天忌进祠堂。孕妇忌在别人家分娩，夫妇忌在别人家同房，改嫁的妇女和孕妇不能送亲，孕妇不能逗别人的婴儿。忌别人在自己家中哭泣，恐带来不幸和灾难。忌用白公鸡送人，受礼者怕受“白事”不吉利。送礼忌送钟，“钟”“终”同音，送钟即“送终”。驾驶员吃鱼忌把鱼翻过来，怕翻车。忌大路直对房屋大门，否则财源会流失。

第五节 俗 语

一、表示人和事物名称的词语

乖——弟、妹，又指人漂亮、听话
老爷——祖父
伯伯——父亲
大大——伯母
恍恍——做事不踏实者
宝宝——表兄弟
胯胯——大腿
甲甲——身上的积垢
后手——胎盘
挑担——连襟兄弟
棒客——土匪、强盗
滚龙——混饭吃的赖皮
谷花——米花糖
旺子——动物的血
腚子——拳头
黄腔——外行话
底火——底细
沙牛——母牛
牯牛——公牛
洋火——火柴
洋碱——肥皂
茅厮（圈坑）——厕所
小衣——裤子
勾子——屁股，臀部
转转——妇女盘在脑后的圆圈型头发
搂搂——器物的盖子
嘎嘎——肉
床术前——寝室
汗褡子——贴身内衣
夹舌子——口吃者
月母子——产妇
司娘子——斯文人
郎巴（儿）——身体瘦小的人
戳锅漏——说长道短、把事搞糟的人
日龙包——笨蛋
忽闪——闪电（亦指行动快捷的人）
夜起——人尿
老坎——土里土气的人，也指吝啬鬼
现杠——天空的彩虹
溜溜——猪
红叶——媒婆
漭漭——米饭
刷母——妯娌
连二杆——小腿
接脚杆——女婿死后女儿续嫁的男人
新大姐——新娘
挨胀头——内向，使闷气的人
哑头神——不爱说话，有心计的人
翘壳鱼——轻浮骄傲之人
姑啰子——赌徒
胎儿哥——受人愚弄
两把手——夫妻
打挂虫——絮絮叨叨的人
啬家子——吝啬鬼
外迁人——丈夫
颤铃子（颤花儿）——爱出风头的人
白火石——不学无术；不务正业的人
欠耳子——惹是生非、令人讨厌的人
死瘟伤——无能耐的人
京白梨（儿）——假聪明，不作为
日壳子——提劲的人
日白匠——爱说谎的
毛儿头（冒碗儿头）——很满的一碗饭，亦称“小伙子”
嘴嘴嗨——无主见、随声附和的人
隔壁子——邻居
扒哥（儿）——扒手
摸狗（儿）——小偷、扒手
对红心——特别优秀的人
脚蛇子——壁虎、蜥蜴
癞疙宝——蟾蜍

灰毛（儿）——豆腐
毛根（儿）——发辫
恨红猫（儿）——猫头鹰
炭圆（儿）——棘手的事
灶门前——厨房
精巴子——瘦肉
私娃子——私生子
懒虫子——知了
偷油婆——蟑螂
骑马子——青蛙
马屎灯（儿）——蝌蚪
蛐鳝子——蚯蚓
麻螂子——蜻蜓
川饺子——麻花

二、表示时间、方位、数量的词语

顶高——上头
夜天——昨天
二天——今后
考上——上面
淡黑——傍晚
期期儿——一会儿
低低儿——很少
一铺揽子——很多
打麻子眼——黄昏
麻呼呼亮——黎明

三、表示动作的词语

说白——撒谎
丢心——害怕
舌撑（撒村）——说粗话，脏话
胎倒——得到
日怪——暗中捣鬼
打发——女人出嫁，也指随便应付
煞角——完结
切倒——堵住
惯实——放纵，溺爱
喊黄——对承担的任务叫苦
把细——仔细，小心
松合——解手，也指轻松
垮杆——下台或失败
出脱——财物丢失，亦指人死亡
打瓜——所余东西全部买光或卖光
肇皮——自己、或使别人当众出丑
打岔——说话做事中断
碑得——不是
裤倒——蹲下
方人——使人难堪
耍水——不认真
戳火——出了问题或办事不圆满
乘火——担当责任
啰唣——麻烦、纠缠人
夹生——害怕
设贴——收拾、料理
角业——争吵、打架
经佑——服侍
日塌——死了
出门——女人出嫁
麻起——男女关系暧昧
打尖——肚子饿了，随便吃点东西
放黄——原计划未兑现，亦指当众出丑
扯筋——互相争吵
倒床——病重，卧床不起
看人——相亲
肇窝子——不守规矩，好事弄坏
捡脚子——收拾残局
日塌人——贬低人
理扯火——敷衍了事，说话不算数
醒板眼——省悟
摆排子（吹牌子）——聊天
不仙仙——生病
扯垛子——说假话、扯谎
扯怪教——不听指挥、唱反调、装怪
打梦脚——心不在焉
退箍箍——承诺办的事不再办
不受合——生病、不舒服

献宝——出洋相
捲人——骂人
揉整——不按规则办事
抓天——设法
日绝——咒骂、教训
日啷——训斥、批评
宠祸——挑拨离间
翻盘——反悔
挨刮——受批评
拿慰——谢谢
标得——不知道
醒皮——开玩笑
刮喜——妇女堕胎
害喜——妇女妊娠反应
扑烦——打扰、麻烦
日白亮晃——不务正业、游手好闲
打聊边鼓——注意力不集中
穷劳饿虾——贪吃、猛吃
二麻二麻——喝酒醉醺醺
下炽蛋——关键时候退缩、屈服
打脑壳——枪毙，也指文章深奥难理解
捥圈圈——设圈套整人
焉酥酥——萎靡不振、精神不佳
挨头子——遭训斥
散坛子——开玩笑
扎墙子——助威
光胴胴——不穿衣服
炽耳朵——怕老婆的男人
胎不输——胜任不了
吃喜耳洒——捡便宜
编筐打条——出谋划策、出馊主意
老不胎害——老人作风不正派
妖精奇怪——打扮妖娆、不合时宜
七毛七燥——心神不定
弯头就拐——不伸屈、不直
倒精不黄——不熟悉
牙尖舌怪——搬弄是非
扯不长搭不扁——做事不利索、说话不干脆

四、表示性质、状态的词语

豆——吝啬
苟——吝啬
夹骨——吝啬
怪筋——很差、不好
落教——做事符合人情世故
麻人——难懂、骗人
拐了——糟糕、出了问题
喳巴——多嘴多舌
取俏——滑稽、装怪
扎劲——漂亮、出色
大个——对人傲慢
合式——符合要求，相互间合得来
伤人——使人烦恼
炽和——便宜、柔软
燃瓦——拖拖沓沓
巫教——不照规矩办事，搞歪门邪道
张巴——言行无约束，有失礼仪
浑实——饱满、结实
迁翻——顽皮好动
汤水——糟糕、难办
喽搜——不精干、衣冠不整
背时——不走运、倒霉
洋盘——时髦
松合——轻松不费劲，也指解手
悬火——无把握，危险
刷溜——行动敏捷、利索
理扯——潦草从事、敷衍搪塞
舒气——人漂亮，衣物高级华丽
尚相——讲规矩、有礼貌
敦笃——身体壮实
烫手——棘手难办
没眼——无望、没门路
默倒——认为、以为
撮火——差、不好或死亡
翻撬——翻盘、改变主意
出脱——丢掉、打倒或死亡
寡孽——绝情
遭不住——受不了

恶扎——凶狠
撇脱——干脆、随便
将就——随便，就这样
起夜——夜晚起来上厕所
抛杀——浪费
码住——以为
换肚——拉肚子
张花石——注意力不集中、做事不仔细
大不胎胎——漫不经心
小家巴式——吝啬、不大方
阴尸不辣——没有朝气
不脱壳壳——一模一样
抄手抱手——休闲不干活
黑不拢耸——黑黝黝，黑得不好看
炬唧水气——有气无力
麻麻杂杂——不清楚，做事马虎
不认黄——不给面子、不讲道理
各得拢——相处和睦
稀巴奇——不稀奇
诓嘴狗——骗东西吃
喜得好——幸好
哈戳戳——故意装怪
飞天悬网——不着边际
冷火扑鼻——对人不热情
巴连不得——非常希望
穿筋达斗——慌慌忙忙
没得搞眼——没有希望
野头野叉——言行粗鲁、不规范
大二胎胎——不慌不忙，待人不礼貌
黑林巴沙——夜晚天空
球迷白眼——没有道理
扯草草揍笆笼——不讲质量只图数量

五、其他词语

利子——故意
高矮——无论如何
孃些——什么
非加——非常
热则——埋怨、转折、祈使等
耳根前——哪里
打估眼——估计、大约
孃根儿——什么
木来头——不要紧
比屁蛋——无关紧要

第六节　歇后语

丁丁猫咬尾巴——自己吃自己
木匠戴枷——自作自受
马尾巴穿豆腐——难提（难题）
月亮坝头耍刀——明砍（明说）
外甥打灯笼——照舅（旧）
半夜吃桃子——按着炬的捏
胡子上生疮——毛病
肉包子打狗——有去无回
葱子拌豆腐——一青（清）二白
灯草烧灰——没炭（谈）
牛踩乌龟背——痛在心里头
自行车下坡——不踩（睬）
幺姑娘坐花轿——头一回
三张纸画张人脑壳——面子大
门缝里看人——把人看扁了
外婆死儿——没舅（救）
半天上点灯——高明
电灯点火——其实不燃（然）
牙刷子脱毛——有板有眼
竹筒子倒豆子——一干二净
团鱼抱蛋——老远哨（远观）
老鹰抓蓑衣——脱不了爪爪
夹子窝（儿）生疮——老手
羊子老壳——难得打整

向日葵脑壳——耸起了（没精神）
沙锅头炒胡豆——蕣不开
肚脐眼打屁——腰（妖）气
坟园头撒花椒——麻鬼
狗坐箢篼——不受人抬
较场坝的狗——管得宽
茅厕头栽菜——将就屎（使）
和尚敲木鱼——都都都（多多多）
抱鸡婆打摆子——又扑又颤
扁担吹火——一窍不通
歪嘴照镜子——当面丢丑
香签棍儿搭桥——难过
两爷子打架——胡豆（斗）
老水子钻风箱——两头受气
老水子啃书——咬文嚼字
老水子滚潲缸——忍气吞声
脑壳上生疮，脚底下流脓——坏透了
缺巴子咬虱子——过碰
黄连树下弹琴——苦中作乐
麻子打哈欠——全体总动圆（员）
麻布上绣花——底子差
脚板心涂油——溜之大吉
猴子搬包包——扳一个丢一个
裁缝的肩膀——有线（限）
塌鼻子戴眼镜——没靠
虾子过河——牵须（谦虚）
墙上的冬瓜——两边滚
磨子上睡觉——想转了
癞疙宝打哈欠——口气大
癞疙宝吃豌豆——悬吊吊的
骑蚂子穿长裤——蹬打不开
癞疙宝爬香炉——碰一鼻子灰
老太婆打喷嚏——一望无涯（牙）
吃稀饭喝米汤——清（亲）上加清（亲）
红萝卜蘸海椒——不显眼
水鸡公下田——扑通（不懂）
骑蚂子翻门槛——显屁儿白
娃娃儿的衣服——小件（见）
张飞穿针——大眼鼓小眼
老娘子的裤子——对折
两个春官见面——说都说不完
坛子头捉乌龟——十拿九稳
半天云头牵口袋——装风（疯）
爬海眼睛——活的
狗吃牛屎——图多
茅厕头的石头——又臭又硬
和尚的脑壳——无发（法）
和尚打伞——无发（法）无天
顶起碓窝跳加官——费力不讨好
茶壶头装汤圆——有货倒不出来
南瓜的屁股——黄的（外行）
城隍老爷吃胡豆——鬼吵（炒）
老水子（老鼠）爬秤杆——自称
老水子钻牛角——越钻越深
老水子别手枪——起打猫心肠（坏主意）
穿西装戴瓜皮帽——倒洋不土
火葬场开后门——光烧熟人
老母猪打架——光使嘴
黄泥巴掉进裤裆——不是屎也是屎
麻布口袋装茄子——叽叽咕咕
聋子的耳朵——摆设
弹花匠的女——会弹（谈）不会纺（仿）
裁缝的老壳——挡针（当真）
矮子过河——淹心（安心）
笋子虫戴眼镜——假装正经
土地老汉搬家——神不住了（乘不住）
瞎子打瞌睡——不显
较场坝的灯杆—照远不照近
菩萨屁股——没眼
蒸笼顶顶——受气
猫抓刺巴——脱不到爪爪
王大娘的裹脚——又长又臭
脱裤子打屁——多此一举
光脚板走水路——脚踏湿（实）地
叫花子嫁女——光说吃
麦子地头种豌豆——杂种
麻子跳伞——天花乱坠
被窝头放屁——自产自销
鼻子里插葱——装象
铁匠的婆娘——扯火

乌龟有肉——在肚皮头
猪尿包打人——不痛人气人
茅厕边上睡觉——离屎（死）不远
交待儿打发女——搞不赢
月亮坝头晒笋壳——不摊
快刀打豆腐——两面光生
驼背子栽跟斗——两头不落实
筦筦屁股——后抽
金黄梨削皮——金白梨
粪坑里打电筒——照（遭）屎（死）
屁股头塞人参——后补
水头打屁——乱冲
屁股上插鸡毛——假雀雀
屁股上夹扫把——尾（伟）大
独眼龙观山——一目了然
钞票当镜子——向钱看
瞎子点灯——白费蜡
狗咬猪尿包——空欢喜
蚊子咬菩萨——认错人了
猫哭耗子——假慈悲
芝麻开花——节节高
蚊虫圪蛋——嘴伤人
米灰毛（儿）做菜——吃饭又吃饭
猫扳饭甑——替狗干
高射炮打蚊子——大材小用
狗屎做马鞭子——舞（武）也舞不得闻（文）也闻不得
爬海夹豌豆——连滚带爬
猪儿子滚潲缸——饱餐一顿
老母猪吃豌豆——满口的圆（言）子
兔子尾巴——长不了
豆腐掉到灰堆头——吹也吹不得拍也拍不得
阎王爷请客——尽是鬼
灶神爷吹灯——神气
发霉的花生米——不是好人（仁）
灶鸡子爬碗盖——一代传一代
点燃的蜡烛——心焦
一分钱开当铺——周转不开
芋荷叶开屁股——不巴
牛的胃子——草包
老水子喝米汤——糊嘴
老水子爬神龛——吃香又吃烛（足）
抱房头剔出来的——坏蛋
孔夫子搬家——尽是书（输）
白日子打电筒——日白亮晃
穿钉鞋杵拐棍——保险又稳当
秃子头上的虱子——明摆着
狗吃粽子——难改
狗戴砂锅——瞎碰
狗咬耗子——多管闲事
沟头的牛——两边捞
坐在板凳上打屁——出不开气
十五只吊桶打水——七上八下
竹篮打水——一场空

第七节　谚　语

一、气象谚语

立春回暖早，清明冷冻少不了
正月天现虹（音杠），滥田耕来炕
夏至逢辛三伏热，重阳遇戊一冬干
夏天早晚凉悠悠，涨水要等立过秋
滥白露、滥九黄，绵绵阴雨水茫茫
十月初一晴，卖炭老板搞不赢
春寒有雨夏寒晴
惊蛰不起风，冷到五月中
夏天热又闷，下雨像棍棍
处暑有雨十八遭，处暑无雨干断江
冬至不起风，冷到五月初
十月初一雨，卖炭老板翘起嘴

两春夹一冬，老牛难过冬
云绞云，雨淋淋
乌云接落日，今天不雨落明日
天上出现钩钩云，不出三天被雨淋
早看乌云在天东，不落雨来也起风
热生风冷生雨，闷雷一定下大雨
云往东，一场空云跑南，雨绵绵
云跑西，披蓑衣云跑北，雨没得
平坝早晚露，只管晒衣裤
先打雷后下雨，不如一早大露水
日晕长江满，月晕河水干
太阳反照，大水淹灶
一日黄河三日雨，三日黄沙九日晴
黄昏早雨大太阳，早晨下雨落不长
看见大雪山，一定是晴天
地气冲，心烦燥，三天之内大雨到
燕子低飞要下雨，蜻蜓高飞天要晴
蛇过道，大雨到
月亮戴草帽，大雨起泡泡
黄昏早雨大太阳，吃饭落雨不赶场
一场秋雨一场寒，十场秋雨要加棉
火烧锅底，要落大雨
正月打雷坟堆堆，二月打雷草堆堆
三月打雷谷堆堆
蚂蚁搬家要下雨，蛐蟮滚沙下大雨
乌云盖满天，大雨来得快
烟子不出门，一天雨淋淋
中秋有雨误小春，中秋无雨一冬晴
猫洗脸，雨不远
大暑小暑，热得恼火
清明断雪，谷雨断霜
六月六，晒衣服
雨打二十五，后月无干土
瓦子云，晒死人
天上云彩鱼鳞般，明日晒谷不用翻
早霞不出门，晚霞行千里
太清观上红云罩，干田也有水来泡
东虹日头西虹雨，北虹南虹涨大水
南风雨，北风晴东北风，雨祖宗
上水风，雨蒙蒙下水风，晴烘烘
傍晚起露水，晴天无雨水
傍晚露不降，明天有雨降
太阳戴帽缺南方，今朝不雨落明朝
秋霜来得早，明年春雨好
有雨天边亮，无雨顶上光
连宵夜雨落得欢，预兆今年要天干
街沿石头润，下雨不用问
厕所臭难闻，大雨下倾盆
久晴雀噪有雨，久雨雀噪要晴
一鸹晴，二鸹雨，三鸹四鸹涨大水
五鸹六鸹淹死你
天黄有雨，人黄有病
火烧灶额头，要出大日头
雨水有雨庄稼好，大春小春一片宝
春分阳阳，无水插秧夏至阳阳，干断长江
秋分阳阳，干谷上仓冬至阳阳，无雾无霜
小满不满，干断田坎
清明要明，谷雨要淋
晚看西方照，必定是天晴
日晕三更雨，月晕午时风
要吃来年饭，八月初一从头看
打了三斤霜，谷米胀爆仓
天干年辰落夜雨
立夏不下，犁耙高挂

二、农事谚语

庄稼不问爹和娘，深耕细作多打粮
人哄地皮，地哄肚皮
春来不下种，秧苗何处有
清明前后，种瓜种豆
麦在立夏熟，谷从立秋黄
小满栽苕，一斤一条
瘦土出黄金，只怕不专心
误了一年春，几年难理伸
过了惊蛰节，耕田忙不歇
种子年年选，产量节节高
秧奔小满谷奔秋，迟栽迟打要少收
芒种忙忙栽，夏至谷怀胎

芒种栽苕，半斤酬劳
夏至栽苕，筋筋吊吊
小暑栽苕，只收苗苗
秋前十天无谷打，秋后十天满坝黄
七大八小九根根，十月萝卜光缨缨
寒露胡豆霜降麦，立冬菜子迟不得
深栽芋头浅栽姜，红苕栽在皮面上
水是庄稼宝，丰收离不了
牛要看得早，猪要喂得饱
栽桑养蚕，四十八天见现钱
园内百株果，子孙不受苦
庄稼一支花，全靠粪当家
八月栽菜风吹长，九月栽菜上粪都不长
要烧柴，栽桤蒿要翻稍，栽杂交
秧苗栽下田，放水莫偷闲
除草不用巧，用脚踩得好
头伏萝卜二伏菜，过了伏天长不快
七月葍头八月蒜，错过时节不好办
七月耕田一碗油，八月耕田半碗油，
九月耕田光骨头
熟地栽生姜，生地栽海椒
农民不喂猪，等于秀才不读书
鸡鸭一大群，卖蛋搞不赢
宁可食无肉，不可居无竹，养儿不如栽竹
耕得深耙得烂，一亩田打三石
喂猪不用巧，窝干食子饱
庄稼不吃闷心食，调田不如换种
秧子薅得嫩，等于上道粪

三、人生谚语

火要空心，人要忠心
莫喝过量酒，莫贪不义财
吃人的嘴短，拿人的手软
脚正不怕鞋歪，身正不怕影邪
真金不怕火炼，真理不怕争辩
良言一句三冬暖，恶语半句六月寒
敬人一尺，人敬一丈
有药敷在痛处，有话说在明处
要得公道，打个颠倒
好事不出门，坏事传千里
水干石头现，事久见人心
说到做到，不放空炮
拴牛等草长，坐地等花开
不会做鞋，旁边有样
刀儿不磨要生锈，人不学习要落后
走不尽天下路，读不尽人间书
不干不净，吃了生病
饭后走一走，活到九十九
少吃有滋味，多吃伤肠胃
睡前烫烫脚，胜过吃补药
男女情愿，结成亲眷
忍气家不败，家和万事兴
儿不嫌母丑，狗不嫌家穷
娇惯的儿子不成器，娇惯的女儿耍瓜气
明人不做暗事，真人不说假话
黄金如粪土，仁义值千金
有理走遍天下，无理寸步难行
上梁不正下梁歪，中梁不正倒下来
忍得一时之气，能免百日之忧
人情好，吃水甜
见强不怕，见软不欺
听人劝，得一半
人有失脚，马有漏蹄
家中有金银，隔壁有戥秤
熟能生巧，巧能生精
平时不烧香，临时抱佛脚
这山望着那山高，层层高山望不了
钟不敲不响，人不学不灵
博览见识广，寡交少见闻
要离药罐，洗手吃饭
病从口中入，寒从脚下生
早睡早起，精神百倍
不气不愁，活到白头
人人讲卫生，大家不害瘟
宁嫁穷人穿破衣，不嫁富人做二妻
手心手背都是肉，是儿是女一样亲
勤娘惯懒女，不教要受饥
一个儿子一枝花，多儿多女累爹妈

勤为致富本，懒是贫困根
有好大的脚，穿好大的鞋
饱水缸，穷灶脚
路长弯多，夜长梦多
过河就拆桥，上楼就抽梯
出门看天色，进门看脸色
束带多穿衣，无风不起浪
饭后躺一躺，不长半斤长四两
天干饿不死手艺人
千金难买一身安
良言一句值千金，谎言万句如粪土
有志不在年高，无谋空长百岁
人活脸，树活皮
人多不洗碗，鸭多不下蛋
勤耕勤做般般有，好吃懒做样样无
嘴上无毛，办事不牢
亲兄弟，明算账
吃得亏，打得拢一堆
高官不如高薪，高薪不如高寿
高寿不如高兴
清官难断家务事
萝卜青菜各有所爱
兔子不吃窝边草，老鹰不打窝下食
老鸹笑猪黑，自己不觉得
独柴难烧，独子难教
满壶全不响，半壶响叮当
常在河边走，岂有不湿鞋
快船后人先进港，笨鸟先飞早入林
平生不做亏心事，半夜不怕鬼敲门
有理不在言高
穷不丢猪，富不丢书
出门多走路，不用进药铺
水深不响，水响不深
富时少玩阔，穷时少丧德
晴带雨伞，饱带饥粮
捡到封皮就是信，见到药箱就是病
鸡蛋碰不过石头，小腿扭不过大腿
人心隔肚皮，饭甑隔木皮
年年防大旱，夜夜防盗贼
早起三朝当一工
针过得线过得
荞翻山，麦倒拐，玉麦吃了经得甩
细水长流，莽水平沟
人是铁，饭是钢，三顿不吃饿得慌
人要衣装，马要鞍装
常将有日思无日，莫到无时想有时
人无远虑，必有近忧
人怕出名猪怕壮
人在矮檐下，怎敢不低头
人亲财不亲，财帛要分清
人往高处走，水往低处流
人有人不同，花有几样红
在家千日好，出门时时难
村看村，户看户，社员看干部
端哪个的碗，服哪个管
十打伙，九搞估
酒喝仁义饭吃饱
后娘心门斗钉，有好深钉好深
不听老人言，吃亏在眼前
肩上百斤不算重，心头四两重千斤
心中无冷病，哪怕吃西瓜
帮人帮到底，送佛送到西
不会撑船怪河湾，不会使牛怪枷单
山珍海味离不开盐，走遍天下离不得钱
和气生财，勤劳兴家
车到山前必有路，船到桥头自然直

第八节　新词语

打的：坐出租车

下海：脱离原行政事业单位去经商或办企业

花：作风轻浮，寻花问柳
神侃：无边际的吹牛
白领：大企业的中、高层管理人员
买单：结账付钱
养眼：悦目的影视或艺术品
包二奶：男人养情妇
充电：学习培训，充实自己
短路：脑壳转不过弯
勾兑：用钱物调和人际关系
喝酽茶：闲职或无所事事
假打：不诚实，虚伪
现趴相：技穷力衰，无法支撑
大款：有钱的人
富婆：有钱的女性
酷：打扮入时，新潮
菜头（儿）：打牌常输的人
死兔子：不可挽救
串串：做生意的中间人
枪手：代别人考试的人
方老壳：脑子不灵的人
二百五：傻瓜
踩假水：做假
农民工：到城里打工的农民
冒皮皮：说大话
打工仔：外出务工的年轻人
炒鱿鱼：被辞退
洗白带甩干：彻底无望或钱输完了
PK：比拼、决斗
粉丝：狂热的追随者，支持者
作秀：显示、炫耀
派对：聚会
不在状态：没有进入要求的情况
换位思考：站在对立的位置考虑问题
中国梦：中华民族伟大复兴
倒逼：即逆向促使
点赞：说好话，赞扬
顶层设计：整体性、全面性、长远性设定
高大上：高端大气上档次
按揭：购买房屋或大型物件，先付部分现金，再按买房屋或月分期付款
小三：情人
吹了：事情（恋爱）未成
平台：发展的条件和环境
创意：新点子、新思路
跳槽：改换工作单位
下课：被解职
雄起：给人鼓励或不客气要横
泡吧：沉湎于酒楼、茶楼或网吧等娱乐场所
泡妞：同年轻女性一起寻欢作乐
垮丝：倒塌，处境变坏
铲铲：表示否定
歪的：不好的东西，不端的行为
脱口秀：讲演
英特网：互联网
网吧：互联网营业厅
酒吧：喝酒消闲的地方
散眼子：散漫，无拘束之人
变态：举止失常，指心理精神有问题
小蜜：男人的情人
靓妹：漂亮的姑娘
放血：杀人
提劲打靶掀飞机：说话做事狂妄的人
选秀：选拔漂亮、优秀的人
帅呆：特别英俊的年轻男性
空巢老人：子女外出工作留下守家的老人
留守儿童：父母外出打工，随祖辈或亲戚生活的小孩
单亲家庭：有了孩子离异的男女
捆绑消费：许多东西连在一起对外销售
丁克族：结婚后不要孩子的家庭
黄昏恋：年老失去老伴，重新要异性朋友
女汉子：指带有男人性格的女人
微××：以“微”命名的新事物微博、微信等
光盘：吃光盘中饭菜
土豪：富而不贵的群体
接地气：贴近真实生活
新常态：新出现的常态
颜值：指人英俊或漂亮的指数

第十五章 祠堂、寺庙、古遗迹

祠堂是姓氏家族祭祀祖先、团结族人、处理家族纠纷等的场所，在社会管理和民间教化中起到了重要的作用。明代、清代、民国时期，寿安地区各姓氏修建祠堂94座，其中，原隆盛乡20座、寿民乡17座、松华乡12座、高河乡18座、插旗乡27座。有40个姓氏在寿安地区修建过祠堂，弘扬立德向上、爱国治家、文明崇礼、诚信从善之宗义。寿安地区修曾建有寺庙69座，其中，佛教60座、儒教5座、道教3座、天主教1座。寿安的寺庙规模大、数量多、建筑精巧，河沙寺以明代斗拱建筑和珍藏成为省级文物保护单位，祇园寺集儒、佛、道教三教为一体，名冠川西。历经沧桑岁月，这些祠堂和寺庙大多毁于风雨之中，只留下逐渐远去的回忆和一抹浓浓的乡愁。

第一节 祠 堂

一、袁祠堂

袁祠堂又叫袁祠，历史悠久，地处寿安镇围镇村八组。明代袁上恒由湖广麻城县孝感乡入蜀，先居新津县金刚山，再迁蒲江县寿安镇东，“大明万历甲寅四十二年（1614年），创修家祠，铸造佛、神”。袁家祠为小四合院，是寿安镇祠堂中年代最早的祠堂，已历402年。袁家人才倍出：二世，袁桂山，增生。三世，袁伏宣，贡生。五世，袁宗玉，清康熙二十九年（1690年）贡生，任顺庆府训导。六世，袁翼伯，雍正二年（1724年）贡生，任彭县训导。袁翼括，乾隆元年（1736年）贡生。袁翼循，乾隆七年（1742年）贡生。袁文卓（1861—1927），留学日本，任县高等小学校校长、省议会议员、江安县知事，系李家钰的老师。

二、安祠堂

安祠堂地处寿安镇董口村板堰子，建于清代。安祠堂为四合院，前有照壁，壁塑猛虎一只，人称“猫猫祠”。安姓始自中亚安息国（亦名波斯，即今伊朗），明代一支从山西省洪洞县迁陕西三原县，安怀由三原县入川，落籍蒲江县寿安镇金家村，子孙众多，称为安家营。传第五代安荣，字文斗，明庠生（秀才）。其子安贞国，清康熙初贡生，出任邻水县训导。安佐国，康熙初贡生，出任大足县训导。清代安家昆，乾隆丁丑科武进士。民国安淑范（1900—1952），为李家钰将军夫人。安绍坤（字元章）三十六集团军少将军需处长。安子良、安治君、安吉成抗日阵亡。

三、朱祠堂

朱祠堂系明太祖子孙所建。明太祖朱元璋，安徽省凤阳人，建立明朝（1368—1644），其有26个儿子。洪武三年（1370年），封第六子朱桢为楚王，其后裔朱蕴锣明末为蒲江知县，被张献忠军队破城杀死。清《蒲江县志》载：乾隆四十八年（1783年）“朱公殉难后，遗二子在蒲，长成涝，次盛溱。康熙中，溱回江夏。涝奉文安插，除输纳正赋外，杂项差傜给牌优免，子孙遂家焉。”子孙居住蒲江县寿安镇庙乐村朱水碾一带，他们修建朱祠堂，四合院建筑，纪念明太祖及其祖先。朱蕴锣在蒲江知县任上，做了很多好事。“擦耳崖，县南十八里，古无路径，为栈道以济行人，明邑令朱蕴锣始凿石成路，民为立德政碑”。朱蕴锣子孙在蒲江按明太祖拟定的20字排行命名。1996年，明太祖拟定的20字用完，族人清明节开大会，重新拟定20字排行：“全功承德泽，富贵永光明。福载万隆庆，诗书杰地春。”

四、万祠堂

万祠堂地处寿安镇沙湾村一组，四合院，办学多年。民国8年（1919年），万雨村（万本根之父）在万祠堂创办了万、安、杨私立小学1所，办学两年。民国12年（1923年），杨忠堂（字荩轩）在万祠堂创办私立荩轩学校，连办八年。民国20年（1931年），青龙场建成，荩轩学校迁往青龙场。民国29年（1940年）8月，万祠堂设立青龙乡第四保保国民学校。

五、廖祠堂

廖祠堂地处寿安镇沙湾村六组，建于清代，长三间。明洪武中期，廖君玉由楚（湖北）入川居仁寿县湖阳镇，七世廖亮，明庠生，迁居蒲江县沙湾村，子孙众多，所居地称为廖营。一支分迁大邑县安仁镇。廖亮，尹氏之七世孙廖怀信，入天地会，清咸丰四年（1854年）起兵，响应太平天国，转战温江、双流、新津、彭山、蒲江，杀死清蒲江知县韩一松，围攻县城。后经中兴场、寿安镇、高河场进攻邛州、大邑、崇庆州，战败，被捕，被杀，他的事迹被写入《四川近代史》。1958年，廖祠堂被撤毁，存廖氏宗祠廖亮一至八世祖碑，为蒲江、大邑两县子孙公立。

六、杨祠堂

杨祠堂位于寿民社区先觉坝，临近蒲江河，四合院建筑，清代武生杨世宦等人建。同治三年（1864年）培修。始祖杨廷朝黎氏，来自天全，元怀远将军杨允忠之后裔。祠中规定：“考中秀才，给钱二千文，考中举人，给钱十千文，考中进士，给钱一百千文。口角争端，宜投公直尊长，在祠理息。”

七、叶祠堂

叶祠堂位于寿安镇庙乐村九组，民国14年（1925年），是寿安境内著名祠堂。祠堂处于山丘地带，东西朝向，东低西高，台阶走势，占地面积4亩。祠堂前面是一条由南向北宽2米的大路，大路右侧有一条宽2米的山沟，路旁右侧建连体三大院落。自东向西依次为叶氏祠堂、民国时蒲江县参议员叶兰轩居住大院、李家钰部遂宁军械处长叶雨膏居住大院。祠堂和叶兰轩所为中式建筑，叶雨膏大院为西式建筑。祠堂的正大门前，建有座跨沟而过石拱桥，桥身成半圆弧形，石板为面，两侧有0.6米高的雕花石护栏。桥与祠堂大门有一块空地，石板路连接桥与祠堂大门石台阶。路的左右空地处有一棵直径达1米的巨松。祠堂大门为连排3间的木结构瓦房，楠柏木梁柱，裙板装修、青棡大门，门楣挂“叶氏宗祠”金匾，气势雄伟。进祠堂大门是长10米、宽6米的花园院坝，四角种植有桂花、紫荆等珍贵花木，安置有雕花水缸、盆景。两侧为客房。中间石板路直上二台祠堂正殿。正殿进深10米、宽20米，共3间，正殿外有宽4米通体带柱街沿。正殿内有大型神龛，供奉叶氏祖先牌位、族训、族规及祭祀相关设施和桌、椅、文书等，左右侧房为书房、接待室等，气势恢宏、建筑宏伟。正殿后面最高处又一大殿，称为“天殿”，是每年清明节族人吃酒席的地方。民国年间，利用祠堂闲置的房产，办起私塾学堂，分大、中、小3个班级，学生近百名。1949年新中国成立后，祠堂财产被没收，土地改革时，三座大院房屋分给贫下中农居住。1958年，房屋拆除，叶氏大祠堂成为遗迹。

八、周祠堂

周祠堂地处寿安镇松华社区二组，在松华镇坝上，三合院，周围围墙，正面龙门。周姓“籍原湖广，世居华阳，倏遭兵燹于明末，因迁乐土於蒲江，处祇园寺之对岸，接吴家园之芳邻”。始祖周德亨迁居松华，清代子孙修建周祠堂。周奇勋（字孔彰）（1895—1932），任十一师团长。周伟勋（字鼎铭）（1901—1944），曾任三十六集团军少将副官处长，在河南陕县旗杆岭与李家钰将军抗日阵亡，1986年追赠为革命烈士。周仁楷，四川大学化学系毕业，乐山中学教员，帮助李劼人嘉乐纸厂生产合格纸张，曾任蒲江县教育局长、蒲江县立初级中学校长、新津中学教员、成都市人民政府参事。

九、罗庙子

罗祠堂（罗庙子）位于寿安镇华锋村罗营，清代建，前后两座大房子。罗姓，出自楚国熊姓，周武王灭商，封于罗（湖北房县），子爵。又迁湖北宜城县西二十里之罗川城，后为楚国所灭，“子孙以国为氏”遂为罗姓。一世祖罗永联陈氏，二世祖应伸刘氏，三世祖吉安刘氏，四世祖有琦龚氏，康熙五十六年（1717年）罗存琦与儿子罗芳会从左耳墩迁居罗营，修建祠堂。罗家龙（字从云）（1894—1925），在蒲江县高等小学、邛崃中学、乐叙师范、成都国学院毕业。民国11年（1922年），出版《临溪集》二卷（两本），居民国年间蒲江县四大文豪（罗瑞堂、黄仕杰、李家学、杜成骧））之首。抗日战争中，罗建书、罗福安等为国捐躯。罗文铨（字平之），任47军李家钰部补充团第一团团长率新兵去山西中条山抗日，后任四十七军军部少将参军。

十、雷庙子

寿安镇光明村四组雷塝上，雷姓人在清代建有雷庙子。雷姓，明代即居住蒲江县，雷文斌，洪武二十年（1387年）丁卯科举人。雷焕任昭信校尉（正六品）、锦衣卫百户。其长子雷安于永乐十六年（1418年）二月娶明太祖朱元璋孙女、蜀王朱椿第七女蒲江郡主。正统九年（1444年）八月十八日，蒲江郡主去世。讣闻，明英宗遣使谕祭，自皇后、公主至亲王皆遣使致奠。天顺二年（1458年），雷聪参与重修河沙寺大殿。弘治十五年（1502年），河沙寺碑记有雷自音。崇祯十七年（1644年），张献忠军队进攻蒲江，雷应宿之父雷震去世，雷应宿慌忙于家庭内掩埋父亲，出外逃难，乱平后回家“劈荆斩朮棘，仍故里而家焉”。他后来考取秀才，子孙多人考取庠生、增生、廪生。杨雷凌云（字羽轩，号毅斋），考中嘉庆十三年（1808年）丁卯科第34名举人。赴京参加嘉庆十三年（1808年）会试回来，在祇园寺之文昌宫教学。

十一、陈祠堂

陈祠堂原在寿安镇元觉村陈山堧，清代陈姓人修建。民国30年（1941年），设为高河乡第十保保国民学校，后被撤除。现存“宗谱碑”一通，白砂石，高1.5米、宽80厘米、厚5厘米。竖刻文字：“尝闻木有本，水有源，根之固者，其枝茂。源之远者，其流长。我陈氏族谱，实系大舜之后，封于陈，以陈为姓，数传以后，生陈敬仲，周生陈亢，汉生陈武，吴生陈表，晋生陈骞，陈出武皇帝陈霸先，唐生玄泰，宗生执中，后生俊卿，明生陈文。陈文之后，陈龙、陈虎、陈彪。祖籍居湖广麻城县孝感乡，因献忠平后，奉旨入川。祖陈伟，即陈龙之后也，弟兄数人，居嘉（定）犍（为）邛（州）蒲（江），龙、虎、彪。陈伟祖择居于蒲江东路陈山塥为家，山田三里有余，修宗祠，川主为尊，昭穆为主。年远损坏，裔等共议，复新修祖庙历代神主，序其昭穆。排行立正，永不紊乱宗枝，立神碑以志后人知之，是为宗谱。历代祖有虞氏大舜虞帝神位，周代祖陈公讳敬仲大人神位，周代祖南颖候陈亢子禽神位，汉代祖元功侯陈武大人神位，吴代祖太子太保陈表大人神位，晋故祖大将军陈骞府君神位，陈故祖武皇帝陈霸先之神位，唐故宰相大学士陈玄泰神位，宋故祖宰相陈执中大人神位，宋宰相仪门世家陈俊卿神位，明故祖文渊（阁）学士陈立之神位，明故祖陈龙、陈虎、陈彪之神位，清故一世祖陈公当伟之神位。排行：万代荣家显，永世克其昌，君相贤孝弟，富贵赐祯祥。”碑上未列前10代排行：“朝应文在以，德时子登正。”

十二、汪祠堂

汪祠堂位于寿安镇汪场村，原为四合院。汪氏由安徽省徽州府休宁县入川。三弟兄汪印山住邛崃回龙镇汪山，汪金山住回龙高枧槽、汪沟，汪华山住蒲江县汪场。清末秀才汪灏之子汪泳龙（1889—1951），号伯渊，四川法政学堂毕业，历任垫江县知事（1923年）、大竹县知事（1923年10月）、邻水县知事（1924年2月）、广安县知事（1925年4月）、岳池县知事（1926年3月）、嘉陵道道尹（1927年5月）、资中县县长（1933年3月）、富顺县县长（1935年9月）、长宁县县长（1936—1938）、国民代表大会代表（1947年）。船工汪兴发，辛亥革命率众起义。汪特毅（汪伯渊之子），国民革命军四十七军中尉军需，1944年5月21日与李家钰一起阵亡于河南陕县。

十三、王祠堂

寿安镇七星村王祠堂地处三组，建于清代，四合院。王氏自清初康熙十五年（1676年），王思禄入住七星村。孙王尔珀廪生，其子王一谦增生。其孙王仁裕，乾隆四十八年（1783年）癸卯科举人，任资州儒学正堂；王仁瑞，广西巡检，王宜龄增生。王峄龄嘉庆十七年（1812年）贡生。其侄王化龙以行伍从征，与白莲教军作战，“生擒首逆，赏戴蓝翎”。嘉庆四年（1799年）阵亡，王化龙之弟王绍武“以兄化龙军功”，“奏准荫袭”云骑尉。王峄龄长子王会龙，字禹门。初业儒，屡次考秀才不中，以仕荫入伍，历任天全、荥经、芦山、洪雅、蒲江等汛把总，三任黎雅营守备。王会龙娶谢氏，生三子。王灿中、王灼中，蓝翎千总。王汉昭，光绪二年（1876年）贡生，蒲江县鹤山书院山长，著《石鱼沱传奇》。王景元在王祠堂清明节祭祖时，书写七言诗一首：“冬至百六是清明，念及先人百感生。忠孝传家留后泽，诗书启后向前程。青松岭下埋忠骨，白玉楼中立姓名。至此后生无以报，即将祀物表愚诚。”

十四、龙祠堂

龙祠堂地处寿安镇龙泉寺四组，建于清代，四合院，清咸丰元年（1851年）立有石碑。龙姓为明朝土著，以龙伏海、王氏为始祖。民国29年（1940年）8月，龙祠堂内设立寿安乡第五保保国民学校，教员王屏周。新中国成立后，龙祠堂设为村小。80年代，龙祠堂房屋被出卖撤除。

十五、李祠堂

龙泉村李祠堂地处寿安镇龙泉村八组，建于清同治二年（1863年），四合院。李氏祖籍富顺县凤凰井。富顺李氏北宋李文渊为治平进士、朝议大夫，为世家大族。明代李肇登迁蒲江县龟鹤山下，娶龙氏。五世李华，明天顺八年（1464年）参与培修布金寺。弘治时（1488—1505年），参与培修河沙寺。六世李伯魁，嘉靖时（1522—1566年）参与培修布金寺。八世李应春，崇祯时，与张献忠军队作战阵亡。李荣瑞、李荣珍（李东阳）二人创立李祠堂。李春逵（李东阳长子），出任湖南益阳县典史。李春煦（李东阳四子），清咸丰十年（1860年）与蓝大顺军队作战受伤身亡。同治二年（1863年）李春良等人创修李祠堂。

十六、王学堂

王学堂地处寿安镇丝栗村七组，又叫王祠堂，建于清代，三合头。此支王姓出自山东莘县三槐堂王懿、王旦、王旭家族。明天启中，王珩从湖广麻城县入川，居住此地，子孙修建王祠堂。因为王祠堂开办私塾，王祠堂被人们称为王学堂。王氏子弟学有所成，入学的人多，王永修、王元柳、王化淳、王熙廷考中秀才（文生），王照榆、王树生考中贡生。王敬修考取廪生。王翼修于同治三年（1864年）考中甲子科举人，“文魁”金匾送到王祠堂悬挂。戴履中（字平之），考中光绪十五年（1889年）已丑科举人，因其祖父是王家抚到戴家的，中举后到王氏祖坟祭拜，“文魁”匾也送一副到王祠堂。民国时期，王尧钦（1910—1965），1927年4月任中共蒲江县支部书记，当年秋任中共蒲江县委书记。王济川（1879—1950），名中医。1963年，王祠堂被撤毁。1998年，王氏后裔捐资重建王祠堂，每年举行祭祀活动。

十七、邱祠堂

邱祠堂地处寿安镇丝栗村九组邱冲口，四合院。明始祖邱问学王氏原居眉州多悦乡白椿堰，迁居蒲江毫子口下斑鸠弯。三子：邱仕龙、邱成龙、邱腾龙，仕龙生子：启贵、启富。邱启贵儿子邱应龙。清顺治十七年（1660年）生，康熙五十九年（1720年）去世，60岁。妻韩氏，同年生，乾隆三年（1738年）去世，80岁，邱应龙五个儿子分为五房，孙子有15人，邱云山为文生，曾孙有21人，玄孙14人（嘉庆四年，1799年统计）。民国29年（1940年）8月，邱祠堂设为寿安乡第三保保国民学校。50年代末，人民公社化后作为和平公社二大队大队部。后因修水库被撤除。

十八、熊祠堂

熊祠堂最早位于七星村八组小地名“歇马店”，占地面积数亩，两个大四合院，典型的古建筑大院，每个装板全部可以拆合。清明节祭祖时，将装板拆下来作桌面，用活动脚架，摞起便可用餐，用后再装回去便成装板依旧。祠堂有公田90亩，每年清明节凡熊姓参加会餐，不收分文，全部由祠堂公田经费开支。1960年春天，祠堂用作养蚕地点，不慎失火，熊祠堂化为灰烬。2014年4月，熊氏家族集资45万元，在西禅村熊坡新建熊氏祠堂，占地近1亩，建筑面积60余平方米。

寿安地区祠堂分布情况表

表15-1

原乡、镇	座数	祠堂名称
隆盛乡	20	一村（石鱼沱）：袁祠堂、黄祠堂、周庵子 二村（龙神填）：梁祠堂、刘祠堂、陈祠堂、刘祠堂、杨祠堂 三村（桐口）：黄祠堂、刘祠堂、安祠堂、田祠堂 四村（董口）：左祠堂、刘祠堂、雷祠堂（董口村一组）、刘祠堂（八组刘山口）、左祠堂、董庙子（董口山） 五村（庙乐村）：朱祠堂、周祠堂
寿民乡	17	万祠堂、光宇祠、中宇祠、翠琨祠、廖祠堂、黄祠堂、先觉坝杨祠堂、铁溪沟杨祠堂、曹祠堂、杜大祠堂（1940年8月社为五保保校）、红庙子杜祠堂、猪鼻山杜祠堂（杜金怀子孙建）、安祠堂（铁溪沟水兽潭附近，安富子孙建）、邓祠堂、陈祠堂（陈山，1940年8月设为七保保校）、蒋祠堂（青龙社区六组）、王祠堂
松华乡	12	叶祠堂、黄祠堂、周祠堂、罗祠堂、李祠堂、张祠堂、刘祠堂（华锋村，三合头）、周庙子、康庙子、高炉山黄祠堂、董庙子（灯棚山）、袁祠堂
高河乡	18	雷庙子（光明村四组）、左庙子、董庙子（元觉村董山扁）、陈庙子（五星社区九组，曾设保校）、龚祠堂（五会村四组，龚友金子孙建）、陈祠堂、李祠堂、黄祠堂（雷河，曾设为保校）、康祠堂（康坝）、刘祠堂（刘河坝）、刘祠堂（刘山塥）、邓祠堂（邓河坝汪场村六组邓子金子孙建）、左祠堂、罗祠堂、吕祠堂（吕石桥）、范祠堂、汪祠堂、张祠堂（吕石桥村十三组）
插旗乡	27	王家庙子（明弘治五年1492年河沙寺碑）、漆家庙子、张祠堂（插旗山村二组）、罗祠堂（插旗山村四组）、吕氏小祠堂（插旗山村四组）、方祠堂（西禅村五组）、赵祠堂（西禅村六组）、文祠堂（西禅村八组）、凤凰嘴吕祠堂（八角村八组）、李祠堂（白岩寺村一组）、李祠堂（李河边白岩寺村四组）、王祠堂（小四合头金家村八组）、王祠堂（七星村三组）、刘祠堂（七星村六组）、杨祠堂（七星村六组）、熊祠堂（七星村八组）、范祠堂（龙泉村一组）、小龙祠堂（龙泉村二组）、大龙祠堂（龙泉村四组）、张祠堂（龙泉村五组）、王祠堂（龙泉村六组）、李祠堂（龙泉村八组）、王祠堂（丝栗村七组）、邱祠堂（丝栗村九组）、喻祠堂（白岩寺村四组）、宋祠堂（插旗山村三组）、胡祠堂（插旗山村二组）

第二节　寺　庙

一、三圣宫

三圣宫原址在现寿安小学后面，房屋建筑与县城大成殿相似，内供有用精制硬木细雕之孔子、孟子、曾子三位圣人的牌位，牌位前附以木架栅栏，故称“三圣宫”。大成殿是一座有房廊的4间平房，竖有石柱、石壁、石栏杆，屋宇玲珑巧秀。三圣宫前面进大门设有戏台，戏台上有木架塔式楼阁数重，飞檐翘角，每只角下悬吊小钟，钟内吊有小铃。房屋上竖有五光十色的球形宝顶，数里以外即可眺望，登上楼顶可一览寿安镇街市全景。清代，每年仲春要举行纪念孔子等人的祭祀活动。民国初沿袭清代祭祀典礼，时间改在每年8月27日孔子诞辰日。民国13年（1924年），搬迁捣毁庙中神像，创办为成平小学。后将二仙宫和报本祠两处男女初小班合并在三圣宫，取名为“寿安区立小学校”。新中国成立后，扩建学校撤毁大成殿。

二、二仙宫

旧时，五面山地区盛产蓝靛，民间用蓝靛之汁以浸染布匹，寿安地区有大小染布作坊30余家，成立染色行业协会，由染色行业的成员共同捐资，在寿安镇正街下段修建二仙宫，庙内供奉土法染色之始祖梅仙、葛仙二仙，每年举办行会和祭祀活动，同时为寿安镇每年五月十三日的单刀会期间上演川戏提供经费赞助。新中国成立后，在二仙宫修建粮食仓库，后为寿安粮站库房和门市部。90年代寿安正街扩建后，改建为商业场所。

三、关帝庙

关帝庙旧址在寿安镇下场口灰窑街口左侧，庙内供奉三国名将关羽神像。庙门外壁上方写有如箩筐大的“日午中天”四个大字。庙门外有一空坝，名曰“台子坝”，对面建有戏台。戏台后壁上方写有方桌大的“绝妙文章”四个大字，每逢节日，在戏台上演川剧。庙中的关羽头像由一块珍贵的沉香木雕刻而成，栩栩如生。关羽剑眉长髯，身穿甲袍，正襟危坐，仪表不凡。一把一丈多长的青龙偃月刀插在面前，周仓、关平侍立左右。殿前挂有一副对联：“赤面秉赤心驰驱时无忘赤帝，青灯观青史隐微处不负青天。”供桌上的长明灯终年不熄，炉中的香烟缭绕不断。相传三国时农历五月十三日，关羽应东吴之邀单刀过江赴会，民间在此日举办“单刀会”，以纪念和彰显关羽之忠肝义胆。单刀会又名“关帝会”，关羽人称关帝、关公、关老爷，是义气、诚信的象征。民间遭遇干旱就办单刀会，请关圣帝君出驾，拿出单刀赴会的勇气，为民请命，找龙王赐水，拯救生灵。寿安镇关帝会由哥老会主办，会期每天设宴款待前来赴会的袍哥，以示义气，谓之“迎宾会”。会期正日中午，关帝“出驾”时，主办此事的士绅斋戒浴沐，焚香禀告，把关公请上八人大轿。一人扮着周仓扛起青龙偃月刀，一人扮着关平手持文书，随行于后，黄伞飘扬。队伍后面为十数台折子戏组成之“平台会”，接后是“阴差会”，数人扮成“判官”“小鬼”，面目狰狞，形体怪异。最后是“耍老龙”，龙头大如圆桌，龙身长数十丈，从关帝庙起牵过半条正街。其时人如潮涌，壅街塞巷，盛况空前。成百上千的居士燃香送行，在街上转游一遍，去到蒲江河畔投书告诫龙王后，才抬着关羽回到庙中。从晚上起，演戏10本，开台必演《桃园结义》《空城计》等，取关羽与刘备、张飞桃园结义的故事，以张扬义气。“单刀会”曾流传民谣：“人山人海影苍茫，果算蒲江第一场。三圣宫中敲玉板，万年台上咏霓裳。单刀赴会年年祝，十字街头处处香。惟有河边多美景，寻花问柳到斜阳。”

关帝庙旧址（摄于2016年）

60年代，关帝庙被撤除，改建为寿安粮站仓库和门市，关羽神像被民众搬移到河沙寺供奉，每年农历五月十三日仍举办“单刀会”，规模和形式大大改变。

四、报本祠

报本祠位于寿安镇棉花街中

段，庙门外两边各立石鼓一面。此庙系清咸丰八年（1858年）动工修建，同治元年（1862年）竣工。系外来移民为纪念和敬重本地原住民的前人、地盘业主、古老先贤而建，以表报本之恩德，每年举行祭祀典礼，使之永世不忘。新中国成立后，在报本祠里面修建粮食仓库。60年代改建为电影院，后改建为寿安镇卫生院和茶馆。21世纪后街道统一规划被撤除。

五、河沙寺

河沙寺大门（摄于2016年）

河沙寺位于寿安镇龙泉村寿安至长秋分道旁。南宋淳熙十六年（1189年）由兴公禅师创建，取名“河沙寺”出自释迦牟尼“若比沙河众，皆得阿罗汉”语，喻教化之众如印度最长、最大的河流恒河中沙子一样多，使他们都得到阿罗汉果。阿罗汉果是佛教修行的最高果位，得到阿罗汉果就能长生不老。元至正二十一年（1361年），毁于兵燹。明英宗天顺年间（1457—1464年），重修庙宇。天顺二年（1458年），大雄宝殿竣工，该殿比新津观音寺的大雄宝殿还早修4年。县令吴仲遂书“白云深处”于门额之上。大殿檐为斗拱架构拱背斜伸，结构奇巧；明代工匠历经两年半时间绘制彩绘壁画，东西各绘四幅，东西壁下方彩绘佛教《华严经》善财童子53参故事。万历十二年（1584年），信士张万定、张愈德给壁画重新装彩。寺内有石碑两通：一为弘治五年（1492年）刻制，二为弘治十七年（1504年）刻制，已有500余年。此碑名为《重修翠峰山碑记》，寺僧圆鉴撰文、主持宗谧书，是本地人民的作品，记述了沙河寺“四至疆界”。寺内发现明英宗正统五年（1440年）烧制的长瓦，上刻“正统五年造”，为蒲江县有确切年代的古瓦，已有570余年历史，现存县文管所。1955年3月18日，省文物调查组到沙河寺调查，称大雄宝殿“建筑雄伟，色彩鲜明可观”，此殿斗拱之替木不用通替木，在所见的明代建筑中，颇为罕见，殿内共有彩色嵌金壁画8幅。“文化大革命”中，寺庙遭受毁灭性破坏，仅壁画残存。1980年，南京师范学院教授黄纯尧和省文管会相关人员考察河沙寺壁画，认为很有价值。50年代起，寿安镇群众将关帝庙中的关帝像送到寺内供奉。70年代后，修建“天寿桥”，修复西廊房，塑观音、普贤、文殊、三大力士等佛像。河沙寺为省级文物保护单位，没有僧人主持，由少数居士住庙，为佛像添加香火，做一些卫生、保护工作。每逢农历五月十三日举办“单刀会”，香客、游人如织，所收“功德”款用于寺庙维修。以后，持续在庙会同时举办商贸交流会，赶会民众络绎不绝。河沙寺已成为寿安镇的一大旅游景点。

六、圆觉寺

圆觉寺地处寿安镇元觉村，距寿安场镇五公里，始建于北宋淳化元年（990年）。唐代来华的天竺（印度）僧人佛陀多罗翻译《大方广圆觉修多罗了义经》即《圆觉经》一卷，圆觉寺以此为名。元朝末年，圆觉寺毁于兵燹。明代建文三年（1401年），重建圆觉寺。弘治十二年至万历五年（1499—1577年），圆觉寺殿宇辉煌，文物众多。万历二年（1574年），圆觉寺直属“南川王府”管理。民国29年

圆觉寺山门（摄于2016年）

（1940年），圆觉寺有庙产田100余亩、地50余亩、庙基50余亩，庙宇3座及沙门、照壁、厢房等。1969年，殿宇、石刻佛像等再次被毁。1994年，寿安镇元觉村村民集资在石膏山新建大雄宝殿，供奉阿弥陀佛、观世音菩萨、大势至菩萨“西方三圣”佛像，存放明代石刻45件及收集的其他文物。1995年，县政府公布圆觉寺为文物保护单位。1996年，批准圆觉寺恢复佛寺活动。1997年，名山县僧人释照慧主持圆觉寺。新修元通宝殿和11层的佛塔、天王殿、饭堂、居士住宿楼、浴室、厕所、水塔，修路，寺内水、电路皆通。从蒲新公路旁的圆觉寺牌坊大门可乘车直达天王殿门外停车场。2001年，县批准圆觉寺为佛教开放寺庙。农历六月十五日是圆觉寺大会期，香客、游人云集于此。

七、龙泉寺

龙泉寺位于寿安镇龙泉村，建于唐代。庙名源于两种说法：据清代蒲江县秀才徐士珩《蒲志韵言》载：“蒲江有十八洞，其中距城东三十里有龙泉洞，旧传有龙出于此地。其山间有一小溪，岩缝中有清泉涌出，潺潺而泻，终年长流不息、如龙吐出；”又据《龙氏族谱》记载：元朝末年，龙氏祖先由湖南迁居龙泉洞内居住，后人于洞侧建庙，名曰：“龙泉寺”。明清时代庙宇香火旺盛，从山下至山腰，沿途石级山路旁分段建有庙舍，供人们朝庙歇脚食宿。清代毁于兵燹，后又重修。民国时期尚存四合院庙宇，庙内塑有十八罗汉像。

龙泉寺大殿（摄于2016年）

八、祇园寺

祇园寺位于寿安镇松华社区之和尚山，山中原有参天松树和桢楠，寺庙建于宋代，占地500余亩，是“川西十大丛林”之一。旧时山门在松华镇下场口，前面有一白色屏墙，上有清代本邑贡生罗江书“福果祇园”四个大字，每字5尺见方，数里之遥清晰可见。进山门有一戏台，台前平坝可容纳数千人看戏。庙内地势北高南低，顺着中轴线，9座庙宇依次排列，中间石梯连接，有佛殿、文昌宫、老君殿，供奉如来、孔子、老子神像，系儒、释、道三教合一寺庙。20世纪中叶，祇园寺被毁。50年代末，和尚山的巨大古松、桢楠遭到砍伐。每年祇园寺逢农历六月十九日为庙会之期。1994年以后，庙会与物资交流会合办，为时十天左右，赶会人数每天达万人之多。

九、八角庙

八角庙位于寿安镇八角村四组。明万历三十八年（1610年），嘉定州（乐山市）石匠张吉光、彭宗启、张延珠、叙府（宜宾市）镌匠王国臣等建造。由张相等人修建石牌坊一座、二重檐四柱三开间，贡生刘希巽楷书“奠仪鬯（畅）彙（汇）”四个大字。清康熙十六年（1677年），八角庙再建大殿，正梁上墨书“维大明周四年岁次丁巳太族（正月）朔壹日寅至贰拾五日壬寅，天开黄道子时鼎新吉旦”。乾隆二十九年（1764年），蒲江、彭山、新津、洪雅人士培修八角庙，形成“巍巍重望，辉煌殿宇”。八角庙“上通黎雅之路，下透云、贵之城”，为古商道所经过，住持行连担任蒲江僧会司，寺庙拥有土地137亩。乾隆三十一年（1766年）、乾隆六十年（1795年）再度修建戏楼。道光二十年（1840年）至道光二十一年（1841年），重修城隍庙十殿，成为蒲江县规模最大的寺庙。庙南有戏台、台子坝，山门外有二石狮，山门内有天王殿，左右分别为牛王殿、无常殿；三进为东岳殿，左右为十殿；四进为经楼，楼下有观音、韦驮，楼上有玉皇；五进为三尊大佛殿，左右为僧人住房。清咸丰四年（1854年），天地会领袖廖怀信（廖毛狗）、张万清（大邑县人）等起兵反清，在八角庙附近严坟园埋伏，杀死蒲江知县韩一松。宣统元年（1909年），八角庙开办初级小学。民国30年（1941年），八角庙设保国民学校。1950年，八角庙办为村小。后发展为合江小学、和平二小。1986年，大殿被拆除。1995年，民众修复庙房三间，收集有关文物，有唐、明、清石像八尊和清乾隆三十三年（1768年）、乾隆六十年（1795年）的碑，以及民国17年（1928年）、民国26年（1937年）石碑。1996年，石匠杨家祥圆雕廖怀信手执战刀石像一尊。2005年，蒲江县人民政府公布八角庙石刻为县级文物保护单位。

十、五会祠

五会祠大门（摄于2016年）

五会祠位于寿安镇五会村，始建于元朝末年，是龚、左、陈、李、杨五姓合资共建的宗祠，故名“五会祠”。初建时面积不大，后经逐步修缮扩建，至今占地已有3000平方米。明代在祠堂前相继修建了文昌庙，后改为“文昌宫”，东西厢房，庙外正中走廊。明末、清代逐渐扩展，建成大殿、壁山殿、观音殿、灵宫殿、药王殿、牛王殿、城隍殿、三婆殿、钟楼、鼓楼、戏台等。塑有神像70余尊，寺内有一口直径1.5米的古钟，是明朝天启年间（1621—1627年）所铸。五会祠形成祠庙合一的格局，所以又叫五会寺。每逢初一、十五，晨钟暮鼓，声震原野；青烟袅袅，生机勃然。每逢庙会期，来自县内、邛崃、大邑、新津等地的香客摩肩接踵，念经诵佛，食宿都在庙内，热闹数日。五会祠每年还要举办“春台会”，邀请戏班来此唱戏10天左右，每天两场观众云集。民国中后期，庙宇失修，逐渐破败，五会祠内办私塾。50年代末，人民公社成立后，五会祠先后改作大队部和生产队保管室，坝子作为晒场。后在祠内办学校称“五会小学”。殿内文物多有损毁，现尚存部分碑刻等文物。1999年，蒲江县人民政府公布五会祠为县级文物保护单位。

十一、大梵寺

大梵寺位于金家村十组，始建于唐代。寺内有大佛头，圆雕，高80厘米，宽50厘米，厚55厘米，重250公斤，石刻文物较多。2007年12月12日，蒲江县人民政府公布大梵寺为文物保护单位。

寿安镇寺庙分布情况表

表15-2

原乡、镇	座数	寺庙名称
寿安镇	15	天王院、玉皇宫、关帝庙、三圣宫、韩公祠（报恩祠）、二仙宫、江西馆（万寿宫）、报本祠、王爷庙、福建馆（天后宫）、广东馆（南华宫）、五老祠、文庙、观音阁、禹帝宫
隆盛乡	5	妙乐寺、龙神庙、圣寿庵、白马寺、田家寺
寿民乡	4	开恩寺、庶宁镇关帝庙、杨沙湾关帝庙、杨沙湾观音阁
松华乡	8	祇园寺、松华镇关帝庙、川主宫、观音堂、石庙子、五同庙、金花庙、水口庙
高河乡	15	犀羊观、圆觉寺、犀羊寺、秀云庵（双祠）、五会祠、玉皇观、高河场武庙、高河场川主庙、龙凤祠（萧家祠）、马明寺、白衣庵、二郎庙、三圣祠、观音庙、土砖庙
插旗乡	22	龙泉寺、白岩寺、宝积山寺、大佛岩、大梵寺、布金寺、河沙寺、观音寺、西禅寺、八角庙、兴凤祠、真武观、天宫庙、柴家祠、金沙寺（金家祠）、鹤林寺、复兴庵、七星庙、火神庙、观音堂、倒坐庙、圣堂

第三节　古遗迹

一、古　墓

寿安镇白岩寺村之白岩寺有一座崖墓，深15米，分前室、中室、后室，崖墓门上有浮雕汉代亭阁一座。丝栗村邱冲口汉代砖石墓为县级文物保护单位。龙泉村、西禅村的古墓多凿于山岩沿壁。五会村、犀羊村出土汉代墓葬多座，陪葬品有陶俑、陶马、石俑、铁矛等。建华村发掘汉代墓葬一座，出土文物有陶俑、陶马、铁斧、铁矛。华锋村发掘宋代墓葬一座，出土陶俑、买地卷等文物。光明村出土汉代墓葬，有陶鼓、瓷罐等文物。董口村出土汉代墓葬，有陶马、陶鲵、银钗等。

龙泉寺大佛（摄于2016年）

二、摩崖造像

龙泉寺摩崖造像　龙泉寺位于寿安镇龙泉村，存摩崖造像6龛183

尊。大佛窟造于唐代，高6.40米，宽3.30米，深2.90米，弧形顶。弥勒佛结善跏趺坐，高4.25米，肩宽1.60米，胸厚0.62米，头上细螺髻，脸圆胖，着通肩偏大衣，左手抚膝，举右手于胸前，足踏长方形仰瓣莲台。火焰形头光，头光中现坐佛7尊。大佛左右为二弟子、四菩萨、二力士。窟内左壁开8个小龛，造像30尊，右壁开12个小龛，造像83尊。大佛左右安置阿弥陀佛、弥勒佛为圆雕石刻，系明嘉靖四年（1525年）内江人刘世卿所造。1997年，龙泉寺摩崖造像被成都市政府公布为文物保护单位。

观音寺摩崖造像　观音寺位于寿安镇西禅村，建于明代洪武年间（1368—1398年），存造像10龛26尊，有石刻题记。1号龛刻三世弥勒佛三尊，挺胸坦腹坐地作嘻笑状，题刻为刘加智—嘉靖二十一年（1542年）二月。2号龛长4.15米、高3.5米、深1.2米，残存17尊，主佛为阿弥陀佛立像，头冠宝冠，壁上有很多小坐佛造像，有房屋，有牵马人像，题刻“南无阿弥佗佛”“丙辰年造”。3号龛高1.1米、宽0.9米、深0.5米，造像着袍服，手持莲花花蕾，题记风化。4号龛造阿弥陀佛像，题记“嘉靖四年（1525年）乙酉十一月吉日”。5号龛造南无地藏王菩萨像，题记“邛州蒲江县（蒲江乡）观音寺嘉靖乙酉四年（1525年）十一月吉日立”。6号龛和7号龛似为合龛，高1.2米、宽0.8米、深0.5米，造观音像，头戴宝冠，结跏趺坐于龛内，身着袈裟。8号龛造像未完成。9号龛造坐佛1尊，题记为“嘉靖二十一年（1542年）六月”。10号龛高1.5米、宽0.45米、深0.5米，造接引佛立像一尊，嘉靖四年（1525年）六月初八日立，题记150余字，是蒲江县摩崖造像中题记最多的。

白岩寺摩崖造像　白岩寺摩崖造像位于白岩寺村二组，山岩上有唐代摩崖造像20龛115尊，最大龛为5号窟，高5.65米、宽2.76米、深1.3米，造释迦牟尼佛结跏趺座，坐高3米、肩宽1.5米，胸厚1.6米。西壁开一小龛，造一佛、二弟子、二菩萨、二力士，后壁浅浮雕6尊，右1尊，三头，为阿修罗。1995年7月11日，蒲江县人民政府公布白岩寺摩崖造像为文物保护单位。

大佛岩摩崖造像　大佛岩摩崖造像位于西禅村八组，山岩上有唐代摩崖造像78龛234尊。第3号龛高6米、宽2.8米、深1.2米，造立佛1尊，大佛岩因此得名。2007年12月12日，蒲江县人民政府公布大佛岩摩崖造像为文物保护单位。

插旗山摩崖造像　插旗山摩崖造像位于插旗山村五组，现存唐代摩崖造像3龛11尊。1号龛高1米、宽1.3米、深0.6米，造一佛、二弟子、二菩萨、二力士。

三、三圣祠石刻

三圣祠位于寿安镇五星社区九组。1992年，三圣祠附近村民发现一通刻有官印的清代石碑。碑高1.35米、宽0.69米，厚0.11米。青石保存完整，正面横刻“蒲江县正堂示”6个大字，字径7厘米，字距4厘米，正文20行竖刻572字，文字清晰。头行刻“钦加同知衔特授四川邛州蒲江县正堂加五级记录十次凤”。末行刻“光绪十四年（1888年）九月实竖三圣祠晓谕勿损”。“年”字与“九”字间刻篆书“蒲江县正堂”官印一方，印长65厘米、宽6厘米。正文记叙蒲江县安仁乡（清代安仁乡包括五星全境及插旗乡、长秋乡、寿安镇部分村）金银沟西齐堰“上年（指光绪十三年，1887年）因争放此堰之水，伤毙二命，至今尚未埋，悬案未结，言之殊属可惨”；“今春雨水稍欠，上堰李玉谦等不应将堰坎挖洞截流，致使下堰袁炳星等田无水灌溉”。官司告到县衙，知县凤全责令将洞填塞。“而附近上堰田户水小，不能栽插，又复于堰埂另埋竹筒，希图泄露灌田”。下堰袁炳星等被激怒，“将此堰砌口挖毁”，以至互相指控。凤全“亲自履勘，齐集人证”。调查了解真实情况后，批评上

三圣祠凤全碑（摄于2016年）

下堰田户“自图己便”之行为。责令填塞漏水洞，修复砌口。规定“天旱水小年分，上堰田户只准在沟舀水灌耕，永不准在堰埂挖洞埋筒，不准截闸砌口，以便水下流各堰”；“毋再私挖以至互相争放，以伤人命”。要双方“各当场出具切接备案”。又应乡民请求，将示谕刻碑，以垂久远：“仰金银沟上下水户知悉，务各遵照此次断案，照旧放水，以杜衅端，不得故为争竞，致于咎戾。”背面为“永定章程堰序”14行、278字。碑文全用四言韵语写成：“且天下事，废者当兴。事宜公办，人要同心……每逢春季，无水灌耕。如不耕种，人何以生？”为感谢知县“当堂判清”，乡民们“寅送匾伞，报答官恩”。此碑的发现补充了光绪十三年（1887年）和光绪十四年（1888年），蒲江遭受旱灾的史料，反映了一百多年前蒲江水利问题。三圣祠凤全碑记石刻为蒲江县留下一件完整的文物，对研究蒲江县历史、凤全历史具有重要价值。1988年，蒲江县人民政府公布“三圣祠凤全碑记”为文物保护单位。

附记：凤全其人

凤全是清代名臣，《清史稿》卷453为他立有传记。凤全，字茀堂，满州镶黄旗人，同治十二年（1873年）癸酉举人，历任四川省开县、成都县、绵竹县、蒲江县知县，崇庆州、邛州、泸州知州，嘉定府知府，成（都）绵（阳）龙（安）茂（汶）道道台。他“清操峻特，号刚直”“直法行治，虽豪必夷”“廉健勤能”。在蒲江“修县署（县政府），葺城垣，养士教民，利兴弊祛，口碑载道，颂铁面包公”。光绪三十年（1904年），凤全受命任驻藏帮办大臣。次年，行至巴塘“见土司侵细民，喇嘛尤横恣久”。他有“暂停（喇嘛）剃度，限制人数”之议，喇嘛深恨凤会，便勾结土司发动叛乱，将其杀害。鹤山镇东街原有凤公祠便是纪念这位知县的。

两岸三通（摄于2015年）

第十六章　人　物

寿安镇文化底蕴厚重，人才辈出，自古至今涌现出不少知名人士。《蒲江县志（1992）》和《蒲江县志（2005）》中，人物传略列有15位寿安籍人士，本志增补7位寿安籍已故人物列传。他们有的饱读诗书，才思敏捷；有的顺应历史，献身革命；有的悬壶济世，治病救人；有的驰骋疆场，抗击倭寇；有的钻研学问，报效国家；有的发展经济，扶困济贫。也有的横行乡里，守旧叛逆。他们在寿安历史上留下了不可磨灭的踪迹，为社会、经济、文化发展和建设起到一定的作用。在新的历史时期，又有众多寿安儿女为社会、经济、文化发展和建设做出了杰出的贡献。历史是人民创造的，从一定意义上说，记住他们就记住了历史。

第一节　人物传略

一、王汉昭

王汉昭（生卒年月不详），原籍寿安镇七星村，清光绪元年（1875年）贡生，光绪年间（1875—1908年）任蒲江鹤山书院山长。其人身材魁梧，仪表非凡，诗文书法皆名誉乡里。后为成都尊经书院院长，为翰林院学士李西鸥所赏识，李荐王于朝廷，曾诏进京任职。因其眷恋故乡及老母而弃去仕途，终老林泉。

王汉昭才思敏捷，擅幽默，颇多轶趣。少时曾偕塾师赴某知县筵席，席间，问王能否属对？王迳请命题。知县以桌上半边盐蛋为题："半蛋作船，内载黄金白玉。"王略一踌躇，应对曰："一路围带，紧锁绿水青山。"原寿安镇仁寿桥头土地庙久无对联，地方人士慕名请王撰对，他挥笔疾书："大小是员官长，多少有些神通。"众皆为此联工整、意隽而赞叹。又某年，春日会戏期间，邛崃知县闻其多才，有意作难，令人在新搭戏台前备好纸笔，俟其一到便命拟对。他稍加思索即刻拟就。联曰："平地起楼台，看将相多门，出头定慰苍生望；飞花遍城郭，趁清明时雨，洗耳遥听纠漫歌。"知县愕然折服。其生平著作有《狃山传奇》《张公济暄墓碑序》等。

二、袁文卓

袁文卓（1861—1927），字峻亭，咸丰十一年（1861年）生于寿安镇白岩寺村，清末廪生。光绪二十五年（1899年），袁留学日本宏文师范学校。1903年，袁回国后，任蒲江县高等小学堂校长。光绪三十一年（1905年），学校国文教师杨子元被社会人士推举，承担撰写《蒲江县乡土志》。杨秉公治史、不徇请托，因该志 "官师"部分触及县政诸多弊端，遭知县顾葆颐构陷羁押。袁文卓调解无果，派学生代表到县衙门救出杨子元，并赴省为杨鸣冤。民国元年（1912年），袁文卓任四川省临时参议会参议员。民国6年（1917年），袁任江安县知县。袁在任蒲江县高等小学堂校长期间，李家钰曾是该校学生，遂被礼聘为李部川军第一师高参。民国16年（1927年），袁文卓任四川省边防军总司令部护商处处长。同年病逝于遂宁，享年66岁。

三、王济川

王济川（1879—1950），清光绪五年（1879年）生于寿安镇，是县内名医。少时在私塾求学，好读经史，创造了攻读中医医书的条件。入冠以后，随父学习中医，诸如《内经》《伤寒论》《金匮要略》《温病条辨》等中医典籍无不精研。他收藏阅读的医书颇多，大大提高了他的医理、医法素养。他30岁始济世行医，其处方立法，审慎果断。善医伤寒、温热病及妇科痼疾顽症。经他治疗的病人，往往药到病除，治愈沉疴。民国28年（1939年），正在抗日前线作战的四十七军军长、邑人李家钰，染病良久，因慕王之医术，急电邀请他乘飞机至前线为其治疗。在王济川精心辨症后，力排众议，独辟蹊径，药不数剂而病乃痊愈。因此，李家钰委他为军部军医。翌年，王辞去军职，返回故土，在县城南街开设“明经堂”行医。1950年秋，王济川病逝，享年71岁。

四、李寿民

李寿民（1881—1966），寿安镇松华社区人。从小从师从家父名中医李家兴，熟读内经、难经、金匮医案等名著，临床运用，成效显著。他擅长医治温热病、儿科、妇科、疑难杂症。他用祖传秘方制成“阎王丹”，治疗疔疮有特效。他用的“三仁汤”治愈了许多湿热病人。李寿民医术精湛，医德高尚，治病不问贫富，一视同仁，耐心细致，望闻问切一丝不苟。每诊一病，都要给病人讲述脉理，阐明病因。对于重病者，反复安慰，稳定情绪，他深知“六因七情”的辨证施治疗法。由于他药到病除的医术，许多被他治愈的病人为他送“世代名医”“妙手回春”“华佗再世”“起死回生”等匾屏。民国37年（1948年），邛崃县牟场（现红光镇）乡长患怪病久治不愈，经李寿民医治，不久痊愈。春节期间，乡长请来戏班子到松华唱川剧 3 天，以表为李寿民拜年祝贺。

1951年4月，李寿民参加松华乡联合诊所并任主任。当年又被推选为县人民代表。1953年，李调任蒲江县人民医院，任主治医师。1959年，邛蒲合县后调至邛崃县人民医院工作。1962年，邛蒲分县后，调回蒲江县人民医院任主治医师。李寿民是蒲江县最早获得高级职称的医务人员之一。1966年，李寿民逝世，享年85岁。

五、杨晓帆

杨晓帆（1889—1943），名时中，寿安镇杨沙湾人，自幼家境清贫，勤奋好学，尤善书法。曾就读于蒲江高等小学校。他博览群书，知识渊博，考取了清末文生。著有《日观文录杂感》《茶余酒后之闲谈》等文集。他在书法方面造诣甚深，擅长楷、行、草字体，尤以行书最佳。其笔迹紧凑有力，流畅秀丽。虽以颜、柳体为楷法，然其博采善融，技法有独到之处。

杨与李家钰系同窗学友，曾由李荐任邻水县典狱官，后又调李军部任书记官。他安贫若素，重名节而不慕荣利，厌恶封建社会军阀官场之腐朽，多次谢绝了荐其任职的聘求。他曾撰联一副：“富贵眼前花，早开也好，迟开也好；银钱身外物，有又何如，无又何如？”作为座右铭。终年时，仅有田两亩多。他教学认真，教授书法更是谆谆善诱，培育了一批书法优秀的学生，如寿民的曹德培、杨克文及原乡干部曹建钊等，其他效法受其影响者亦不少。

杨晚年为把毕生书法技艺传授后代，曾著有《书法说明书》，用俏劲的笔锋亲自书写，由同乡书法爱好者杨荩轩筹资，协助石印多册。该书中，辑有"下得重（下笔）、收得紧（紧凑）、封得严（封扣）"等书法要诀。他还为人书写大量碑文、匾对、条屏以及手抄文录、杂记等。

六、董宋珩

董宋珩（1891—1954），又名董长安，寿安镇插旗山村人。原姓宋，两岁时，父亲宋志文亡故，靠母独自抚养。10岁时，母亲改嫁仁寿县人董明鉴，改姓名为董长安，后随父移居仁寿县周龙场。成名后，以董宋珩为名，字长安，以念继父董民鉴和生父宋志文。

清宣统二年（1910年），董在四川省陆军小学堂毕业。先到河北保定军官学校学习，后在川军田颂尧部任团长、旅长、军长等职。民国26年（1937年），董任40军中将副军长，率军北上抗日，转战山西、山东等省。民国27年（1938年），董宋珩升任第22集团军副总司令。民国34年（1945年）3月，日军大举进犯襄阳、樊城，董在战场指挥杀敌受伤，下属劝其回四川疗养，他说："匈奴未灭，何以为家？不击败日寇是军人之耻。"抗战胜利后，董反对蒋介石发动内乱，借口治病，回四川住成都观音桥。民国38年（1949年）春，中共地下党员易野原、霞逊，力劝时任川陕鄂绥靖公署副主任的董宋珩策动所部起义，董遂与刘文辉共同商议起义事项。同年12月，董率部2个军、7个师起义，同时策反国民党罗广文15兵团10个师、3万余人。董宋珩的义举，得到贺龙司令员的赞赏。1954年，董宋珩作为特邀代表，列席全国政协第二次会议，受到毛泽东主席、周恩来总理、朱德总司令的接见。1954年，董宋珩病逝于北京，享年63岁。

七、杨忠堂

杨忠堂（1893—1951），字荩轩，寿安镇青龙杨沙湾人，生于清光绪十九年（1893年），幼学勤勉，有才智。民国5年（1916年），他设塾授课于乡里，因教学有方，学生成绩优秀，为乡人所尊崇。县知事公署视学杜少甫举荐杨至李家钰军部任录事，后升任书记、秘书、垫江县征收局长。民国13年（1924年）起，杨任大足县知事等职。

杨在大足县任知事时，常出巡四乡，体察民情，遇有事争端诉讼，乃于田边农舍就地审理，力避繁讼苛政。他亦常考察学校，时有亲身授课和奖掖优生之举，为县各界赞赏。后川军3师邓锡侯驻防大足，频繁逼其征粮、派款、拉伕，杨深恶弊政，遂挂冠而去。

民国15年（1926年），杨返蒲江，致力桑梓教育，捐资兴办万祠堂小学、寿安成平小学等学校，并附设平民夜校，扫除文盲。杨热忱公益，在民国17年（1928年）任新蒲公路局局长期间，经手募资，铺设蒲江县城至寿安镇之石板古道。并引进种子和技术，劝导农民栽桑养蚕以富民生。民国19年（1930年），杨力倡并主持兴建青龙场。场镇修成后，即将万祠堂小学迁至场上新校舍，增招学生，广聘教师，办小学4个班，1个国学专修班，学生200余人。杨自兼校长，并负担全部办学经费。

民国22年（1933年），杨任蒲江县教育局局长，曾从征收遗欠公粮款项中，筹措县初中校基金田90亩发展中学教育，提倡教师考核，择优给奖，以提高教学质量。他一生好为人书写，书法较精。1951年病逝，终年58岁。

八、杨显名

杨显名（1895—1952），寿安镇松华乡人。初在川军23军、后在四川边防军李家钰部任职。民国22年（1933年），杨显名任蒲江县县长。民国26年（1937年），随李家钰出川抗日，任团长。民国29年（1940年），任47军178师步兵指挥官。民国32年（1943年）10月，任47军104师师长。民国33年（1944年）5月21日，李家钰阵亡，杨显名率队从火线上抢回李家钰遗体。民国34年（1945年），杨率部在河北省两河口一带抗日。抗战胜利后，其部队整编为旅，杨任旅长。民国35年（1946年）11月，杨部在河南滑县上官村被解放军消灭，杨显名被俘，经教育释放回川。1949年，杨任邛崃、大邑、蒲江、名山4县山防总队副总队长，邛崃县民众自卫总队副总队长。同年12月19日，解放军进攻邛崃，杨显名下令守城警察中队放下武器，开城投诚。次日，邛崃县成立解放军委员会，杨任副主任委员，积极参加支前、筹粮、剿匪等工作。1952年，杨显名病逝，享年57岁。

九、汪泳龙

汪泳龙（1889—1951），字伯渊，寿安镇汪场村人，生于清光绪十五年（1889年）。汪少时就学于蒲江鹤山书院，后考入四川省政法学堂。结业后，先后在国民政府内政部县、市人员训练班第九期、庐山军政人员训练班第二期、四川省行政人员训练班第三期结业。

民国12年（1923年），汪任垫江县知事。次年2月，调任邻水县知事。民国14年（1925年）4月，调任广安县知事。次年，调任岳池县任知事。汪在广安、岳池任内，苛税重赋，妄杀无辜。他几乎每逢城镇场期都要杀人肆虐，以维持其统治。每次被他枪杀者少则两三人，多则一二十人，当地群众称之为“汪屠户”。民国16年（1927年）5月，汪升任嘉陵道道尹（相当于行署专员）。民国18年（1929年）汪任广安、岳池、蓬安、长寿、渠县等11县“清乡剿匪”督办，更变本加厉地逞凶作恶。

民国22年（1933年）年初，汪的后台——军阀罗泽洲所占的防区变动，汪亦随之卸去道尹之职。同年3月，汪任资中县县长。6月，汪在川军23师任高等顾问并代理师长。民国24年（1935年）9月，调任富顺县县长。这年起至民国32年（1943年）的8年中，汪先后就任长寿、大竹、绵阳、长宁等县县长之职。后又任国民政府成都行辕秘书。民国36年（1947年），蒲江“选举”国大代表时，汪以民社党员身份，被国民党四川省选举委员会圈定为国大代表。翌年，汪在南京出席国民代表大会。

蒲江解放后，土改运动中，汪泳龙又隐匿财产，抗拒退押，并支使其子汪特雄勾结巨匪乔子均，纠集高河、青龙一带匪特伺机暴乱，拼死与新生红色政权为敌。1951年4月，蒲江县人民法庭召开公审大会，依法判处汪泳龙死刑，并在高河场河坝执行。

十、喻兴洲

喻兴洲（？—1946），寿安镇喻河塥人，后迁居寿安镇二条街。喻早年参加四川省边防军李家钰部。民国18年至民国21年（1929年至1932年），任邓蜀才（邛崃人）团长部下连长，后到24军刘文辉部队任邓蜀才师长部下营长。民国22年（1933年），刘湘联合李家钰攻打刘文辉，使其败退西康。此时，喻兴洲又投靠到刘湘部下，任成都市南门城防营营长。在此期间，因私自释放了一批被捕匪首而被撤职回家，在其堂叔喻金山烟馆内吸鸦片烟混耍。后外出到新津、郫县、双流等地串访被他释放的匪首，这些袍哥舵把子为报答救命之恩，给予大批酬谢款项，喻便在寿安镇正街下段开设“喻兴洲茶社”，兼营赌场。在茶社开业典礼上，邛崃、大邑、新津、双流、温江、郫县、彭山、雅安、芦山、天全等县的哥老会头目、舵把子、匪首等前来祝贺。其间，川南地区的大匪首彭山人帅鹏章首先赠送对联，燃放鞭炮，喻兴洲一时名声大震。在哥老会仁聚公舵把子喻南轩的捧场下，寿安镇十大公口总舵把子龚杰三将头把交椅让位于喻兴洲，从此寿安十大公口闻川南十余县。

喻兴洲结发妻乔春霞大他10岁，相貌不好，只生一女喻春茹，与正街王家之王文娟为同学。王家为仰赖喻，便把25岁的女儿王文娟嫁给50岁的兴洲做小老婆。1944年，喻在寿安小学校的操场搭戏台举行“文明结婚仪式”，演川戏5天，大办宴席，远近十余县的哥老会头目，匪首等前来贺喜。

喻兴洲生性豪爽，仗义疏财，人称“喻漂亮”。他当营长时属下两个排长，一个是天全人、一个是芦山人。两人路过寿安，生活拮据，便前去拜望喻兴洲。喻知情后，因他手头一时无钱，便把穿在身上的皮袄拿去典当得银圆12枚分送二人。后来二人得势发财后，遂乘滑竿，抬上鸦片20公斤前来致谢。

喻既是清水袍哥，又是混水袍哥，红黑两通，凡寿安镇地区的重大事件处置，须通过他才摆得平。每逢重大节日活动或上演川戏期间，只要他招呼一声，离寿安镇十里之内不出抢劫生非之事。民国35年（1946年），喻兴洲在寿安病故。

十一、周鼎铭

周鼎铭（1901—1944），寿安镇松华乡人。民国3年（1914年），周鼎铭考入蒲江县高等小学堂，毕业后考入邛（崃）蒲（江）大（邑）联合中学。民国9年（1920年），考入宜宾军官养成所。民国16年（1927年），周任刘文辉部24军排长、营长等职。民国21年（1932年），任李家钰部参谋副官。民国26年（1937年），抗日战争爆发，李家钰率部出川抗日，周鼎铭奉命驻成都，做军需补充和交际联络工作。后经张致和介绍，周结识中共四川省委书记车耀先，并持车耀先介绍信同邛崃联中同学王伯高（曾任川军28军团长，成都十二桥革命烈士之一）一起赴延安，入陕北公学学习。民国27年（1938年）7月，周鼎铭学成毕业，受中共党组织安排，做抗日救亡高层统战工作。

民国28年（1939年），李家钰晋升为36集团军总司令，周奉李家钰电召到抗日前线，任李家钰司令部少将副官长。民国32年（1943年）秋，任47军军部副官处上校处长。民国33年（1944年），洛阳会战开始。5月21日，在河南省陕县秦家坡掩护友军撤退时，遭日寇伏击，周鼎铭重伤身亡，时年43岁。1986年1月17日，民政部批准周鼎铭为革命烈士。

十二、曹永祐

曹永祐（1902—1968），子德培，自号天泽，寿安镇青龙场人，生于光绪二十八年（1902年）。民国9年（1920年），曹毕业于蒲江高等小学校，后在赵鸣皋处补习二年。曹天资聪颖过人，文学知识渊博，善于书画。书特擅长大字，苍劲有力，小字亦清晰秀丽，能写各种字体，书法名冠全县。他为当时蒲江县政府写过3次门匾。写碑也较多，以铁溪桥桥碑字迹为最佳。民国17年（1928年），出外从军，充任营部书记。嗣后回蒲，任县督学和小学教师。民国25年（1936年），任青龙乡联保主任。他写文章精奇藻丽而又含蓄，擅刀笔文，为人诉讼。1958年，曹永祐在寿安镇上场口书写“跃进门”3个大字，受到人们称颂。1968年，曹死于水兽滩，殁年66岁。

曹德培绘画作品（赵修全供稿）

十三、杜国良

杜国良（1903—1992），字伯龙，蒲江青龙场人，生于清光绪二十九年（1903年）。民国3年（1914年）入私塾，民国10年（1921年）入县立小学，毕业于成都叙州中学。回蒲后，任寿安镇成平小学训育主任，并兼任两班语文。他每日黎明即起，带领学生作晨操、跑公路，与学生熙熙融融相聚一堂，以教为乐，以校为家。民国17年（1928年），杜任蒲江县立小学教师。民国8—20年（1919—1931年），复任成平小学训育主任。民国25—29年（1936—1940年），复回寿安镇任教导主任及校长。民国30年（1941年）起，任蒲江东北镇中兴小学校长。因教育金费拮据，他从家中卖粮而付教员薪资。民国33年（1944年），蒲江临时参议会成立，他任县临时参议员。民国35年（1946年），县参议会成立，任县参议员。民国36年（1947年）秋，任蒲江民众教育馆馆长。1981年10月，被蒲江县志编委会聘为通讯员，提供大量口碑及文字史料。1982年4月，杜任蒲江县第一届政协委员会委员。1992年，杜国良病逝，享年89岁。

十四、詹汉文

詹汉文（1903—1975），字洪炳，寿安镇二条街人。民国19年（1930年），毕业于国立北洋大学（天津）土木工程系。民国20年（1931年）7月，詹汉文任华洋义赈灾总会副总工程师，参加西安至兰州的西兰公路建设。民国22年（1933年）9月，詹任蒲江县寿安区立小学自然科学教师。民国23年（1934年）5月，任国民政府建设委员会淮南煤矿局淮南铁路助理工程师兼第一工段段长，修建铁路。其后又历任淮南工程处巢县工程主任、江南铁路芜湖工程主任等职。民国26年（1937年）3月，任广梅铁路工程师，设计广东省广州到梅县的铁路。同年7月，任湘桂铁路工程师，设计从湖南到广西铁路。民国27年（1938年）11月，修筑天全县南坝子至龙旦溪川康公路，詹汉文任蒲江工段公务股股长。民国29年（1940年）2月，蒲江县县长谢从根委任詹汉文为中城小学（现鹤山镇北街小学）校长。詹因参加滇黔路修建工作，辞不就任。民国31年（1942年）2月，詹汉文任资和钢铁冶炼公司（重庆炼钢厂）工程师，负责土木设计。同年9月。詹回乡任寿安中心小学任自然科学专任教师。民国33年（1944年）1月，蒲江县县长游铂镛聘詹汉文，为蒲江县修建邛崃特种工程（桑园飞机场）总队部顾问。按詹提出的施工方案进行建设，蒲江县提前完成工程任务。同年9月，蒲江县县长叶楷委任詹汉文为寿安乡乡长，他不就职，移居青龙场。寿安乡士绅多人，冒雨将委令送去，并燃放花炮，詹坚决不接受委令。其后，詹汉文任资阳县储彦中学数理科专任教师。民国35年（1946年）1月，任寿安乡乡民代表会主席。2月，任寿安乡国民中心学校自然科学教师。3月，詹汉文被选为寿安乡县参议员。12月，詹辞去县参议员，到四川公路局工作。民国37年（1948年）8月，詹汉文被推荐为寿安乡国民中心学校校长。民国38年（1949年）4月，詹汉文辞去校长职务。

1950年，詹汉文应聘任成渝铁路简阳工务段副段长，设计施工建成简阳铁路大桥。1951年，詹汉文因地主家庭出身和历史问题，被关押于蒲江看守所。1952年，蒲江中学修建教学大楼，四川省设计院推荐詹汉文。詹被释放，负责设计修建蒲江中学教学大楼。1952年冬，詹汉文设计修建蒲（江）新（津）公路雷河大石桥。1953年，詹汉文调四川省教育厅，负责学校建设设计。后调温江专署，设计修建温江中学。1956年，詹又调绵阳专署，设计修建绵阳党校。1959年，詹在遂宁设计修建绵阳专科学校。1965年，设计修建遂宁一中。以后又相继设计修建该县东禅中学、城北小学，担任龙凤灌溉工程指挥部技术负责人。1972年，詹汉文退休。1975年10月，詹汉文在遂宁病逝，享年72岁。

十五、王尧钦

王尧钦（1910—1965），寿安镇插旗乡人，清宣统二年（1910年）出生。王幼年在蒲江读小学。民国13年（1924年），14岁的王尧钦在成都考入四川省立第一中学。时值军阀割据，社会腐败。王与同乡同学李冬明、龚仲卿等为探求真理，喜读中共中央机关报《向导周报》、共青团中央刊物《中国青年》及郭沫若等主办的《洪水》等书刊，从中接受了革命新思潮的影响。民国16年（1927年）初，王在省立第一中学毕业，任教于蒲江县高桥育才学校，积极配合蒲江农民运动先驱者陈绍周，成立高桥农民协会，进行抗粮抗捐斗争。农协运动如火如荼，声威遍及毗邻县几十个场镇。蒲江官府、军阀为缓兵计，假意与农协会“谈判”，无理要求解散农协会。时任农协会谈判代表的王尧钦，针锋相对、据理力争，维护农协会的正义要求。同年4月，王尧钦由中共成都特支派来的党员石兆祥（宜宾人）介绍，加入中国共产党，并担任中共蒲江支部委员会书记。同年7月至民国17年（1928年）1月，王先后担任中共蒲江县委员会、中共蒲江特别支部委员会书记。

高桥农民运动，遭到军阀、官府的残酷镇压。民国16年（1927年）秋，经中共地下组织成都特支决定，由石兆祥、王尧钦等率领农协队伍，转入长秋山区，继续进行武装斗争。在蒲江、眉山、丹棱交界的山区，王曾多次进行演讲和策反工作，争取了驻万盛场川军一个连的人枪投归农协武装。民国18年（1929年）夏，军阀、官府再次扩充兵力，对驻守在太清观的农协会武装进行围剿。王尧钦等整队还击，先后数次击退敌兵的攻击，直至弹尽粮绝，趁黑夜突围而出。在敌人严密通缉、搜捕下，中共成都特支秘密将王安排在灌县杨柳场小学，以教书作掩护。后王又先后在温江、新津任教，与党失去联系。脱党后，王尧钦曾任蒲江县政府经收处出纳主任、彭水县仓库管理员，并在本县小学及私塾任教。蒲江解放后，王曾在县人民政府工作，后因受谷耀五（曾任蒲江县长，后犯罪）排斥打击，而回寿安经商。1965年，王尧钦病故，享年55岁。

十六、刘兴祥

刘兴祥（1916—2002），字星翔，寿安镇周幺店子刘河煸人。民国23年（1934年）2月，入成都石室中学高中第五班学习。民国26年（1937年）1月，高中毕业回乡，在寿安镇小学任教。民国29年（1940年），考入国立四川大学农学院农业经济系。民国33年（1944年）8月，从川大毕业后，刘被聘为四川省立宜宾高等农业职业学校桑蚕科主任。民国34年（1945年）9月，刘任彭县公立简易师范学校理化科专任教员兼教务主任。

民国35年（1946年）7—8月，四川大学蒲江同学会和蒲江县士绅等，联名向时任县长举荐刘兴祥为蒲江中学校长。9月1日，四川省政府主席张群委任刘兴祥为蒲江县中学校长。刘到任后，雷厉风行，严格治校，学校面貌一新。同时禁止国民党、三青团在蒲江中学发展组织，引起了国民党县党部的极大不满，电请省政府将该校长撤职。时任四川省主席邓锡侯批复“暂从缓议”。

1949年8月，刘兴祥辞职，与其妻罗淑华回寿安镇乡下种植苹果。1950年2月，刘兴祥受川大农艺系主任、农业改进所所长杨永奎之邀请，任成都农校教员。1958年9月，调任四川省农业干部学校教员。1960年，刘兴祥从成都造纸厂废水中提取氟硅酸钠应用于农业，开综合利用造纸废水之先河。1973年，刘被调到四川省农业厅科教处工作。1980年，刘参加农干校调查组，赴陕西、湖北、湖南、贵州等省调查农业管理干部的情况，编写专业班的课程和考试办法。1982年1月，刘任四川省农业管理干部学院土壤教研室主任，评为副教授。刘兴祥治学严谨，为四川省农业管理干部学院编写和审定《土壤肥料基础知识》等教材，多次参加教学大纲的编写和审定工作。1985年7月，70岁的刘兴祥加入中国共产党。2002年8月11日，刘兴祥病逝于四川省人民医院，享年86岁。

十七、赵永康

赵永康（1916—1985），名泽安，号润，字飞龙，1916年出生于寿安镇围镇村，自幼勤奋好学、苦读耕耘。民国25年（1936年），赵赴成都学书画装裱技艺，得识多名书画名师指点，学习书画篆刻，历经五年学有所成。而后赴成都、新都、峨眉山等地帮工，潜心研习书画篆刻和儒道佛学，结识众多名家名人，博取众长使其技艺更精。后在峨眉

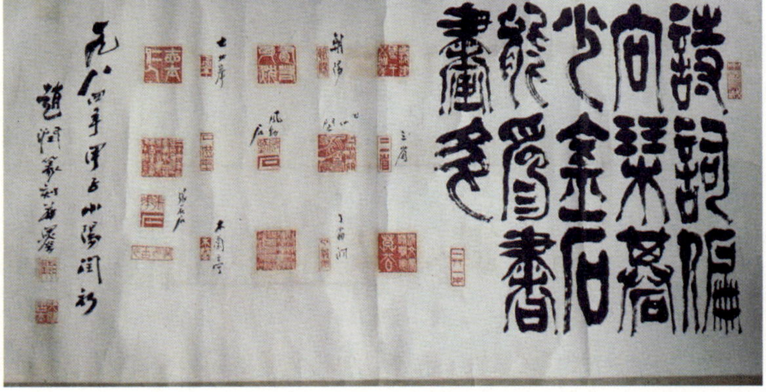

赵永康书法和篆刻作品（戴其章供稿）

山神水阁皈依佛教。40年代，赵永康回到寿安镇，在雷塝开办私塾教书育人，学生众多。而后又在寿安镇上以开设书画装裱铺为生。新中国成立后，参加了合作工美社，一直从事装裱业，后发展为寿安塑印厂。赵永康为四川省书法家协会会员。

1958年，赵永康妻逝世后，与川剧名旦罗淑群（艺名琴艳）再续姻缘。赵对其子女从严管束、循循善诱，使其学有所成。赵一生为人正直、待人和善、公私分明，为乡里书写不计薪酬。赵书画技艺自成一体，真、草、隶、篆无一不精，更以篆刻见长，每为乡里称颂。赵永康毕生从事书法研究，热爱传统文化，为县文化事业的发展做出了自己应有的贡献。1985年，赵永康病逝，享年69岁。

十八、廖启清

廖启清（1922—2004），原名吕国安，寿安镇插旗山村六组人。幼时，其生父吕家富遭强盗杀害，抚与邛崃舅父为子，改名廖启清。1946年7月，廖启清毕业于成都国立师范学校。1950年8月，廖任蒲江县西南镇（现鹤山镇南街实验小学校）小学教导主任。1952年，任蒲江县实验小学校（在王家祠）校长。1955年，在寿安中心小学校任教。1962年12月，任蒲江县文化馆干事。1981年11月，加入四川省书法家协会。廖启清书法擅长楷、行、隶、篆，对隶、篆尤有心得，绘画长于花卉、翎毛，上笔写意皆能涉猎草、虫、虾。廖启清的作品《葡萄小鸡图》及传略入编《晚霞书画锦集》，篆、隶楹联为峨眉山管理所收藏。国画《情趣》在“王羲之奖”中国书画大赛中获二等奖。曾为县内外撰写墓碑400余通（座），为朝阳湖、长滩湖、石象湖、飞仙阁的岩壁、石坊上书写诗词、对联和匾额30余处，为九仙山、太清观、大佛寺等寺庙书写对联、匾额、碑文。为蒲江大桥、仙鹤桥、驭虹桥、迎恩桥、复兴桥等题名。廖启清的作品有50余件流传至联邦德国、日本等国和中国台湾、香港、澳门地区。廖启清曾任县政协第一、二届委员会委员。2004年12月，廖启清病逝，享年82岁。

十九、董华轩

董华轩（1929—1950），寿安镇金家村人。民国28年（1939年），董华轩在寿安镇小学读书。民国37年（1948年）秋，董华轩在邛崃敬亭中学读书时参加中国共产党的外围组织“火星社”。1949年11月，川康边人民游击纵队崇（庆）大（邑）新（津）支队副指导员董国福（川大中共党员）在大邑县韩场镇召开会议，宣布组建9个区队。第9区队为五面山区队，下辖邛崃观音、新安和蒲江寿安3个大队，董华轩被任命为蒲江寿安大队大队长。董回寿安后，在寿安、中兴（现鹤山街道天华社区）农村中秘密筹建游击队。同年12月19日，蒲江解放，董华轩正式成立游击队，任游击队指导员。1950年，国民党组织叛乱，县内中兴乡一帮土匪凭借长秋山险峻地势，盘踞在仙佛寺古庙内。同年3月10日，董华轩奉命前往侦察，被叛徒黎凤生出卖被捕。当日深夜，匪首韩玉泉指使孙映堂、杜连玉、吴远洪，将董华轩绑至杨拱桥杀害，尸体投进水井填上乱石。董华轩牺牲时，年仅21岁。农历正月二十三日，驻蒲解放军得知董华轩遇害，兵分三路，在游击队配合下，活捉黎凤生等200余名叛匪，平息土匪叛乱，董华轩遗体被收殓回乡安葬。同年5月6日，蒲江县人民政府批准董华轩为革命烈士。

二十、胡世远

胡世远（1932—1969），寿安镇插旗山村二组人。1952年，20岁的胡世远即任合江乡乡长。1961年，合江乡与仁寿乡合并为和平公社，胡任和平公社党委副书记，公社管委会主任，分管农业。1959年，“大跃进”时盛行“浮夸风”，鼓吹“水稻亩产超千斤”“跑步进入共产主义”，加之自然灾害，人民生活进入“低标准”时期。胡世远便给时任四川省委书记李井泉写信，如实反应农村实情，揭露浮夸风虚报问题。此后，中共寿安区委会召开扩大干部会，对胡世远进行批评斗争，扣上“反党”“右倾”的罪名，被撤销党内外职务，开除党籍。1962年4月，根据中共中央《关于加速进行党员，干部甄别工作的通知》政策，胡世远恢复党籍和职务，任和平公社党委副书记、公社管委会主任。1966年起，“文化大革命”运动开始，胡世远因谈论“林彪形象不好，不带官相”受到批判斗争，定为反党、反毛主席思想、反社会主义“三反分子”，受到造反派的严重摧残而致重病。1969年1月，胡世远病逝，年仅37岁。

二十一、万本根

万本根（1944—2016），民国33年（1944年）万本根出生于寿安镇青龙场。1967年7月，万毕业于四川大学中文系。1991年起，任四川省社科院副院长。2005年起，万先后担任当代四川史编辑部主任、四川省巴蜀文化研究中心副主任、省社科院中华儒学佛学道学中心副理事长、四川省中华文化学会常务副会长、四川省创意产业学会常务副会长兼秘书长、四川师大中国哲学与文化研究所名誉所长、四川大学国际儒学研究院副院长等职。

90年代初，万本根被县委、县政府聘为科技顾问。1991年起，兼任成都恩威集团常务副总裁。1993年起，万本根参与主持创立四川省巴蜀文化研发中心、中华儒学文化中心、中华佛学文化中心、中华道学文化中心，创办《中华文化论坛》《中华文化研究通讯》《巴蜀文化研究通讯》等刊物。1997年起，万独立与其他专家合作向中央和省、市政府献策建言，获批示40多件次。1999年起，万先后独立或与他人合作主编或撰写大型科类典藏图书《巴蜀文化图典》《四川50年图集》《实施西部开发战略，加快推进对外开放》《经济全球化与中华文化的未来发展》《重视发展老龄产业》《20世纪四川全纪录》等。《实施西部开发战略，加快推进对外开放》被新华社《国内动态》、国务院研究室《研究报告》、《人民日报》《内部参阅》登载，与《巴蜀文化图典》同获四川省“五个一”工程奖。万本根先后撰写理论文章约100万字，发表于《人民日报》《光明日报》《求是》《半月谈》等报刊。2016年，万本根病逝，享年72岁。

二十二、杜国平

杜国平（1946—2015），寿安镇围镇村人，中共党员，四川杜氏蜂皇蜂业有限公司董事长、中国蜂产品协会副会长，人称“杜蜂王”。

1968年，杜国平创建四川杜氏蜂皇蜂业有限公司，是一家以蜂业为主体、集蜜蜂养殖、蜂产品研发、蜂产品加工出口于一体的现代民营企业。公司产品一直远销日本和中国香港、台湾及东南亚地区，每年鲜王浆的销量保持在200吨以上，是国内少有的成熟蜂蜜的出口厂商。

1994年，杜国平在寿安中学和寿安小学设立奖学金，对学业优秀、家庭贫困的100多名学生进行奖励，十年间共捐资20多万元。他投资40多万元，将镇政府上场口的街道700余米坑洼泥泞路修成宽10米的水泥路，同时在路边种上绿化树，人们把这条路称为“国平路”。2001年，杜国平把厂内3000多平方米的厂房和空地无偿提供给寿安镇老年大学作为活动场地。其后又自费购买了电视机、麻将桌凳等设施设备，派人协助清理卫生，每年开支水电费五六千元。2004年，杜的公司在青海门源这一世界最好的蜂王浆生产基地投资600万元建成“门源蜂产品厂”，作为现场取浆、现场包装及现场冷藏保鲜之用。2007年12月，他把青海门源蜂王浆生产基地作为全国供销合作社的良好农业规范GAP（盖普）认证试点项目，提供给国内外的同行及终端消费者参观学习，以推动蜂业技术的全面发展。

杜氏蜂皇蜂业有限公司拥有经国际认证的先进水平的生产、分析和监测设备，长期聘请来自日本及云南农业大学的蜂业专家和蜂学教授作为技术研发领头人。致力于高科技的杜蜂王系列产品一直以山口喜久二养蜂方式生产，下设蜂业技术研发中心、蜂王浆生产互动协会等，并在东北、广西、云南、西北等地区建立数个生产蜂产品基地。“杜蜂王”为了弥补在国内市场中高端蜂产品的空缺，研制生产出新鲜蜂王浆、珍稀黄蜜、晶莹巢蜜、破壁蜂花粉等多款纯净无污染和原色原生态的系列产品，为消费者带来“香”“醇”“净”“浓”的享受。杜蜂王共有三个养蜂基地，5000多群蜂，以集约化、规范化的生产方式改变了蜂农原有的分散落后的生产状况，提高了蜂产品的质量和安全水平。杜国平的公司先后荣获中国养蜂协会“全国蜂产品行业龙头企业”及“蜂王浆（粉）出口供货定点单位”等多项称号，并在蜂产品行业中率先通过QS认证。他先后当选县及镇党代会、人代会代表，县政协两届常委、市政协两届委员。2015年，杜国平病逝，享年69岁。

第二节　人物名录

一、寿安镇抗日阵亡将士名录

抗日战争时期，寿安镇有1311人参战，其中80人在安徽、山西、河北、河南、湖北、江西、湖南、云南、山东等省阵亡，另外有2位外籍国民党空军飞行员在松华镇上空阵亡。

姓　名	籍　贯	所在部队及职务	阵亡时间和地点
徐勋臣	寿安镇	21军146师436旅472团2营4连2等兵	1937年11月30日阵亡于安徽省德县东亭湖，年30岁
黄高翼	松华镇	47军178师1061团2营4连上尉连长	1938年2月18日阵亡于山西省黎城县东阳关
刘泽之	寿安镇	47军178师通信连少尉排长	1938年2月17日阵亡于山西省黎城县东阳关，年29岁
杜崇先	寿安镇	47军178师1061团2营4连1等兵	1938年2月17日阵亡于山西省黎城县东阳关，年24岁
安子良	青龙场安山	47军104师310旅620团2营5军2等兵	1938年2月18日阵亡于山西黎城县东阳关停河铺，年23岁
詹培良	寿安镇11保	45军127师379旅758团2营6连下士	1938年3月14日阵亡于山东省邹县五里店，年22岁
廖自泉	寿安镇三圣宫前街	41军124师376旅740团士兵	1938年3月，阵亡于山东省滕县
曹永香	青龙场4保	47军104师310旅620团4连2等兵	1938年4月28日阵亡于山西省闻喜县东镇站 年39岁
汪合顺	青龙场3保	47军104师310旅620团3营9连下士	1938年4月28日，阵亡于山西省闻喜县东镇站，年29岁
安治君	寿安镇棉花街	95师285旅旅部上尉服务员	1938年4月，阵亡于河北省太行山，年25岁
龚伯钧	高河五会祠	47军178师1062团2营机枪排中尉排长	1938年5月阵亡于山西运城，年27岁
陈绍虞	寿安镇正街	47军178师1063团3营8连上尉连长	1938年5月23日阵亡于山西省安邑县城，年29岁
许少清	寿安镇	47军178军师1063团2营6连中士	1938年5月23日阵亡于山西省安邑县城，年24岁
彭光显	松华镇2保	47军178师1063团1营2连1等兵	1938年5月23日阵亡于山西省安邑县城，年28岁
周银昌	寿安镇三圣祠	47军178师1063团1营3连2等兵	1938年5月23日阵亡于山西省安邑县城，年22岁
廖青廷	寿安镇	47军178师1063团2营6连2等炊事兵	1938年5月23日阵亡于山西安邑县城，年30岁
李世舟	寿安镇14保	47军178师1063团3营2等兵	1938年5月23日阵亡于山西安邑县城，年18岁
卢书全	松华镇4保	47军104师312旅623团3营7连2等兵	1938年6月阵亡于山西夏县抗日，年27岁
刘安廷	寿安镇田山口	47军104师310旅620团3营8连1等兵	1938年7月15日阵亡于山西省夏县上曹村，年30岁

续表

姓　名	籍　贯	所在部队及职务	阵亡时间和地点
唐元兴	青龙场	23集团军50军144师432旅863团6连2等兵	1938年1月阵亡于皖南，年20岁
左永成	寿安镇二条街	50军144师432旅864团3营7连2等兵	1938年9月20日阵亡于安徽省贵池县煤炭山，年20岁
左福全	寿安镇6保	50军144师432旅864团3营7连2等兵	1938年9月20日阵亡于安徽省贵池县煤炭山
陈炳清	寿安镇	50军144师430旅860团2营4连上等兵	1938年9月25日阵亡于安徽贵池县娘娘庙，年40岁
周明忠	寿安镇	47军104师310旅619团1营3连下士班长	1939年4月10日阵亡于山西省夏县裴介村，年21岁
范海清	寿安镇	47军178师1064团2营6连2等兵	1939年7月3日阵亡于山西省平陆县苏韩村，年21岁
陈卓成	寿安镇	47军104师311团1营1连1等兵	1939年12月阵亡于豫北，年24岁
陈炳兴	寿安镇	29集团军67军162师486团机枪1连上等兵	1939年2月阵亡于湖北，年28岁
唐陶生	寿安镇	67军162师486团2营5连2等兵	1939年5月阵亡于湖北，年26岁
王治平	寿安镇	新13师3团炮兵连中士	1939年9月阵亡于湖北，年31岁
刘中福	高河场7保	20军133师398团1营2连1等兵	1939年12月27日阵亡于湖北省崇阳县荻洲畈，年23岁
李银山	高河场	20军133师398团2营4连2等兵	1939年12月27日阵亡于湖北省崇阳县荻洲畈，年26岁
杨泽宣	寿安镇13保	77师457团3营7连2等兵	1939年9月27日阵亡于长沙青山市，年21岁
王俊德	松华镇	第4军90师268团2营4连中士班长	1939年10月23日阵亡于岳阳县篢口乡常山，年32岁
黄世清	松华镇1保	72军新14师1团机枪2连2等兵	1939年3月阵亡于南昌会战，年22岁
卢治安	寿安镇汪扁	21军146师138团5连下士	1939年10月阵亡于江西，年40岁
王虎成	高河场10保	20军133师398团机枪3排2等兵	1939年阵亡于江西
郭纪龙	寿安镇左石桥	74军51师153团2营5连1等兵	1939年10月8日阵亡于江西省奉新县九仙汤，年36岁
黄卓三	寿安镇14保	74军58师173团1营2连1等兵	1939年12月阵亡于江西，年28岁
黄安科	寿安镇14保	1938年9月从军	1939年阵亡
陈士安	高河场雷河	47军	1939年10月阵亡，年33岁
陈桂堂	寿安镇八角庙	20军133师398团1营3连上等传达兵	1940年1月7日阵亡于湖北省崇阳县横山，年18岁
雷伯祥	寿安镇14保	67军161师481旅962团3营9连2等兵	1940年4月阵亡于湖北省钟祥县抗日
胡子忠	寿安镇 插旗山胡山墒	44军149师445团3营8连2等兵	1940年10月26日阵亡于湖北省钟祥县白杨尖，年20岁
余新安	寿安镇	44军149师445团3营7连2等兵	1940年11月27日阵亡于湖北省钟祥县曾家大庙，年23岁
邓金山	青龙场7保	18军18师54团2营4连1等兵	1940年6月12日阵亡于湖北，年19岁
李少清	高河场10保	74军51师152团1营1连下士班长	1940年6月20日阵亡于江西省新建县梧桐岭，年25岁
李占云	寿安镇	30集团军新14师38团3连上等兵	1940年6月阵亡于江西省靖安，年24岁
徐海清	高河场4保	74军51师153团2营4连战士	1940年阵亡于江西省高安县西山，年23岁
黄竹轩	松华镇1保	144师420旅860团1营2连2等兵	1940年2月9日阵亡于安徽省繁昌县河沿山，年24岁
黄志清	高河场2保	50军144师432旅864团6连上等兵	1940年阵亡于皖南
陈　俊	寿安镇	50军144师战士	1940年阵亡于皖南

续表

姓　名	籍　贯	所在部队及职务	阵亡时间和地点
黄春廷	寿安镇西禅寺黄沟	50军145师435团1营3连1等兵	1940年11月26日阵亡于安徽省至德县凤凰山，年22岁
张绍明	寿安镇	7军178师532团4连2等兵	1940年3月阵亡于山西省，年21岁
龙鸣斋	寿安镇12保	47军178师533团7连少尉排长	1940年阵亡于山西省陵川县，年30岁，
康学义	寿安镇3保	47军178师533团1营3连1等兵	1940年4月阵亡于河南省陕县磁钟镇山头村，年21岁
喻泽轩	寿安镇10保	75军6师18团工兵1营2连2等兵	1941年10月阵亡于湖北省，年28岁
杨文斌	青龙场2保	新编23师68团机枪2连上等兵	1941年8月3日阵亡于湖南省，年29岁
吴顺元	寿安镇	47军178师534团2营5连上等兵	1941年6月26日阵亡于河南省，年23岁
崔占禄	寿安镇	47军特2连上等兵	1942年9月阵亡于河南省，年18岁
张青山	高河场3保	77军132师395团2营6连1等兵	1942年阵亡于湖北省，年31岁
徐茂全	高河场4保	20军133师特务连1等兵	1942年阵亡于湖南省，年31岁
罗建书	松华镇3保	暂编第6师2团3营炮连3排下士	1942年3月阵亡，年27岁
向少钦	寿安镇半边街	47军178师533团2营机枪连1等兵	1943年阵亡
双长清	松华镇7保	73军77师330团8连上等兵	1943年5月湖南省，年29岁
左正廷	寿安镇	73军77师231团5连上等兵	1943年5月阵亡于湖南省，年37岁
杜　昆	高河场8保	44军战士	1943年阵亡，年40岁
胡五伦	寿安乡7保		1943年1月阵亡
张怀昭	寿安镇15保		1943年1月阵亡
詹耀武	寿安乡	第4集团军96军177师531团2连上等兵	1944年4月24日阵亡于河南省汜水县虎牢关，年35岁
李光友	青龙乡	47军178师532团1营1军中1等兵	1944年5月阵亡于河南省，年30岁
周鼎铭	松华镇	47军军部上校副官处处长。	1944年5月21日阵亡于河南省陕县秦家坡，年43岁
汪特毅	高河乡汪场	47军中尉军需	1944年5月21日阵亡于河南省陕县张镇南寺院村旗杆岭
罗福安	松华乡6保	47军士兵	1944年5月21日阵亡于河南省陕县张镇南寺院村旗杆岭
杨建云	松华乡	44军162师486团3营7连1等兵	1944年阵亡于长衡战役。
李玉泉	高河乡3保	71军新编28师82团1营1连战士	1944年8月阵亡于云南省龙陵县老东坡
蒋琢成	青龙乡1保	远征军第2军9师26团3连上等兵	1944年阵亡于云南省，年38岁
黄泽云	松华乡1保	74军51师152团2营4连中士	1945年4月阵亡于雪峰山战役，年25岁
安吉成	青龙乡4保	18军18师54团2营4连少尉排长	1945年阵亡，年29岁
罗清生	寿安乡	26军41师战士	抗日阵亡
左洪兴	高河乡3保	1939年入伍	抗日阵亡
万应芬（1914—1940）	广东省东莞县	中国空军军士学校上尉飞行教官。	1940年10月26日上午11时，驾驶教练机与日本8架零式歼击机在松华镇寨子山上空交战，飞机坠落子山寨牺牲，年26岁
石大陆（1917—1940）	河北省香河县	中尉飞行员	1940年10月26日上午11时，驾驶2807号战斗机在松华镇寨子山上空与8架日本歼击机交战，飞机坠落刘河心牺牲，年23岁

说明：部队番号为国民党部队番号

二、寿安镇革命烈士名录

姓名	性别	出生年月	出生地	牺牲时间、地点原因	牺牲时所在单位及职务	何机关何时批准为烈士
邹玉	男	1914–09	插旗乡丝栗村	1950年12月抗美援朝战场	志愿军116师347团	347团政治处1951年2月10日批准为烈士
雷泽林	男	1922–08	寿安镇灰窑街	1950年11月抗美援朝战场	志愿军118师	县政府1962年12月22日批准为烈士
方炳良	男	1923–11	五星乡吕石桥村	1952年1月抗美援朝战场	志愿军铁道兵独立4团	铁道兵独立4团政治处1952年2月12日批准为烈士
洪中玉	男	1934–07	临江乡石鱼沱村	1950年12月抗美援朝战场	志愿军180师539团	县政府1982年3月6日批准为烈士
胡银州	男	1905–02	寿安镇二条街	1951年3月抗美援朝战场	志愿军26军232团9连	26军政治部1951年11月12日批准为烈士
康建华	男	1925–09	五星乡犀羊村	1951年9月抗美援朝战场	志愿军574团3营9连	574团政治处1952年1月19日批准为烈士
龚文凯	男	1930–02	寿安镇河坝街	1952年抗美援朝战场	志愿军60军539团	县政府1962年12月22日批准为烈士
董华轩	男	1929–02	插旗乡金家村	1950年2月在蒲江县复兴乡剿匪中牺牲	民兵	县政府1950年5月6日批准为烈士
龙正海	男	1930	插旗乡丝栗村	1950年2月在邛崃县盘龙场剿匪中牺牲	民兵	县政府1982年3月6日批准为烈士
汪远生	男	1960–03	寿安镇河坝街	1979年3月在中越边境自卫还击战中牺牲	解放军112团无后坐力炮连战士	解放军35223部队1979年3月24日批准为烈士
叶明钟	男	1932–03	插旗乡八角村	1952年3月在在执行任务中牺牲	解放军西南军区独立4团	西南军区政治部1952年5月4日批准为烈士
李忠光	男	1945	松华乡华锋村	1961年在宜宾执行任务中牺牲	新津县民警队	温江军区分区1961年8月26日批准为烈士
刘华轩	男	1919	插旗乡金家村	1950年2月在邛崃剿匪中牺牲	民兵	县政府1982年3月6日批准为烈士
杨忠福	男	1928–10	插旗乡白岩寺村	1953年4月在甘肃东巴沟剿匪中牺牲	解放军34团骑兵连战士	34团政治处1963年6月9日批准为烈士
陈玉明	男	1927–01	松华乡建华村	1958年在卓斯甲上岩战斗中牺牲	甘孜警卫营班长	甘孜州人民委员会1958年5月14日批准为烈士
李家鑫	男	1936–03	松华乡松花村	1959年12月在理塘战斗中牺牲	解放军7890部队副班长	3101部队1960年5月31日批准为烈士
王家明	男	1940–11	五星乡董山村	1962年在中印边境对印反击战中牺牲	解放军7890部队战士	7890部队1963年1月5日批准为烈士
黄国良	男	1942–05	松华乡松花村	1962年11月在中印边境对印反击战中牺牲	解放军西藏军区林芝军分区战士	林芝军分区政治处1963年1月5日批准为烈士
唐朝贵	男	1959–12	临江乡董口村	1979年3月在对越自卫反击战中牺牲	解放军35223部队战士	35223部队1979年3月24日批准为烈士
刘海洲	男	1959–09	插旗乡白岩寺村	1979年3月在对越自卫反击战中牺牲	解放军35223部队战士	35223部队1979年3月24日批准为烈士

三、寿安镇参加抗美援朝人员名录

姓 名	性 别	出生年月	住 址	姓 名	性 别	出生年月	住 址
余遵发	男	1932-09	金家村5组	李志华	男	1927-08	龙泉村1组
刘本权	男	1935-01	隆盛村16组	陈远昌	男	1923-10	隆盛村2组
李智和	男	1930-05	隆盛村2组	陈志良	男	1936-05	隆盛村3组
刘代云	男	1934-08	隆盛村4组	杨永宽	男	1930-07	隆盛村4组
安和建	男	1929-10	隆盛村9组	董建刚	男	1927-10	马南村13组
陈甫轩	男	1927-07	马南村15组	罗有智	男	1931-02	马南村5组
周旭山	男	1932-06	马南村6组	姚德厚	男	1932-10	庙乐村12组
左玉高	男	1932-08	庙乐村4组	左富良	男	1933-03	庙乐村9组
罗仁喜	男	1935-11	七星村6组	杜俊文	男	1927-11	树林村1组
龚尚伦	男	1934-01	丝栗村12组	袁国齐	男	1934-03	松华社区7-5
杨家友	男	1935-05	八角村1组	罗明林	男	1931-06	白岩寺村4组
詹良敬	男	1933-07	白岩寺村5组	张绍钦	男	1931-02	插旗山村7组
龚文成	男	1935-09	城北社区1-1	廖家贵	男	1936-01	城北社区5-2
杨大全	男	1934-07	城北社区7-1	杜济云	男	1933-04	大漕村12组
江 湖	男	1936-06	大漕村13组	刘家贵	男	1932-12	大漕村13组
杜国轩	男	1931-08	大漕村9组	罗恒富	男	1928-08	董口村10组
彭大术	男	1934-10	董口村3组	陈光清	男	1931-03	华锋村12组
陈国松	男	1935-02	华锋村3组	陈俊明	男	1928-08	华锋村3组
范天云	男	1930-06	华锋村5组	罗俊清	男	1928-11	华锋村6组
刘家正	男	1928-11	金家村4组	余寿和	男	1921-01	金家村5组
左先明	男	1933-02	松华社区7-7	徐成尧	男	1933-06	松华社区9-1
汪家明	男	1930-04	汪场村1组	邹德全	男	1927-12	围镇村3组
李庆云	男	1930-02	围镇村4组	詹良成	男	1927-04	五会村1组
龚顺清	男	1932-08	五会村4组	辛仕明	男	1931-02	五会村7组
陈先云	男	1937-03	五星社区3组	吴学贵	男	1936-07	西禅村7组
左泽清	男	1931-09	犀羊村3组	董朝州	男	1932-11	元觉村10组
陈正云	男	1930-10	元觉村1组	邓明高	男	1936-11	元觉村5组
董楷元	男	1932-08	元觉村5组	熊仕成	男	1928-02	元觉村5组
张永和	男	1934-06	元觉村5组	董体元	男	1932-12	元觉村6组
张国廷	男	1931-05	元觉村9组				

四、寿安镇参加解放战争、自卫还击战人员名录

姓　名	性　别	出生年月	住　址	姓　名	性　别	出生年月	住　址
罗远祥	男	1960-10	围镇街51号	陈太勋	男	1962-04	大漕村10组
董全生	男	1959-02	八角村11组	龚体海	男	1956-07	大漕村11组
郭忠茹	男	1938-08	八角村1组	杜国祥	男	1964-11	大漕村11组
王清元	男	1936-05	八角村1组	龚正文	男	1950-05	大漕村11组
汪志军	男	1939-09	八角村3组	杨绍华	男	1954-04	大漕村12组
赵俊章	男	1938-08	八角村5组	杜水军	男	1951-06	大漕村12组
左顺清	男	1960-04	八角村5组	杜济贤	男	1936-02	大漕村15组
曾文宁	男	1958-03	八角村6组	杜龙云	男	1952-01	大漕村15组
方仕华	男	1936-08	八角村6组	杜济柱	男	1952-06	大漕村16组
吕国清	男	1956-11	八角村8组	安和碧	男	1950-08	大漕村6组
杨保全	男	1955-01	白岩寺村1组	徐福忠	男	1958-05	大漕村7组
杨德安	男	1936-12	白岩寺村7组	杜济彬	男	1952-07	大漕村7组
喻礼冲	男	1960-02	白岩寺村4组	唐黄兵	男	1958-04	董口村2组
杨仕福	男	1940-06	白岩寺村5组	彭兴寿	男	1963-06	董口村3组
吕贵华	男	1935-04	白岩寺村6组	罗仕良	男	1938-01	董口村4组
詹良树	男	1942-08	白岩寺村9组	左大根	男	1939-09	董口村7组
唐久良	男	1936-01	半边街15号	李贵明	男	1959-09	董口村7组
吕国华	男	1957-11	插旗山村1组	刘祚礼	男	1936-06	董口村8组
吕家祥	男	1951-01	插旗山村1组	杨高林	男	1958-04	二条街下段
胡益全	男	1939-02	插旗山村2组	罗培根	男	1959-05	关帝庙街22号
吕家明	男	1963-12	插旗山村4组	范厚文	男	1938-11	光明村2组
张怀军	男	1959-02	插旗山村7组	雷光洪	男	1958-01	光明村3组
黄家富	男	1935-02	插旗山村7组	雷德学	男	1958-10	光明村3组
杨国林	男	1959-11	城北社区	黄康廷	男	1958-01	光明村7组
安家鑫	男	1939-04	城北社区	黄志永	男	1958-04	光明村7组
罗建超	男	1960-05	城南社区	李万均	男	1953-05	光明村7组
王忠明	男	1945-04	城南社区	黄福军	男	1960-05	光明村8组
黄建清	男	1962-06	城南社区	刘均建	男	1953-04	隆盛村5组
黄光荣	男	1960-05	光明村8组	杨志辉	男	1958-06	隆盛村9组
陈光元	男	1936-09	华锋村11组	张年生	男	1947-12	吕石桥村13组
陈水良	男	1958-06	华锋村12组	曾学文	男	1955-04	吕石桥村1组
罗朝俊	男	1961-07	华锋村13组	刘安成	男	1958-10	吕石桥村4组
陈建康	男	1956-06	华锋村13组	吕光军	男	1958-02	吕石桥村5组
陈光柱	男	1935-09	华锋村13组	左成富	男	1959-04	吕石桥村9组
康学良	男	1959-11	华锋村15组	左先均	男	1970-08	犀羊村2组

续表

姓　名	性　别	出生年月	住　址	姓　名	性　别	出生年月	住　址
江天和	男	1936-07	华锋村15组	龚明春	男	1939-12	马南村11组
周正金	男	1961-05	华锋村18组	杨现友	男	1934-02	马南村13组
曹乃富	男	1947-10	金家村1组	黄朝焱	男	1964-03	马南村14组
张　平	男	1949-08	金家村1组	刘秋明	男	1957-05	马南村16组
杨克文	男	1958-07	金家村2组	刘纪华	男	1945-03	马南村3组
王国祥	男	1962-03	金家村2组	黄子平	男	1959-05	马南村5组
王裕明	男	1961-09	金家村2组	余兴中	男	1954-01	马南村5组
张国元	男	1937-01	金家村6组	周炳贵	男	1936-07	庙乐村1组
安家甫	男	1963-03	金家村7组	刘坤荣	男	1957-04	庙乐村2组
余遵炳	男	1949-07	金家村9组	陈兆荣	男	1935-02	庙乐村3组
彭攀忠	男	1964-10	利民路86号	左建明	男	1958-03	庙乐村4组
王国清	男	1938-06	龙泉村2组	赵永元	男	1956-01	庙乐村5组
李时伦	男	1957-09	龙泉村4组	叶洪柱	男	1938-07	庙乐村7组
龙济明	男	1937-03	龙泉村4组	王光荣	男	1934-02	七星村1组
张清炳	男	1940-09	龙泉村5组	王光义	男	1936-06	七星村1组
李秀良	男	1944-07	龙泉村7组	周和平	男	1962-06	七星村3组
刘绍明	男	1936-05	隆盛村1组	罗明高	男	1946-03	丝栗村10组
袁家连	男	1963-04	七星村4组	陈仕全	男	1961-06	丝栗村6组
陈建忠	男	1960-12	七星村5组	何敬安	男	1951-11	丝栗村11组
陈远华	男	1967-02	七星村6组	孟绍军	男	1964-03	松华社区10组
杨大利	男	1955-07	青龙社区2组	周志成	男	1936-02	松华社区11组
黎洪全	男	1959-01	青龙社区6组	黄国勤	男	1958-01	松华社区13组
王世军	男	1945-03	丝栗村1组	刘兴良	男	1954-05	松华社区14组
牟达均	男	1963-03	沙湾村2组	叶昌学	男	1956-12	松华社区15组
姚　明	男	1935-09	沙湾村1组	左银成	男	1937-07	松华社区15组
杨　锦	男	1957-08	沙湾村2组	李致华	男	1938-03	松华社区18组
杨启洪	男	1964-10	沙湾村3组	李仕良	男	1962-08	松华社区20组
杨克均	男	1938-11	沙湾村4组	陈万祥	男	1963-03	松华社区4组
杨启明	男	1935-03	沙湾村4组	李志林	男	1957-05	松华社区4组
杨　敏	男	1937-04	沙湾村5组	黄建刚	男	1959-04	松华社区1组
杨启田	男	1951-01	沙湾村5组	李文明	男	1959-11	松华社区9组
黄华良	男	1949-04	石渔沱村5组	袁家全	男	1935-01	松华社区9组
黄华平	男	1949-04	石渔沱村5组	汤正建	男	1960-06	汪场村2组
杜家发	男	1937-05	树林村3组	夏永全	男	1955-12	汪场村2组
杜建刚	男	1958-10	树林村4组	汤正洪	男	1943-09	汪场村2组
曹乃祥	男	1953-03	树林村5组	左玉元	男	1950-04	汪场村3组

续表

姓　名	性　别	出生年月	住　址	姓　名	性　别	出生年月	住　址
杨大洲	男	1963-12	树林村6组	邓俊文	男	1956-06	汪场村4组
赵希云	男	1958-08	树林村8组	汪季全	男	1937-07	汪场村7组
王玉华	男	1956-04	树林村9组	李水均	男	1958-04	围镇村10组
黄朝俊	男	1956-08	树林村9组	罗俊良	男	1957-07	围镇村10组
王春祥	男	1931-11	树林村9组	雷泽云	男	1958-12	五星社区7组
李文彬	男	1964-02	围镇村11组	何清安	男	1964-10	五星社区7组
安家俊	男	1956-07	围镇村2组	黄绍春	男	1937-03	西禅村4组
胡凤林	男	1936-01	围镇村3组	左成洲	男	1956-10	犀羊村7组
杨建国	男	1958-07	围镇村3组	董正江	男	1958-03	元觉村10组
黄邦毅	男	1937-09	围镇村5组	陈万奎	男	1946-09	元觉村1组
熊继良	男	1958-08	围镇村6组	刘本良	男	1959-12	元觉村3组
黄华丰	男	1943-10	围镇村9组	陈建明	男	1956-10	正街32号
左承章	男	1939-02	围镇路54号	袁子奇	男	1937-11	正街上段23号
徐昌奎	男	1957-12	五会村10组	吕中明	男	1956-05	八角村6组
杨传良	男	1953-06	五会村10组	杨志清	男	1958-12	五会村7组
张国民	男	1955-03	五会村14组	李建华	男	1958-11	五会村8组
李永祥	男	1964-08	五会村15组	李建忠	男	1970-02	五会村8组
詹至军	男	1956-12	五会村1组	邓家银	男	1936-12	五会村10组
左权成	男	1939-12	五会村1组	王荣武	男	1958-06	五星社区10组
周炳全	男	1956-09	五会村4组	陈泽明	男	1955-02	五星社区4组
毛来银	男	1959-06	五会村5组	李福和	男	1960-12	五星社区5组
吕吉全	男	1945-04	五会村5组	谭和平	男	1959-10	汪场村
黄天祥	男	1958-02	元觉村	朱万昌	男	1959-07	元觉村
梁开云	男	1960-10	五星社区	吴成瑞	男	1959-10	五星社区
吴成瑞	男	1959-10	五星社区	黄永清	男	1959-03	城北社区
李时华	男	1958-09	围镇村	黄树全	男	1959-03	松华社区
熊国理	男	1960-01	城北社区	左家奇	男	1959-03	城北社区
陈其文	男	1960-04	城北社区	覃渠跃	男	1960-05	丝栗村
刘月成	男	1960-05	五星社区	王志敏	男	1958-01	城南社区
李晓欧	男	1962-01	城北社区	冯　杰	男	1960-01	城南社区
徐跃雄	男	1960-03	青龙社区	向援农	男	1960-05	沙湾村
曾金全	男	1959-05	沙湾村	方成良	男	1959-11	城南社区
魏旭建	男	1960-10	城北社区				

五、1986～2016年寿安镇获市委、市政府及以上表彰人物名录

姓　名	性别	出生年月	工作单位及职务	称号名称	授予单位	授予时间
詹国群	女	1935-06	寿安小学教师	全国优秀教师	国家教委、人事部	1989-09
罗远国	男	1953-07	寿安中学教师	市优秀教师	市委、市政府	1993-01
吕秀英	女	1946-03	五星中学教师	市优秀教师	市委、市政府	1993-01
李华忠	男	1955-10	寿安小学教师	市优秀教师	市委、市政府	1993-01
李玉兰	女	1944-07	寿民小学教师	市优秀教师	市委、市政府	1993-01
王志军	男	1954-07	寿安镇政府	信访先进工作者	市委、市政府	1993-04
韩正贵	男	1950-04	松华小学校长	幼教先进工作者	市委、市政府	1993-04
熊甫祥	男	1944-09	寿安塑印厂	市劳动模范	市政府	1993-05
刘本初	男	1954-01	元觉村党支部书记	优秀共产党员	市　委	1994-06
彭　佳	男	1966-08	五星中学教师	市优秀教师	市委、市政府	1995-01
刘本初	男	1954-01	元觉村党支部书记	省劳动模范	省政府	1995
简朝剑	男	1962-06	寿民乡政府	社会治安综合治理先进个人	市委、市政府	1996-02
唐月太	男	1955-09	寿安镇政府	市“八五”期间计划生育先进个人	市政府	1996-04
熊国华	男	1965-01	五星镇政府	市优秀共产党员	市　委	1996-06
陈泽斌	男	1954-04	寿安派出所	市劳动模范	市政府	1999-04
安家钦	男	1947-11	寿安通达果品公司	市劳动模范	市政府	1999-04
熊明荣	男	1955-10	寿民乡政府	市劳动模范	市政府	1999-04
刘本初	男	1954-01	元觉村党支部书记	省劳动模范	省政府	1999
赵　刚	男	1960-07	寿安镇政府	优秀共产党员	市　委	2002-06
闫志彬	男	1958-08	寿安镇隆盛村	市劳动模范	市政府	2004-06
李攀成	男	1969-03	松华乡政府	优秀共产党员	市　委	2004-06
黄富文	男	1967-07	寿安镇政府	法制工作先进个人	市委、市政府	2006-10
王文贵	男	1964-07	寿安镇政府镇长	村镇建设先进个人	市委、市政府	2006-12
李国学	男	1947-06	插旗山村党支部书记	市思想政治工作先进个人	市委、市政府	2007-01
李国学	男	1947-06	插旗山村党支部书记	优秀村党支部书记	市　委	2010-07
李国学	男	1947-06	插旗山村党支部书记	市劳动模范	市委、市政府	2010-04
雷德建	男	1965-12	寿安中学校长	市劳动模范	市委、市政府	2010-04
吴孟贤	男	1963-02	寿安镇党委书记、人大主席	优秀乡镇党委书记	市　委	2011-06
吴孟贤	男	1963-02	寿安镇党委书记、人大主席	优秀共产党员、省劳动模范	省　委	2011
陶江蓉	女	1977-06	寿安镇政府副镇长	爱国卫生工作先进个人	市政府	2011-12
李发刚	男	1974-04	龙泉村村主任	爱国卫生先进个人	市政府	2014-09

六、寿安镇出席省、市人民代表大会代表名录

届　次	姓　名	性　别	出生年月	参加工作时间	工作单位及职务
省第九届	刘本初	男	1954-01	1978-02	元觉村党支部书记
市第十届	朱成云	男	1952	—	隆盛村村民
市第十二届	刘本初	男	1954-01	1978-02	元觉村党支部书记
	罗国志	男	1944-10	1978-10	寿安镇党委书记
市第十三届	彭文甫	男	1961-11	1982-07	寿安中学副校长
市第十五届	李国学	男	1947-02	—	插旗山村党支部书记
	陈文君	男	1965-08	1990-05	成都佳享食品有限公司董事长
市第十六届	雷德建	男	1965-12	1987-08	寿安中学校长

七、寿安镇籍任副县（处）级及以上职务人员名录

姓　名	性　别	出生年月	住　址	工作单位及职务	任职时间
黄泽高	男	1930-09	马南村	宝兴县委副书记	1964-06—1983-12
				宝兴县人大常委会副主任	1983-12—1989-12
杨启荣	男	1934-08	树林村	蒲江县人民政府副县长	1981-01—1984-01
				蒲江县人大常委会副主任	1984-01—1993-01
陈雪林	男	1949-12	围镇村	成都市人大常委会副秘书长	1992-01—2008-03
梁月清	男	1950-10	隆盛社区	蒲江县人民政府副县长	1998-01—2003-01
				蒲江县人大常委会副主任	2003-12—2008-12
李丕梁	男	1951-01	城北社区	蒲江县人民政府副县长	1993-01—1998-01
				蒲江县人大常委会副主任	1998-01—2003-01
雷　雨	男	1964-04	城南社区	蒲江县人大常委会副主任	2016-06—2016-12
陈代康	男	1965-07	元觉村	蒲江县人民政府副县长	2007-01—2012-02
				蒲江县政协副主席	2012-02—2016-12
安建东	男	1968-12	城北社区	蒲江县人民政府副县长	2003-01—2005-12
				蒲江县人大常委会主任	2016-06—2016-12

八、寿安镇择届县政协委员名录

届　次	姓　名	性　别	出生年月	参加工作时间	工作单位及职务
第九届	熊　胜	男	1977-04	1999-10	寿安镇政府镇长
第九、十届	安　强	男	1975-04	1991-10	县城管局副局长兼寿安分局局长

九、寿安镇出席中国共产党蒲江县第十三次代表大会代表名录

姓　名	性　别	出生年月	参加工作时间	工作单位及职务
李志军	男	1966-10	1988-08	寿安镇党委委员、派出所所长
李浩生	男	1983-01	2005-12	寿安镇党委委员
杨旭东	男	1972-09	1996-01	寿安镇党委委员、副镇长
吴孟贤	男	1963-02	1982-07	寿安镇党委书记、人大主席
陈春涛	男	1973-04	1993-08	寿安镇党委副书记、镇长
罗国品	男	1969-04	1989-10	寿安镇党委委员、人武部部长
赵　云	男	1963-04	1978-11	寿安镇党委委员、人大副主席
熊　胜	男	1977-04	1999-10	寿安镇党委副书记、纪委书记
白　玉	女	1978-07	—	寿安镇财政所所长
刘　萍	女	1984-04	2006-09	寿安镇党政办负责人
杨　蓉	女	1976-02	1996-09	蒲江县寿安镇富强彩印厂长
杜忠东	男	1968-10	1988-12	杜氏蜂业公司总经理
周开叔	男	1970-05	—	猪业协会
宋德君	男	1962-05	1998-07	果业党支部组织员
左桂英	女	1961-05	—	庙乐村村主任
詹良彬	男	1951-01	—	围镇村党支部书记
王兆高	男	1955-07	—	丝栗村党支部书记
王跃兰	女	1971-02	—	八角村妇联主任
崔富良	男	1970-09	—	西禅村党支部书记
方月英	女	1945-06	1964-09	寿安老年大学支部书记
彭攀忠	男	1964-10	—	城北社区党支部书记
周开福	男	1949-10	—	松华社区党支部书记
双忠利	男	1973-11	2000-12	犀羊村党支部书记
王全根	男	1964-07	2001-07	汪场村党支部书记
杨忠建	男	1964-10	1998-10	沙湾村党支部书记
黎　军	男	1974-06	1998-06	青龙社区党支部书记
陈泽均	男	1953-04	1971-10	大漕村党支部书记
陈江红	女	1972-05	1996-12	五星社区妇联主任

十、寿安镇出席中国共产党蒲江县第十四次代表大会代表名录

姓　名	性　别	出生年月	参加工作时间	工作单位及职务
仲明礼	男	1966-09	1983-12	寿安镇党委书记
余　伟	男	1976-09	1995-08	寿安镇党委委员、副镇长
余　波	男	1976-08	1996-08	寿安镇党委副书记、人武部长
张忠华	男	1973-07	1996-08	寿安镇党委副书记、纪委书记
杨海燕	女	1978-10	1997-01	寿安镇党委委员、组织委员
熊　胜	男	1977-04	1999-10	寿安镇党委副书记、镇长
宋怀洪	男	1971-02	1996-05	寿安镇插旗山村村主任
汪全银	男	1964-07	2000-05	寿安镇汪场村党支部书记
张　惠	女	1971-01	1993-07	寿安镇光明村党支部书记
杨　蓉	女	1976-02	1996-06	寿安富强彩印厂党支部书记
杨亚琼	女	1966-04	1989-12	寿安镇白岩寺村党支部书记
杨忠建	男	1964-10	1986-05	寿安镇沙湾村党支部书记
周　涛	男	1985-05	2007-09	寿安镇党政办主任
姚万洪	男	1963-11	1982-07	寿安镇大漕村第一支部书记
袁　艺	女	1977-09	1997-11	寿安镇综合执法队队长
崔富良	男	1970-09	1989-03	寿安镇西禅村党支部书记
马建国	男	1968-10	2003-09	寿安镇围镇村支部书记
王跃兰	女	1971-02	2005-05	寿安镇八角村党支部书记
方月英	女	1945-07	1960-10	寿安镇老年大学党支部书记
双中利	男	1973-11	2000-11	寿安镇犀羊村党支部书记
龙雪松	男	1978-10	2001-05	寿安镇龙泉村党支部书记
白蓉华	女	1976-04	2001-05	寿安镇吕石桥村众柑柚合作社负责人
江　琼	女	1979-10	1997-09	寿安镇马南村渔业合作社党员
闫志华	男	1965-06	1992-05	寿安镇隆盛社区支部书记
陈俊洁	男	1976-10	2011-01	寿安镇城南社区党支部书记
彭攀忠	男	1964-10	1982-11	寿安镇城北社区党支部书记
黎　军	男	1974-06	1998-06	寿安镇青龙社区党支部书记

十一、寿安镇出席蒲江县第十七届人民代表大会代表名录

姓 名	性 别	出生年月	参加工作时间	工作单位及职务
杜忠东	男	1968-10	1998-12	杜氏蜂业公司总经理
安晓东	男	1971-03	—	通达公司总经理
陈 红	女	1962-11	—	中食集团寿安冷库高级工程师
赵 云	男	1963-04	1978-11	寿安镇人大副主席
双玉茹	女	1963-04	1992-11	隆盛社区主任
陈文君	男	1965-08	1990-05	成都佳享食品有限公司董事长
杨亚琼	女	1966-04	1996-01	白岩寺村党支部书记
吴孟贤	男	1963-02	1980-07	寿安镇党委书记
李国学	男	1947-02	—	插旗山村党支部书记
王友芹	女	1976-01	—	龙泉村妇女主任
安俊霞	女	1972-07	1991-08	寿安公立卫生院公共卫生所副所长
李丽娜	女	1974-01	1995-09	四川川印有限公司总经理
唐云龙	男	1976-06	1997-03	青蒲建设发展有限公司常务副总经理
雷德建	男	1965-12	1987-08	寿安中学校长
王春香	女	1955-07	—	成都玉树科技责任有限公司副厂长
陈家英	女	1963-05	—	元觉村村主任
刘弟红	男	1963-07	—	吕石桥村党支部书记
李 敏	女	1976-04	—	寿安宏德建材厂厂长
范碧琼	女	1966-10	—	五会村村主任
李学芹	女	1956-10	—	马南村村主任
陶 子	女	1970-04	—	成都市天星印务有限公司总经理
陈丽芬	女	1977-10	1996-08	松华学校教研组组长
陈春涛	男	1973-04	1993-08	寿安镇党委副书记、镇长
陈文林	男	1959-10	—	中食集团巨丰公司总经理
廖洪明	男	1967-06	1984-03	新盛泰电子有限公司董事长

十二、寿安镇出席蒲江县第十八届人民代表大会代表名录

姓 名	性 别	年 龄	党 派	文化程度	工作单位及职务
杜忠东	男	48	中共党员	大 专	世纪蜂业总经理
李国勇	男	52	中共党员	本 科	蒲江县人大法制委员会主任委员
郑 征	男	37	—	本 科	成都郑源生化科技有限公司总经理
陶 子	女	44	—	大 专	成都市天星印务有限公司总经理
王德秀	女	53	中共党员	高 中	丝栗村村主任
赵登华	男	46	中共党员	高 中	金家村党支部书记

续表

姓　名	性　别	年　龄	党　派	文化程度	工作单位及职务
熊　胜	男	39	中共党员	本　科	寿安镇人民政府镇长
刘大勇	男	38	—	中　专	博胜机械公司总经理
李开平	男	42	—	高　中	豪洋印务公司总经理
安建东	男	48	中共党员	本　科	蒲江县人大常委会党组书记
李国学	男	69	中共党员	初　中	插旗山村党支部书记
王友芹	女	40	中共党员	初　中	龙泉村妇女主任
安俊霞	女	44	—	中　专	寿安公里卫生院公共卫生所护士长
仲明礼	男	50	中共党员	本　科	寿安镇党委书记
张应智	男	44	中共党员	本　科	寿安中学校长
谭登树	男	48	中共党员	本　科	蒲江县人大法制委员会副主任委员
郑　燕	女	45	—	研究生	成都广泽酒业公司总经理
侯坤平	女	41	中共党员	本　科	蒲江县委常委、县政府党组副书记
白蓉华	女	40	中共党员	高　中	吕石桥村妇女主任
熊力强	男	31	—	大　专	玉树科技公司总经理
李　敏	女	45	—	大　专	寿安宏德建材厂厂长
黄　福	男	53	中共党员	高　中	五星社区党支部书记
范碧琼	女	50	中共党员	高　中	五会村村主任
傅艳霖	女	51	中共党员	本　科	蒲江县人大农业委员会主任委员
李波扬	男	53	中共党员	本　科	蒲江县人大党组成员、人大办主任
黄泽利	男	46	中共党员	中　专	马南村党支部书记
杨禹芬	女	44	民建会员	大　专	蒲江县人大常委会人事代表工作委员会主任
赵言礼	男	50	中共党员	大　专	寿安镇人大主席
马长欣	男	43	—	硕　士	美国丝链公司总经理
陈　红	女	54	中共党员	本　科	中食集团寿安冻库高级工程师
李迎凤	女	34	—	本　科	寿安初中教师
杨启明	男	44	—	本　科	电动机械公司厂长
王　平	男	42	中共党员	本　科	寿安派出所
廖洪明	男	49	—	高　中	新盛泰电子有限公司董事长

十三、寿安镇第四届人民代表大会代表名录

姓 名	性 别	年 龄	党 派	文化程度	工作单位及职务
李 飙	男	51	中共党员	大 专	寿安镇社区卫生服务中心主任
蒋忠婷	男	30	—	中 专	隆盛社区居民委员会会计
何艳君	女	34	—	初 中	董口村二组组长
韩小红	男	35	中共党员	大 专	董口村村委会主任
朱成俊	男	46	中共党员	大 专	庙乐村村委会会计
周 钦	男	30	中共党员	本 科	寿安镇政府科员
康水蓉	女	50	—	初 中	围镇村村民
黄茂强	男	41	中共党员	初 中	围镇村村委会
王成全	男	46	中共党员	高 中	丝栗村党支部副书记
王兆彬	男	42	—	初 中	丝栗村组长
王晓雪	女	32	中共党员	本 科	寿安镇财政所所长
王振宇	男	31	—	本 科	蒲江县自来水公司
王裕明	男	55	中共党员	高 中	金家村村委会主任
熊 胜	男	39	中共党员	本 科	寿安镇党委副书记、镇长
王亚涛	男	41	中共党员	大 专	七星村党支部副书记
吕建军	男	50	中共党员	大 专	寿安镇司法所所长
戴雪峰	男	43	中共党员	大 专	蒲江县人民医院副院长
李发刚	男	42	中共党员	大 专	龙泉村村委会主任
周 怡	女	27	—	初 中	龙泉村村民
余 伟	男	40	中共党员	大 专	寿安镇人民政府副镇长
李思雄	男	40	中共党员	中 专	白岩寺村村委会主任
吕 姗	女	28	—	大 专	八角村村委会
杨 蓉	女	40	—	大 专	寿安富强彩印厂总经理
汪 勇	男	34	—	大 专	八角村村民
宋怀洪	男	45	中共党员	中 专	插旗山村村委会主任
廖蓓蕾	女	30	中共党员	本 科	寿安镇党委委员、副镇长
文永祥	男	53	中共党员	初 中	西禅村村委会主任
赵 云	男	53	中共党员	大 专	寿安镇政府局乡级干部
杨海燕	女	38	中共党员	大 专	寿安镇党委委员、组织委员
范碧琼	女	50	中共党员	高 中	五会村村委会主任
雷金玉	女	53	—	初 中	五会村十四组组长
张忠华	男	43	中共党员	本 科	寿安镇党委副书记、纪委书记
李 奎	男	36	中共党员	中 专	光明村党支部副书记
宁 昆	男	31	中共党员	大 专	寿安镇供电所所长
黄翠蓉	女	53	中共党员	高 中	犀羊村村委会主任
刘建中	男	49	中共党员	高 中	石桥村党支部副书记
肖志洪	男	45	—	初 中	石桥村村民
周世江	男	47	中共党员	大 专	寿安镇政府农林综合服务站

续表

姓　名	性　别	年　龄	党　派	文化程度	工作单位及职务
李　慧	女	32	中共党员	大　专	寿安镇文化站
陈家波	男	37	中共党员	高　中	元觉村党支部副书记
李开平	男	42	—	本　科	成都豪洋印务有限公司
汪　亚	男	30	中共党员	高　中	汪场村党支部副书记
双同林	男	48	—	初　中	五星社区二组组长
陈文树	男	53	中共党员	初　中	五星社区居委会主任
岳贵江	男	42	—	本　科	寿安镇五星学校
刘会芳	女	47	—	初　中	马南村妇女主任
郭亚川	女	30	中共党员	本　科	寿安镇纪委副书记
黄泽利	男	46	中共党员	中　专	马南村党支部书记
陈兆武	男	45	中共党员	高　中	华锋村党支部书记
罗　曦	女	26	—	大　专	华锋村村委会平台人员
廖冠辉	男	41	—	大　专	成都天龙油墨有限公司总经理
周　建	男	46	中共党员	高　中	松华社区六组组长
赵言礼	男	50	中共党员	大　专	寿安镇党委委员、人大主席
袁　萌	女	32	—	本　科	松华社区二十一组
何　勤	男	44	中共党员	本　科	寿安镇党委委员、副镇长
詹冰霞	女	30	中共党员		青龙社区委员会文书
万　千	男	53	—	初　中	沙湾村一组组长
王秀珍	女	49	—	初　中	成都市新盛泰电子有限公司
安金茹	女	51	中共党员	高　中	沙湾村村委会主任
王　利	男	47	中共党员	大　专	树林村党支部书记
孙　杰	男	41	—	大　专	寿安镇人民政府副镇长
杜秀花	女	34	—	初　中	树林村七组
安　桃	女	28	—	中　专	大漕村村委会
杜济阳	男	52	中共党员	高　中	大漕村村委会主任
张清安	男	52	—	初　中	四川新丰纺织有限公司后勤主管
余　波	男	40	中共党员	本　科	寿安镇党委副书记、武装部部长
李　静	男	33	中共党员	高　中	城南社区居民委员会
冯小玲	女	41	—	初　中	四川善州环境治理服务有限公司
朱庆飞	男	42	中共党员	高　中	城北社区居民委员会主任
李登良	男	46	中共党员	本　科	泡桐树小学蒲江分校党支部书记
陈仕军	男	53	中共党员	研究生	寿安镇初级中学校长
赵康琳	男	37	中共党员	本　科	寿安中学副校长、党总支副书记
仲明礼	男	50	中共党员	大　学	寿安镇党委书记
赵　明	男	41	中共党员	本　科	成都农商银行寿安支行行长
段　宏	男	48	中共党员	中　专	蒲江县天然气公司寿安站站长

附　录

一、文献辑录

中共蒲江县委、蒲江县人民政府
关于扶持和推动寿安镇快速发展的意见

蒲委发〔2004〕43号

一、指导思想：

坚持以统筹城乡经济社会发展为统揽，以增加农民收入和改善发展环境为核心，突出以生猪为主的农业产业化经营和城镇基础设施建设，以建设四川省商品猪加工出口基地为重点。到2007年，把寿安镇建设成为产业优势强、人口集聚度高、富有区域特色的中心城镇。

二、政策措施：

（一）土地政策

在国家法律法规政策范围内优先安排各类用地指标；该镇域土地出让，县本级在寿安所得土地收益和税费以及镇本级所收取的建设配套费全额返还，用于镇基础设施建设。

（二）户口政策

将寿安镇列为首批进行户籍管理制度改革的区域中心镇之一，按照建立城乡统一的新型户籍管理制度要求，全面推行“一元化”户籍管理制，逐步对本镇户籍人口取消农业和非农业的户口性质划分，按实际居住地登记。

（三）财政扶持政策

强化寿安镇财政在城镇建设中的生财、聚财、用财功能，在县财力允许的条件下，可通过贴息贷款、转移支付等形式支持寿安镇的基础设施和公共服务设施建设。建设项目财政每年给予500万元的启动资金，平均每年基建投入2000万元以上。

（四）农业产业化扶持政策

加大对寿安镇经济发展政策扶持力度，促进传统农业向现代农业转变，加大以生猪为主的农业农业产业化经营力度，打造四川省商品猪加工出口基地。

（五）农业产业化龙头企业优惠政策

一是新办龙头企业，从投产年度或经营之日起，企业上缴的所得税地方县级所得部分，由财政列支一部分给企业；重点龙头企业以上年缴纳的所得税地方县级所得部分为基数，其增长部分，按一定比例列支给企业。二是龙头企业引进、开发的优质高效农业新产品，经有关部门认定，从该产品获利当年起，财政可连续3年将该产品实现的利润缴纳的所得税地方县级所得部分列支给企业。三是对符合高新技术条件的农业产业化龙头企业，经科技管理部门认定并颁发证书，其高新技术产品，三年内所缴纳所得税的地方县级所得部分，由财政按一定比例，列支给企业。四是对龙头企业发展用地，国土部门要予以支持，优先安排，从快审批。其征收（使）用土地的各项费用，按低限收取。重点龙头企业建立生产原料基地所需的用地，在不改变土地使用性质的前提下，可直接向村集体经济组织租赁或承包，报乡镇人民政府备案。五是县级有关部门对龙头企业和农产品营销大户农村专业合作经济组织在收取有关费用时，一律按低限执行，并搞好优质指导服务。六是鼓励出口创汇。对有出口创汇能力的龙头企业，申报出口产品，办理自营进出口经营权时，要简化手续，及时办理。七是大力发展生猪业，增强寿安镇的产业支撑力。以巨丰食品、佳享食品和寿安冷冻厂为龙头，依托寿安镇建设百万头商品猪基地。八是积极支持巨丰食品二期工程，大力推进生猪屠宰深加工业的发展。

（六）农村劳动力培训政策

落实专项资金培训寿安镇农村劳动力，不断扩大农村劳动力转移规模，县农发局、畜牧局、职业中学和寿安中学等部门无偿加大对寿安镇农村劳动力实用技术培训和就业技能培训。

（七）招商引资优惠政策

根据中共蒲江县委、蒲江县人民政府《关于进一步扩大对外开放搞好招商引资工作的意见》（蒲委发〔2004〕9号）、《关于加快成都天然产物蒲江工业集中发展区建设工作的意见》（蒲委发〔2004〕10号）和《蒲江县工业投资优惠政策》（蒲委发〔2004〕11号）的文件精神，加大对寿安镇对外开放和招商引资工作的支持力度。凡属寿安镇本地企业和引进外来企业均享受全县统一的土地使用优惠政策、财税扶持、规费扶持、服务与保障政策、户口与人事劳动政策。

中共蒲江县委、蒲江县人民政府
关于申报寿安镇为我县2005年首期启动的区域中心镇的请示

成都市小城镇建设领导小组：

按照成都市小城镇建设领导小组办公室《关于各区（市）县中报2005年启动的区域中心城镇的通知》（城镇领办发〔2004〕5号）要求，我县经过认真筛选一致认为：蒲江县寿安镇符合申报条件，现上报，请批准。

附件：

一、关于申报寿安镇为我县2005年首期启动的区域中心镇的情况说明和请求事项。

二、2005年启动区域中心镇申报表。（略）

三、蒲江县寿安镇申报表具体指标和做法措施的说明。（略）

中共蒲江县委
蒲江县人民政府
2004年12月30日

附件一：

关于申报寿安镇为我县2005年首期启动的区域中心镇的情况说明和请求事项

成都市蒲江县寿安镇位于成都平原西南边缘，全镇幅员面积87.63平方公里，辖23个行政村、5个社区、311个村（居）民小组、5.35万人，属全县第二大镇，是成都确立的重点镇。该镇各方面基础较好，发展潜力大，经过三年努力到2007年具备建设成为产业优势强、人口聚集高、品位高、有特色、辐射带动功能强的城市条件。

一、寿安镇基本情况及条件

（一）发展条件较好

寿安镇是蒲江的东大门，与邛崃、眉山、彭山、新津相邻，历史上就是一个商人云集之地。镇距离县城和成都分别是12公里和55公里，镇内已实现村村通水泥公路，国道108线、新蒲快速通道、寿卧路、寿眉路穿境而过，交通十分便利。全镇气候温和，雨量充沛，土地肥沃，鲜活农副产品丰富，年产水果5.5万吨，出栏生猪25万头，全镇经济基础奠定了较高基础。

（二）城镇建设初具规模

寿安镇于1994年被首批列为四川省百镇建设试点镇，2003年确定为全市重点镇，2004年被建设部确定为全国1887个重点镇之一。1994年开始编制场镇规划。2005年9月乡镇区划调整后，全镇总体规划修编、土地利用规划及产业发展规划已完成上报工作。目前城镇总体居住人口1.6万人，建成区面积1.8万平方公里。各项基础设施和公共服务设施基本完善，主要街道已硬化、绿化，主干道设有排水沟，城镇绿化率达7%，人均拥有公共绿地2.6平方米。全镇供水、供电、供气能力增强，可日供自来水1500吨，天然气10万立方米，建有15千伏变电站一个，通信实现无缝覆盖，已建成移动、联通、电信基站。文教、卫生等公共服务设施齐备，有完中1所、小学2所、教师学生5443人、医院3所。城镇环境逐步改善，生活垃圾实现集中清运定点处理，工业废水全部达到标准排放，蒲江河、临溪河寿安段达到国家Ⅲ级水域标准。预计到2007年寿安镇功能将进一步改善，城镇居住人口达到3.15万人，镇域城镇化超过60%。

（三）产业支撑作用明显

寿安镇工业基础发展好，共有企业90家，形成了以巨丰食品、佳享食品、寿安冷冻厂为代表的生猪屠宰加工业。全镇有县规模企业12户，以华高、希臣、世纪蜂业为代表的天然产物提取业，全镇规模以上12户企业年产值4.34亿元，产品销售收入3.7亿元，出口总额5048万元，分别占全县规模企业的41%、40%和73%。寿安镇商贸活跃，是仅次于县城的集镇，经商、文化和商业意识具有丰富的历史底蕴。农副产品流量大，农村生活用品交易活跃，水果、生猪、小百货等镇域销售份额在蒲江以及周边区域占到了70%以上。由于全镇已形成较完善的生猪屠宰加工、天然产物提取和果业销售产业支撑体系，2004年全镇实现地区生产总值7.95亿元，财政收入960万元，农民人均纯收入3712元。预计到2007年，通过市、县两级扶持和寿安潜在的强势发展，可实现人均GDP3200美元的目标。

二、加快寿安镇建设的措施

（一）集中打造作为全县工作导向

一是把寿安镇定位为全县经济文化建设的副中心，从规模入手，分步实施，把建设区域中心镇作为当前统筹城乡一体化的重要工作来抓。二是县委、县政府制定促进发展的各类扶持政策和优惠政策，在土地、资金、信息、技术、人才等方面倾斜支持，促进寿安的快速发展。三是县级各部门要加强服务指导，做好城镇基础设施、公共服务设施和产业发展项目的筛选、包装和推介，借助外力，增强寿安发展内力。力争通过三年努力，举全县之力打造寿安，有效集中农民进城就业居住享受城市文明，形成全县的亮点和特色。

（二）以做强做大产业发展作为城镇支撑基础

一是依托成都巨丰食品公司这一省级龙头企业，发展生猪养殖、屠宰精加工产业化建设，百万头生猪商品基地，加工出口基地，加强企业对外开放和向上争取支持，力争通过2～3年的努力，使巨丰、佳享、寿安冷冻厂等一批产业化龙头企业实现销售收入8亿元，把企业做强做大，从而增强其带动力。二是抓好现有企业华高药业和希臣药业等天然产物和机械电子以及包装工业的技改膨胀，每年投入上万元的企业，投改资金形成特色经济。三是配套良好的城镇基础设施，力争每年投入1000万元用于城镇基础设施建设，提供更好的创业环境，活跃商贸集市，繁荣商贸业。四是通过农民新居工程和蒲江河寿安段两岸休闲文化走廊建设，带动餐饮娱乐为主的第三产业发展，丰富城镇居民文化生活，通过产业带动平均每年解决3000人进城务工。

（三）完善基础设施，作为重点建设内容

一是把新（津）蒲（江）路大修和寿安镇绕城路以及寿安大桥建设列为明年县委、县政府的一号工程。充分发动、精心组织，投入建设资金7000万元，完成26.3公里的蒲新路建设，打通制约寿安甚至全县经济跨越式发展的瓶颈。二是启动建设农民新居，新建住宅10万平方米，解决2500人居住环境，让城边农民相对集中，着手对产业工人的房地产低成本开发建设，实现农民进城有钱挣有房住。三是三年内要搞好农副产品集散市场和城镇供水以及污水处理工程建设，促进商贸，提高人居质量。四是逐步配套城镇绿化美化工程，并对部分中小街道的道路硬化、下水道修建和路灯安装工程。

（四）以市场配置资源作为经营开发主要手段，激活民间资金投向城镇经营开发建设

一是强化经营城镇理念，把市场经济理论机制贯穿到城镇建设和管理中去。尽最大努力盘活城镇闲置资产，聚集城镇政府收益资本，力争每年土地收益实现800万元以上。二是抓好土地经营，做好土地的储备整理，开发集中统一管理一级市场，激活二级市场。三是对城镇公共设施、公益事业、城镇空间等有形无形资产，用市场观念进行经营运作。四是创新完善城镇建设市场，多渠道多形式鼓励民间资金投入，积极推进城镇建设进程。

（五）以加强干部队伍作为根本保障

一是配强镇党委政府班子，由一名副县长兼任镇党委书记，选配素质优秀的镇干部组建城镇管理办公室。二是加强干部队伍建设，深入开展“三情”教育，发扬“三特”精神，提高执行力，增强全镇干部责任感和历史使命感，充分发动广大干部群众参与重点镇建设。三是加强目标考核和工作督查，确保各项工作落实到位。

三、请求市上给予相关扶持政策

（一）土地方面

请市上单独安排区域中心镇土地建设指标，对市级征地的各项土地费用返还用于中心镇建设，对寿安镇土地整理项目，请市级相关部门予以支持。

（二）重点基础设施建设

根据已上报的2005年、2010年推进城乡一体化建设项目给予支持。特别是2005年即将修建的蒲新路、寿安大桥、寿安客运站、寿安集中供水工程、寿安污水处理工程、蒲江河寿安段防洪护岸工程及市政重点基础设施项目总投资额达1.5亿元，请市上给予资金支持。

（三）农业产业化项目

对巨丰食品、佳享食品、寿安冷冻厂、华高天然产物等省、市重点农业产业化龙头产业给予专项资金扶持，寿安将建设百万头商品猪基地，对养殖上千头以上的大户予以补贴和政策性倾斜，大力发展生猪健康养殖。

二、寿安镇获市委、市政府及以上命名表彰情况表

单　位	命名、表彰名称	授予单位	授予时间
寿安镇	四川省“百镇”小城镇建设试点镇	省政府	1994-03
寿安镇	成都市重点镇	市委、市政府	2003
寿安镇	全国1887个重点镇之一	建设部	2004
寿安镇	成都市14个优先发展重点镇之一	市委、市政府	2005
插旗山村	四川省“生态村”	省环保局	2007-12
寿安镇	全国环境优美示范乡镇	国家环保局	2008-04
插旗山村	全国文明村	中央精神文明建设指导委员会	2011-12
寿安镇党委	创先争优先进基层党组织	市　委	2012-09
寿安镇	维护社会稳定工作目标先进乡镇	市委、市政府	2013-07
插旗山村	全国计划生育基层群众自治示范村	中国计生协会	2013-12
插旗山村	成都市卫生村	市政府	2014-09

三、新闻媒体报道

青蒲新城奠基　寿安建设现代田园城镇起航

9月8日，青蒲新城寿安工业新城区正式破土动工，这标志着蒲江县寿安镇迎来一次新的发展机遇！青蒲新城将打造成都市新城镇建设的标杆！标准化的厂房、繁华的商务中心、高档的居民小区……一座现代袖珍田园山水城镇从效果图上露出冰山一角，寿安建设现代田园城镇开始起航！

由青羊工业建设有限公司和蒲江县政府合资成立的青蒲建设有限公司，作为寿安镇小城市开发与建设的主体，计划未来5年投资数十亿元，对寿安的商住、工业区、公共区域集中打造，在蒲江崛起一座袖珍田园山水城市——青蒲新城。青蒲新城规划近6平方公里，以优化产业结构，培育新兴产业群，提升区域经济，推进统筹城乡发展为目标。采用“统一规划、统一建设、统一投资 、统一开发、统一招商、统一管理”的建设模式和打造成都市新城镇建设标杆项目的标准，打造西部一流特色生态产业基地、青羊区总部基地配套区、现代印务包装生产基地。新成绩标志着新起点，新起点孕育着新希望，新希望载着新跨越，寿安一路走过……

（原载2010年9月9 日《成都日报》）

寿安镇开发建设记

寿安镇自古为县内重要商埠，位于县境东部，为蒲江县第二大集镇、县东部区域中心镇，镇内有一镇三场（寿安镇、五星场、松华场、青龙场）。镇域地处蒲江河谷和大、小五面山及长秋山，东邻彭山县岐山乡、东北邻邛崃市回龙镇，西靠鹤山镇，南接长秋乡，北连西来镇。镇内交通便捷，蒲新路、成雅高速公路（国道108线）、蒲桂路和寿（安）卧（龙）路穿境而过；成雅高速公路设有立交桥1座，与寿卧路连接。全镇总面积87.63平方公里，辖6个社区、22个村。全镇人口总户数1.82万户，总人口5.55万人。镇境内有龙泉村河沙寺大殿明代天顺年间彩绘壁画、龙泉寺摩崖造像、白岩寺村白岩寺摩崖造像、丝栗村汉代砖石墓、松华社区祇园寺、大漕村清代冶铁遗址、元觉村圆觉寺等文物古迹。

1992年，隔蒲江河相望的原插旗乡并入寿安镇，集镇规模扩大。1994年，改造寿安镇正街，撤除老式街坊建筑，并打通利民路，规划建设隆盛小区，集镇向北部扩展；同年，被四川省列入100个重点建设试点镇之一。2002年，被列入成都市小城镇建设重点镇。2004年，被列为全国1887个重点镇之一。2005年，完成集镇二条街、围镇路的硬化、绿化、亮化和下水道改造；同年，被列为成都市14个优先发展重点镇之一。

2006年，实施穿集镇而过的蒲江河生态河堤建设和环城路5.7公里建设，建成4.3万平方米的隆盛小区一期工程、寿安四级客运站和迎宾大道及其下水道建设工程，电力、通信、有线电视等管线全部入地。

2007年，规划建设寿安工业园区，佳享工业园、华高药业公司等一批企业进驻工业园区，集镇向蒲江河南面拓展。建成面积2.5万平方米的隆盛小区二期工程，启动周幺店子到寿安客运站第二围城大道建设和利民路景观建设、风貌整治工程，新建设一座日处理3000吨的污水处理厂，铺设污水管网2200米；同年，被评为全国环境优美乡镇。2008年，实施建筑面积4.2万平方米的隆盛小区三期工程。同年，四川蒲江中央直属储备肉冷库开工建设，由中国食品集团投资1.2亿元，建设西南地区首个万吨级中央直属储备肉冷库，同时启动猪肉配送中心项目和农副产品物流中心项目建设。2009年，实施棉花街改建工程，工业区育才路、幸福路道路扩宽改建工程，启动成新蒲快速通道（寿安段）基础设施建设。同年，寿安工业园区被省、市、县确定为“成都现代印务基地”，被中国包装业联合会授予“中国包装印刷产业试验基地”。

2010年，实施文丰路彩砖工程。同时，更新观念，站在新的高度开发寿安，积极探索“政企合作、市场化运作”开发模式，引进成都青蒲建设发展有限公司，启动寿安新城建设，打造一座新的山水田园城市，实现“发展一个产业、建设一座城市”的目标。当年，完成工业园区800亩土地的拆迁，建成寿安招商中心、工业区景观大道、撤迁安置房一期工程。集镇建成区面积达4.2平方公里。

（原载《蒲江年鉴（2011）》）

创新产城一体　建设寿安新城

——蒲江县加快推进寿安新城“产城一体”建设的做法与思考

近年来，蒲江县深入贯彻落实科学发展观，始终坚持“生态经济立县、绿色产业富民”，以“两化”互动为重要抓手、以“三化”联动为基本路径，深入实施“现代农业产业基地、现代食品及轻工制造业基地、成都休闲旅游基地、生态宜居城市”的“三基地一轴心”建设，有力地促进了经济社会的跨越发展、科学发展、又好又快发展，为建设“生态体系最佳、城乡形态最美、产业体系更优、群众更加满意”的“最美田园城市”奠定了坚实的基础。在实践中，坚持市场化改革取向，以“产”兴“城”、以“城”促“产”，创新“产城一体”理念、加快寿安新城建设，走出了一条新型工业化和新型城镇化互动推进、融合发展的新路子。短短一年多时间，寿安工业区新聚集了包装印刷、食品饮料及其关联企业共12家、总投资30.48亿元，并与法国达能集团、上海光明集团、博世电动工具等国内外知名企业达成了合作意向；城镇建成区面积拓展近1平方公里，山水田园城镇形态初步显现。

一、背景

寿安镇是成都市优先发展重点镇，也是蒲江县田园城市建设示范线起点。近年来，随着成都市统筹城乡发展战略的深入实施和蒲江“三基地一轴心”发展目标的加速实现，寿安镇的经济社会发展取得了长足进步。但是，由于经济活动水平较低、发展基础相对较弱等历史原因，与其他优重镇相比，寿安还存在不小的比较劣势：一是项目尤其是重大产业化项目少，产业支撑不明显，“成都现代印务基地”的辐射、带动作用未能充分显现；二是城镇功能不完善，城市经济不发达，城镇经济发展条件和聚集能力十分有限；三是全镇乃至全县财力薄弱，投入全镇基础设施和公共服务配套建设资金不足，镇域面貌亟需改善；四是寿安镇地处成都中心城区远郊，还存在区位、资源等方面的发展制约。

针对上述突出问题和实际困难，蒲江县委、县政府在深入总结“三基地一轴心”建设成效和全面分析新一轮西部大开发、“天府新区”建设等重大机遇的基础上，结合寿安建设“成都现代印务基地”的发展实际和县域经济社会发展副中心的目标定位，按照“市场主体、产城融合”的理念和“工业新城、城市新区”的标准，创造性地以“产城一体”融合发展模式，加速推进寿安经济社会追赶型、跨越式发展，为蒲江实现“尾雁快飞、尾雁赶超”，找到了又一个重大突破口。

二、主要做法及成效

思路决定出路。创新“产城一体”融合发展模式，不仅是定位之变，更是发展驱动力之变。产业作为城市发展的支柱和动力，城市作为产业发展的载体和依托。通过“产城一体”融合发展，促进了寿安乃至全县发展方式和发展速度、质量的真正转变。

（一）政企合作、市场化运作，发展瓶颈有效破解

方向确定后，方式很重要。针对财力薄弱、投入不足的最大实际，蒲江县充分发挥市场配置资源的基础性作用，引入市场主体办园区、吸引社会资本建城市，有效解决了城镇及工业园区建设“钱从哪里来”的问题。

一是引入市场主体。坚持市场化改革方向，于2010年4月，由青羊工业建设发展公司、蒲江兴蒲公司、成都旭龙投资公司，分别出资60%、24%和16%，共同组建青蒲建设发展有限公司，通过政企合作、市场化运作，统筹推进寿安新型工业化、新型城镇化，实现了投资、建设、招商由政府向市场主体的转变。

二是理顺运行机制。坚持“自求平衡、滚动发展、良性循环”的原则，由青蒲建设发展有限公司负责寿安新城的规划、建设和经营管理工作，重点由公司投入基础设施及配套建设，改善发展环境，吸引企业入驻，推进城市开发建设，实现土地资源利用效益最大化；公司则从城市土地等优质资源的不断增值、城市开发经营等方面获得投资回报，实现企业与政府在资源、资本共享方面的有机结合和互利共赢。

三是破解资金瓶颈。坚持市场化运作、多元化投资，通过运营土地资本、开发预期展示、政策宣传引导以及对上争取等方式，广聚建设发展资金，有效解决了在基础设施及城市开发建设等方面投入不足的问题。截至目前，青蒲建设发展有限公司已与中铁信托、农业发展银行、天津银行、成都农商银行等机构，达成了7.5亿元规模的融资合作，现已完成融资2.75亿元。

（二）产城一体、融合式发展，内生动力切实增强

始终坚持统筹的理念和集成的手段，探索建立了“统一规划、科学管理、协调联动、产城相融”的“产城一体”运行管理机制，产业体系与城镇体系协调发展、一体推进，园区和城镇的融合度全面提升，发展内生动力切实增强，加快了城乡统筹发展进程。

一是规划一体，产城相融。始终突出规划的龙头地位，强化规划的刚性要求，全力发挥规划对功能定位和发展方向的指导、调控作用。坚持高起点、高标准、高品质的理念，把10.56平方公里的寿安镇作为一个有机整体，统筹考虑镇域的经济功能、社会功能、生态功能，规划形成了分工明确、高度融合的“一心两轴三片”功能区，“一心”即以文化、行政、商业、休闲为主体的新镇区核心；“两轴”即人文复兴轴线和城市形象轴线；“三区”即活力老城区、田园新城区、工业产业区。特别是，按照“以产业功能来定位、以城市功能来配套”的思路，在工业园区规划建设功能复合的高端产研住综合体、一站式综合服务体、厂房综合体，有效渗入城市服务功能，促进生产区、生活区、公共游憩区、配套服务区高度融合，实现集约、节约用地和工业园区复合布局，形成了产业和城镇良性互动、相互支撑的发展

格局。

二是建设一体，产城互动。始终做到园区品质提升与城镇形象塑造、园区开发与新型社区建设、园区基础设施完善与综合服务平台配套“三个同步推进”，全力搭建良好的“产城一体”融合发展平台。坚持以产业园区向城镇特色功能区转变为突破口，统筹推进景观大道、河滨整治以及交通、能源、文化、体育等基础设施和公共服务配套建设，使工业园区与城市定位有机衔接、与城市形象相得益彰；坚持“以人为本、共创共享”的核心理念，有序引导农村居民进城或进入具有城市基本公共服务功能的新型社区居住，最大限度地提高了城乡居民生活的便利性、舒适性；坚持生态优先、和谐共生，充分利用蒲江河、临溪河水体资源，构建“一心两带多节点”绿化系统，建设450亩绿地、350亩城市生态湿地。目前，完成总投资12亿元，实施征地拆迁1500余亩，建成了长4000米的景观大道、1.4万平方米的综合服务中心和2000米的滨河绿带，一批能长期满足区域发展的自来水厂、医院等民生项目竣工投用，同步启动了首期5.65万平方米的拆迁安置房建设。

三是发展一体，产城共振。始终坚持因地制宜、取向高端，大力构建“以现代农业为本底、新型工业和现代服务业为主导、绿色健康城市业态为方向”的绿色产业体系。坚持“一区一主业”发展定位，瞄准高端环节和产业配套，深入实施大企业、大集团战略，大力推进包装印刷、食品饮料产业集约化、集群化、集聚化发展；坚持高标准建设、品质化开发，不断完善城市功能、丰富城市业态，大力发展商贸服务、加工配送、现代物流等生产性服务业和文化体育、休闲旅游等生活性服务业，着力构建多功能、现代化、“产城一体”的城市综合体；坚持科技化引领、产业化推动，瞄准高端、高效目标，充分发挥佳享、巨丰等国家级产业化龙头企业的辐射带动作用，大力推动现代农业产业向更高层次迈进。目前，成功引进中食集团，建成了西部首个中央储备肉冷库，有效增强了调控全省乃至西南地区生猪及肉制品价格的能力；成功引进了德国博世、日本伊藤忠2家世界500强企业，世界500强企业入驻蒲江突破“零记录”；获批“中国包装印刷产业基地”，“成都现代印务基地”正式列入国家级产业基地培育。

四是管理一体，产城和谐。始终按照精细化、人性化和长效化的要求，创新“产城一体”社会管理，设立寿安新城政务服务分中心，建立完善项目VIP绿色通道代办服务、项目建设协调会议等制度，及时协调解决项目推进中的问题和困难；积极推进社会组织服务范围和功能向园区延伸，同步拓展就业渠道和空间，努力把园区建成管理有序、服务完善、文明祥和的社会生活共同体；深化农村工作“四大基础工程”建设，创新农村要素流动、社会保障、基层民主等机制，努力推动公共服务向农村延伸、社会保障向农村覆盖、公共财政向农村惠及，加速了城乡一体化进程；有效整合、运用城乡管理资源，深化城乡环境综合治理，加速形成了城乡融合、一体发展的整体效应。目前，建成新型社区3个，集中居住农户1000余户4000余人；新开发就业岗位0.3万个，解决各类就业0.2万人，有效保障了城乡居民持续、稳定增收水平。

（三）面向高端、系统化推进，发展前景更为广阔

始终坚持高端化取向、系统化推进，以产业布局为主线、完善城市功能，以城镇体系为脉络、强化产业支撑，深入推进“产城一体”融合发展，全面加快“三化”联动进程，真正实现“城以业兴、业以城荣”，不断开创经济社会发展新局面。

一是进一步做强产业支撑。紧紧围绕发展包装印刷、食品饮料产业的定位，牢固树立集约、集群意识和品质意识，以博世集团、伊藤忠集团、中食集团等高端标志性企业为支撑，着力引进和培育一批特色优势产业上下链互补型、延伸型、配套型项目，实现招商引资与扩张产业规模、优化产业结构、提升产业层次的有机统一，全力构建“结构高级化、发展聚集化、层次高端化”的现代产业体系，进一步形成产业对城镇发展的强力支撑。预计5年后，寿安新城将形成年产值超过100亿元、年利税超过15亿元的规模，建成“中国西部肉食品产业基地”和西部一流的特色生态产业基地、绿色印务包装基地。

二是进一步夯实城镇载体。坚持以艺术手段建设城市、以经营理念管理城市，大力培育城市人文精神，塑造城市文化氛围，提升城市核心竞争力；本着保护自然景观、突出地方特色、保障城镇安全、集约节约资源的原则，注重城镇建设的协调统一，注重城镇资源资本化的优化配置，科学处理环境与发展、政府主导与群众参与等方面的关系，大力营造和谐的城镇空间、优美的文化形态和合理的城市功能，不断彰显城镇特色、增强发展活力，进一步提升城镇对产业发展的综合承载能力。预计5年后，寿安新城将成为集养生、居住、办公、休闲服务以及生态型工业产业、绿色印刷产业为一体的“现代印务之都、山水田园新城”，建成全市远郊田园城镇样板。

三是进一步优化生态环境。坚持自然生态、经济生态、社会生态、政治生态、人文生态“五态融合”，大力促进经济、社会、文化和生态的互相交织，不断推动人流、物流、资本要素、技术要素、信息要素的不断流转和优化配置，全力构建人与自然、人与社会和谐共生以及良性循环、全面发展、持续繁荣的生态文明环境，促进社会资源的综合运用、高效运转，努力实现经济社会的全面、协调、可持续发展，建成全市首个国家级绿色低碳示范镇。预计5年后，寿安新城将实现人人享有生态民主、生态福利、生态公正、生态正义和生态义务，建成高效的绿色经济、社会公正、生态和谐相统一的新型社会。

三、几点体会

实践证明，“产城一体”融合发展模式，按照“集约发展、内涵发展、绿色发展”的理念，以产业化振兴城市、以城市化助推产业，促进了产业功能、生活功能、城镇功能、生态功能的相互渗透与融合，实现了产业的集群崛起和城乡发展的良性互动，与科学发展观是一脉相承、完全一致的。

（一）“产城一体”是全面推进“两化”互动的具体体现

“产城一体”注重城市载体和经济内核的融合发展，具体表现为城乡功能复合化、建设集约化和空间一体化，这与“两化”互动“时间上同步演进、空间上产城融合、布局上功能分区、产业上三产联动”的核心内涵是完全一致的。因此，推进“产城一体”建设，实质是通过产业结构和空间结构的动态调整，实现产业互动、生态人居和城乡统筹发展，正是“两化”互动发展理念在蒲江的具体落实。

（二）“产城一体”是加快发展方式转变的重要抓手

“产城一体”强调以科学发展观来统领新型工业化、新型城镇化和农业现代化，更加注重正确处理规模与结构、速度与质量、公平与效率、发展与保护之间的关系，这与加快经济发展方式转变的路径和重点是完全一致的。因此，推进“产城一体”建设，就是通过“项目集中布局、产业集群发展、资源节约利用、功能集合构建”，加快产业升级步伐，推动经济发展方式转变。

（三）“产城一体”是深化城乡统筹发展的科学路径

“产城一体”坚持以“产业融合、产城融合、城乡融合”为手段，大力推进互补性、联动性发展，全力构建城乡协调有序、融合发展的新格局，这与统筹城乡发展的要求和目标是完全一致的。因此，推进“产城一体”建设，就是坚持以“统筹兼顾”为根本方法，着力推进城乡空间一体布局、城乡要素高效整合、城乡发展高度融合，加快城乡一体化发展步伐。

（四）“产城一体”是建设世界生态田园城市的有效举措

“产城一体”统筹产业功能、城市功能和生态功能，全力构建公正的、良性的自然生态、经济生态、社会生态、政治生态和人文生态，这与建设城乡一体化、全面现代化、充分国际化的“世界生态田园城市”的基本特征和核心思想是完全一致的。因此，推进“产城一体”建设，就是通过大力推进城乡之间、区域之间、经济和社会之间、人与自然的有机融合和良性互动，加快构建“高端产业发达、生态环境优美、城乡高度融合、综合实力强劲”的生态田园城市。

（原载《蒲江年鉴（2012）》 作者为中共蒲江县委书记施跃华）

蒲江："两化互动　产城一体"下的寿安嬗变

博世包装、GE、伊藤忠，蒲江率先打破三圈层引进世界500强后，半年时间3家世界500强企业相继落户。蒲江工业发展呈现出前所未有的速度和效率。形成这种"蒲江速度"，不仅是蒲江多年坚持"三基地一轴心"发展战略下经济发展能量的积蓄爆发，更是一座寿安新城所构筑起的强大产业吸引力带来的产业聚集效应。

标准化的厂房、繁华的商务中心、高档的居民小区……聚焦寿安，检索它的发展轨迹和未来规划，我们发现这座"两化互动 产城一体"的示范，不仅预示的是一个"产业兴盛、城市繁荣、群众安居乐业"的现代产业与新型城镇和谐交融的现代田园城镇样板，而且会为寿安带来更深远的意义和变化。

产业之变，百亿产业基地托起现代化新城

2011年 3月，中国包装联合会正式授牌寿安——中国包装印刷产业基地。同年10月，世界500强企业博世集团包装事业部总裁克莱芬亲手将博世集团旗帜在蒲江寿安新城的厂房门前升起，标志着这家世界上最大的包装企业正式入驻蒲江。今年初，投资达64亿元的9个产城一体化项目签约落户蒲江。在寿安新城10.33平方公里的规划中，未来将形成聚集5万～8万人口规模、工业产值逾100亿元的工业产业规模。

在如今的寿安工业园区，再也不见工业区机器轰鸣、烟囱冒烟的旧有景象，安静的博世厂房内，工人有条不紊的装配机械，工厂经理何品纯告诉笔者，他很期待今后矗立在寿安的全球最大博世工厂。

大量产业的集聚，形成了大量的就业机会，博世技术工人胥良对在家门口找到一份收入稳定，待遇不错的工作，感到很满意。如他一样，现在许多的蒲江本地人，在寿安找到了自己的新工作。蒲江县委书记施跃华告诉笔者，现代产业的构筑将让更多农民转变身份，向二三产业转移，未来整个寿安工业将吸纳接近2万人就业。"新型工业化发展带动农民收入稳步增长，不断接近城镇居民收入，将推进农民向城镇集中，加快新型城镇化的建设"。

寿安新城的建设探索创新了"市场主体开发园区，社会资金建设城镇"的发展模式，有效解决了"钱从哪里来"的问题。据悉，目前仅用一年多时间，寿安新城聚集现代印务包装及配套企业23家，现代印务产业集群初步形成。

城市与产业是相伴而生、共同发展的。只有大力发展产业，才能提供就业岗位，加快劳动力转移，创造更多需求，使城市资源得以升值和盘活。"产业是前提，城市是平台，二者相互依存。"这已经成为寿安推进产城一体发展的集体共识。

农村之变，现代农业产业化筑起城市生活优保障

石马社区的农民新居每天都在变化，未来这里将居住900户长秋乡生态移民。而寿安农村也正在开

展两个农村建设用地整理项目，为800户农民提供全新的居住小区。随着寿安新城建设的不断推进，寿安的新农村建设也在同步推进。改善居住条件只是寿安农村变化的一个缩影，更令人欣喜的是，寿安现代农业产业化发展开始起航。

在建设新城的过程中，蒲江县委、县政府一直思考如何运用好这个项目，惠及更大区域更多的老百姓。寿安通过开展土地整理项目，实施土地适度规模经营，改变过去农业粗放式经营，实现农业产出增产增效。据了解，寿安分区域实施现代农业示范园区建设，建成万亩优质粮油基地、柑橘、蔬菜、生态鱼、家禽的生产基地，并建立各类农业合作社，农民土地入股或出租合作的形式，在提高了农民收入的同时，保证了农产品的品质。

不仅如此，寿安将未来城市扩大和众多企业入驻，都看作农民增收的平台，村企对接，建立订单农业机制，寿安镇党委书记吴孟贤介绍称："未来两三万产业工人在新城，产生大量生活配套需求，我们计划一个村对接一个到两个企业，提供优质农副产品，乃至绿化花卉等。"

据介绍，寿安将在原有的生猪产业上，着力发展技术高端的生猪良繁，并依托区域肉制品加工龙头企业和西部首个中央储备肉冷库，发展产业高端的加工、物流，打造西南片区肉制品中心。

据悉，围绕新城的建设，老城服务业也带来了提档升级的机遇。寿安鼓励老城居民在现有基础上，改造房屋提升餐饮和商品销售的档次，为新城提供前期配套服务。

城市之变，四态合一建设一座宜居"欧洲"小城

产业的发展带来了城市的更新变化。寿安人每天都在感觉到家乡的变化：道路更直、更宽了，绿化更多了，自幼就玩耍嬉戏的蒲江河和临溪河更美、更干净了，一栋栋安居房盖起来了。产业的发展还将通过服务于产业的人潜移默化地影响到本地居民的生活方式。根据规划，寿安新城会诞生寿安第一块足球场、第一个羽毛球馆、第一个网球场……同时，原生湿地、河心公园等也将保留人们的田园之乐。

新城的打造借助贯穿新城内的蒲江河与临溪河天然生态资源，统一规划行政中心、商业中心、文化娱乐中心，逐步发展成为"整体结构优化、功能分工合理"的集养生、居住、办公、休闲服务以及生态型工业产业、绿色印务产业为一体的新型城镇。

寿安工业园区实现复合布局，产城融合发展，将城市服务功能渗入产业区内，高端产研综合体、一站式服务综合体、以产业链相联系的厂房综合体使得生产区与生活区融合、生产区与公共游憩区融合、生产区与配套服务区融合。园区内的产业工人忙碌了一天，下班后只需要走几分钟就到家，周边超市、购物街区、公园等就在家的附近，购物、娱乐近在咫尺。

在寿安新城的城市规划上，寿安新城通过"历史人文轴线""城市形象轴线"等风貌街区塑造，打造成特色示范街，提升寿安新城的整体城市形象和人居舒适度。

加强城市地标建筑物设计，更加注重建筑风格，彰显城市个性品质。

寿安新城规划突出一心、两轴、三区。在老城区建设地标性行政商业文化中心，历史人文轴线和城市形象轴线穿过中心，并划分出三大区域：活力老城区、绿色产业区、田园新城区。寿安镇还规划了约350亩的生态湿地防泄蓄水，改善自然环境，并成为旅游景点。借助绿道建设强化临溪河、蒲江河、长秋山沿线旅游功能，成为寿安乡村旅游的精华区。通过修复寿安历史文化老建筑 形成人文历史观光点。街区改造体现时代特征，建筑风貌以融合中西特征的红、灰砖式简欧风貌为主。

寿安的"产城一体"建设暗合了成都城市发展的主线。强调居住与产业互为推动，形成产业对城区发展的有力支撑，从而有效解决人往哪里去的问题。农民通过城市发展、产业发展成为市民，成为产业

工人，在提高生活品质的同时，获得持续的收入保障。

这就是未来的蒲江寿安，蒲江一轴心上的城市副中心，按照产业兴盛、人口规模适度、生态宜居、特色鲜明的“欧洲小镇”标准建设的宜人、宜业小城。

（原载2012年5月21日《成都日报》）

寿安镇“两化互动、产城一体”发展

寿安镇是全国环境优美示范镇、成都市优先发展重点镇。2010年，按照成都市委、市政府建设“世界生态田园城市”的历史定位，以及“打造西部经济核心增长极”的总体要求，蒲江县充分利用寿安优先发展重点镇的优质资源，按照“市场主体、产城融合”的理念，全面启动寿安新城的建设工作。寿安新城位于成都市西南、蒲江县东部，规划占地11.43平方公里，计划投资45亿元，通过5~8年的时间，将寿安镇打造成“整体结构优化、功能分工合理”的集养生、居住、办公、休闲服务以及生态型工业产业、绿色印务产业为一体的宜居宜产新型城镇，实现新型工业化与新型城镇化的互动发展、现代产业与宜居城市的和谐共融。

2010年4月，青羊工业建设发展公司、蒲江兴蒲公司、成都旭龙投资公司达成协议，分别出资60%、24%和16%，共同组建青蒲建设发展有限公司。青蒲公司按照城市和产业发展的定位，具体负责基础设施及公建配套投入与建设，改善发展环境，吸引企业入驻，统筹推进寿安新型工业化、新型城镇化建设；政府当好城市和产业发展的定位者，当好资源的配置者和市场主体的服务者，实现投资和建设由政府主导转变为市场为主，招商由土地招商、园区招商转变为载体招商、厂房招商。青蒲建设发展公司通过与中铁信托、农业发展银行、天津银行、成都农商银行等多家金融机构达成规模融资合作，拓展园区基础设施及城市开发建设等方面的融资渠道，为寿安新城建设提供了强有力的资金保障。2012年年底，青蒲建设发展公司融资余额约为6.7亿元，政府投资项目完成投资1.24亿元。

在实践“产城一体”建设过程中，将寿安镇作为有机整体，统筹考虑小城镇的经济功能、社会功能和生态功能，规划建设分工明确、高度融合的“一心两轴三片”功能区，“一心”是指新区核心，以文化、行政、商业、休闲为主体；“两轴”是指人文复兴轴线和城市形象轴线，以风貌街区为主；“三区”即以绿色印务包装产业为主的绿色产业区，以老场镇为核心的人文风貌区，以生活性服务业为主的田园新城区。各功能区错位发展，互补互动且无缝连接。在实际操作中努力做到园区品质提升与城镇形象塑造、园区开发与新型社区建设、园区基础设施完善与综合服务平台配套“三个同步推进”，搭建“产城一体”融合发展平台。2012年12月，《寿安新城绿色低碳专项规划（2012—2017）》顺利通过住建部评审，是西南地区首个以城镇为单位的绿色低碳规划项目，为“产城一体、生态和谐”的绿色低碳城镇建设提供本底。

寿安新城在产业定位上突出包装印务、精密机械、食品饮料产业，在发展方式上强调“项目集中布局、产业集群发展、资源节约利用、功能集合构建”，在发展路径上坚持以博世集团、中食集团等高端标志性企业为支撑，在发展目标上全力构建绿色产业体系。2012年，成功引进20个重点建设项目，包括投资3500万欧元的世界500强企业德国博世集团，成为成都三圈层区域首次引进世界500强企业的城镇，带动博世电动工具项目和博世包装技术亚太研发中心项目以及杭州大精机械制造有限公司落户，被中包联授予寿安新城“中国包装印刷产业基地”称号。年底，寿安新城工业园区集聚成都合联新型产业园、蒲东印务创业园、博世包装、佳晟印务、御品轩瓷业等包装企业25家（规模以上企业8家），实现工业总产值8.8亿元，占全县规模工业企业的12.5%。

青蒲公司、蒲东工业园和合联产业园等3个市场主体，采用统一规划、统一建设、统一投资、统一开发、统一招商、统一管理的模式，在打造产业基地的同时，同步打造立体式的城市生活配套，规划了以主题商业街、商业广场等为主的商业中心，以医疗、教育、金融机构等为主的市政服务中心，以原生湿地、河心公园等为主的生态中心，以大型广场、酒店、运动基地等为主的娱乐文化中心，并以产业园区向城镇特色功能区转变为突破口，统筹推进景观大道、河滨整治以及交通、能源、文化、体验等基础设施和公共服务配套建设，工业园区与城市定位有机衔接，与城市形象相得益彰，共同推进各项重大产业项目和城镇建设项目有序实施。

全面开展土地综合整治工作，建立以社会资本为主，实施农村土地综合整治和集体建设用地开发建设的机制和模式，吸引1.5亿元社会资金实施农村土地综合整治项目，建成松华社区聚居点等一批统筹城乡发展示范点。采取有序引导农民进城或进入具有城市基本公共服务功能的新型社区居住等举措，最大限度地提高城乡居民生活的便利性和舒适性。深化现代产业体系建设，做优以生猪加工为主的食品加工、生产性服务以及蒲江河、临溪河、长秋山为核心的乡村旅游等产业，推动一、三产业联动发展。年底，寿安新城完成总投资15亿元，实施征地拆迁1500余亩，建成长4000米的景观大道、1.4万平方米的综合服务中心、5.6万平方米农民安置房、完成2440米滨河绿带以及10公里健康绿道建设，充分利用蒲江河、临溪河水体资源，构建“一心两带多节点”的绿化景观系统。

适应全镇经济社会发展需要，不断优化管理体制，寿安镇试点行政管理体制改革，理顺职能职责。强化镇政府社会管理和公共服务能力，县下放给镇41项行政权限、15项行政执法权和公共服务事项权限，镇政府办事机构调整为“七办两中心一分局”，突出社会管理、公共服务、经济发展三大职能重心，促进管理型政府向服务型政府转变。进一步加大对干部的统筹使用和管理力度，镇党委、政府有中层干部任免权，有对派驻机构负责人的任免建议权和一般工作人员的考核奖惩权。

实施“两化互动，产城一体”模式，寿安镇地方财政收入连续2年持续同比增长49%，农民人均纯收入持续同比增长15%。

（原载《蒲江年鉴（2013）》）

工业小镇　产城共融

上午到菜场买些新鲜蔬菜；午饭过后，约上三五个老友，骑着轻便的赛车，沿着20多公里的乡村绿道一直向前，两边河流潺潺，绿树葱葱，鸟儿啁啾……对于四川成都蒲江县寿安镇白岩寺村61岁的杨德俊老人来说，这日子过得实在是惬意。

杨德俊这位因新型城镇化而“上楼”的农民的这份惬意缘于生活上的无忧无虑：住着安置小区144平方米的单元房，老两口每人每月有1000多元的社保，儿子在外地打工，收入不错，儿媳在当地公司上班，月薪3000多元，小孙子在家门口上了幼儿园。“爸爸骑赛车上了瘾，只要天气好就骑。”老人的儿媳左娟笑着告诉记者。

在寿安镇，年轻人的日子同样过得惬意。白岩寺村28岁的王华川和爱人此前一直在广东打工。2012年3月，天星印务公司在寿安镇投产，王华川很快就回到家乡在天星印务当上了领班，爱人在一墙之隔的另一家印务公司找到了工作。说起如今的生活，王华川感到很满足。“先说收入，在广东虽说一个月挣7000多元，各种开支也大。现在在家乡工作工资4000多元，但开支很小，算起来差不多。最重要的是，在外地打工不能照顾家人，现在每天都可以陪着老人和孩子，感觉特别好。”

杨德俊和王华川的满足，得益于成都市在推进新型城镇化的过程中遵循“人的城镇化”这一理念，不追求大规模，而是注重各有特色，“以城促产，以产兴城，产城互动，城乡共融”。

寿安有什么特色？寿安是成都远郊一个普通的乡镇，种植养殖是主业，打米屠宰是副业。在被成都市确定为新型城镇化优先发展重点镇之后，蒲江县把产业的发展摆在新型城镇化的优先位置。

“人口跟着就业走，要想发展城镇，得优先发展产业。”寿安镇镇长仲明礼告诉记者。按照成都市的统一规划，寿安将打造“中国包装印刷产业基地”。在招商引资的过程中，寿安镇先进的规划、优美的环境、清新的空气打动了著名的德国博世集团，博世将包装机械生产基地项目布局寿安。之后，又将博世电动工具、包装技术（中国）研发中心等5个德资相关项目迁入寿安。博世还带动了上下游、国内外30多家企业进驻。如今，一个追求产业高端的“中德中小企业合作园”已渐具雏形。3年多时间里，寿安新镇还吸纳1.2万多人口。

寿安何以留得住这么多人、这么多企业？“留得住人，才留得住企业，留得住企业，才留得住人，两者是相辅相成、良性互动的。”仲明礼介绍说。

寿安小学的发展，就从侧面体现了寿安新镇留住人和企业的法宝。寿安小学本是当地一所普通小学校，去年与成都市有名的泡桐树小学签订协议，由泡桐树小学领办。泡桐树小学派出两名副校长和4名骨干教师到寿安小学上班。经过从理念到实践的全面改造，如今的寿安小学也已成为名校。蒲江县教育局局长雷雨说，“寿安小学现在是我们招商引资的招牌，许多在园区工作的外地企业中高层管理人员主动要求把小孩转到这里上学。”

借鉴国内外工业小镇的特点，寿安一方面对老场镇进行改造，在新城片区则规划布局了核心产业发展区、德企孵化区、中小企业聚集区和产业功能区四大板块，将人、工业、城镇环境的和谐发展始终列为首要目标，致力打造一个生产空间集约高效、生活空间宜居适度、生态空间山清水秀的产业之城。在这里，商业服务体系、医疗教育体系、文化娱乐体系等一应俱全。所以，外出务工人员陆续回到家乡，诸多企业纷纷入驻扎根。

“前些天，广州一家企业的老板给我打电话，要我去他那里上班，开出的条件很诱人，但我婉拒了。回寿安上班快3年了，各方面都很好，而且我相信会越来越好。”王华川告诉记者。

（原载2015年1月26日《经济日报》）

千亿级五金小镇蒲江起航

中德（蒲江）中小企业合作园举行项目集中开工及集中签约仪式

博世三驾马车的青睐，让西部小城蒲江一度成为德国中小企业眼中的“热土”。6月2日，投资额84亿元的中小企业项目开工签约，又再为中德（蒲江）中小企业合作园添砖加瓦。更令人欣喜的是，一个千亿级的五金小镇发展规划，在这里正式起航，此举标志着中德（蒲江）中小企业园的发展标的将更为明晰，对产业的聚集效能将进一步加大，不仅填补西部的产业空白，而且将力推蒲江产业转型升级。可以预见，蒲江将再次成为德资中小企业聚焦的“明星”。

规划领先　做好顶层设计　打通产业发展经络

区位并不占优，产业基础并不突出，蒲江何以有如此气魄，剑指千亿级产业层级。

笔者梳理了一下，提出“五金小镇”发展计划后，蒲江的步点密集紧凑。

该县成立“五金小镇”及“中德（蒲江）中小企业合作园”开发建设工作领导小组，积极谋划并强力推进各项工作；主动对接工信部和省、市相关部门，开展政策争取、邀请指导等工作，初步构建起国家部委和省、市、县“四级联动”的工作机制；5月21日，市级层面的首次项目推进联席会议召开；蒲江县启动“五金小镇”重大课题研究工作，加强与中国五金制品协会、全国工商联五金机电商会的对口联系；争取引入中国科学院金属研究所在蒲江设立研发、实训基地；明确提出以“中德（蒲江）中小企业合作园”为载体，重点引入电动工具和高端炊餐具产业，推进制造业服务化，努力打造“智慧园区”和中德合作的国家级示范项目。

其实着眼更大的视野，就会发现蒲江的底气来源。国家“一带一路”战略，西部中心四川成为前哨，成都与欧洲主要城市的直航，蓉欧快铁的开通，都让蒲江发展位置具备“跳出来”的动能，这一“跳”就将带来产业发展的跨越。

德资中小企业的“蒲江造”，不论是原料和成品，从成都出发的蓉欧快铁仅需10天就可到达波兰罗兹，相比深圳海运至德国节省25天。中国中小企业发展促进中心、中国中小企业国际合作协会正式授牌的中德（蒲江）中小企业园，成为成都融入“一带一路”战略的重要平台和载体。这也就不难理解，工信部中小企业司和国际合作司都共同看好，并助力中德（蒲江）中小企业园的建设。

有力的顶层设计，如同打通了产业发展的经络，千亿级的五金小镇正在稳步前行。

产业升级　引入“德国标准”　高端五金制品贴上“蒲江造”

德国博世包装、博世电动工具已经在把“蒲江造”的德标产品，源源不断输往全球市场。

蒲江规划的“五金小镇”，就是要引入代表全球制造高端的“德国标准”，让“蒲江造”的“德标产品，参与全球市场竞争。

如何将德标扎根蒲江？引入企业，带来先进的德国生产技术、生产工艺、管理规范，提升本地企业的技术、管理，实现双轮驱动。

博盛机械制造的老板刘大勇对此深有感触，2011年，企业跟随博世电动工具，落户蒲江，“傍大款”战略并非一帆风顺，最初的产品合格率只有三成，但德标的要求，让企业发展进入全新阶段。如今，博盛从一个车间，几台车床，发展到几千平方米的厂房，产品合格率达到95%以上，2013年取得ISO9001认证，并成为博世公司的合格供应商，2014年6月起成为博世核心供应商，并吸附了五家企业一同为博世配套。

目前，博世包装和电动工具的配套，都能实现35%以上本地化，这个比率不断提高，相对应的就是符合德标的本地企业越来越多，蒲江的产业升级由此迈入快车道。

据介绍，目前，蒲江园区支撑“五金小镇”产业发展规划的企业，达到59家，这也是引入德标企业带来的成果。

企业的引入如果理解为德标的硬实力落地，那么技术人才的培养，好比德标的软实力。8月底，一项对于蒲江乃至西部地区工业发展的重大利好即将兑现。中德成都AHK双元制培训中心将正式迎来第一批24名学员，通过考核的学员，将获得国家高级技工职称认证，成为工业制造产业中的“抢手货”。据悉，下一步，覆盖西南地区的考试中心、认证中心都将陆续设置。

德国双元制培训合格的技术人才，将会对德资企业的聚集，极具吸引力。

正是基于这些条件的具备，博世包装才计划把蒲江工厂打造成为亚太区最大的工厂，博世电动工具在井喷式增长的势头下全面实施自己的三大升级计划，从小件到大件工具、从有绳到无线、从内销到出口。

发展远景　深化对外开放　形成五金制品千亿产业集群

与德资企业的合作，决定了未来“五金小镇”的产业一定是高位切入，不能复制低端。

今年，蒲江将抢抓中德交流等对外开放活动契机，围绕产业链、价值链、供应链招大引强。4月29日，举办的2015年度“中德（蒲江）中小企业合作园”企业对接会，搭建起五金行业交流合作平台；新引进了德国夏特装饰材料、美国丝涟床具等一批以外资为主的企业及其核心配套中资企业。

今年还计划组织策划在德国举行的投资促进活动，争取省投促委将有意向在川投资的德资企业引入园区；9月份，瞄准“2015中国国际五金展”，抓紧策划实施在上海、深圳等地举办的园区宣传推广活动。围绕五金产业的新技术、新材料、新工艺“三新”发展方向，积极争取与中国科学院金属研究所等科研机构开展“院地合作”，力争“中国科学院金属研究所蒲江研发基地”挂牌。

有理由相信，在中国西部的蒲江，会崛起一座“五金小镇”，在五金制品产业领域聚集一批国内外知名的五金制品研发制造企业和专业服务机构，建成立足成都、服务西部、辐射全球的千亿级“五金小镇”。

签约企业　中德成都AHK双元制培训中心

德国工商大会上海代表处与市政府签署了《蓉德职业教育合作备忘录》，设立全国第三家、西部首家AHK考试中心，优先选择精密机械加工行业，建设“中德（蒲江）职业教育培训基地”。正式确立了“中德（成都）AHK职业教育培训中心”的名称，力争8月挂牌。

丝涟（Sealy），总部设于美国北卡罗纳州，目前是世界上最大的床垫制造公司，已连续40余年稳坐全球床垫业销量冠军宝座。丝涟拥有全世界最具规模和最先进的研发中心和产品测试实验室，并在全球床垫制造商中，投入最庞大的资源及财力，研究人体睡眠和开发改良产品。

丝涟成都工厂位于蒲江县寿安新城“中德（蒲江）中小企业合作园”，是继丝涟上海工厂和丝涟北京工厂后在中国的第三家生产中心。

（原载2015年6月4日《成都日报》）

创新体制机制谋发展　建设“产城一体”新寿安

——蒲江县寿安镇加快推进百镇建设试点工作的探索与实践

实施“百镇建设试点行动”是省委、省政府立足加快推进新型城镇化，推动县域经济发展、资源集约配置、城镇综合实力提升的重大部署。蒲江县寿安镇作为全省首批试点镇，不断创新体制机制，千方百计破解城镇开发建设难题，初步实现了城镇空间布局、承载能力、产业支撑、公共服务、生态保护的同步提升。2014年，全镇地区生产总值、农民人均纯收入、城镇居民人均可支配收入分别为22.86亿元、1.3万元、2.09万元，较2010年分别增长83.17%、81.7%、57%。城镇建成区面积、城镇人口、城镇化率分别为4平方公里、4.2万人、69.5%，较2010年分别增加1平方公里、1.7万人、23.5个百分点。先后被确定为国家、省、市三级重点镇，以及“四川省新型工业化重点培育基地”“中国包装印刷产业基地”和全国第二个、西部首个“中德（蒲江）中小企业合作园”。

一、始终坚持“产城一体、绿色低碳”理念，有效破解“城镇怎样建”难题

寿安镇全面对接“全域成都”发展规划和蒲江县“三基地一新城”发展战略，确定打造“五金小镇”发展目标，即规划到2025年，聚集一批国内外知名的五金制品研发制造企业和专业服务机构，建成综合承载能力较强的产业发展载体，培育创造一批优势企业和知名品牌，力争建成立足成都、服务西部、辐射全球的千亿级“五金小镇”。同时，寿安镇按照同步推进新型工业化、新型城镇化和农业现代化，以“产”兴“城”、以“城”促“产”、强“工”兴“农”的“三化互动、产城一体”发展理念，制定了全域寿安发展总体规划，形成包括寿安新城“产城一体”规划区、北部现代农业种植区、临溪河滨水田园旅游带、长秋山乡村休闲旅游带的规划体系。2012年，寿安新城绿色低碳生态田园城镇建设专项规划通过住建部评审，成为西南地区首个以城镇为单位的绿色低碳规划项目。

二、创新推行“政企合作、市场化运作”机制，有效破解“钱从哪里来”难题

加快城镇建设，需要大量的资金投入，作为蒲江这样财力薄弱的远郊区县，寿安新城建设仅靠省市专项补助经费、县财政资金投入或者传统的融资模式是远远不够的，引入市场主体“以资源换取资本，以资本激活资源”成为必然选择。受益于成都市“全域发展、圈层融合”的城乡统筹政策，蒲江县与地处成都市中心城区的青羊区全面开展“青蒲对流”合作，充分借鉴青羊区工业总部基地的成功经验，于2010年4月由青羊工业建设发展公司、蒲江兴蒲公司和成都旭龙投资公司，共同组建了青蒲建设发展有限公司，并由公司作为寿安新城的“城市运营商”，按照统一规划、统一建设、统一投资、统一开发、统一招商、统一管理的“六个统一”原则，统筹推进寿安新城的建设与发展。成立青蒲公司这一市场主体开发寿安新城，实现了三个转变，即：投资主体、建设主体、招商主体由以政府为主转变为以企业为主。公司按照“自求平衡、滚动发展、良性循环”的原则，从城市土地等优质资源的不断增值、城市开发经营等方面获得投资回报。政府引入市场主体办园区，吸引社会资本建城镇后，负责当好城市和产业发展的定位者、资源的配置者和市场主体的服务者，有效实现了企业与政府在资源、资本方面的有机结合和互利共赢，成功利用1200万元的政府资金，撬动了40亿余元的社会资本，有效解决了寿安新城建设与发展“钱从哪里来”的难题。

三、积极引进市场主体盘活土地资源，有效破解“地从哪里来”难题

解决建设用地供需矛盾，是推进城镇建设必须破解的难题。在提高存量土地利用率的基础上，寿安镇主要通过深化农村土地和房屋产权制度改革，大力引进市场主体实施农用地整理和集体建设用地增减挂钩项目，解决增量土地的供给问题。先后引进10家企业实施农用地整理项目，整理土地7.96万亩，新增耕地9124亩，为城镇建设提供了耕地占补平衡指标；引进5家企业实施集体建设用地增减挂钩试点项目，对农户拆除旧房后的宅基地进行全面整理复垦还耕，节约建设用地指标1600余亩，并通过市场化调剂“拆旧建新”剩余建设用地指标实现投资收益，建设了松花新村、寨子山公寓、南锋鑫居等7个功能齐备、配套完善的集中居住小区，入住农户1489户4684人。通过实施土地整理项目，既解决了城镇建设、工业发展“地从哪里来”的难题，又解决了农村群众生产生活条件改善“钱从哪里来”的问题。

四、始终坚持“三产联动”做强城镇产业支撑，有效破解“人往哪里去”难题

人是城镇建设的核心，“以人为本”是城镇建设的出发点，更是落脚点。

一是大力发展现代生态工业，带动城乡群众进园区就业。按照成都市“产业升级”发展战略和蒲江县打造“国际接轨的生态工业基地”的工作部署，寿安工业园区坚持绿色低碳标准，突出发展精密机械制造、生物医药、印务包装等特色产业；坚持取向高端，积极开展以商招商、中介招商、载体招商，全力引进制造业世界500强和国内行业100强企业，重点引进德资企业及配套企业。2011年，设立工业园区政务服务中心；2014年，在西南地区率先引进德国AHK职业资格认证，开展试点“双元制”职业教育培训，定向为德资企业培养和输送职业技术人才。通过近年来的不断努力，目前工业园区成功引进德国博世集团3个项目入驻，总投资超过1亿美元；引进蒲东印务创业园、合联产业园等两个“园中园”项目，以及德国凯佩斯、美国丝涟床具、联想佳沃、蜡笔小新、天龙油墨、大精机械等48家国内外知名企业，协议总投资约135亿元，年产值达33亿元。随着产业集群的初步形成，现已为城乡群众创造了5000余个就业岗位，并且吸引了2500余名原外出务工人员返乡就业。目前，园区就业职工的平均月工资为3500元左右。

二是大力发展都市现代农业，促进农民向农业产业工人转变。受益于成都市推进“成新蒲”都市现代农业示范带建设的政策支持，寿安镇依托联想佳沃集团1000亩猕猴桃种植基地建设，辐射带动建成优质猕猴桃基地6000余亩；依托中国高端农产品领军品牌“褚橙”2000亩种植园建设，建成优质“蒲江丑柑”基地2万余亩；依托金枣农业500亩冬枣种植园等农业项目，建成农业观光体验园区6个；依托中食集团、佳享等龙头食品加工企业，加快推进现代农业全产业链发展。同时，组建了寿安镇农村产权交易中心，有效促进土地流转1.5万余亩；发展了农业专合组织41家，培育家庭农场和种养大户85家。随着都市现代农业不断发展，每年创造就业岗位2500余个，部分农民已经成为现代农业发展不可缺少的产业工人。

三是大力发展现代服务业，引导城乡群众就地就近就业创业。充分发挥地理位置优越、交通便捷的优势，先后打造了寿安新城商业街区，引进了香樱阁、河畔酒店等餐饮住宿服务企业15家、红旗连锁等大型超市连锁店20余家、大型物流企业6家、汽车服务企业6家、休闲农家乐20余家，发展商铺门店1700余个，每年商品交易额达5亿元以上，实现就业服务、经商创业等从业人口3.6万余人。

五、始终坚持基础配套优先提高城镇综合承载能力，有效破解“民生怎么办”难题

城镇基础配套，是城镇建设发展的重要支撑，是群众生产生活不可或缺的物质基础，是城镇承载能力的重要体现。在推进寿安新城建设中，寿安镇坚持产业发展与城镇建设同步推进、产业项目与民生项目同步提升、项目促建与环境提升同步实施。2010年以来，青蒲公司等市场主体投入40亿元，完成征地拆迁3100余亩，建成10公里的市政道路、1.40万平方米的综合服务中心、1万平方米的滨河酒店、13万平方米的市民公园、5.6万平方米的安置房、15万平方米的配套住宅和商业用房、60万平方米高标准招商厂房等设施；完成2.4公里蒲江河治理改造工程，实施城镇园林景观绿化建设，建成区人均公共绿地面积达40平方米以上；建成占地近400亩的全民健身广场、足球场、羽毛球馆、樱花岛公园和图书馆等公共服务设施，实现了生产区、生活区、公共游憩区、配套服务区的高度融合，实现了集约、节约用地和工业园区复合布局。同时，寿安镇整合省、市、县重点镇建设项目资金2500余万元，改建市政道路3公里，改造地下管网3000米；整合各类项目资金4825万余元，实施了综合便民服务中心、交通客运站、标准化卫生院等公共服务配套建设，并按照“1+27”标准，全面完成2个城镇社区和4个农村新型社区公共服务设施配套建设。全镇实现100%的行政村（社区）通公交，城乡饮水安全率达95%以上，燃气、液化气普及率达75%以上，光纤到户、宽带覆盖率达78%，生产生活垃圾实现收集、储运、处理城乡一体化。建有公办高中1所、九年制学校2所、小学3所、幼儿园5所，2014年成功引进名校成都市泡桐树小学落户，为更多学生提供了接受优质教育的机会。目前，寿安新城建成区面积达4平方公里，不仅具备高端产业的承载能力，而且具备5万人的居住承载能力。获评全国环境优美乡镇，成功创建省级生态村1个，省级“五十百千环境优美示范村”1个，市级生态村10个。

六、积极鼓励市场主体参与提供公共产品和服务，有效破解城镇“建成怎么管”难题

城市重在建设，更在管理。随着城镇化进程的不断加快，城镇规模不断扩大，城镇功能不断增多，城镇管理的要求和标准也越来越高。针对城镇市政设施维护、园林绿化，城乡环境综合整治、农民集中居住小区管理、农贸市场管理等政府过去“管不了”、更“管不好”的状况，寿安镇改变了“大包大揽”的做法，全面探索实行市场化运作。一是将寿安新城市政设施、园林绿化、环境卫生等非经营性设施的日常管护、城镇公共场所保洁等事项，通过招标发包等方式，面向社会选择建设单位和管理单位，由青蒲发展公司代政府“买单”，实现了城镇管理的市场化运营，大大提高了公共服务质量。二是将城乡环卫保洁、垃圾清运、农民集中居住小区管理、农贸市场管理等事项，通过公开招标等形式，由政府向作业单位或个人购买公共服务，既节约了管理成本，又提高了管理效益，有效减轻了政府在资金、人员等方面的压力。

（原载《蒲江年鉴（2016）》）

中德（蒲江）中小企业合作园建设

中德（蒲江）中小企业合作园位于成都市西南面，距成都市区75公里、双流国际机场50公里。总规划面积30平方公里，交通区位优越，重点发展机电五金、智能厨电、家具五金等智能制造装备、精密机械和生物医药等产业。至2015年年底，已成功引进世界500强企业德国博世包装等重大项目，聚集企业

142户，规模以上企业61户。

2014年2月28日，县政府与国家工业与信息产业部中小企业发展促进中心和中国中小企业国际合作协会签署合作框架协议，启动中德（蒲江）中小企业合作园〔以下简称中德（蒲江）合作园〕建设。2014年10月，委托国家工信部中小企业发展促进中心编制《中德（蒲江）中小企业合作园产业发展总体规划》，中德（蒲江）合作园获工信部中小企业发展促进中心和中国中小企业国际合作协会授牌，成为全国第三个、西部首个中德合作园区。2015年，编制《蒲江智造2025规划》和《中德（蒲江）中小企业合作区概念性规划》，确立发展智能制造装备（含机电五金、智能厨电、家具五金）、精密机械和生物医药等主导产业。中德（蒲江）合作园纳入中德（四川成都）产业创新平台“一区三园”建设，成为成都市融入“一带一路”国家战略重要平台和先行项目。引进德国双元制职业教育机制，AHK师资培训中心和考试认证中心挂牌，启动中德（成都）AHK职教培训中心建设。县政府与德国中小企业总会、德国华人华侨联合会、德中商会等机构达成长期合作招商协议，与德国弗劳恩霍夫应用研究促进协会北京代表处、汉堡驻上海联络处、欧盟项目创新中心等中介机构建立定期联系机制。至2015年年底，相继承办“中德对话论坛”，举办德国中小企业经营管理人员来华培训班3期、亚美尼亚政府中小企业来华培训班1期，组织蒲江企业参加“中国中小企业经营管理人员赴德培训班”学习，组团参加德国汉诺威工业展、“中外知名企业四川行”“西博会”和“中国国际五金展”等重大活动；在深圳、上海等城市举办专题推介会，深化与发达地区在市场拓展、会展等领域的合作。

按照“政府主导，市场化运作”模式，加快中德（蒲江）合作园基础设施和配套设施建设。至2015年年底，完成基础设施投资25亿元，中德（蒲江）合作园规模达9平方公里，按照德系标准建成标准化厂房11万平方米；借鉴德国工业小镇建设经验，打造高品质配套环境，建成欧式园林景观4万平方米、市民公园150亩、综合服务中心1.5万平方米、运动基地60亩，城镇配套区1平方公里。

（原载《蒲江年鉴（2016）》）

四、村规民约选录

插旗山村村规民约

2008年11月10日，插旗山村委会召开群众代表大会，出席会议的42名群众代表一致同意制定村规民约。经过充分酝酿，广泛吸收代表意见，反复修改，制定插旗山村民约如下：

一、选举村民代表，每组选举3～5名群众代表与村、组干部党员代表作为村民代表，定期召开村民代表大会。负责村级资产管理，村务、财务、公开、监督和管理。

二、各组由农户推荐3～5人，组成资产管理小组和农村产权制度改革中相关的处理。

三、各农户推荐1名户代表，并出具声明书，代表该户签署各项文书，其他家庭成员不得反悔。

四、承包地的确权面积以1998年二轮承包面积为基础，以实际丈量为准，扣除退耕还林的地块面积和国家征用办理了相关手续的地块面积，不得打乱新调分配。

五、农民承包地发生流转或征占用时，农户按确权面积享有使用权收益，实测后剩余面积使用权权益归组集体所有，分配方法按一事一议方式经营集体经济组成员2～3人以上的农户讨论决定。

六、本集体经济组织成员因确权产生的纠纷，必须经当事双方协商达成一致协议（双方签字按手印），组长签字，加盖村委会公章后予以认可，否则不予认可。

七、本集体经济组织成员死亡后，其集体所有权权益分配期限以各村民小组约定的期限为准。

八、本集体经济组织成员的新生儿童，按有关法律规定，入集体经济组织户后，享有本集体经济所有权权益分配，并享有继承使用权。

九、本集体经济组织特殊成员，享有本集体经济组织权权益分配，并享有继承使用权的权利。

十、按国家法律规定迁入本集体经济组织户口的成员，由本集体经济组织成员2～3户签字并加盖手印，公示无异议后，享有本集体经济组织权权益分配。

十一、涉及大面积土地流转或土地使用权发生重大变化时，经2～3户签字后生效，对拒不执行的按相关法律法规执行。

十二、因修沟、渠、路等公益事业涉及占用土地时，所占用面积使用权经本集体经济组织一事一议用公田（地）作为补偿、赔偿，但农户仍享有粮食直补等国家的一切相关补贴待遇。

十三、严禁在耕作道、机耕道、沟、渠旁迎水面1米内栽种苗木，否则予以清除并不予赔偿。

十四、垃圾必须倒入垃圾桶内，不准在公路两旁乱倒垃圾，对乱到垃圾者罚款5元。

十五、机动地可优先承包给本集体经济组织内无水色地的成员，也可由本集体经济组织统一进行管理，其工地收益优先用于无承包耕地的人员分配，剩余部分采用一事一议经群众讨论后，分配给本集体经济组织的成员。

十六、其他未尽事宜，经村民代表大会三分之二以上的代表讨论决定。

十七、本村村规民约三分之二以上的村民代表签字后生效，其最终解释权归村民委员会。

五、民间轶事

寿民首富鲁王氏

晚清时期，寿民乡先觉坝有个人叫鲁恒丰，以收购靛青（染料）担到彭山去卖为业。后来他结识一个南溪县的富商，讲好由富商出本钱，由鲁在蒲江大量收购靛青，富商负责运往外地出售，得利分红。数次合作成功，皆大欢喜。最后一次，鲁收购大量靛青后，久等富商不来，遂亲自运往彭山销售。因缺货，价格上扬，盈利颇丰。鲁回蒲江，又等富商多日不来。靛青因无人大量收购，价格暴跌。鲁抓住时机大量购入。以后运到外地又遇好价，鲁因此暴富起来。据说南溪富商途中病故，无人到蒲江理揽生意。一日鲁恒丰午眠，梦见富商前来。醒来恰遇夫人产子，顿悟此子乃是富商前来投胎，遂命名为鲁南溪。鲁南溪出世后，一直过着锦衣玉食的生活，乐善好施，有人评价他是败家子。

鲁南溪中年丧妻，续娶新津县王姓女子，人称其鲁王氏。鲁王氏生一子，叫鲁培成，人称“金娃娃”。鲁南溪病故后，鲁王氏当家，不断购置田产，共有良田六百余亩，年收租谷七百多石。她也常周济穷人，独资捐建石灰桥。但她毕竟妇道人家，有钱无势，每年秋后，总遭棒客（土匪）抢劫。有一次她从寿安镇看戏归来，途中被绑票“拉肥猪”，关在红庙子沟的土楼上。她听到王家祠唱戏之声传来，归心甚切，便买通看管她的土匪逃脱回家。后鲁王氏在寿安镇正街置房产，家小移居此屋，她和松华镇建华村三组军需处长叶南轩的兄弟叶宇高结为儿女亲家。

鲁王氏怕土匪拉肥猪，平常不让金娃娃出门，请人拿枪守护他。土匪钱迷心窍，多方吊线子侦查，又许以重金沟通寿安镇地方势力。经过两个多月的策划，二十多名土匪终于抢走了鲁培成。鲁王氏立即告知寿安乡乡长刘海如和寿安镇舵把子喻兴洲，二人借用鲁家枪支，组织几十人追打，叶南轩得信后也派人追击。土匪向邛崃方向逃遁，金娃娃没夺回，鲁王氏又丢失了几支长短枪，还办了二十桌酒席招待打匪人员。鲁王氏通告外侄孙蒲江县袍哥大舵把子张俊文，张大怒。恰逢张新购一批机枪、步枪，四处联系打听金娃娃下落。土匪听了风声，方知这个生意烫，于是设计将鲁培成送给邛崃新安的舵把子陈德勾子。陈与邛崃县观音院舵把子刘尚银（刘、鲁两家是亲戚）沟通情况，派人枪护送鲁培成到刘家。鲁王氏得信后，遂请寿安镇罗医官前往医疗其枪伤，愈后接回家中，此事前后共两个多月。新中国成立后，鲁王氏在土地改革中评为地主成分，与鲁培成在关押中病死，寿民首富消失了。

帅鹏章在青龙场被击毙

民国时期，眉山专区所辖彭山县青龙场巨匪帅鹏章，拥有匪徒数百人，为匪多年，抢劫无数，受害民众，难以数计，人民恨之入骨。国民政府任其肆行无忌，莫奈他何，用羁縻政策给以“邛、蒲、眉、彭四县联防大队长”之职，冀其敛迹悔改，殊贼心不死，猖狂倍胜。民国22年（1933年），蒲江县县长何本初，勤于治匪，于年底清乡，召帅在彭山将军庙开会，意图诱捕。帅仍然不惧，带匪徒四十余人，长枪短枪，跟随紧严，而包围何县长。县长见事不妙，未能下手，放他走脱。民国36年（1947年），新任彭山县长何守仁巡视至彭山青龙场，帅匪支使匪徒帅耀奎、帅耀荣等就在街上抢人，以扫县长面子。何守仁气愤填膺，赓即电请四川省政府派兵剿灭。省府接电，派出6个保安团和战二师全师兵力，悬赏5000元缉捕，将帅匪团团包围。并严令各县及乡镇不得放走，如违令者，即以军法从事。殊知匪徒耳目众多，消息灵通，见大军压境，便销声匿迹，潜行逃窜。帅匪暗里沟通哥老会头子，护送他到将军庙，再送至徐山徐瑞清之家，又复送至蒲江青龙场杨启文处，再转送西来杨万和处。殊杨不接手，帅被迫折返蒲江青龙场杜国昌家。青龙乡长黄子敬前奉电令，严密防守，唯恐不及。刚探知此息，乃深夜派守护队到杜国昌家，将帅匪击毙。次日，送蒲江县城示众。帅鹏章这个横行数十年的首恶巨匪，一旦伏诛，人人称快。后领回奖金，全归学校修缮之用。

戴明渲寿安镇翻船

戴明渲，西来镇马湖庙龚店子人，14岁就入匪抢人。民国35年（1946年），戴任蒲江县警察中队中队长，统辖警察107人，装备机枪6挺、步枪马枪109支、手枪6支。以蒲江土豪张俊文、西来土豪杨万和为靠山。其部下警察都是他的兄弟伙，一贯仗势欺人，横行霸道，有的警察甚至晚上结伙在城郊抢人。

1949年3月12日夜，警察中队钟建民等4人在寿安镇喝酒。酒醉后，竟然在正街仙咏阁俱乐部开设的茶铺内小便。仙咏阁俱乐部是寿安乡乡长刘海如组织，袍哥周绍湖报告刘海如：“有人胆敢在仙咏阁公堂上屙尿。”刘海如曾任李家钰部下，听说后大怒，叫：“给我抓过来。”周绍清等即去仙咏阁将钟建民抓到乡公所，一问，才知是戴明渲兄弟伙，训斥一顿后释放了。13日，戴明渲带几十个警察在成都拜会灵羽社舵把子乔子均返回，住寿安镇正街下段27号其舅子熊汉文家。寿安士绅设宴招待，由龚吉三说明警察钟建民肇事情况。戴明渲当众叫钟建民跪倒，用马鞭子掺，扬言要毙了他。经其舅子熊汉文之妻陈凤兰等人求情，才算了事。事后，戴之岳母熊李氏说戴明渲：“你枉自当中队长，带众多人，在寿安镇都把船翻了。”戴明渲乃变卦，派警察冲入寿安乡公所韩公祠，缴了乡丁们的枪，将乡丁周绍清用棕绳捆绑，控制了电话机，打电话调蒲江下来1个警察分队，调其复兴同伙张家树、赵元禄人马到寿安助战。将轻机枪架在舅子家门外卖盐的桌子上，射手陈东阳趴在地上，拉动枪机，作要扫射状，吓得街上群众崩山似地逃跑。

同年3月17日，成都报载《蒲江寿安乡罢市，警察与民众冲突》。22日，又载“现双方均在调整补充，准备再战”。寿安乡民众派代表赴蓉，函请省参议员王璧光、国大代表汪泳龙、旅蓉同乡会理事长张亮清，要求省政府制止戴明渲的报复行为，事情暂告平息。

民众树碑颂县长

游铂镛（1906—1968），别名游元亮，四川省涪陵县人，民国14年（1925年）毕业于广东中山大学，民国25年（1936年）加入中国共产党。民国29年（1940年）7月，游被委任为蒲江县县长。游在治蒲任内，勤政恤民，除暴安良，保护共产党员，为共产党开展工作筹措大量资金。民国33年（1944年）7月，因游任县长期间政绩卓著，寿安镇民众在正街上场口福德门外左侧为其树碑，以彰其功德。碑高3米、宽约1.7米，碑文是一首七言律诗，由寿安镇知名教育工作者张儒成撰写：

下车摄政莅吾蒲，盗贼潜踪靖官庐。
召伯甘棠①今再咏，龚公买犊②复耕歌。
刑轻政简人民乐，税薄牢空士庶和。
远来我邑贤县宰，游公而外实无多。

注：①召伯甘棠，周文王庶子召公奭与周公旦为二伯，称召伯。召伯巡行南国，舍于甘棠之下，国人爱之而敬其树，作《甘棠》之诗，后人用以官吏之德化卓著者亦以甘棠之称。②龚公买犊，宣汉帝时龚遂任渤海郡太守，那里因连年灾荒，民众铤而走险暴动抢劫，龚劝民务农桑，许多抢劫者卖刀买犊，耕种农田。

六、杂　记

寿安镇地名录

村（社区）	地　名
董口村	董口山、刘山口、椅子湾、董大塘、羊房子、毛狗山
庙乐村	庙乐寺、左营、左坝、袁河坝、叶祠堂
围镇村	石鱼沱、罗河坝、袁寺、大黄营、花蛇滩、隆盛坝、汪滩、罗庙子、半边街、一座坟
丝栗村	王山堨、王学堂、丘冲口、蔡家祠
金家村	大梵寺、金家寺、余河堨、王堨、王营、董圣堂、刘石桥、芶堨堨
七星村	七星庙、熊祠堂、陈河坝、杨湾、王堨堨、筒车坎、向瓦厂、张坝、龙坝、叫花子桥、箮箕湾
白岩寺村	白岩寺、李祠堂、雁坝、罗河坝
八角村	八角庙、吕营、王坝、天宫庙、严坎
插旗山村	张祠堂、宋山堨、罗山堨
西禅村	西禅寺、方沟、文沟、黄大地
龙泉村	龙祠堂、龙泉寺、范埂子、张山、布经寺、黄沟、狗爬岩、河沙寺
马南村	黄大漕、黄祠堂、南江桥、黄石梯子、熊大田、康山
华锋村	周庙子、罗营、环堰子、罗水碾、桥罗子、李堰、周巷子、江巷子、毛朝碾
五会村	五会寺、李河沟子、李营、金银沟、瓦厂山、叶坝、张营
光明村	马鸣寺、黄营、喻营、廖营、范营、雷塝、龚河坝
吕石桥村	吕石桥、刘河坝、熊车坎、萧祠、张牌坊
元觉村	董山堨、石牯牛、土砖庙、元觉寺、邓黑龙门子、陈山堨、刘山堨、刘码头、宋大堰、凉厅子
犀羊村	犀羊寺、康坝、黄巷子、双沟
汪场村	汪场、夏河坝
沙湾村	杨沙湾、罗营、汗船、
树林村	杜大祠堂、曹山堨、双土地、庶宁镇、杨山沟、袁山嘴、王作坊
大漕村	陈大漕、安山、长屋间、龚庙子、杜塘坎、铁神庙
城南社区	正街（双号）、棉花街、政府街（双号）、新街、半边街、利民路中段、利民路南段、仁寿路、陈河坝街、新龙巷、博世路、新城路、青蒲路、新园一路、新园二路、新园三路、新园四路、迎宾大道、寿安大道、枫丹路、林语街、香蒲路、花雨路、紫藤路、铃兰街、关帝庙街（双号）、灰窑街
城北社区	正街（单号）、隆盛街、围镇路、柑子市街、天华街、蒲新路西段东段、二条街、新兴街、河坝街、关帝庙街、新侨街、利民路北段、政府街（单号）
隆盛社区	龙神坝、水井沟、擦耳岩、安营坝、田山口、竹坝、百合路、芸香路、梧桐路、海棠路
五星社区	高河场、陈营、萧坎
松华社区	金花桥、祇园寺后山、袁沟堨、左山堨、寨子山下坝
青龙社区	青龙场、先觉坝

寿安地区乡镇诗

李忠仁

寿民乡

千家农户事蚕桑，丝绸创汇远外洋。
花香日暖先觉坝，松风月寒起大漕。
水运昔年沙湾渡，村道今通有余桥。
雨洗树林添新翠，盛世清平寿民康。

寿安镇

工业新镇结构调，七星八角遍果桑。
董口桐口邱冲口，隆盛妙乐石鱼沱。
金家西禅白岩寺，龙泉丝栗插旗山。
围镇企业如春笋，和平桥畔尽商家。

五星镇

处处柑果青梨熟，家家楼院尽小康。
元觉董山犀羊壮，汪场五会金橙黄。
顺江光明蔬果绿，高河鸭戏吕石桥。
富路通畅民企旺，码头红旗酒飘香。

松华乡

福果山头青松翠，松花村内织机声。
寨子竹笋鹅鸭壮，红光马南鱼儿肥。
日照华锋辣椒艳，雨后建华橘果香。
书声琅琅祇园址，生机勃勃松华新。

说明：此组诗作于2002年，时插旗乡已并入寿安镇，其余乡镇和村未作调整，村名以1992年版《蒲江县志》为准

插旗山的传说

插旗山位于寿安镇东面之长秋山尾部，海拔680米，明代称“宝积山”。山之西麓是寿安镇通往眉山的古道，山之东南麓是通往彭山的要冲。登上山顶向下俯瞰，百里平川尽收眼底，蒲江河、临溪河犹

如两条飘带蜿蜒其间，外地游人登山赋诗："共上插旗兴味浓，登阶拾级上高峰。长秋列岫枫林远，五面群峦画境工。吊古幸凭残础石，惜今不见彼英雄。数株枞树仰天外，饱览河山忆献忠。"插旗山上原有5棵松树，雄姿挺拔，郁郁葱葱。每棵松树高达20余米，胸径半米有余，树龄在150年以上，方圆几十里外都能看到，天晴时站在县城东门桥上也清晰可见，据传为飞行航标。顺治元年（1644年），农民起义军领袖张献忠率部大西军自陕西米脂县起义，后入川挥戈南下徉攻云南，突然回师川西破嘉定（今乐山市）、克眉州（今眉山市），由彭山县进攻蒲江县攻打仙岩寺（白岩寺）后，将大西军战旗插于宝积山顶，尔后人们便把此山称为插旗山。咸丰四年（1854年），蒲江县仙居乡（今鹤山街道天华社区）农民起义军头领廖怀信（人称廖毛狗），组织"天地会"与大邑县、彭山县等地"天地会"会合进攻双流县涌泉寺，后回师蒲江县驻扎在长秋山真武观，也在插旗山插过战旗。咸丰十年（1860年），农民起义军首领蓝大顺从云南省昭通县牛皮寨起义入川，三克蒲江县城，也在插旗山插过战旗。至80年代，5棵松树先后干死，民众重栽幼苗，可望成长。

寿安地区场镇考

寿安镇

寿安镇在盛唐时（712—755年）已形成场镇，时修建天王院，供奉毗沙门天王。北宋元丰三年（1080年），寿安镇已载入《元丰九域志》。南宋嘉定十一年（1218年），魏了翁给寿安友人张孝谦写《跋张存之行状》，提到张存之的弟弟任巴西县县令。清顺治五年（1648年），《蜀碧》记载本年"蜀大饥，人相食。……蒿芹木叶，取食殆尽。"简州贡生傅迪吉逃荒，"十月，挈家潜行，……至蒲江董家山，闻鸡鸣声，不觉欢欣之怀，豁然顿开。至寿安镇，见两街俱列酒肆，又闻呱呱之声。余思昔有见醉人以为瑞者，此瑞更当何如也！"（《五马先生纪年》）。这是历史上第一个到寿安镇并写下文字的人。那时的寿安镇，两条大街都开着酒店，是一处世外桃源。乾隆四十八年（1783年）编纂的《蒲江县志》市镇："寿安镇，县东三十县，上省大道。"光绪三十四年（1908年），杨子元著《蒲江县乡土志》专篇描写寿安镇："城东三十里寿安镇（位中兴场之右），邑中商务总汇也（进口出口货物均由此镇）。镇东、南、北三面皆襟蒲江河，虹桥鼎峙，商舶往来，时闻欸乃声。环镇皆寿民、安仁二乡民，故镇名寿安。住籍三千九百九十户（分三十二团，一万六千零八丁口）。士女多文秀，好奢侈，衣冠文物有锦里风，以其富也。镇中街衢三（正街、二条街、河坝街），祠庙九（玉皇宫、禹帝宫、关帝庙、三圣宫、二仙宫、报本祠、王爷庙、三公祠、江西馆）。学校六（公立三，自立三，学童一百四十人）。水陆辐辏，万商之渊。民皆多钱善贾。白圭所谓人弃我取，人取我与。计然所谓贵上极则反贱，贱下极则反贵。贵出如粪土，贱取如珠玉，胥征诸实行。采风者谓蒲境富庶之区，此镇为弁冕。"民国5年（1916年），杨子元编写《蒲江乡土地理读本》本中市镇："寿安镇记。寿安镇，……半因树为屋，绿荫如海，村落如画。俗重义，尚交游，大有四海皆兄弟之风。……农有四秋、仓盈红粟。夏迎神庥，极丝竹管弦之盛，酒地香天，花尘人海，金翠璀璨、纨绮鲜明。野史氏谓：全蒲富庶之区，此镇为弁冕。"民国时，寿安镇有九街十八巷。九街：正街、二条街、河坝街、五老祠街、半边街、东升街、天华街、柜子市街、新街。十八巷：铁板桥巷、茶叶子巷、周万成巷、易烧房巷、汪烧房巷、胆水巷、菜米子巷、青石桥巷、粪巷子、水巷子、五老祠巷、关帝庙巷、煤炭巷、熊巷子、猪市巷、东升巷、天华巷、长寿桥巷。民国24年（1935年），第二区区署设寿安，首任区长李民一。十月，设寿安联保，主任詹作霖，下辖32个保（后来缩编为27、25、17个保），二区管辖寿安、高河、松华 、敦厚、西来。民国27年（1938年），寿安镇十五条街：正街、二条街、河坝街、灰窑街（东升街）、圣寿街、仁寿街、猪市街、索市街、柴市街、茶叶街、米市街、棉花街、兴隆街、糠市街、纸市街。民国29年（1940年），联保改为寿安乡，袁石君首任乡长。民国30年（1941年），“寿安镇属蒲江县首场，为县中经济文化中心，水陆交通枢纽，户口稠密，商务繁盛”。赶场三、七、十。民国33年（1944年），寿安镇筏户48户，筏子50支，筏帮同业公会主席吕汉文。青龙乡筏户44户，筏子44支，筏帮主席杨升廷。中兴乡筏户9户，筏子11支，蒲江城区筏户52户，筏子55支。全县筏户173户，筏子180支，每支年征税160元，全都经过寿安。民国36年（1947年），《四川省蒲江县概览》介绍：“有镇名寿安，人口约一千三百余人，……前以经济文化交通较为发达，曾设区署于此。”眉山专员陈兴雯由彭山出发，经谢家场、将军庙到寿安镇，他在《出巡日记》中写道：寿安镇 “市场繁荣，商品以米粮、柴炭、草席为大宗。”1981年7月8日，蒲江县人民政府通告，寿安镇11条街道名称：正街、二条街、河坝街、新街子（原名屠场街）、棉花街、灰窑街、柜子市街、天华街、关帝街、甘蔗市街、半边街。1987年8月，《蒲江县地名录》收录寿安镇13条街：正街、二条街、河坝街、新街子、棉花街、灰窑街、柜子市街、关帝庙街、甘蔗市街、半边街、五老祠街、天华街、筲箕市街。7条巷：新龙巷、熊巷子、茶叶子巷、胆水巷、铁板桥巷、易烧坊巷、汪烧坊巷。

高河场

清乾隆四十八年（1783年）《蒲江县志》载：“高河场，县北四十里，上省大道。”嘉庆十六年（1811年），河南省商邱县拔贡宋圣臣署理蒲江知县，贪婪无耻，“夺童食于高河，半筐野菌”。清咸丰四年十二月十七日（1854年2月3日），统领天下兵马大元帅朱九涛（廖怀信）率天地会反清武装，由中兴场经寿安镇到高河场，行一里，去邛州高埂子。光绪三十四年（1908年），杨子元《蒲江县乡土志》记载高河场：“城东四十里，高河场（位寿安镇之左）。外滨大河，如高屋建瓴，故场因此义名高河。蒲江、临溪二水会於兹（蒲江河水浊而黄，临溪河水清而白。场首石桥上游，即二水会合处），顺流而东入新津南。场中街衢狭隘，祠庙一（关帝宫，位场尾）。野店星稀，村氓交易而退，无下榻者。附场学校二（自立，学童六十七人）。河之北曰朱灏，县东界碑峙焉（接壤新津，南临邛东）。环场皆沙畴，居民一千七百五十户（分十五团，四千七百五十丁口）。好种桑，每春日迟迟，仓庚喈喈，女执懿筐，声在树间，丹青可绘，令人欲续《豳风》蚕女图矣。管子《立政篇》云：桑麻殖於野，国之富。观绿桑猗猗，可知此间民富矣。”民国5年（1916年），杨子元《蒲江乡土地理读本》记载：“高河场记（场位城东四十里）。高河场，为蒲江、临溪二水会萃之墟，外滨大河，如高屋建瓴，故场以高河名。场中街衢狭隘，野店星稀，村氓交易而退，罕下榻者，场之北曰朱灏，县东界碑峙焉。附场学校一，住籍一千七百五十户。半依沙岸居，耒耜余闲，喜网罟，稻堆高於檐角，渔艇聚於门前。鸥乡蟹舍之间，别有真乐。富室淑媛好种桑，每春日迟迟，仓庚喈喈，懿筐鬟影，声在树间。都人士簪笔采风，如展《豳风》蚕女图。”民国23年（1934年）11月13日，中共党员、成平小学教导主任杨荣安被白军枪杀于高河场干筏溪边。民国24年（1935年），在高河场上下场口雷河修建碉堡，十月成立高河场联保办事处，设联保主任，主任李子帆，下辖13个保（后缩编为10个保）。高河场赶场期：二、四、六、九。民国29年（1940年）9月，联保改乡、高河场设高河乡乡公所。《四川省蒲江县概览》载：“由寿安镇偏北八里，有场名高河，人口约一百余人。”民国37年（1948年），“蒲境於八月十六日，即古历七月十二夜起，至十四日，天降大雨，形如瓢泼。……高河一乡，地势极高，水已进场。尤确骇人听闻，所辖境内年龄在八十以上老人，毫未闻前人传说，有如斯大水……”1961年，在高河场设置高河公社，后更名为五星公社，“五星”之名沿袭。

庶宁镇

清乾隆四十八年（1783年）《蒲江县志》市镇载："庶宁镇，县北二十里，今废，地入义学。""庶宁镇田地一分，计三十四亩零，载粮四钱五分，系乾隆三十年（1765年）生员杜盛馥具呈捐入义学。"庶宁镇又称寿民镇，见清咸丰三年（1853年）杨时斌碑。民国时期，庶宁镇（铁溪沟南岸）住户28家、关帝房屋6间、戏台1座、茶铺2间、酒店1家、屠宰户1家。赶场时，有米市、柴市、猪草市。十天赶三场，每个月赶九场。民国18年（1929年），土匪肆虐，商旅断绝，庶宁镇市井萧条。民国22年（1933年）8月，大雨、山洪冲毁街房十余间，冲垮寿民（庶宁）桥。民国26年（1937年）1月，青龙场联保主任曹德培呈报县政府撤除庶宁镇关帝庙及古戏台，材料用来培修青龙场寿星桥、寿民桥，县长吴善堂批准。从此庶宁镇不复存在。1981年7月8日，蒲江县人民政府通告，将寿民公社三大队命名为树林大队，取"庶宁镇"之"庶宁"二字之音。古庶宁镇遗址在现树林村六组。

松华镇

清嘉庆十四年（1809年），蒲江县知县刘访（陕西省城固县举人）兴设松华镇。七月初一出告示，维护社会治安，禁止偷窃芋麦、豆果、蔬菜、稻谷、稻草、树木（八月二十九日华庆乡约保谢荣胥立碑为记。嘉庆十五年（1810年）六月五日，邛州人黄安太在松华镇借与李大有钱2500文。八日，黄向李索债未果，刀伤李身死。九日，李大有儿子李远贵报案。知县刘访往查，不久离任。新知县吕肇堂到任审理，判黄安太绞刑，上报北京刑部，是为松华镇人命案。光绪三十四年（1908年），杨子元《蒲江县乡土志》记载："松华镇。城北三十五里松华镇（位西来场之左），面临溪河而居，岸跨铁杆桥，民无病涉。镇外古松参天，郁郁葱葱然，为此镇华盖，故镇取此义名松华。环镇居民九百五十三户（分十六团，四千零九十三丁口），风俗谨厚，设学校三（公立一、自立二、学童五十六人）。镇中祇园寺，建於有明（宋），中塑宣圣（孔子）、如来、老子像，须眉如生。宣圣、如来、老子生数千年前，不图数千年后，复见此寺中。一升阶，便如登杏坛、谒天竺、过函关。壶公缩地，无此奇也。萃三教鼻祖於一堂，此元会十二万年中第一快事，造物者有志未逮，而画工能补之，可谓想通天地，思入风云矣。惟三教鼻祖能现身，不能说法，则画工穷也。"民国5年，杨子元《蒲江乡土地理读本》写道："松华镇记（镇位城北三十五里）。临溪河畔，古松参天……因树得名者，曰松华镇……"民国22年（1933年）七月十六日，抗捐军袭击松华镇驻扎的二十四军叙南清乡司命部步兵41团第1营第9连、第12连，打死陈连副。抗捐军刘福盛、戴安良牺牲。民国24年（1935年），在松华镇青龙嘴、文昌宫、和尚山、大地山修建碉堡。十月，在松华镇设置松华联保办公处，罗宗溥为联保主任，下辖11个保（后缩编为7保）。松华镇逢一、四、六、八赶场。民国29年（1940年）九月，改为松敦乡，乡公所设松华镇，辖敦厚场，罗明川为首任乡长。民国31年（1942年）一月，松敦乡分为松华乡、敦厚乡。民国36年（1947年），《四川省蒲江县概览》载："由寿安镇北去十二里，有场名松华，人口约二百人。"1956年2月，敦厚乡并入松华乡。5月，改名友爱乡。1961年5月，设置友爱公社。1981年3月，友爱公社改名松华公社。

青龙场

青龙场原名青龙嘴，是蒲江河北岸的堆集火把柴，筏运成都的一处码头。民国19年（1930年），曾任大足县知事的杨忠堂（杨荩轩，沙湾村人）发起修建青龙场。民国20年（1931年），青龙场开场，1条街，53户居民。私立荩轩学校由万祠堂迁置场尾。赶场期一、五、八。民国24年（1935年）十二月十八日，青龙场设联保办事处。二十六日，县政府委杨启文为联保主任。二十九日，在青龙场仁康茶社正式成立青龙场联保办事处，杨启文就职，下辖8个保，后缩编为7保，形成1个乡级政治、经济、文化中心。在青龙场、树林（庶宁）镇各设递步哨分站，各派住壮丁3人。民国26年（1937年）二月，杨荩轩将青龙场私立小学校舍9间、操场1所、校产水田50亩，捐作青龙场公立初级小学校。民国27年（1938年）四月二十八日，青龙小学停课一天，为战区内难民儿童募捐了银币4角4仙、铜元77800元。民国29年（1940年）二月，中兴场、青龙场联保合组为中青联保。九月，改中青乡。民国30年（1940年）一月，分置中兴乡、青龙乡。四月，新编17师2旅3团3营7连李全盛部驻青龙场剿匪。五月十五日，县长游铂镛亲到青龙乡督剿，调国民兵三百余人，四路围攻盘踞陈大漕之土匪赵炎武、李荣安（李光光）、李华明等一百余人。十六日，击毙土匪管事赵舜臣、向云青、匪徒赵洪顺、李洪友等7人，击伤6人，余匪逃往眉山、邛崃。民国36年（1947年）三月九日夜，青龙乡乡长黄子敬派守备队杜济元等人在双土地杜国昌家击毙彭山巨匪帅鹏章。十日，蒲江县长强兆馥亲自到青龙场验尸，奖励法币一千万元。十二日，彭山县政府派警佐蔡叔勋带警士四人到青龙场将帅尸抬回彭山示众。《四川省蒲江县概览》载："有场名青龙，人口约一百余。"1956年2月，青龙乡并入寿安乡。1973年，蒲新公路改道后，在老场背后公路沿线陆续修建房屋，形成一条宽阔的长街。

结伴并行（摄于2015年）

索　引

一、本索引采用要目方法编制，要目词组首字按汉语拼音字母（同音字按声调）顺序排列，声母相同的按韵母首字母排列。

二、本索引要目后的数字表示内容所在的页码。

三、本索引只列正文内容，卷首及附录部分未列入。

D

E

F

G

H

Y

Z

编纂始末

2004年12月，蒲江县启动《蒲江县志（1986—2005）》编纂工作时，寿安镇即成立县志寿安概况部分编写小组，根据篇目收集资料、撰写稿件。当时即决定除为县志提供稿件外，也为以后编写镇志积累资料。其后，由于各种原因，编修镇志工作一直未能进行。2014年，七星村一组原县志寿安概况部分编写小组成员、86岁高龄的退休干部王光先，利用10年时间收集整理寿安镇的有关资料，撰写出数十万字的寿安镇志初稿交给镇政府。镇党委、镇政府领导看了初稿后，认为很有价值，为适应试点镇、重点镇和千亿级五金小镇建设需要，随即决定启动《寿安镇志（1911—2016）》编写工作。2015年，镇政府制发成立镇志编纂委员会的通知，聘请熟悉镇情和文字功底过硬的人员组建镇志编辑部。同时，将寿安镇志初稿复印，发到编辑人员人手一份，作为资料参考和依据。2016年1月，镇志编纂委员会召开镇属各部门、村（社区）负责人参加的修志动员工作会，布置镇志撰稿工作，县史志办专业人员就镇志撰稿问题进行培训。其后，镇志编辑部在史志办指导下，讨论制定镇志篇目。镇志编辑部经反复讨论，一致认为寿安镇具有千年历史，现为试点镇、重点镇、千亿级五金小镇和县域副中心，为全面反映寿安镇自然、政治、经济、社会、文化的历史和现状，同时突出寿安镇的特色，决定编写通志。原定断限时间为1911年至2015年，最后确定下限时间为2016年，个别事件和图片可适当上溯或下延。3月，经数易其稿确定镇志基本参考篇目，编辑人员按照参考篇目进行收资撰稿。在收资撰稿中，编辑人员深入各部门了解情况，到县档案局查阅资料，大量翻阅县志、年鉴、民俗志及出版的乡镇志书等有关书籍，辑取王光先编写的镇志初稿，召开各种类型座谈会。县史志办有关人员定期同编辑人员进行交流，了解编写情况，指导解决编写中存在的问题。9月，为了加快进度和保证质量，县史志办总纂人员及时介入，边分纂边总纂。至12月底，基本完成镇志初稿。2017年1月起，总纂人员对镇志初稿采取增、删、并、调、改等方法，认真把好政治、史实、著述、体例、详略、文字、图照等关，确保志稿体现时代特征，突出地方特色；做到横不缺要项，纵不断主线；力求去除空话套话和无存史价值的内容，文字做到严谨、朴实、简洁、流畅，使志稿达到整体优化和质的飞跃。同年4月，完成总纂工作，形成镇志初审稿，交镇志编纂委员会进行初审。编辑部根据初审意见修改补充，完善后形成复审稿，交县史志办进行终审。编辑部根据终审意见再次对志稿进行修改完善，最终形成16章、83节、50余万字、290余幅图照的付印稿，于7月交付出版印刷。

镇志出版，不负众望，为寿安镇的政治、经济、社会、文化建设添上了浓墨重彩的一笔，为试点镇、重点镇、千亿级五金小镇和县域副中心建设提供了有力的文化支撑。镇志出版，得力于镇党委、镇政府的重视和正确领导，得力于全镇各部门、村（社区）的配合，得力于社会各界有关人士的参与和支持，得力于编辑人员的辛勤耕耘，得力于县志办专业人员和领导的指导帮助，梁功绩、吕中元、王祯华等曾参与镇志编写，在此谨表示诚挚的谢意。志书编纂是一项系统、浩繁的文化工程，涉及自然、政治、经济、文化、社会的各个领域，内容庞博，虽经编辑人员殚精竭虑的努力，由于时间紧和编纂水平限制，志书中难免存在疏漏和不足，恳请读者批评指正。

编　者